# 由福利 到人權

## 聯合國身心障礙者權利公約深／申論

金亨植（김형식）等 著

王國羽 審閱｜趙文麗 譯｜陳冠超 校譯

財團法人 EDEN SOCIAL WELFARE FOUNDATION
伊甸社會福利基金會

■ 國家圖書館出版品預行編目（CIP）資料

由福利到人權：聯合國身心障礙者權利公約深／申
論 / 金亨植等著；趙文麗譯. -- 初版. --臺北市：財
團法人伊甸社會福利基金會, 巨流圖書股份有限公
司, 2021.10
　　面；　公分
譯自：유엔 장애인권리협약해설：복지에서　인권
으로

　　ISBN 978-957-8819-44-3（平裝）

　　1.國際人權公約　2.身心障礙者

579.27　　　　　　　　　　　110013414

# 由福利到人權：聯合國身心障礙者權利公約深／申論

## 유엔장애인권리협약 해설：복지에서 인권으로

初版一刷・2021年10月　初版二刷・2024年1月

| | |
|---|---|
| 作者 | 金亨植（김형식）等著 |
| 譯者 | 趙文麗 |
| 審閱 | 王國羽 |
| 校譯 | 陳冠超 |
| 執行編輯 | 游明蒼、林灯偉、黃婷君 |
| 出版者 | 財團法人伊甸社會福利基金會 |
| 合作出版者 | 巨流圖書股份有限公司 |
| 地址 | 100 臺北市中正區重慶南路一段57號10樓之12 |
| 電話 | 02-2922-2396 |
| 傳真 | 02-2922-0464 |
| e-mail | chuliu@liwen.com.tw |
| 網址 | http://www.liwen.com.tw |

ISBN 978-957-8819-44-3（平裝）

財團法人 EDEN SOCIAL WELFARE FOUNDATION
伊甸社會福利基金會　　巨流圖書公司

定價：450元

# 目　錄

## 第四章　聯合國權利公約的深入探討 　201
基於社會權公約（ICESCR）的權利條文
（第 24~28 條、30 條）

## 第五章　由聯合國《身心障礙者權利公約》　255
提升障礙者的公民資格

## 第六章　韓國的《障礙者反歧視法》╱作者：柳京旼 277

## 第七章　身心障礙者的完全社會融合 309

# 人權論述的轉譯與在地實踐

| 張恒豪

國立臺北大學社會學系 教授／臺灣障礙研究學會 理事長

臺灣第一次公約審查的專家，美國哈佛大學法律系教授 Michael Ashley Stein 在台灣第一次的公約審查時就曾說，「提到 CRPD，每個國家都是開發中國家。」人權是一個不斷演進與推動的過程。身心障礙人權對臺灣社會並不是完全陌生，卻缺乏明確的政策指引與實踐方式。隨著聯合國通過身心障礙人權公約，身心障礙者的人權有了實質的內涵與推動方向。然而，由於國際形勢上，臺灣被排除在聯合國的人權體系之外。臺灣在國際人權概念的發展與轉變上，與國際的連結與交流相對的薄弱。在聯合國發布身心障礙人權公約時，臺灣的非政府組織、政府單位對相關的規範與意義顯得陌生，並常產生超譯或是錯譯。身心障礙人權公約的引入、國家報告的準備以及國外專家來臺的審查過程打開了一個新的對話機會，讓政府單位、公民團體、障礙者團體、相關專業人士以及一般大眾多了一個重新理解、重返台灣身心障礙人權機制的契機。

在臺灣將 CRPD 內國法化後，學界有孫迺翊與廖福特主編、出版《身心障礙者權利公約》，NGO 有人權公約監督聯盟出版《CRPD 話重點：認識《身心障礙者權利公約》的關鍵 15 講》。然而，在許多人的認知裡，身心障礙人權仍然是遙遠的西方法理原則，缺乏實踐的可能。本書《由福利到人權：聯合國身心障礙者權利公約深／申論》是由韓國學者、本身也是障礙者的金亨植教授主編，結合韓國相關領域的學者專

家，深入淺出的分析身心障礙者人權公約的緣起、意義、以及對韓國社會的法律、政策與人權實踐的影響。透過伊甸社會福利基金會的 CRPD 實務研究中心，歷經長時間的翻譯與修訂才讓該書的臺灣版順利出版。

　　人權的在地化必須透過不斷的社會對話與相互轉譯。人權學者也指出，NGO 應該要在人權的轉譯與通俗化（vernacularization）中扮演中介的角色。再者，人權不一定是一蹴可及，特別是針對社會權的保障，通常需要的是不斷改進，針對在地資源、文化與制度條件作調整與改善，慢慢趨近人權的標準。本書提供的韓國經驗，包括在立法與倡議上的成功與失敗讓我們能看到同屬東亞文化圈的國家，面對人權公約的挑戰所做的努力與掙扎。也讓我們能更有信心的朝著逐漸達成的方式，一步一步走出臺灣的身心障礙人權公約的實踐方式。對障礙研究、身心障礙人權公約與身心障礙服務有興趣的臺灣人，都應該細讀本書，共同找出臺灣身心障礙人權的道路。

# 實踐身心障礙者權利公約之台韓路徑差異

| 廖福特

中央研究院法律學研究所研究員

　　聯合國大會於 2006 年 12 月 13 日以全體一致之方式同時通過《身心障礙者權利公約》（Convention on the Rights of Persons with Disabilities）及《身心障礙者權利公約任擇議定書》（Optional Protocol to the Convention on the Rights of Persons with Disabilities），並於 2007 年 3 月將公約及議定書開放給各國簽署及批准，《身心障礙者權利公約》是二十一世紀第一個國際人權條約，影響全球六億以上身心障礙者之權利保障，是國際人權非常重要之發展。公約及議定書均於 2008 年 5 月生效，到 2021 年 2 月為止公約已有 182 個締約國，而議定書有 97 個締約國。

　　南韓於 1991 年 9 月成為聯合國會員國，而台灣至今尚非聯合國會員國，這是台灣與南韓面對《身心障礙者權利公約》最大基礎點差異，也形成台灣與南韓實踐身心障礙者權利公約之路徑差異。

　　《身心障礙者權利公約》最主要草擬期間是 2001 年至 2006 年，墨西哥代表於 2001 年提議設立特別委員會，導致聯合國大會於 2001 年 12 月作成 56/168 號決議，決定成立特別委員會，並以人權模型為基礎草擬一完整公約以保障身心障礙者之尊嚴與權利，最終《身心障礙者權利公約》於 2006 年 12 月通過。因為南韓為聯合國會員國，因而得以參

與公約之起草過程。但是因為台灣不是聯合國會員國，我們並不熟知
《身心障礙者權利公約》之草擬細節及脈動，只能在遠處透過文獻間接
瞭解。

在《身心障礙者權利公約》通過後幾個月，南韓便於 2007 年 3 月
簽署公約，並於 2008 年 12 月批准之，雖然不是第一批對其生效之國
家，但是也算是相當早批准公約之國家，當然過程順利沒有障礙。不過
台灣卻歷經繁複之過程，而且是先通過施行法，才通過加入條約案。立
法院於 2014 年 8 月通過《身心障礙者權利公約施行法》，將公約國內
法化，此法於 2014 年 12 月 3 日施行。後來立法院才在 2016 年 4 月通
過《身心障礙者權利公約》，總統在 2016 年 5 月簽署加入書，不過直
到 2017 年 5 月總統才公布公約，同時認為《身心障礙者權利公約》從
2014 年 12 月即有國內法效力。這個過程應該是全世界絕無僅有的，也
突顯一個被國際封鎖之非聯合國會員國的自我激勵實踐之艱辛路程。

南韓已經接受《消除種族歧視公約》、《公民與政治權利公約》、《禁
止酷刑公約》之個人申訴制度。不過即使南韓並未面臨障礙，其亦未批
准《身心障礙者權利公約任擇議定書》。台灣也沒有加入《身心障礙者
權利公約任擇議定書》，不過原因與南韓不同。台灣所面臨的是國際障
礙，因為《身心障礙者權利公約任擇議定書》主要規定個人申訴制度，
即個人得以至身心障礙權利委員會提出申訴，而此制度必須在國際機制
中實踐，並非台灣單方所可完成。

南韓只針對《身心障礙者權利公約》第 25 條 (e) 款之人壽保險提
出保留，此條款規定：「於……國家法律許可之人壽保險方面，禁止歧
視身心障礙者，該等保險應以公平合理之方式提供。」而在台灣，則是
延續過去《公民與政治權利公約》、《經濟社會文化權利公約》、《消除一
切婦女歧視公約》等之情況，並未對身心障礙者權利公約提出任何保
留，顯示台灣完整實踐身心障礙權利之決心。

　　本書是金亨植教授與幾位學者之共同著作成果，金教授主要負責《身心障礙者權利公約》之探討，其他學者討論南韓之實踐情況。其實本人與孫迺翊教授也曾編輯一本有關《身心障礙者權利公約》之書籍，同樣嘗試瞭解國際規範並探究國內實踐。其中我們深深感受，文獻資料及學術論述的理解不會是重大阻礙，但是實際參與經驗卻是不能憑空想像或是自我虛擬所能達成的，因而本書相當重要之基礎是金亨植教授有約八年時間擔任聯合國身心障礙者權利委員會委員，因為這些實際參與經歷也形成本書論述《身心障礙者權利公約》之特色，例如本書將《身心障礙者權利公約》之權利分為公民政治權、經濟社會文化權兩群，並在本書第三章及第四章分別討論。而本書對於公約之論述，引用多數審理國家報告之結論性意見及個人申訴案件之決定，這部分是台灣相對陌生的領域，也突顯金教授實際參與身心障礙者權利委員會之優勢，亦是本書之特色。

推薦序
# 打開世界觀點的視窗

| 王幼玲
監察院國家人權委員會委員

　　在紛擾的五月，看這本由伊甸基金會出版翻譯的《由福利到人權：聯合國身心障礙者權利公約深／申論》，心裡浮出來的念頭就是「久違了」，像很久不見的老朋友，以從來不曾有過的清晰面貌向你走過來，舊雨成了新知，讓人親切又感動。

　　2006 年 12 月 13 日，聯合國第 61/106 號通過《身心障礙者權利公約》（The Convention on the Rights of Persons with Disabilities，縮寫為 CRPD），並在 2008 年正式生效。那時我在殘障聯盟（身心障礙聯盟前身）服務，2007 年開始和同仁在各縣市辦理巡迴的宣導。老實說那時候根本是摸著石子過河，對於 CRPD 各項條文囫圇吞棗，沒有真正瞭解文字之外的真意。所以選擇第 9 條、第 19 條、第 20 條，第 21 條等條文，在現有《身心障礙權益保障法》法律規範的框架下，用身心障礙者權利公約來強化。

　　爾後，《身心障礙者權利公約》以施行法的方式，經由立法院三讀通過國內法化；之後，逐漸的 CRPD 打開了知名度，政府部門、與障礙者相關的工作人員、障礙團體、甚至障礙者都琅琅上口，有障礙研究的團體成立，有專書出版，障礙團體辦的活動都以 CRPD 為名，一時之間百花齊放，可是大家理解的 CRPD、是它的原貌嗎？還是一個

CRPD、各自解讀！

伊甸基金會在三年前成立 CRPD 實務研究中心，希望能夠有實證基礎作為公約倡議的基底。今年獲得韓國金亨植教授的授權，出版《由福利到人權：聯合國身心障礙者權利公約深／申論》，作為理論與實務的基礎，為 CRPD 撥雲見日。伊甸是實務服務為主要經營業務的民間基金會，卻願意在理論研究投入經費，甚至走在政府部門的前面，委實令人讚佩。

本書的主要作者金亨植教授，曾經是聯合國身心障礙權利委員會的委員，在任職的 8 年當中，他審查過世界各國政府所提交的國家報告，並且給予意見。這樣的經歷，讓他在公約條次的分析與論述，擁有信手拈來委員會對締約國國家報告的結論性意見的案例，是最生動豐富的註解，也是這本書彌足珍貴無可取代的特色。

這本書有十個章節，前五章解析聯合國通過 CRPD 的背景及公約條文。由於韓國的身心障礙團體總聯盟在 2002-2006 年在聯合國討論CRPD 條文時，積極參與，金教授在書中也說明了概念形成的脈絡。而《身心障礙者權利公約》的內容，和《公民政治權利公約》、《經濟社會文化權利公約》的關聯，分別用自由權和社會權來融貫闡述，讓紋理清晰易於理解。第六章談到韓國的《障礙者反歧視法》的立法推動經過、及政策現況，可以是台灣的借鏡。第八章身心障礙的心理社會模式、《精神衛生福利法》與成年監護制度，恰是台灣政府不敢碰觸的議題，這一章的作者權五鏞是位律師，韓國心智障礙者聯盟的創立人。他介紹分析了韓國的相關法律及其他國家發展的替代方案。

金教授在這本書提到的幾個概念，特別引起我的興趣，覺得如醍醐灌頂般的獲得啟發。金教授在書裡耙梳身心障礙者的人權模式與社會模式的關鍵因素是障礙者為權利主體。社會模式主張障礙者身體上的差異和受限，來自於社會建構的結果，卻忽略障礙者經歷的主體經驗，但是

以個人權利主體的價值實踐之下，障礙者的差異性，必須被尊重，需要參與各項公共政策的過程。所以 nothing without us about us 成為實踐CRPD 最重要的指引。沒有實質的參與，社會融合是一種幻想。

書裡的第七章金教授用整個章節談論身心障礙者的完全社會融合（inclusion）。在這章裡有一個小節直指社會融合的絆腳石——福利國家。金教授提出「社會融合」和「包容社會」的差別，「包容」意涵有力量的人從寬容和關懷的角度接納弱者的慈悲施捨，所以被包容的對象與施予包容的人不會是站在同等的關係。而社會融合是「社會成員之間的相互承認」，要廢除歧視與偏見；金教授同時拋出許多質問，他問：在障礙者與非障礙者的偏見與充斥的社會現實，還有容得下社會融合的餘地嗎？很羞愧的這也是台灣社會要反問自己的問題。

同樣的議題，在第四章論述第 24 條教育時，金教授提出「整合教育」（integration）、與「融合教育」（inclusive）的概念不同；融合教育不單只是把障礙學生與一般生安排在同一個地點的「教室配置的問題」，物理環境的融合是第一步，還需要社會融合與課程上的融合。如果教育的目的是發展學生身體、心理、社會、智能、及開發個人最大的能力，融合教育便要為這些目的提供各種形式的支持與協助，並不因為學生為障礙者而降低教育內容品質。文中也提到學生要融入（inclusion）同樣的學習課程，追求相同的教育目標和成果。這一章值得所有的教育工作者，家長，及障礙者仔細詳讀。

另外金教授的字裡行間還不時迸出觸動心弦的論述火花。如談到以人權為基礎的權利公約，追究人權的本質，是人人適用的原則，但是金教授引用福特的定義：人權不只是被動而依賴司法的靜態，更有動態性或爭戰性，人權是要挑戰現有社會秩序聚集勢力，還是不具威脅和平抽象的概念？這樣看待「人權」極具挑動性。他也說融合教育是對於身心障礙者歧視、分離、另眼相看的挑戰，頗能透視其中的艱困。

　　來到最後，整本書都看到金教授對於各國政府推行《身心障礙者權利公約》的虛應故事，有著直接的批評，當發現這些國家所抵觸的公約內容及所持的理由，居然和台灣毫無二致時，當下你也會感到親切拍桌附和。這本書就是這麼鞭辟入裡，洞若觀火。下回，遇到障礙者權益在CRPD繞來繞去，找不到初衷的時候，記得打開這本書，金教授在書裡開啟了世界觀點的視窗，引領我們找到答案。

2021/06

# 平等，領我們「由福利到人權」

| 伊甸社會福利基金會

　　聯合國《身心障礙者權利公約》（簡稱 CRPD）是千禧年以來的第一部核心人權公約，用以確保所有身心障礙者充分及平等享有所有人權及基本自由，並促進對身心障礙者固有尊嚴之尊重。我國於 2014 年將這部公約國內法化，成為台灣第五部透過施行法的方式而生效的國際人權條約，也成為國內身心障礙政策應遵循的最高標準。

　　伊甸基金會成立近四十年來，無論是自辦服務、上街頭發聲、倡議政策或與政府合作解決社福需求，皆出於對身心障礙者平等權益的關注、爭取與落實；而 CRPD 的誕生，給了我們一個與國際接軌、與時俱進的標準。2006 年 8 月，伊甸在紐約的聯合國總部，見證了 CRPD 草案通過，隨後將此主張引進台灣社會，開始向總統府提出建言，參與 CRPD 國內法化審查會議，最終促成了 2014 年 CRPD 國內法化。接下來，伊甸持續推動 CRPD，包括撰寫歷次 CRPD 國際審查替代報告、出席相關國際審查會議或政府諮詢會議，並培養 CRPD 種子講師，辦理多場意識提升工作坊。CRPD 在台灣一路走來，伊甸從不缺席。

　　2015 年 6 月，伊甸邀請本書作者金亨植教授來台進行為期一週的 CRPD 教育訓練和工作坊，並延攬金教授擔任基金會顧問。於是在金教授建議、指導下，2017 年伊甸成立全球首創的「CRPD 實務研究中

心」，希望透過實務研究、教育訓練、建立準則及對外倡議，落實符合人權的身心障礙者福利服務，並監督政府於各層面持續深化及實踐公約精神。

金教授基於在聯合國 CRPD 委員會服務的經驗，認為僅有明文規範不足以致行，政府與社會大眾必須深刻理解 CRPD 的哲學和方法，才能真正縮小、消弭人權在理想理念與現實實踐之間的落差。因此在2019 年，他將自己與幾位人權工作者多年來的研究與實務經驗集結出版（原書名：유엔장애인권리협약 해설 : 복지에서 인권으로），書中除剖析人權概念及公約要義外，亦深度探討公約各條款的內涵、韓國身心障礙法規及建制背景、亞太與歐洲國家的實行經驗及案例研究等。

回觀台灣，雖然 CRPD 國內法化多年，但衡諸社會動態，各界對於 CRPD 的認識仍普遍不足，坊間也缺乏深入探討其立法原理內涵及實踐原則的中文資訊。基於推廣人權的初心，金教授慷慨無私的授權伊甸將這本書介紹給中文讀者。編譯的過程中，有勞多位專家學者大力協助，尤其感謝擔任編審、勇挑重擔的王國羽教授。希望本書不僅能提供國內學術界、實務領域、政策規劃與決策者參考運用，也能成為社會大眾進一步理解 CRPD 的敲門磚，為促進國內身心障礙者平權盡一份棉薄之力。

我們將原書副標題「由福利到人權」移做中文版的主標題，因為這段話不僅反映了身心障礙者權利運動的發展脈絡，更能彰顯出 CRPD 轉向人權模式、強調平等融合的進步精神。同時，本書 CRPD 條文中文翻譯，均採用衛生福利部社會及家庭署於 2020 年 9 月 8 公告的「身心障礙者權利公約【中譯本修正草案】」，以充分表達公約的原文意涵，也特別在此說明。

# 導讀：尋找台灣「金教授」

| 王國羽

國立中正大學社會福利學系退休教授，現為高雄醫學大學醫學社會學及社會工作學系兼任教授

　　我很榮幸替伊甸基金會撰寫《由福利到人權：聯合國身心障礙者權利公約深／申論》這本書的推薦序及導讀。因為我同時擔任這本書的最後編校工作，因此在閱讀完整本書之後，有這樣的機會寫這個推薦序與導讀。這本書得到韓國金亨植教授的免費授權。我的內容分為兩個部分，首先是推薦序，這部分我針對這本書對台灣的參考意義作陳述，第二部分是導讀，我會針對這本書中，韓文中的相對應概念，這些概念在台灣社會與學術界的理解與用法，做些說明與釐清。希望對使用這本書的讀者有些幫助。

## 推薦序

　　首先這本書的原文意思是深度的論述身心障礙者權利公約，但是在深度論述之時，金教授同時對《身心障礙者權利公約》（Convention on the Rights of Persons with Disabilities，以下簡稱 CRPD）衍伸出來的相關概念進行討論與分析。因此，我建議在最後的定稿上，加上「申論」與「深論」兩種意思在內的中文書名。希望金教授能同意我這樣做。

　　其次解釋為何這篇序言要叫做「尋找台灣金教授」呢？那是因為看完整本書之後，我非常羨慕韓國的發展。韓國政府成立韓國國家人權委員會，在這個獨立組織之下，就各項人權公約在韓國的推動與落實，進行各種法案與政策監督的工作。因此，韓國在國際組織及國內相對應單

位的雙重條件下，推動 CRPD 公約的落實。這條件與台灣大不同。

在書中，金教授提到韓國政府意識到在推動人權公約的不足之處，願意承認以往的政策偏離人權公約精神，認錯且糾正錯誤。例如，韓國與台灣相同，大多數的障礙者是以家庭與社區為主要居住地點，為回應公約的第 19 條，自立生活與社區融合，韓國國家人權委員會，針對這個問題，規劃十年的研究與推動時程，每一年針對這個議題可以做 10 個研究計畫，除訪問調查之外，韓國政府更重視障礙者在社區自立生活面對的阻礙與問題，研究內容非常的細緻，唯有針對議題本身深入的研究與發掘，才有可能提出相對應的政策回應。台灣呢？可能要找到每年 10 個研究者或單位做相關研究計畫的能量都沒有。因此，我佩服的是韓國政府積極面對問題與解決問題的態度，而非是表面的因應公約的要求。徹底執行與劍及履及是我羨慕的地方，我已經非常厭倦台灣各部會的行政官僚對 CRPD 應對的敷衍了事且不思檢討本身政策錯誤與不及之處。

另外金教授本身代表韓國及亞洲區域參加聯合國 CRPD 委員會，前後約八年的時間，閱讀將近 70 幾本的國家報告與提供意見。這樣豐富且深入瞭解公約各條次的意義與國家義務與責任，寫下他對這個公約的分析與解釋，具有深厚學術訓練與實務經驗特色的公共人物，在台灣非常欠缺，甚至沒有。因此，我以「尋找台灣金教授」作為這篇推薦序與導讀的題目。盼望有一天我們能有台灣的金教授，無論在國際社會及國內，發揮推動公約的影響力。

金教授本身對推動這份公約的熱忱，可以在他書中的字裡行間讀到。尤其當他說明各國的國家報告中，對公約內容誤解與官員欠缺對公約中提及國家義務與責任的不瞭解時，基本上他是非常失望與挫折。台灣的狀況也幾乎類似，因為在公約之前，台灣已經有將近 40 幾年的《身心障礙者權益保障法》制度，各政府相關部會與單位，已經習慣在這樣制度與規範下的運作，當公約內容國內法化之後，所有的相關政策、規範、細則都須依據公約精神修改、調整與制定新規範，最重要的

是相關行政單位需要改變以往的思維，這樣的改變對台灣的挑戰才剛開始。金教授對國際上各國推動 CRPD 欠缺瞭解的憤怒，也是我對台灣政府相關部門態度的失望與不滿，但是金教授以 CRPD 委員會的位置，可以對這些國家的報告提出建議與意見，可是我卻沒有這樣的角色，只能在不同委員會中，提醒政府官員需要脫離以往的思維架構。

這本書獲得金教授免費授權給台灣的伊甸基金會出版與發行，也是基於推動公約在台灣實踐的初衷。這有幾點意義，首先伊甸基金會在三年前，成立 CRPD 實務研究中心，在台灣的身心障礙服務提供單位裡面是第一個在組織內部成立研究單位的基金會，這樣的發展，也代表基金會本身意識到，身心障礙組織與團體，在未來推動公約倡議時，需要有紮實的實證基礎或資料作為依據，而非過往任意說說而已。其次，這本書的翻譯與出版，整個過程對伊甸基金會也是個學習經驗，因為這本書的內容涉及公約內容之外的各種學術知識，例如社會政策、福利國家制度、政治哲學內對公平、正義及公民權的論述和社會工作專業知識等，讓台灣第一線的工作者體認公共政策推動的宏觀層面議題，而脫離以往微觀層次的細節爭論。對未來基金會的發展是良性且具競爭力的。最後這本書內容，要完全能吸收也需要對書中提到的論述本身具有相當知識基礎。換句話說，由一個以往提供服務的基金會擔任翻譯與出版的角色，某種意義上是對基金會的挑戰，以後基金會就兼具遍及台灣各地的實務推動單位，又有對公約本身的研究與論述知識的智庫單位。這樣奇妙的轉變，就在這本書的出版過程中，逐步實現。伊甸基金會甚至舉辦對這本書的讀書會，提供給會內外的團體有機會更瞭解公約，這也是一個新的嘗試。

這本書總共有十章、序文及相關參考資料等，總長度約 25 萬字。作者除金亨植教授之外，另有韓國國內有名的法律學者及國會議員等。最有意義的參考內容是韓國為因應公約的精神，要如何修改與調整韓國的障礙者福利法及其他相關的政策與規範等。這部分的內容，基本上台灣還沒有任何一個主要部會能全面的負責橫向的各部會法規與規範的修

正。我會建議讀者可以先看這部分的內容，再重頭開始閱讀本書。接著，在我的導讀內，我會針對這本書中，主要的幾個概念與台灣學術界翻譯時的用語等做些補充與說明，讓讀者更容易瞭解這份公約。

# 導讀

這部分的導讀，我將針對書中提到的幾個重要概念與翻譯上的用法，做總說明。去年年初，我協助做 CRPD 一般性意見的翻譯校對，一起工作的幾位學者，我們交換意見時討論，要真的瞭解這個國際公約，需要跨專業與跨學科知識的整合，法律學背景的國際法知識、社會政策中的比較福利國家制度、障礙政策中的分配與正義概念討論及政治哲學，甚至公共衛生及醫療社會學。因此，這份公約的知識背景非常多元且複雜。這部分內容，我運用過去我在中正大學教書時，教過的社會政策、社會福利理論、身心障礙人口與政策等幾個課程內容，我深刻體會書到用時，方恨少的心情。這也是我更佩服金教授的理由，他在這本書中，運用各種當前西方政治哲學與福利國家改革及發展的各種觀點，帶入公約內容的討論。我在這部分的補充，用意是讓讀者更瞭解這份公約及這本書的內容。CRPD 是一個條文內部邏輯圍繞人權概念與發展的公約，因此，我們必須由內部邏輯安排，理解公約，而非放在瑣細的文字推敲上。我的補充分為兩部分，首先是人權公約概念與 CRPD 之間的關係。其次是公民權概念與 CRPD 的關連，最後則是國家政府角色的改變與制度。

# 一、人權公約與 CRPD 關係

在金教授的書中，他是以 1966 年通過的兩個主要人權公約為切入點。將 CRPD 條文做分類。《公民與政治權利國際公約》（International Covenant on Civil and Political Right, ICCPR）於 1966 年通過，當時主要以英美兩國代表為主起草公約內容，主要精神在保障人民的個人自

由權、民主參政權及政治權等權利為主。同年，另外由蘇聯為首的
代表，則起草與通過《經濟社會文化公約》（International Covenant on
Economic, Social and Cultural Rights, ICESCR），是由保障經濟發展與分
配為主的人權公約。在金教授書中，他將這兩個公約視為當時冷戰背景
下，美國與蘇聯兩大集團互相透過國際組織，彼此對抗的做法。公政公
約主要精神在於保障個人自由權為主，包括個人人身自由、生命權、財
產權、信仰宗教自由、言論自由權等，這部分的權利可以視為「消極權
利」（negative rights），而另方面經社文公約精神則是希望能透過國家政
府對市場機制的抑制，強調重分配政策與福利制度等，這種屬於「積
極權利」（positive rights），主要精神強調由上而下由政府國家介入市場
機制的相關規範。公政公約精神，金教授將它們視為基於自由權利的
公約條文，在 CRPD 1~23 條及 29 條，換句話說，我們要理解這部分的
條文，需要回到 ICCPR 條文內容去理解與分析。在 CRPD 公約中的三
分之二條文處理障礙者個人自由權利各面向的保護與實踐，說到底，人
權公約的基礎還是在以個人為主，作為實踐各種權利的主體。另外一部
分條文內容，則是根據 ICESCR 而來，這部分的條文，金教授解釋為
CRPD 中的社會權 24~28 及 30 條，在書中的第四章。但是第四章中，
金教授另外根據 CRPD 的精神，強調國家義務與責任，同時討論 31~33
條內容。我們可以由下圖理解 CRPD 與兩公約之間的關係。

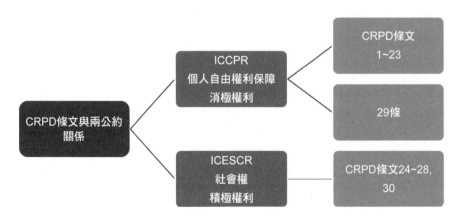

最有趣的轉折，在 CRPD 條文內容中，原本在兩公約內涵的個人自由權，無論性別平等、年齡、居住自由、參與社會、融合社區、組織家庭等基本個人自由權利的消極特色，在 CRPD 內涵中，都逐漸轉為積極的國家義務與責任。因此，CRPD 就這個國家義務與責任轉向積極且介入的方向來說，具有突破性意義。[1] 其中第 29 條，參與公民政治與生活，直接將 CRPD 與 ICCPR 做直接的連接。在 CRPD 前 23 條內容中，廣泛自由權利部分，第 19 條的自立生活與社區融合，對障礙者來說更具意義，就大多數人口而言，視之為理所當然的居住地點選擇與居住權，對障礙者來說卻需要藉由公約條文規範障礙者對自身居住權利的基本保障，國家責任的加重更顯重要。

而 CRPD 條文中與 ICESCR 有關的條文，金教授歸納為公約中的「社會權」類別。最早是由英國學者馬歇爾（Thomas H. Marshall），發表在一本合輯書 *Citizenship and Social Class and Other Essays*（1950）。根據英國福利制度與公民權兩者之間關係的變動而來，他的書是以英國公民權發展為主要的參考，在英國最早的公民資格只給擁有貴族資格、財產或社會中具有生產力的階級為主，在當時領取社會救助或福利者，例如障礙者、老人、小孩及當時的濟貧法制度內，具有工作能力但卻需要依靠教區給予救助者。這些類別的人口，最早在英國社會是不具有公民資格。換句話說，權利的最早概念是特權的意義，並不具有普遍性。接著因為英國內外局勢的改變，公民資格概念開始變動，個人自由的權利擴及擁有資產或土地者，可以自由處分自己的資產，當資本主義開始在英國萌芽的同時，個人自由權利內涵逐漸包括財產處分、自由遷移、宗教信仰、言論自由等。接著在十八世紀開始，隨著公民資格與英國民主制度的發展，政治參與及投票權擴及當時的資產階級等，但更重要的

---

[1] Mannan, H., MacLachlan, M, McVeigh, J. Core concepts of human rights and inclusion of vulnerable groups in the United Nations Convention on the rights of persons with disabilities. *ALTER - European Journal of Disability Research / Revue Européenne de Recherche sur le Handicap*. 2012; 6(3):159-77.

是領取社會救助者，仍不可以投票。在個人自由權利與政治權擴張時，只限於當時英國社會的男性，女性並不具有投票權，或廣義的政治參與資格。那就不用說障礙者。其他國家的發展也有類似的歷史經驗。[2]

直到英國二十世紀二次戰後，開始建立普及式福利國家制度，普遍且擴及全民的公民資格與救助身分三者關係的連接才被打破。先不論究竟英國福利國家制度，在促進不同階級者之間真正平等地位的意義，至少建立一個普及式福利制度，直接與間接的能讓各階層的人民都能享有使用的平等可近性。真正有趣的背景是，Marshall 本人在聯合國人權高專辦公室工作時，最早的《經濟社會文化權利國際公約》內容是他起草的，但是最後將這個內容獲得通過的卻是當時的蘇聯及東歐各國。因此，金教授在本書中，將 CRPD 條文，第 24 條教育權、第 25 條健康權、第 26 條適應訓練與復健權、第 27 條工作與就業權、第 28 條適足生活水準與社會保障及第 30 條參與文化生活、娛樂休閒與體育活動權，這幾條重要的社會權相關的權利條文歸納為社會權的條文。

每項社會權條文具體實踐都需要締約國投入大量資源包括預算、人力與各種資源。而這幾項社會權內容，與當時英國福利國家制度的主要內涵有關，例如健康權，英國在戰後建立的公醫制度就是一個例子。如教育權，英國的義務教育制度等，我們可以發現，當國家採取普及式提供各種服務時，權利的實踐才有可能打破階級的侷限。但是因為英國福利國家建制之後，並未積極處理障礙者在福利制度中的困境與問題，造成英國障礙者的貧窮狀態惡化，引起英國當時障礙團體的不滿，[3]後來逐漸發展出英國學者與障礙團體提出社會模型，福利國家制度的漏洞與不足，成為社會模型的興起與擴散。

CRPD 要求締約國要盡的義務與責任遠大於其他的人權公約。金

---

[2] Kelly, B. D., *Disability Law and Policy: An Analysis of the UN Convention*. Edited by Charles O'Mahony and Gerard Quinn. Clarus Press: Dublin; 2017.

[3] Barnes, C., Disability Rights: rhetoric and reality in the UK. *Disability & Society*. 1995; 10(1): 111-6.

教授將社會權放在第四章，同時加上國家責任與義務的第 30 條。金教授的章節安排，很有智慧的將兩公約與 CRPD 關係做區分，另外一方面，我們可以解釋如果締約國能確實的落實 CRPD 各項條文內容，間接的就促成兩公約的具體實踐。因此，CRPD 在聯合國的人權公約群組中，具有承先啟後的關鍵地位，它不僅是將人權理念落實運用在障礙者身上，透過 CRPD 的實踐，將原先具有宣示性意義的兩公約，朝向更積極的人權保障方向發展。但是 CRPD 提出的是人權模式，而非僅止於英國的社會模型，這點的差異是 CRPD 超出社會模型論述的主要貢獻。[4] 下段，我將針對這兩個模型的差異提出解釋，同時也說明為何金教授的章節，會在介紹公約內容與兩公約關係之後，將焦點移到福利與權利兩者的論述。

## 二、差異、平等與人權取向之障礙模型

金教授的書，第二個重要內容是由福利到權利，他主要的觀點是解釋為何障礙者公約的實踐，建構在障礙者為權利主體的位置，作為翻轉以往其他公約中，被忽略的障礙者權利問題。上節所述英國為主的社會模型，主要核心是透過反歧視法的落實，將外部各種對障礙者不利的社會結構因素排除。社會模型概念中，障礙者的個人損傷，無論是身心理各方面是模型的第一層次，而消除外部各種社會環境、制度、政策的不利因素，是第二層次的重點，也是社會模型的主要核心。焦點在社會結構面的不利導致障礙經驗。

人權模型的障礙經驗，除社會結構不利因素之外。更重要的是人權取向沿著以往人權宣言的路徑，更重視個人損傷經驗的多樣、多元與差異之特質。在人權取向的障礙模型中，不同障礙者的個人損傷部位不同、年齡、性別、功能限制、社經地位等都不相同，且差異極大。障礙

---

4　Degener, T., A New Human Rights Model of Disability. In *The United Nations Convention on the Rights of Persons with Disabilities: A Commentary*. Editor by Della Fina, V., Cera, R., & Palmisano, G. Cham: Springer International Publishing; 2017. p. 41-59.

者不僅與一般人有所差異，在障礙人口群體內部也是差異極大的人口群。因此，回到個人不同的損傷經驗與困境，只有障礙者本人最瞭解他所需要的協助與問題，制度回應不同障礙者的差異特質，也需要相當的彈性，才能滿足不同障礙者的需求。以個人為權利主體的意義之下，各締約國需要將障礙者融入各項公共政策過程中，聽取障礙者的意見回饋，障礙者參加各種過程，才能彰顯障礙者本身為權利主體的意義。金教授在第四章之後的章節，強調一個概念就是障礙主流化。

　　金教授在書中，強調障礙者的基本人權需要各種的支持或協助，但這並不表示障礙者是社會福利制度中的依賴者，相反的如果依據公約的精神與落實公約內容對公共政策規範，障礙者成為實踐權利的主體，而不同障礙者損傷經驗不同，需要的支持與協助不同，這些損傷經驗的差異成為具體公共政策需要回應障礙者需求的根據，而障礙者並非為制度的依賴者。在 CRPD 條文中，第 9 條的無障礙／可近性與可及性，成為實踐障礙者社會參與的重要機制，無論是訊息、建築物、道路、交通設施、設備、資訊等都要無條件且持續的改善無障礙與可近性及可及性問題。另外一方面，在第 5 條的平等與不歧視，最重要的提供障礙者合理調整，這個合理調整概念，就是建基在人權模型的損傷經驗多樣與多元化的基礎上，每個障礙者都不相同，即使是相同損傷狀態的障礙者，也會因為部位不同而需要不同的協助與支持。這個以「障礙者個人」為主體出發的調整，是人權模型非常重要的核心概念。

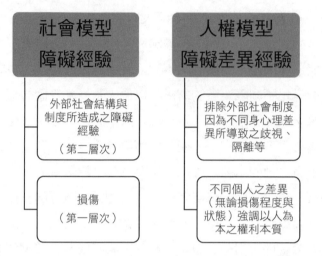

　　金教授在書中提到的重要概念，認為 CRPD 公約中將障礙者視為權利主體的意義，在於障礙者為具體的行動者，參與社會各層面生活及政策討論與替自己的權利發聲。唯有障礙者成為權利的主體，障礙者本人享有的各種福利或滿足需求的各項支持與服務，才不會被視為政府體制給障礙者的恩給，障礙者才能擺脫過去的「依賴者」角色。這是金教授在書中一再強調的重點。因此，這本書的重要轉折，就人權公約角度來看，CRPD 的推動與實施，將障礙者在社會中的位置，由以往福利領受者轉向權利使用者的角色[5]。金教授認為，唯有障礙者個人成為權利主體時，才能真正的站在平等的地位與其他人享有公平的機會與對待。因此，在本書內容中，金教授也花了些篇幅說明公平正義的概念。

## 三、公民資格演進與權利主體改變

　　前述有關平等公民權的討論，就公民權發展與人權公約關係。在2016年，義大利 Institute for International Legal Studies of the National Research Council 出版一本針對 CRPD 公約與各條文的合輯書籍，以協助義大利政府就公約中所強調國家責任與義務，及各條文內容，以國際

---

[5]　同註 1。

法的角度，瞭解公約的實質性實踐問題與實施重點。[6]這本書的最前面幾章就 CRPD 的起草過程、內容及最後定稿等作歷史背景的說明，第一章特別針對障礙者的公民資格與地位，就整體障礙者的公民資格與地位作說明。1945-1970 年代，障礙者被視為隱性公民位置，1970-1980 障礙者被視為醫療復健的對象，1980-2000 年代，障礙者被視為權利的客體，2000 年之後，障礙者被視為權利的主體。這個簡短的歷史分期與回顧，反映出在不同年代，障礙者被整體社會及國際社會及人權公約的對待方式，我們可以看出這樣的分類也是障礙研究發展的階段與障礙者在不同模式的對應位置。[7]

金教授的這本書，不僅指出障礙者本身平等公民權利的保障，是回應國際社會對障礙者基本權利觀點的演變，更重要的金教授特別強調，障礙者不僅是需要認識到自身為權利者之外，更需要意識到權利對等的義務角色，障礙者也需與其他人相同，善盡一個國家的公民義務及責任，這才是公約對障礙者最深的期待，也是金教授認為障礙團體需要意識到的公約目的。這是我看過許多討論 CRPD 的文章與書籍中，第一次直接的點出，障礙者除應得到各項公民資格應享有的權利之外，也強調障礙者作為一個公民，需盡到的責任與義務。權利與義務兩者不可分也是互相依存。

CRPD 公約最終目的在促進於障礙者的平等與降低社會歧視，平等概念在公約中，除強調形式平等之外，更強調實質的平等與最重要的變革式平等。在金教授的書中，首先他說明法律之前人人平等與法律之下平等兩者的意義與差異，接著他強調 CRPD 公約平等意義，除對待所有狀態相同者，法治體系應平等對待之外。公約透過「合理調整」機制，將個別障礙者的差異與不同需要帶入平等概念中，針對不同障礙者

6　Fina VD. Article 3 [General Principles]. In *The United Nations Convention on the Rights of Persons with Disabilities: A Commentary*. Edited by Della Fina, V., Cera, R., & Palmisano, G. Cham: Springer International Publishing; 2017. p. 119-36.

7　Shakespeare T., Human rights and disability advocacy. *Disability & Society* 2015; 30(2):316-8.

需要所提供的個別支持與協助，才是真正的實質平等。例如，以健康權為例，障礙者與他人相同享有全民健康保險制度提供的各種資源，這是第一層次的形式平等，或形式正義。但是障礙者出門就醫，所需要的外部環境無障礙設施，道路、交通運輸、醫院可近性與就醫時各種醫療設備、設施與服務的合理調整，才是這份公約中，所企圖達成的變革式平等。外部結構環境、制度調整與個別的協助等，才是協助障礙者實質享有健康權的重要機制，個別化合理調整是促進障礙者各項權利實踐的重要機制。CRPD 公約中，清楚提出歧視的樣態且具體指出，如果義務單位拒絕提供障礙者合理調整，就是一種對障礙者的歧視。金教授的書中，對公約的解釋與分析，非常全面與透徹。他的書可以作為台灣推動與落實公約的重要參考。

## 四、專業翻譯名詞釋疑

為讓這本書對台灣讀者更有幫助，尤其是有些台灣與韓國常用字詞的差異，在這裡做些整理與說明。

（一）「救助」取代「接濟」。在書中金教授用「接濟」一詞，說明韓國的社會救助制度或社會上對障礙者的協助，我建議改為「救助」，除因為我們使用「社會救助」在各項法令內容，接濟一詞比較接近個人對個人的金錢協助，用救助一詞，除個別金錢上的協助之外，還有協助的意義。因此。我用救助取代接濟。

（二）「社會排除」取代「社會排擠」。「社會排除」在台灣是過去十幾年討論社會政策的重要概念，討論分析的是障礙者、失業者、移工、貧窮者等，因市場失能與制度的失靈，被整個社會體制排除。這是一個制度失敗的結果。韓國的「社會排擠」，比較像個人層次人際關係之間的排斥。而台灣的學術界常用的是社會排除這個概念，因此做這樣的修改。

（三）「規範」取代「規定」。在本書序言及章節中，對公約具有對締約國相關政策的規範作用，韓國原本使用「規定」一詞。我改為「規

範」，一方面是台灣習慣的使用方式，另外一方面，規定具有強制性意義。而社會政策中，許多概念轉為政策條文時，用規範的意義是指條文本身具有指導政策方向的意義，同時給予實施單位某種程度的自由裁量空間。

（四）對兩公約的英文簡稱，金教授在書中用ICCR及ESEC[8]，我會在文中第一次提及兩公約時，採取全稱的用法，之後的文本時就用簡稱。同時盡量用法務部翻譯的名詞，以利未來讀者可以比對與深度瞭解兩公約與CRPD的關聯性。

（五）金教授在本書中是主編角色，本書中有些章節非金教授本人撰寫。在此特別對第八章有關精神及心智障礙者兩個用詞在台灣與韓國社會脈絡做些說明。先討論台灣，我們使用《精神衛生法》，在這個法案中，主要是以精神疾病患者與行為異常或社會心理失調者為對象。在原本的韓文版本中，該章作者權五鏞先生使用心智障礙者稱呼精神障礙者，這樣的用法與台灣差異太大。台灣心智障礙者或智能障礙者，泛指具有智能與腦部損傷或腦部及神經系統損傷者，先決條件是具有某些程度的智力低落問題。韓國的心智障礙者是指具有精神與神經心理問題診斷或行為異常者，智能障礙者才是與台灣相同的用法。因此在最後編校時，我依據作者在文中的前後意義，做些更動。

（六）用「監督」或「監測」取代「監管」。韓國作者使用「監管」，意思是指對公約的監督與監測之意，我用台灣常用的「監督」與「監測」，交互在文中，讓台灣讀者更瞭解全文的意義。

## 五、結語

最後回到我提出的「尋找台灣金教授」的題目本身，我主要的盼望是希望未來台灣各項不同背景的學術同仁可以一起研究與分析這份公約，而不再屬於少數領域的專家意見。例如學習社會政策學者需要瞭解

---

[8] 編註：本書對此兩公約簡稱改用台灣慣用的縮寫法ICCPR與ICESCR。

國際公約的實踐意義，或法律背景學者需要瞭解台灣長達四十年的身心障礙福利與政策體制建立的背景與背後各條文涉及的行政單位。或公共衛生背景的學者需要知道測量身心障礙人口的各種方式與定義等。身心障礙相關的知識基礎相當的廣泛與多元且多樣。我也很厭倦在各種會議場所聽到人權團體對相關政府單位的監督意見，但是又在欠缺對國內外身心障礙相關政策、倫理學、人口學與政策論證及福利國家瞭解的知識基礎下，要求國家在最短時間內達成公約的義務與責任。這是幾乎在短期內不容易完成。我可以預期，這樣的態度只會增加政府內部主管部會與行政人員的更替，沒有人要繼續再做推動公約的工作與擔負行政責任。結果就是無法累積推動經驗，沒登陸沙灘前，已經沒有願意做後浪的人了。CRPD 公約涉及的各方利害相關人與單位非常多，要忍住耐心的協調與推動，原本就不容易。最後我常想，以人權之名，要求所有其他人要遵守公約的各種團體與單位，是否真正的在行為語言與舉措中，能用人權的態度對待那些第一線的各種工作人員呢？台灣仍要繼續尋找更多的金教授，投入這個公約的研究與實踐工作。

# 韓文版推薦序

## 吳俊（오준）推薦序

韓國慶熙大學 和平福祉研究所 教授

前聯合國大使，2015 ～ 2016 身心障礙者權利公約 締約國會議主席

　　聯合國於 1945 年創立時，第一件做的事就是通過《世界人權宣言》（Universal Declaration of Human Rights, UD 。人類經歷了兩次世界大戰，帶來生靈塗炭及破壞，意識到需要經由維護人權來保障人類尊嚴以守住和平。1948 年的《世界人權宣言》第 1 條「人皆生而自由；在尊嚴及權利上均各平等。」（All human beings are born free and equal in dignity and rights.）揭櫫了現代人權概念的宏大原則。回顧歷史發展過程，「人類的自由與平等」不是像發現地球是圓的那樣發現了未知的科學真理。反而是一種社會理念，希望我們接受這樣的前提後，能導向安全有保障的社會。發表《世界人權宣言》之後的 70 年間，國際社會在聯合國主導下，簽署了九大人權公約。這些公約涵蓋人權在政治、社會、經濟上的基本協議，而且主要是以女性、兒童、少數民族、移居勞工等社會上弱勢階層的保護為主。其中，2006 年簽署的《身心障礙者權利公約》，算是最近完成、比較新的人權公約。

　　經過各國公民社會（civil society）和政府數十年的努力，將身心障礙者的權利從人權的角度，全面涵蓋規定的《身心障礙者權利公約》，儼然成為人權歷史上的重要里程碑。《身心障礙者權利公約》的擴散速

度也非常快，自生效後 10 年就有 177 個國家加入。國際社會在 2015 年通過了「永續發展目標」（Sustainable Development Goals, SDGs），作為人類的發展藍圖，並立下「不遺漏任何人」（leaving no one behind）的實踐原則。要實現這些項目，首先必須推動的就是讓身心障礙者平等的參與的社會，消除對身心障礙者的歧視，在所有領域都要保障身心障礙者的可及（可近）性，使他們不受障礙，通行無阻的發揮所長，建立這般全面融合的社會才是確實走上《身心障礙者權利公約》以及永續發展目標的真正意涵，這是全世界公認的途徑。

金亨植教授的研究帶領下出版的《由福利到人權：聯合國身心障礙者權利公約深／申論》一書，旨在說明國際社會為增進人權所做的努力下，規範身心障礙者權利的國際公約是如何形成及推行。金亨植教授克服了本身的身體障礙，一躍成為國際性的人權學者，他從 2011 年起經過八年時間，以身心障礙者權利公約委員的身分活躍於聯合國。其中 2015 到 2016 年剛好我也擔任《身心障礙者權利公約》締約國會議的主席，我曾訪問過金教授服務的「日內瓦身心障礙者權利委員會」，也曾在紐約的締約國會議上邀請金教授為我們演講，所以在國際場合多次目睹他的活動。在有關人權問題上，他豐富的專業，廣泛的見識以及活動，成為 18 位專家組成的委員會重要的資產，我身為韓國人以他為榮。加入《身心障礙者權利公約》的所有國家，每四到五年會將各自執行公約的現況呈報給委員會，接受審查。因此，金教授在八年任期中，審查過世界各國的身心障礙者人權現況，他是唯一的韓國人。而且，據說他為了不落於其他國際委員之後，對世界各國的專業文獻也廣加涉獵，穩固的打下學術基礎。也因此本書裡的專業和經驗特別珍貴。

在 2017 年初，我從外交官退休後，基於發揮我過去身為第一個亞洲人擔任《身心障礙者權利公約》主席的經驗，我選擇與身心障礙者團體一起工作。我（韓）國在身心障礙者的福利上在各地區算是領先，但是以國際性的身心障礙者人權標準來看，還有很多改善的餘地。尤其在《身心障礙者權利公約》所強調的社會、人權的可近性上更是如此。

金亨植教授在本書的序文中很尖銳地指出：「我們雖然在慶祝《身心障礙者權利公約》十週年，也在迎接下一個十年，但要隨時記住，不管是韓國或是地球上的任何地方，還有非常多的身心障礙者無法享有基本服務，而在傳統的慈善（救濟）或施予受惠的模式中無法掙脫。」也就是說，我們首先要承認整個社會仍然是以一般人為中心，救助或保護障礙者與其互動，故應於身心障礙者的人權領域內，全面推動以權利為基礎的社會可近性。這樣才能實現金教授所言「最有力量的人類理想」的人權。

　　本人透過大學授課與公開演講，深深感受到整個社會，特別是年輕一群，對人權的關心度相對提高。也許是來自於北韓的人權問題，但我相信這也反映出大家對社會上的弱勢者，開始有同理心與關懷等正面的變化。這本書有紮實的理論說明、相關案例的判決，並傳達聯合國的現場經驗，相信不僅是身心障礙者的權利，對所有關注人權及人性尊嚴的有心人士，都會是一本很珍貴的指南。

## 李亮喜（이양희）推薦序

韓國成均館大學 教授

國際兒童人權中心 理事長／代表

聯合國兒童權利委員會 主席（2007-2011）

聯合國緬甸人權狀況 特別報告員

## 為弱小者創造美好的世界

　　這是我在 2011 年結束聯合國兒童權利委員會主席的任期，在韓國設立國際兒童人權中心時定下的願景，這裡提到的弱小者是誰？是被社會冷落與排除者，以及人性尊嚴被踐踏的社會成員，也許是女性、性少數族群、新住民、難民、兒童或是身心障礙者，我們可以選擇與他們同在，我們也可能就是那最弱小者。

## 所有與我們有關的事，都要我們的參與（Nothing about us without us!）

　　這個口號貫穿《身心障礙者權利公約》誕生的過程中，也一直盪漾在我們心裡，更讓我們醒悟什麼是權利的主體。

　　想起在 2006 年的夏天，美國紐約的《身心障礙者權利公約》協商過程接近尾聲，大家如火如荼的進行拉鋸戰。是否要加入現在的第 6 條

（身心障礙婦女）以及第 7 條（身心障礙兒童），也是論點之一。第 6 條
雖然已經有了《消除對婦女一切形式歧視公約》（1981），但實際上並沒
有深入探討到身心障礙女性的問題，而第 7 條也是早已出現《兒童權利
公約》（1989），但同樣在《兒童權利公約》也沒有深入探討身心障礙兒
童的問題。而一方主張要拿掉一項就要全部拿掉；另一方主張兩項都要
加入不能少。當然我是為了主張加入第 7 條而在現場。後來達成協議將
兩項都全部加入，更成功將兒童當成主流議題，加入在公約的各項內容
裡，這對我們障礙兒童來講真是一項喜訊。

## 8　沒有能力、不夠成熟、保護對象

　　最弱小者，這是用來看待兒童和身心障礙者的代表性觀點。不夠成
熟、能做的有限，所以是需要保護的對象。但是國際社會要求我們改變
這些觀點。《身心障礙者權利公約》和《兒童權利公約》都全面涵蓋了
公民、政治權利，以及經濟、社會與文化權利，並得到聯合國大會一致
同意通過。也就是說，兒童和身心障礙者都應該享有身為公民應該擁有
的完整權利，這意味著對他們沒有任何先決條件或持有反對意見。

　　就算有這些規範，世界的改變卻不是那麼容易。尤其對於身心障
礙者更是艱難。尤其對一個障礙兒童，他具有障礙及兒童的雙重特殊
性，更加受到冷落和排除。例如，不久前，媒體報導了為訴求設立障礙
兒童相關特殊學校，父母跪著哭訴的場景，也有一位啟智學校的老師性
侵身心障礙學生的事件。此外，2014 年韓國進行的《身心障礙者權利
公約》最初審議，有關障礙兒童的第 7 條建議事項是空白的。

　　因此本書作者金亨植教授，不只談到聯合國《身心障礙者權利公
約》的內容，更提及韓國社會現實上所面對的問題，以及需要挑戰的課
題。不將權利視為施捨受惠或救助的社會如何實現？金教授將以寬廣的
知識，為我們深入分析。

## 從福利模式到權利模式的轉變

這簡單明瞭的一句話，濃縮了本書所包含的內容。本書從誕生背景開始談到各章條文的意義和推行現況，介紹作為國際規範的《身心障礙者權利公約》，更論及將身心障礙以權利議題來看待需要的價值觀和哲學觀，以及如何適用於現實的方法論，在此將本書推薦給有心成為身心障礙者權利相關專家的所有人士。

## 林成澤（임성택）推薦序

法務法人（有限）Jipyong 事務所律師

國家人權委員會 非常任委員


　　當我第一次接觸聯合國《身心障礙者權利公約》時，感到非常驚訝。我本來以為這會像過去聯合國制定或頒布的其他人權宣言一樣，充滿美麗辭藻且抽象而裝飾性的宣言性公約。然而，《身心障礙者權利公約》是超出我預期想像的法律規範，是最先進的人權法案。對於身障的諸多爭議，明快又進取並非常具體。我讀到對於人的深入理解與洞察。

　　我（韓）國國會在 2008 年 12 月批准了《身心障礙者權利公約》。之後《身心障礙者權利公約》就具有與國內法相同的效力。但是，《身心障礙者權利公約》經過十年，在韓國還沒有成為法律規範。與身心障礙者權利相關訴訟上，很難找到引用《身心障礙者權利公約》為法律規範的案例。在法律資訊相關網址上也不容易搜尋，不僅是政府機關，一般市民也沒有將《身心障礙者權利公約》認知為是與國內法相同的法律規範。

　　在這種情形下，敬愛的金亨植教授要出版深入分析聯合國《身心障礙者權利公約》的書籍，真是個好消息。過去聯合國身心障礙者權利委員會在審查韓國國家報告時，我是曾經出席 NGO 代表團的一員。來自各國的委員與許多類型的身心障礙者，一起聆聽及討論很小的國家發生

的身心障礙者故事，是多麼令人感動的會議。金亨植教授是韓國最早的聯合國身心障礙者權利委員會的委員，八年時間擔任兩屆委員。這本書裡有很多他個人豐富的經驗。特別是針對社會上對身心障礙者根深蒂固，不斷出現的偏見、歧視與排除等問題，事實上，這是在《身心障礙者權利公約》的許多條款中，也不斷談到的問題。但是，我不禁思考，這種歧視和偏見的問題，在我（韓）國社會難道只出現在身心障礙者身上嗎？這些問題，透過金亨植教授對《身心障礙者權利公約》條款的深入探討；援引平常很不容易接觸到的《任擇議定書》（optional protocols）上各種豐富的判決案例；以及各締約國接受審議的結論性意見（concluding observations），來幫助我們理解，也明白指出韓國大眾媒體一直以來常常會犯的歧視和偏見。甚至負責實踐《身心障礙者權利公約》的保健福祉部、法務部等，有關身心障礙者政策立法的政府部門，對於它們應該要主導的「國家義務」（국가의 의무）也有詳細的探討。

　　本書以各樣的觀點並使用豐富的資料，對於《身心障礙者權利公約》所採取的超越福利模式，基於人權的觀點，以及身心障礙者權利有深入觀察。可以感受到以《身心障礙者權利公約》為基礎的深度省察和哲學思維。我希望不僅是身心障礙者，全國人民都該來讀這本書，韓國有句話說，「我們生為身障，死為身障」。我們都會慢慢老去，漸漸成為聽不清楚、看不清楚和走不動的老人。我們對於《身心障礙者權利公約》的理解，應該擴張到所有弱勢者的權利，也許這才是《身心障礙者權利公約》所標榜的核心哲學，金教授似乎也強調這部分。最後，對於本書的總執筆金教授，以及共同參與的禹周亨教授、權五鏞律師、身心障礙者開發院的柳京旼組長和權順枝研究員的辛勞，表示讚許。深切期待讀者們傾注高度關心來閱讀此書，建構橋樑來實現一個沒有成見與歧視的社會。

# 崔敬淑（최경숙）推薦序

韓國身心障礙者開發院 院長

總統直屬政策企劃委員會 委員（2018）

國家人權委員會 常任委員（2007~2010）

　　聯合國《身心障礙者權利公約》是維護與促進身心障礙者的權利與尊嚴的國際公約，希望在所有領域都要保障身心障礙者權利的全面性國際公約。

　　聯合國大會在 2006 年通過《身心障礙者權利公約》，韓國在 2008 年批准，2011 年首次向聯合國提交國家報告。2014 年首次的國家報告，由聯合國身心障礙者權利委員會進行審查並得到結論性意見後，致力於實踐與身心障礙者人權相關的國際社會標準。2019 年 3 月韓國提交聯合國《身心障礙者權利公約》第 2、3 次合併國家報告。這份國家報告對政府、學界，以及公民社會團體與各種利害相關者來說，自提交首次國家報告的時間點起，就對韓國的身心障礙者政策相關變化，有個整體檢討的機會。

　　過去韓國政府為改善身心障礙者政策的努力，可以談到其中一個例子，就是身障等級制的階段性廢除。這是首次國家報告獲得的結論性意見，也是第 2、3 次合併國家報告爭論的質詢事項，過去很長時間，聯合國身心障礙者權利委員會要求韓國對身障等級制重新評估或修正。為

遵守國際公約並反映身障當事人及公民社會團體一直以來的長期要求，2019 年 7 月起階段性廢除身障等級制，並開始進行以身心障礙者為中心的客製化服務支持。經過許多人士的努力，身障等級制階段性廢除的政策性變化終致獲得實現。

雖然如此，韓國為所有身障人士實現完整的權利、改善權利保障相關法律制度、對身心障礙者社會關注度的提高、人民對人權及對障礙意識提升等等，有待改善的事項還是很多。而且，聯合國《身心障礙者權利公約》具有與國內法相同的司法效力，但公約批准已經十年，並沒有在國家層面廣為人知，也欠缺人民的關注。我們有必要再度提醒，身心障礙者的人權和權利，不是以對社會弱勢階層的同情心為主，需要建立特別保護，而是所有人都應該公平享有、應該保障的基本人權。

要跟上國際人權標準的腳步，需要提高國家對人權認知水準狀況下，這本書意義重大。尤其，身心障礙者人權的相關標準，以及《身心障礙者權利公約》各條款的意義，都可以透過本書的各種案例加以瞭解，並觀察到國際社會與韓國社會的現況。而且，不僅是身心障礙者本身、政府機關公務員及勞工、公民社會團體、各種利害相關者，還有開始要學習有關身心障礙者人權的人士，透過本書，相信都有深入學習身心障礙者權利和人權的機會，在現場也能成為可以實踐及應用的導引。

非常感謝致力於讓這本書問世的研究人員；為韓國身心障礙者政策的正面改變與改善而努力的許多人士，也向你們表達謝意。希望透過這本書可以建立更美好的身心障礙者政策與建構社會的基礎。

# 崔永愛（최영애）推薦序
韓國國家人權委員會 主席

「人人都能發揮所長的世界」，這是我們國家人權委員會的願景。

乍看之下這個命題很理所當然，但是想到我們還面對很多的課題要來維護身心障礙者的人權，這依然是等待我們實現的願景。

我記得我擔任國家人權委員會常任委員的 2006 年 12 月 13 日是個特別的日子。在美國紐約聯合國本部舉行的第 61 屆大會中，由 192 個成員國以全體一致方式表決，通過《身心障礙者權利公約》。

長期以來，韓國社會對於身心障礙的社會因素並沒有正確的認知，只把它限定為身體和精神上的情況，認為是障礙者本身或是家屬需要克服的個別問題。且以治療和復健為主的醫療觀點來看待障礙者，國家的角色也沒有在意障礙者的權利實現，僅僅是以福利或施捨性質的支持服務。

在這種現實下，身心障礙者團體及當事人一直以來不斷的提出質疑。在其努力下，2008 年起開始實施《障礙者反歧視法》，可以在更廣泛而具體的領域規範對於身心障礙的歧視行為。韓國國家人權委員會受理的障礙歧視相關陳情比之前多出三倍以上，其範圍也包括設施物的近用及移動交通工具，到訊息接觸和溝通交流、財貨服務、文化活動、被社會歧視等各式問題。由於《障礙者反歧視法》才得以確認，障礙者與

非障礙者應同等對待，同樣的參與活動，社會的結構及環境是讓大家全面融合發展的，才是真正的平等，障礙者身為社會成員之一也可以發揮所長貢獻自己。

本書作家金亨植教授自 2011 年起，為期八年時間擔任聯合國身心障礙者權利委員會的委員，也從事第三世界身心障礙者相關國際開發合作等，是身心障礙者人權國際合作領域的先驅者。金亨植教授的著作《由福利到人權：聯合國身心障礙者權利公約深／申論》，表達對身心障礙者人權維護的熱誠，以及在現場的各種經驗。

本書將現階段必須建立的各樣論點，很有系統的做出整理。像是以人權為架構的身心障礙概念、歧視的類型到社會福利模式的變化、聯合國《身心障礙者權利公約》各項權利條文的理解、身心障礙者的現實和公民權利，以及與韓國身心障礙者權利提升有關的前景與課題等。

尤其現在韓國在廢除身心障礙等級制、去機構化（deinstitutionalisation）政策、《身心障礙者權利公約任擇議定書》的批准等，在身心障礙者人權保障體系出現巨大變化的情形下，作者以理論作為架構，整理有關身心障礙者全面融合於社會的爭議點；對於《身心障礙者權利公約》的推行相關國家策略及監測內容收錄在書本的後半部，讓韓國為跨步邁向身心障礙者的人權社會而更加深入的規劃。

相信本書對於需要深入理解《身心障礙者權利公約》的相關科系學生、身心障礙學者專家、身心障礙者本身、第一線的人權擁護人士等，想必是一本好書。

希望藉由這本書，幫助實現讓身心障礙者的人權得到實質保障的社會。

2019 年 6 月

# 國際身心障礙者人權保障相關立法的發展

　　2018 年是聯合國《身心障礙者權利公約》在 2006 年通過後的第十　　15
年。目前為止有 177 個國家簽署公約後經過批准，有 92 個國家在任擇
議定書簽署後經過批准。之後 177 個成員國中有 69 個國家接受審查。
但是將《身心障礙者權利公約》的哲學和原則僅以明文規範和實際推行
之間，現實中的落差是很大的。批准公約的締約國，他們究竟在多大程
度上確實認知到自己的義務而推行？這一點令人質疑。然而我們一直以
來的信念就是讓所有的身心障礙者，不管在世界上的任何角落，都應該
不受歧視的完全融合生存於世界中。而《身心障礙者權利公約》不僅是
個嶄新的國際人權法案，更是將人權認定為基本政治理念之世界潮流。
過去在人權的美名下認可脫離被殖民的正當性，也應透過《身心障礙者
權利公約》讓身心障礙者擺脫偏見與歧視，不再是社會上的弱者，而是
以一個公民來享有憲法所保障的權利。因此，本研究的核心主題，著重
於深度理解推行聯合國《身心障礙者權利公約》的締約國，其國內法規
之間的關係。

　　本研究中聯合國的《身心障礙者權利公約》，不只是作為一個宣
誓文，我們更想要聚焦的部分為實踐其本來的原則和目的所要面對的
問題點、韓國的司法界、身心障礙者的非政府組織 NGO/DPO（non-
governmental organization / disabled persons' organization）與公民社會，
以及該如何參與整個實踐過程。但為了更深入理解公約，我們也將聯合
國的所有人權公約（UN human rights treaties）納入解說：它們是如何
相互交錯，支撐其公約的哲學與原則；以及過去任擇議定書的許多案
例，是否基於《身心障礙者權利公約》的原則和哲學。為此目的，我們
以聯合國的各種公約為基礎，多方面探討這些公約如何反映於本公約的
內容，也會講述現在看似還很遙遠的任擇議定書，在身心障礙者權利擴
張上的貢獻。為幫助各個條文的解說，我們大幅採用了相關委員會對各
締約國國家報告的結論性意見，去實際瞭解各締約國面對情況時在實踐　　16
上的課題。相信「結論性意見」裡的各種疑慮和建議事項，一定會成為
實踐公約的重要方向。

　　本研究是將聯合國的 10 多個人權公約，以及近 70 個國家的國家報告之審查內容和結論性意見等資料做比較分析，以深入說明權利與國家義務的關係。例如，在第 3 章以身心障礙者的歧視為例，進入更深層的探討。事實上，身心障礙者的歧視就像是公約內容中的黃金脈絡一樣，是很重要的概念。在公約的第 5 條第 2 項規定「締約國應禁止所有基於身心障礙之歧視，保障身心障礙者獲得平等與有效之法律保護，使其不受基於任何原因之歧視。」在公約的第 5 條第 2 項規定的歧視具有兩個層面：第一是平等和反歧視的概念，這是在經濟、社會、文化等所有的生活領域都要正當化的概念，第二是法院對所有違背聯合國公約標準的法律都具有將其無效化的司法權限。

　　歧視有分直接歧視、間接歧視、連帶歧視、結構及制度性歧視，以及騷擾（혐오；harassment）、多重與交織性歧視。以直接歧視為例，一位智障者在接受警察的調查審訊時，若沒有適當的陪伴支持下，很可能導致虛假認罪（허위 자백；false confession），沒有犯法卻淪為犯人而被拘留。直接歧視也有可能戴上各種面具，例如：因為身心障礙問題而學校拒絕受理入學，因為身心障礙而被拒絕僱用，或是因為身心障礙而無法出入某種公共場所等。相反的，間接歧視是出現在比較有中立性質的司法、政策研究、規範等。國家有義務查明制定的反歧視法，是否可以明辨上述歧視樣態，並以累計方式將其詳細統計出來。以身心障礙者權利委員會處理過的任擇議定書判例（2012）來舉例，瑞典的法律明文規定所有人民在司法底下都是平等的，2010 年開始生效的瑞典建築法規也一樣。事情是一位瑞典女性身心障礙者為持續性的復健治療，想要聽從醫生給她的建議在居住的屋子內建造一個游泳池，但是觸及上述建築法規而遭到拒絕，於是透過任擇議定書提報到委員會。此建築法規也明確記載，不論是否障礙也都公平適用於所有人民，而依據此建築法規拒絕受理申請之情形，也同樣適用於所有人民。但是委員會認為就算司法中立，但沒有充分關照適用該法律的個人特殊性而直接引用，也算是一種歧視。若是公約上保障的權利，卻在沒有客觀或合理的正當性下遭

到拒絕，等於是沒有將差異性納入考量，就可以判定為間接歧視。[1] 連帶歧視是在我們周圍常見的情形，就是本人沒有障礙問題，卻因其父母或親人有障礙問題而跟著受到歧視待遇的問題。委員會審查的判例之一是位身心障礙者的母親，因為她子女有障礙的緣故，認為她的生產力應該不高，且會不容易排出時間的歧視。但是在法庭的判決是，公平的待遇原則，不僅適用於身心障礙者本身，也要公平適用於身心障礙為理由的所有情況。[2] 結構及制度性歧視（systemic and institutional）是來自於社會結構或制度內存在歧視性因素。這些因素，有些是公開的或潛在的，也有可能隱藏於這個國家的憲法中，或長期隱含在制度或文化傳統、社會規範裡，而形成對身心障礙者的傷害行為或負面刻板印象。委員會認為非洲，尤其是坦尚尼亞，對白化病（albinism）的病患施以巫術的迷信行為是歧視，並以公約第一條認定白化病屬於身心障礙。[3] 騷擾也是無關於身心障礙與否也構成一種歧視。這是有組織的對人施加非自願的行為、行動，而使個人尊嚴受損，以加害人威脅和暴力方式呈現。騷擾也會延伸出其他的騷擾情況。騷擾是直接對身心障礙者以言語或調侃等，最近網路上以歧視現象出現的霸凌（bullying）型態的犯罪也是極度的惡劣。最後來說明多重與交織性歧視（complex and intersectional）。在英國的雪菈‧李，為她在 2016 年的違法行為是否能提出申訴等待判決之際，卻在等候期間死亡。雪菈就是具有身心障礙、女性、種族多重與交織性歧視的案例，她是等待最終判決的入獄者，卻在整個司法制度下遭到多重歧視；而英國的精神健康法案（2017-2019），是因為一位叫路易斯的病患，2010 年在英國伯利恆皇室醫院死亡，才由國會議員在國會提案要求立法，法案的核心是讓病患可以自主接受治療。[4] 在本書中，特別是在第 3 章，會對公約上的各項條文，如

18

---

[1]　任擇議定書 H. M vs Sweden (2012). 公約 /C/7D/3/2011

[2]　任擇議定書 Coleman v. Attridge Law (C-303/06,C.)

[3]　任擇議定書 X v. Tanzania

[4]　Mental Health Units. Bill 2017-19. https://services.parliament.uk/bills

上述案例，進行更深度的分析與解說。

　　本研究是為提升身心障礙者權利，以及世界各國的法律是如何制定並實行，而進行的研究分析。隨著世界各國的身心障礙者從社會排除，轉移到全面融合，聯合國主導的《身心障礙者權利公約》是如何讓世界各國修訂、頒布及整合相關法律，以提升障礙者權利。2006 年聯合國通過的《身心障礙者權利公約》如何挑戰各國現有國內立法，這項分析具有重要意涵。但同時要表述，雖有《身心障礙者權利公約》及世界各國的立法制定和發展，但是身心障礙者的全面性融合社會、人權、平等理想的實現，還有遙遠的距離要達成，所以要強調相關法令的修訂及實作上的重要性。藉由此項課題也在探索，如何由外交官、司法界人士、律師、醫生、社工人員、治療專家，包括各種障礙者團體透過公民社會運動，日後有助於身心障礙者的權利提升。同時此項研究也在分析，韓國的《障礙者福利法》相較於聯合國《身心障礙者權利公約》的各條文，還需要怎樣的改革課題。這不是單純的課題。韓國的障礙相關法令似乎很鬆散。最大的問題是作為身心障礙者福利基本法案的《障礙者福利法》，大部分為不具實效性的任意規定型態，法規修訂依據每個階段的需求，類似補釘性質的法案內容，而難免被批評是鬆散而零零落落且沒有實效性的法規。而且在較敏感或模糊部分就由總統令來處理，若總統對身心障礙者的福利和權利有一番透徹思維就還好，否則就很難跨出所謂的施捨和傳統的福利觀念。

　　在韓國的身心障礙界一直希望有一本「身心障礙者權利典章」，我們就以上述課題進行討論以避免過度重複。我們使用各種研究報告、聯合國資料、出版物、任擇議定書的判例、審議對象國的結論性意見等多方資料，希望有助於日後的研究人員。

　　研究目的之概要整理如下：

　　第一，要設法達成《身心障礙者權利公約》中涵蓋的多樣而艱難的課題。回顧過去，為不再重演 1948 年第二次世界大戰的慘狀而宣布的《世界人權宣言》，2018 年迎接第 70 周年。然而，今日世界的人權現狀

19

在世界各地的糾紛、種族歧視、經濟、社會的不平等與失序，以及貧困和壓制的政權下，人權現狀是多麼慘淡！G. Robertson 曾經譴責：「全世界都沒有做到人權，卻都說的跟什麼一樣！」[5] 看來剛滿 10 週年的《身心障礙者權利公約》，未來的道路也不是很平坦。讓人想到，《身心障礙者權利公約》所標榜的司法與政策研究的核心以及技術性的權利概念，要如何簡單易懂地說明清楚後傳遞出去，這樣的需求確實非常迫切。但它是具有挑戰的。我們不能忘記韓國在司法的制定和解釋上是成文法（statutory law 又稱制定法，由立法機關根據憲法的授權，照一定的立法程序制訂）主義國家，而制定法律的主體像是國會議員、法律專家們也都有不同的等級分成很多的見解，而最終到立法，也會隨著權勢順位、會加入某些法規、也會刪除一些法規。雖然韓國的司法界很多元，但是實際主導司法的學派權勢儼然屹立不動，所以每項法律的制定和實施很可能一直以來都是有他們獨佔的。令人擔憂的是他們過去是否具備徹底的人權意識，而具體地為身心障礙者的人權及權利意識來制定法律並行使。而且韓國憲法第 5 條雖寫著國際法和國內法具有相同效力，但將國際公約付諸實行到國內法規時，就有很多意見來做不同的解釋。韓國《商法》第 732 條的保留條文就是其中一例。保險相關公約的條文當初就以韓國《商法》732 條與《身心障礙者權利公約》互相衝突為理由，直接改為保留項目。後來採取附加但書條文方式處理，即便是心智障礙者（這雖不是貼切的字彙）在簽訂保險契約或成為團體保險的被保險人時，只要有思考能力就可以加入保險。等於是撤回此保險相關的保留條文。公約的各條文內容一定也會有少數人的意見。就算是《身心障礙者權利公約》具有與國內法規相同的法定效力，也不表示完全沒有衝突。《身心障礙者權利公約》讓大家對權利有清楚的概念，也明確的定出它的適用範圍。《身心障礙者權利公約》中談起的條文都是有關權利，但是由於韓國國內法的改革或是資源問題（如：改革韓國的身心障礙者判

---

5　G. Robertson, *Human Rights* (Penguin. 1996).

定）會導致是否保留或衝突等。因此在公約的推行上，有時會考慮試著訂出優先順位後尋求共識的折衷方式。權利委員會[6]在審議締約國的過程中，有時候也會要求在推行上的優先順位。再次地重複，公約的推行在現實上，真的感受到「全世界都沒有做到人權，卻都說的跟什麼一樣！」的那句話。

20　　第二，障礙者本身和障礙者團體需要一些工具來理解權利相關案件以及身心障礙者的「國家的本質性義務」。這對身心障礙者的充權（empowerment）與維護事業都是需要的。但是現狀又如何呢？也許對在第一線的專家並不陌生，各個社會福利部門都是鬆散而分開的，想要爭取國會預算都很吃力，至於其他的社福部分與其說是退讓或合作更像是競爭激烈。在社福界形成一個權勢集中的團體，反而危害社福界。

　　第三，本研究中另一樣重要的主題就是有關「權利與義務」。以「障礙者的公民權利」的觀點重新審視《身心障礙者權利公約》的基本原則，批准公約的同時要關注的是，如何發揮「法定約束力」來實現公約的原則，想要藉由這樣的討論凝聚讀者的關注。如同過去在討論及協商過程中經歷的陣痛一樣，真誠的推行公約是個很大的課題。近代以來，想必帶給人類最大影響的思維應該就是人權。人權是以自由和平等思想為架構，為了因種族、膚色、性別、語言、宗教、障礙或出生身分等因素而受壓抑或歧視的人來發聲，並普遍地適用在各種情況。在初期是強調自由和財產權，逐漸擴大為公民權、政治權、社會權以及經濟權。初期的權利若是指自由的，後期所發展的權利是從民主自由逐漸涵蓋了財產權、教育、健康及福利權。這些權利的發展也會延續到體現為公民權利、體現社區意識成為社群方向發展。有自由卻沒有公平的機會，就等於有民主主義卻沒有自由一樣。也因此我們不得不想到權利和義務的關係。但是沒有伴隨義務的權利是抽象的，沒有權利的義務也是不具意義的。他人與國家都要依照憲法的保障來尊重我的權利，我

---

6　編註：本書所指「權利委員會」、「權利公約委員會」，除非有特別註明，否則均是指聯合國身心障礙者權利委員會。

也要使他人行使他的權利。否則的話，就不需要討論到權利了。就像是有免於……的自由（freedom from），也有行使……的自由（freedom to）兩者是一體兩面相通適用的。2007 年韓國制定了《障礙者反歧視法》，但這個法案拯救多少遭受歧視的障礙者呢？並遵守聯合國的自由權和社會權一樣的國際司法之義務？當然反歧視法依據憲法、立法或在法院上得到法理上一定的認定。但這些認定少了配套的人權擁護和推行的意志，還是很有限的。回顧我們的近代化，要說人權保障還不如說是壓制人權的歷史不是嗎？《身心障礙者權利公約》第 4 條的第 a~i 款有具體的指出推行公約的國家義務。但嚴謹的說，《身心障礙者權利公約》第 1 條到第 33 條事實上也都是指推行權利的國家義務。我們在前面主張過「透過《身心障礙者權利公約》讓身心障礙者也要擺脫偏見和歧視的框架，不再是社會上的弱者而是以公民的身分享有憲法所保障的權利。」這也是我們研究的核心主題爾後也會繼續出現。但是也許障礙和公民權利的概念使人感到陌生。我們研究人員在支持的是作為公民的身心障礙者，但這種主張會與韓國多數一般民眾的普遍概念會一致嗎？也就是說，現實上有所謂傳統概念的問題。一般想到障礙者可能就是先想到現實中在眼前出現的樣子。公民是以權利和義務組成的。我們的研究試圖強調身心障礙者在權利的層面他們就是一個公民。但是實際上，在矮化障礙者的時候，總是會上演的是障礙者以公民身分可以為國家及社會做出怎樣的義務，在這個部分我們要如何去說服一般民眾，這是無法迴避的挑戰。那麼，身心障礙者要怎樣才會有更加積極的義務感呢？身心障礙者要如何成為有助於社會的公民呢？聯合國的《身心障礙者權利公約》是怎樣為我們解開這個課題？現實上應考量障礙者的預算是來自於人民納稅的款項，而預算的執行明顯不是接濟或施予，所以要避免重覆和浪費，應先鞏固障礙者的公民權利，支持障礙者可以做到公民的義務，這才對吧？這樣的精神就明確地鋪陳在《身心障礙者權利公約》裡。像韓國一樣批准公約的國家要記住，身心障礙者首先就是一個主權承載者（rights-holder）。所以國家要在國際法律下有義務要增進、維護

21

及尊重身心障礙者的權利。政府在《身心障礙者權利公約》的推行上，必須要明確的指出這一點。最後，當我們在慶祝《身心障礙者權利公約》已經第十年而邁向下一個十年的同時，不可忘記的是，不管在韓國還有地球上仍有許多的身心障礙者無法得到基本服務，也無法擺脫傳統的救助與施捨模式。還有很多的障礙者在歧視與不公平結構下，無法滿足基本需求並遭到拒絕給予尊嚴的生命機會。

2018 年聯合國公約通過後回顧過去的十年，如果說《身心障礙者權利公約》在聯合國通過的協商過程和批准算是順利的，那麼此公約在日後於國內外，具有法定約束力的推行，給政府一定的施壓、掌握資源、法律之間的矛盾問題、監督機制的建構等活動的進行，儘管過去這些以韓國聯合國身心障礙者人權委員會為首與國際身心障礙 NGO/DPO 團體的團結與結盟，更進一步雖有公民社會的大力支持，但以韓國（韓國國家報告相關聯合國委員會的決議文）為例，目前為止的推行成果還不令人滿意。更直接一點是透過聯合國條約的實踐，可以看到一個國家的政治及道德使命是如何展現。因此在本研究可以探索到，在國際法的架構下，締約國內可以作有系統的身心障礙者政策研究，開發出有效推行公約的可能性。透過這種探索性研究為有效而成功推行的策略要素，政府的領導力及監督機制上，要有公民社會的角色與障礙者本身的參與，在報告過程中透過監督系統監測出其透明性和研究性、身心障礙者的人性尊嚴及反歧視、追求平等指標的開發也都是不可或缺的。以這些許多課題來看，本書在性質上比較具有跨領域（multidisciplinary），也採取比較法學觀點接近實踐公約的可能性。

在此研究也喚起大家，過去對於《身心障礙者權利公約》等人權條文的批准和推行相關問題，都認為是屬於國內外少數專家或是其關係人的專屬領域，現在起，透過聯合國主導的各種規範的討論、採納及推行過程，與國內法的修訂及立法過程希望擺脫法律專家、政治家、外交官等的主導權，訴求有更多的身心障礙者及專家們積極來參與。為此要具備許多條件，首先必須具備相關聯合國各種公約及身心障礙者相關法律

22

之知識，關注法律的世界後要勇於挑戰。這種認知就是《身心障礙者權利公約》的實踐，不能只有等著政府來辦，由身心障礙者本身和相關團體持續專注於《身心障礙者權利公約》的推行，同時也要不斷的向一般公民社會和政府施壓。社會福利以及公共政策的研究核心要指向障礙者的積極參與和全面性融合於社會為目的。我們關注聯合國《身心障礙者權利公約》將會有助於提高身心障礙者政策研究的品質水平，並消除對身心障礙者的負面認知與偏見。本研究基本上是希望為國內外就讀身心障礙科系的學生、身心障礙專家以及障礙者本身作準備與訓練，使其可以深入理解聯合國公約，並有效完成履行相關的各樣課題，這樣的訓練內容，我們具體整理如下：

　　第一，聯合國《身心障礙者權利公約》可以提高國內障礙者政策研究的品質水平，並消除對於障礙者的負面認知與偏見，是一個具有國際規範的工具。《身心障礙者權利公約》不能留存為僅僅是文件的型態，要擴散到整個社會而改善意識及氛圍，並在政府的全面性政策研究領域中，要貫徹到以身心障礙者的觀點出發，必要時帶動政府大膽的做出財政投資等潛在效益。第二，身心障礙者團體及障礙者本身構築緊密圓滿的合作關係。對國際狀況有敏銳觸角而建立主動又迅速回應的聯絡體系來共同面對。盡可能將獲取訊息共同分享，隨著案件狀況有時候政府和身心障礙者團體之間立場和觀點，不一定都很一致還是要相互諒解並請求體諒。第三，立法的修訂、制定過程中，政府部門內常常有需要相互意見調解的情形。為正式的落實聯合國公約，依政府部門內的權力關係動態去應變而盡可能納入身心障礙者的意見，為他們的權利與利益做最好的代言。第四，亞洲、太平洋地區在國際身心障礙者活動、政策研究和課程的開發有相當的領先，過去進行兩屆的亞太身心障礙十年計畫（1992-2002; 2003-2012），韓國主導的 Post 2003-2012 對於《身心障礙者權利公約》的實踐已全力以赴，但其成果還沒有達到預期。[7] 第五，藉

23

---

[7]　나운환, "인천전략 3년의 변화와 전망," 한국장애인재활협회 44회 대회 (2015. 9. 17).

由聯合國公約的推行而取得的身心障礙者領域的教育、福利、就業、可及性、身心障礙女性等議題中的問題之解決，在國際間、地區間、國內的相互聯繫與合作程度為如何，而聯合國的《身心障礙者權利公約》是如何有效地扮演其角色等，這都是我們的研究課題。第六，為讓身心障礙者有持續性的參與和貢獻一己之力，在身心障礙領域特別是身心障礙者本身加強訓練而培育出年輕領袖，在這些都希望透過我們的研究盡一些微薄助力。過去在國際領域上的業務和活動，都是由少數的專家在主導。不僅是身心障礙者團體，政府在國際性討論上，也並沒有主導性的站出來表現積極的投入和熱誠。但既然自許要成為東北亞的樞紐國家，希望將來在身心障礙者的國際合作領域透過持續性的投入和有體系的支援，漸漸提升政府在身心障礙者政策研究上的比重。

最後本研究的意涵不單純是為身心障礙者的人權，具體一點是超越障礙者的權利，希望在整個韓國社會擴散人權的文化。人權是一個崇高的理想。人權不是簡單的理論分析與研究還是立法或福利服務的對象，人權是人類共同體的願景。我們有必要對人權的主題懷著熱誠來關注，讓它成為創造美好世界的原動力。人權是最有力量的人類理想，這會讓許多創造性的事情變為可能，也因此而有必要關注人權問題。人權會使人類融合、帶來和平與正義，建造彼此尊重的社會。也許這聽起來不太像是可以實現的夢想，但是在地球上因為戰爭和不平等以及失序造成的糾紛而傷痕累累，我們還會有比這更好的理想嗎？我們聽聽韓國總統文在寅的話：「最近我們在歧視與嫌棄中社會在分裂。」「我們政府也要為社會上的弱勢……建造任何人都不受歧視的包容性社會。」[8] 這是去年（2018 年）在世界人權日慶典會上的致詞。但是若無人權願景和政策的塔台（control tower）[9]、組織和內容相關泛政府層面的堅強意志和計劃，現實是不會改變的。就像文總統的致詞談到：「我們不能忘記歷史

---

8　有關包容性社會在第七章的身心障礙者之社會性融合中有深入討論。

9　有關 Control Tower 請參考第四章的討論。

教訓，當我們忽略人權就有可能重蹈覆轍野蠻的歷史。」[10] 本研究的整個內容是以新的資料為基礎。但在研究的脈絡上，第 2 章、第 5 章和第 7 章內容是從研究者現有的論文集中摘錄，並補充了新的資料。

　　最後參與本研究並細心分析障礙相關國內法的修訂及改革等課題的拿撒勒大學的禹周亨教授、以及為我們整理出心理社會障礙者所經歷的醫療和社會情形，並對韓國成年監護制度的問題做分析的韓國精神障礙聯盟秘書長權五鏞律師，還有韓國身心障礙者開發院柳京旼組長，她經歷艱難的爭取過程，並在較早引進的《障礙者反歧視法》實施過程中，為各種成堆的課題和相關立法而記載資料；以及提供寶貴資料的權順枝研究員，在奧地利維也納主修司法的師徒洪舜民先生，謝謝你給予的評價，在研究過程中成為最好的幫手來參與的朴奎英研究員等人表達深深的感謝。特別是語歌出版社的語社長，樂意為人權和身心障礙者的權利相關主題給予出版，他認為這個主題雖然艱澀但在我們社會必須存在，並向出版社員工表達真誠的謝意。最後再次感謝支援我們研究的韓國身心障礙者開發院。

---

10　韓民族「當前政府的人權願景」（2019.2.24）。http://www.hani.co.kr/arti/opinion/column/883387.html#csidxed8b17a6e7beabd9d01ffb2c4e8856c

第一章

# 基於人權的身心障礙概念

# 1. 公約通過之必要性與過程

聯合國《身心障礙者權利公約》（Convention on the Rights of Persons with Disabilities, CRPD）歷經近五年時間（2002-2005 年）在政府和身心障礙團體機構（non-governmental organization / disabled people's organization, NGO/DPO）的協議過程下，2006 年 12 月 13 日在聯合國大會由 192 個國家一致贊成決議通過，2008 年 5 月 3 日開始實施。韓國是在 2008 年 12 月 12 日經過第 278 次國會第十四會議同意批准的，同年 12 月 11 日交存批准書後，2009 年 1 月 10 日開始生效。CRPD 的通過背景核心概念是人權、平等、身心障礙者的自主性、參與和結盟，以強化身心障礙者權利為根本目的。在身心障礙研究領域內，最資深理論家愛爾蘭的 Quinn 教授和德國的 Degener 曾經定義「身心障礙者的人權概念是以人權為基本價值。」[1] 換言之，在不計其數的每個人類個體的尊嚴性，並在所有決策過程中，他們具有的自主性，不因差異而阻礙障礙者與他人共存之平等地位，且在社會及政府層級的司法改革下，跨出形式上的平等而得以實質去提供保障這些人的具體方案。平等原則不僅是在 CRPD，也是支撐所有人權公約的基本規範。

為讓聯合國順利完成 CRPD，韓國的身心障礙者團體總聯盟、DPI（韓國身心障礙者聯盟，Disabled Peoples' International Korea）、RI（韓國身心障礙者康復協會）等身心障礙團體以及韓國國家人權委員會、韓國保健福祉部、駐聯合國韓國代表部的支援下，長年高度關注於 CRPD 的通過與批准相關聯合國特別委員會的活動，並積極參與。世界各國政府以及其身心障礙團體機構的活動也很積極。一般在公約採納之前，通常會組成特別委員會對於各個條文進行長期深入的討論。在 2002-2006 年的討論過程中，有各國政府及 NGO/DPO 團體的積極參與，特別是韓國與世界各國身心障礙 NGO 團體和身心障礙者的參與

---

[1]　G. Quinn and T. Degener, "THE HUMAN RIGHTS DIMENSION OF DISABILITY," Paper prepared by the Office of the High Commissioner for Human Rights.

是令人讚嘆的。在聯合國公約的批准過程中，個別的 NGO/DPO 大量出現是聯合國在過去史無前例的，這些過程一直持續到《身心障礙者權利公約》的最終批准為止。尤其代表所有身心障礙團體的國際身心障礙聯盟（International Disability Caucus, IDC）的角色很令人佩服。基本上 IDC 的角色是很特別的，他們從聯合國與政府代表為對象的協商（negotiation）角度，將 NGO/DPO 特別關心之處、他們的立場、相關問題等做出整理後，再交給了特別委員會。韓國的身心障礙 NGO/DPO 也與韓國政府互相協助，共同致力於在協商過程中，將身心障礙婦女（第 6 條）、自立生活（第 19 條）以及無障礙（第 9 條）納入於 CRPD，這真令人自豪。2002 年的公約草案總共 24 條，在第六次會議增加為 25 條，公約被採納的 2006 年 8 月增加為 50 項條文[2]以及 18 個任擇議定書（optional protocol）。歷經五年時間的協議過程，期間出現很多的爭議點，後來反映於 CRPD 的基本原則上。

　　有關《身心障礙者權利公約》的深入討論，該具有幾項基本的問題意識。也就是，雖然在此不便詳細討論，但是需要提出幾項《身心障礙

---

[2] 第 1 條、宗旨；第 2 條、定義；第 3 條、一般原則；第 4 條、一般義務；第 5 條、平等及不歧視；第 6 條、身心障礙婦女；第 7 條、身心障礙兒童；第 8 條、意識提升、第 9 條、可近性／無障礙；第 10 條、生命權；第 11 條、風險情境及人道緊急情況；第 12 條、在法律之前獲得平等肯認；第 13 條、近用司法；第 14 條、人身自由及安全；第 15 條、免於酷刑或殘忍、不人道或有辱人格之對待或處罰；第 16 條、免於剝削、暴力及虐待；第 17 條、保障人身完整性；第 18 條、遷徙自由及國籍；第 19 條、自立生活與社區融合；第 20 條、個人行動能力；第 21 條、表達與意見之自由及近用資訊；第 22 條、尊重隱私；第 23 條、尊重家居及家庭；第 24 條、教育；第 25 條、健康；第 26 條、適應訓練及復健；第 27 條、工作及就業；第 28 條、適足之生活水準及社會保障；第 29 條、參與政治及公共生活；第 30 條、參與文化生活、康樂、休閒及體育活動；第 31 條、統計及資料蒐集；第 32 條、國際合作；第 33 條、國家執行及監督；第 34 條、身心障礙者權利委員會；第 35 條、締約國提交之報告；第 36 條、報告之審議；第 37 條、締約國與委員會之合作；第 38 條、委員會及其他機構之關係；第 39 條、委員會報告；第 40 條、締約國會議；第 41 條、保存人；第 42 條、簽署；第 43 條、同意接受約束；第 44 條、區域整合組織；第 45 條、生效；第 46 條、保留；第 47 條、修正；第 48 條、退約；第 49 條、可及性格式；第 50 條、正本。

者權利公約》的推行相關問題。想要強調的是，在「法定約束力的保障下」達到目標為止，向政府提出建議、監督、國家之間的合作等，韓國的身心障礙 NGO 針對這些有系統的活動展開準備、團結與結盟是迫切需要的。否則的話，本公約的核心哲學「所有與我們有關的事，都要我們的參與」（nothing about us without us）只能成為一個空洞的口號。有件事值得關注，除了少數的身心障礙專家和關係人之外，很少人知道各種人權公約在國內外是如何推行的。

　　也許一般人民對於這種面向是較「無知」的，這與政府在推行公約上成效不彰也有所相關。同時，由聯合國主導的各種公約之討論與採納過程中，不能再像過去一樣，由司法專家、政治家、外交官、西方經濟強國，甚至由殖民地宗主國來左右，過去五十年一樣的歷史重演，現在已經到了轉變的關鍵時刻。[3] 應讓更多非司法專業的一般市民，尤其是身心障礙者對此《身心障礙者權利公約》的實行，理應懷著高度的關注來參與。

　　換言之，身心障礙者的權利是從哪裡開始，是誰的而又是怎樣的權利，是讓誰受惠，是誰賦予這些權利？權利又是什麼？誰擁有權利，是誰有義務保障這些權利及司法性的平等性？《身心障礙者權利公約》原則上意味的權利是抽象的華麗詞藻嗎？權利的風險因素又是什麼？我們是不是在嚮往空洞、抽象、只是政治性的裝飾語，而很難實現的理想主義呢？導致只能將推行公約一事放棄、擱置、不再關注呢？

　　還是說正因為有這些風險因素，所以 CRPD 不得不要求以監測來量測出其成效，現場的專家也要將公約中規定的權利，以具體的、明確的、具有現實性的、聚焦的，並有效的方式來解釋。整體而言，《身心障礙者權利公約》的核心是，網羅所有的身心障礙領域和政策研究，以及立法上，公約內容要成為司法工具，在身心障礙問題上以法律為主流是根本目的。同時，身心障礙者福利的核心價值也不在於施捨和福利，

37

---

3　J. Ife 저 , 인권과 사회복지 (*Human Roghts and Social Work*), 여지영 , 김형식 역 ( 서울 : 인간과 복지 , 2001).

而是在人權與權利，就是人性的尊嚴、平等、自由、權益、全面的社會融合，再三強調這一點。然而「權利」雖然是法律概念，但也屬於道德和社會哲學領域裡的一環，確實令人很難深入探討。但是，如果沒有司法的保障，所謂人類天賦的權利以及人性尊嚴是無法維護的，也無法想像具有人性或人道的社會。社會上的天賦權利不是在市場上可以買賣的，應該是平等的擁有，並糾正會帶給身心障礙者影響的各種社會立法與其他法律上的不足與盲點。也許有人主張福利和權利會相互牴觸，但是誤導性的福利與施捨以及對身心障礙者的錯誤性法定概念之所以成為改革對象，是因為司法具有導正的角色。[4] 最起碼人性尊嚴確實是透過《身心障礙者權利公約》等法律機制來改變國家制度和人類社會的各種固定觀念才得以實現。《身心障礙者權利公約》第八條「意識提升」（改善對於身心障礙者的認知）也許就是一個很好的例子。盧梭主張的全面性意義下改變社會的方法之一應該就是屬於教育。[5]

聯合國已經在 1948 年通過《世界人權宣言》，並通過《經濟社會文化權利國際公約》（ICESCR）、《公民與政治權利國際公約》（ICCPR）、《兒童權利公約》（CRC）、《消除對婦女一切形式歧視公約》（CEDAW）、《禁止酷刑公約》（CAT）、《消除一切形式種族歧視國際公約》（ICERD）、《保護所有移徙工人及其家庭成員權利國際公約》（ICMW）等 [6] 人權公約，因此當時要遵守這些公約就感到相當大的負擔，所以對剛剛呈上來的另一個權利公約，本來是期待不大。但確實聯合國《身心障礙者權利公約》的第 10 到 23 條、第 29 條是依據《公民

---

4 　參考〈第七章 身心障礙者的完全社會融合〉。

5 　형식, "룻소의 사회적 불평등에 관한 소고," 사회복지와 불평등 (중앙대학교 중사연 20 주년 기념논문집)(서울：일조각, 1997).

6 　(1) 世界人權宣言 (1948)：國際人權公約；(2) 公民與政治權利國際公約 (1966.3)；(3) 經濟社會文化權利國際公約 (1966)：規定特別保護的法律文件；(4) 消除一切形式種族歧視國際公約 (1965)；(5) 消除對婦女一切形式歧視公約 (1979)；(6) 禁止逼供、酷刑非人道待遇或懲罰公約 (1984)；(7) 兒童權利公約 (1989/1990)；(8) 保護所有移徙工人及其家庭成員權利國際公約 (1990)；(9) 國際身心障礙者權利公約 (2006)；(10) 保障所有人免於強迫失蹤國際公約 (2006)。

與政治權利國際公約》，第 24 條到 28 條、第 30 條是依據《經濟社會文化權利國際公約》，建構出明確的人權架構。協商和通過的過程整理如下：

**聯合國《身心障礙者權利公約》所保障的人權與權利**

- 法律之前人人平等與禁止歧視
- 自由、生命安全
- 法律之下平等以及司法能力的認定
- 從酷刑逼供的保護
- 壓榨、暴力、人權侵害
- 身體和精神完整性
- 移動的自由和公民的身分保障
- 社區生活的權利
- 表現的自由
- 個人隱私的保護權
- 家人與家庭的尊重
- 教育
- 健康
- 就業
- 理想生活、生活品質
- 參與公共生活與公共活動
- 參與文化生活

## 1)《身心障礙者權利公約》通過的歷史背景

2006 年 8 月 25 日歷經五年時間聯合國特別委員會努力的結果，我們簡稱的聯合國《身心障礙者權利公約》，也就是《保護和促進身心障礙者權利之全面整合國際公約》（Comprehensive and Integral International Convention on the Protection and Promotion of the Rights and

Dignity of Persons with Disabilities）得以通過。身心障礙者的問題在傳
統上，是以福利、施予以及康復的層面來討論，但以過去的二十多年看
來，以權利為基礎探討障礙經驗開始落實。所謂的以權利的觀點來認識
身心障礙問題，表示過去對身心障礙者的認知是一個「客體」，現在則
有變化而以「主體」來認識的意思。也就是說，身心障礙的問題不是在
身心障礙者本身的個人內在問題，而是從經濟、社會、文化、政治的脈
絡去思考的意思。而此公約在聯合國通過，意味著過去三十年來全球性
的身心障礙者運動、身心障礙團體、身心障礙專家、身心障礙者本身、
人權及國際司法專家們的努力及爭取下，終於結出果實。並且此公約對
於全世界約七億人口的身心障礙者，也就是佔世界人口 15% 的身心障
礙者來說，需要重新賦予其重要的意涵。

39 　　以歷史來看，聯合國在 1981 年宣布「國際身心障礙者年」，
在 1982-1992 年為解決身心障礙者問題，通過世界行動綱領（World
Program for Action），並宣布國際身心障礙十年。此項行動綱領首次對
於身心障礙者的歧視問題，首度以「權利」的概念具體呈現，並為實
現全面的參與及平等（Full Participation and Equality），具體化基於權利
的探討。1987 年最初嘗試的 36 項條文的身心障礙者人權公約的提案受
挫後，在 1993 年 12 月 20 日經過聯合國大會決議（48/96）通過聯合國
身心障礙者機會均等標準規則（UN Standard Rules on the Equalization of
Opportunities for the People with Disabilities）作為暫時性措施。

　　以上述規範為契機，約 39 個國家制定反歧視及平等相關法律，以
及約有 16 個亞洲國家也制定類似的立法。但這些動向不是最近的歷
史。聯合國在 1948 年就頒布了《國際人權憲章》並通過了《經濟社會
文化權利國際公約》、《公民與政治權利國際公約》等七項人權公約，所
以光是遵守既有的公約就感到相當的負擔，因此對於又另一項權利公約
的遞交不免產生懷疑。但是在全世界集體努力的結果，聯合國為維護身
心障礙者的權利並尊重其尊嚴性，而指任特設委員會來制訂身心障礙者

人權公約，其結果 2006 年 8 月 25 日完成了 50 項條文的《身心障礙者權利公約》草案的規劃。之後的程序是透過條文整理委員會將公約草案整理後，2006 年 12 月 13 日提交於聯合國 62 屆大會，具國際法性質的《身心障礙者權利公約》遂在聯合國會員國以全體一致的方式下通過，成為首度具有法定約束力的身心障礙者權利典章，是一個涵蓋整個身心障礙領域的政策研究工具。由二十國以上在 2007 年 1 月 31 日以前批准就開始生效。

　　《身心障礙者權利公約》到批准階段以前所做的努力，不僅僅是在紐約的聯合國，在 2000 年 3 月，韓國的身心障礙界參與北京宣言，為促進身心障礙者的人權維護，向聯合國請求制定具有法定約束力的國際公約。另外包括韓國復健協會等，韓國身心障礙 NGO 所屬的亞太身心障礙論壇（Asia Pacific Disability Forum, 2003-2012）在 2003 年 10 月向聯合國特設委員會轉達公約的基本立場（曼谷草案）。2002 年 10 月在 UNESCAP（亞太經濟社會委員會）的高階政府部門會議中重新延長的亞太身心障礙者十年（Asia Pacific Disablity Forum）中，通過 BMF（Biwako Millenium Framework for Action towards an inclusive, Barrier-free and Rights-based society for Persons with Disability）。Biwako 宣言（BMF）一向是在推動「共融的（inclusive）、無障礙的（barrier-free）、以權利為基礎（rights-based）的社會建設」，因此可以說為本公約在亞太地區的推行做了相當的準備（韓國康復協會 2003、2005）。[7] 但以本研究還在執筆階段之 2018 年來回顧時，反而在《身心障礙者權利公約》被批准後，韓國以及許多國家對公約的推行過程，不是很令人滿意。[8]

40

---

[7]　BMF 的七個實踐領域：（1）身心障礙者自助團體、家屬及父母（2）身心障礙婦女（3）早期發現、早期介入及教育（4）以自營業為主的訓練及就業（5）物理環境大眾交通的可及性（6）訊息、意見溝通（7）透過能力建構、社會保障及可持續生計方案來扶貧。

[8]　參考在後半部提起的 Na Un-Han，「仁川策略執行三年後之變化與前景」，韓國身心障礙者復健協會 44 次大會（2015.9.17）。筆者身為 RI 國家主席在此向韓國身心障礙者復健協會表達感謝，過去一直給予資金援助幫助我們可以常常出席於在聯合國之

## 2）聯合國通過 CRPD 的背景：全球性的貧窮障礙者

由於聯合國通過的身心障礙者權利相關各種型態的決議文、宣言、規範準則等，都有名無實而最終讓 CRPD 登場，但此外還有一個更迫切的理由，那就是蔓延全球的貧窮障礙者。至少根據我們研究的見解，如果無法保障身心障礙者所面對的食、衣、住、醫療、教育等基本社會權、生存權，解決已蔓延的貧窮問題，那麼要實現障礙者的權利，

圖 1-1　被遺忘的世界中有十億身心障礙者處於貧困之中

可能還是會落為好聽的華麗詞藻，這是國際身心障礙界一向堅持的主張。世界 70 億（最近統計為 75 億）人口中，占據 15% 約 7 億[9] 人口之身心障礙者，《身心障礙者權利公約》為這些障礙者所處的貧窮帶來的重要意義需要重新檢視。現在約三分之二的 5 億 8 千萬障礙者是在所謂南半球的開發中國家，約五個窮人中有一個是身心障礙者，[10] 他們由於貧困和障礙而無法主張權利，代表處於弱勢階層者。想到如上的亞太地區之障礙現狀，更能感受到 CRPD 的重要性，同時為避免讓它僅成為抽象的權利文件，眼前還面對著莫大的課題要好好的落實此公約。

我們對於障礙者貧窮問題，以一般常見的數據資料列舉如下：

- 地球村有 12 億人，每天過著只用一塊美金以下的日子，有 28 億人僅以兩塊美金維生。[11]
- 第二次世界大戰後，有六十多年時間，西方投入超過 2.3 兆美元

41

---

身心障礙者權利公約之協商過程以及 UNESCAP（亞太經濟社會委員會）之會議。

[9]　WHO, World Disability Report, 2011.

[10]　World Bank, 2004.

[11]　依據聯合國最近報告指出，全球及貧困者人數在 1990 年的 19 億人口到 2015 年減少為 8 億 3 千 6 百萬。*The Weekend Australian* July 7-8, 2018: 16.

的開發資金。[12]

- 2012 年世界 70 億人口中，有 12-15% 是身心障礙者，根據世界銀行的統計，全球 20% 的貧民是身心障礙者。

- 6 億身心障礙人口中的八成是居住在開發中國家，處在極度貧困環境下的弱勢階層，並失去教育、就業、居住、交通、健康與醫療服務、育樂等機會，在社會上與經濟上都處於被社會排除的狀態。

- 65.7% 的身心障礙者固定長期失業，這項統計也很令人悲觀。[13] 全球身心障礙者的失業率在任何經濟體制下，也都不例外地介於 65-80 %。[14]

- 街上遊蕩的青少年中 30% 是身心障礙者，開發中國家障礙兒童中有九成是處於沒有就學的狀態

- 根據筆者擔任聯合國權利委員的觀察來看，身心障礙者與女性成為家庭暴力、性侵受害者比率非常高（請參考第三章，公約第 6 條分析）

- 千禧年發展目標（Millennium Development Goals）想要解決全球 5 億人口的極度貧困問題，但是完全沒有提到貧民中的貧民（the poor of the poorest）之身心障礙者。一直到了 2015 ～ 2030 年的「永續發展目標」，在國際身心障礙界的不懈努力下，才納入了身心障礙相關指標。

## （1）第 56 屆聯合國大會第 56/168 號決議案之通過

2001 年 12 月聯合國大會第 56 屆會議中採納墨西哥的提議，為保護並促進身心障礙者的權利，全場一致的方式通過全面綜合國際公約決議案（A/RES/56/168），此決議案為研議第（1）號提案而設置特設委

42

---

[12] William Easterly, The White Man's Burden.

[13] Peter D. Blank (ed), *Employment, Disability and the Americans with Disability Act*, Northwestern, 1997. 前揭書。

[14] Disability World, 2003.

員會（Ad-hoc Committee）。（2）特設委員會在第 57 屆聯合國大會決議後，至少要舉行一次為期 10 天的任務執行會議。

## （2）聯合國特別委員會的第一次會議（A57/357）

依照上述聯合國大會的決議（56/168），從 2002 年 7 月 29 日到 8 月 9 日在聯合國本部，為研議保護和促進身心障礙者權利及尊嚴的全面綜合國際公約相關的提案，舉行《身心障礙者權利公約》相關的聯合國特設委員會的會議。

## （3）公約草案基礎作業的聯合國特設委員會的第二次會議

依據第 57 屆聯合國大會決議（A/RES/57/29），2003 年 6 月 16-27 日在聯合國本部為維護及促進身心障礙者權利及尊嚴，舉行有關全面性國際公約的聯合國大會身心障礙者特別委員會第二次會議。最後一天 6 月 27 日，全場一致通過了「聯合國身心障礙者權利公約特別委員會日後會議進行方案決議」。在此決議中決定如下：

**圖 1-2** 紐約聯合國大會場。UN Ad-hoc 委員會協議場景

（a）為日後協商的公約草案之籌備，組成草案籌備委員會。（b）籌備委員會由每地區指名 27 位政府代表（亞洲 7 人，非洲 7 人，中南美 5 人，西歐 5 人，東歐 3 人）、NGO/DPO 代表 12 人及國內的人權機構代表 1 人，共計 40 人組成。（c）籌備委員會在 2004 年 1 月 5-16 日開會，並提交報告給第三次特別委員會。

## （4）聯合國大會特設委員會第三次會期

依第 58 屆聯合國大會決議（A/RES/57/246），2004 年 5 月 24 日至 6 月 4 日在聯合國本部舉行《身心障礙者權利公約》相關聯合國特設委員會的第三次會議。以 2004 年 1 月舉行的公約起草委員會研擬之草

案，進行首次的逐項審核。

## （5）聯合國大會特設委員會第四次會期

　　經過第三次大會的決議，在 8 月 23 日至 9 月 3 日舉行第四次開會。第三次、第四次聯合國《身心障礙者權利公約》的起草委員會，將公約的所有條文做第一次檢討，並彙整出各國對各條文的見解。

## （6）聯合國大會特別委員會第五次會期

　　根據第 59 屆聯合國大會決議（A/RES/57/198），第五次會期在 2005 年 1 月 24 日至 2 月 4 日舉行。在第五次會期中將之前四次的各國意見正式進行統合彙整的作業，主要是生命權、身體、表達自由等，所謂與自由權有關係的第 7 條之 5 至第 15 條進行討論。也許這是聯合國史上第一次由非外交官或政府代表，以國際社會各地區身心障礙 NGO/DPO 之民間代表占會場一半的席次參與公約的所有過程，並非象徵性的參與，而是以「所有與我們有關的事，都要我們的參與」的明確信念、見識及現場經驗來參與此協商。[15]

　　當我們想到《身心障礙者權利公約》的通過時，應放在心上的事實是 2008 年 5 月聯合國《身心障礙者權利公約》在生效之前，面對身心障礙者的權利、平等歧視等問題已經有很多不同型態的法律制度生效，但都沒有令人刮目相看的成效。例如，《世界人權宣言》第 1 條、第 2 條、第 7 條，《經濟社會文化的權利國際公約》第 2、7、11、12、13 及 15 條，《公民與政治權利國際公約》第 1、7、14、16、17、13 及 26 條，《國際勞工組織身心障礙者職業訓練和就業相關規範》第 2、3、5、7 及 8 條，《兒童權利公約》第 2、19 及 23 條，《身心障礙者權利宣言》第 2、3、4、5、6、7、8、9 及 10 條，《身心障礙者世界行動綱

---

[15] 經過六次的協商過程，出現很多的爭論點，如果只談一件事就是「公約的漸進式實作」（progressive implementation）讓我們看到了經濟先進國家與開發中國家在視角上的差距。開發中國家以經濟貧困為由暫緩執行，但不可否認經濟先進國家也有試著迴避執行，採取暫緩實施的事實。

領》第 2、3、13、14 及 25 條，《維也納宣言》第一章第 22 條、第二章第 63 及 64 條，《開羅行動綱領》第 6 段 29、6 段 32，《哥本哈根宣言》第 26 段（1），《北京行動綱領》第 106 段落（c 和 o），《伊斯坦堡宣言》第 7 段，《人類居住議程》第 16 段、第 40、43 大段等。這些法律機制明確的告訴我們，現在的 CRPD 是經由過去許多的司法機制與努力結合在一起，讓身心障礙者問題從福利模式轉換到權利模式，要給實現這樣的成效高度評價[16]。聯合國在第二次世界大戰之後，持續通過人權相關公約[17]時至今日，但是在這些制度的推行上有相當的負擔，所以在聯合國甚至有人強調，CRPD 會是最後的公約，以後再也沒有。為身心障礙者的權利保障，也許已感受到聯合國公約機構的侷限，並承認過去對於身心障礙者只強調施捨的層面，一直欠缺對於權利的意識。因此《身心障礙者權利公約》由具備法定約束力的國際公約，使每個國家的政府為促進和保護普遍人權所保障身心障礙者之平等權利，呼籲要保障公約的實踐。這意味著過去對於身心障礙者的問題，總是以傳統的福利、施捨與復健為導向的時代，已經接近尾聲。相反地，《身心障礙者權利公約》在過去二十年致力於以權利為導向（rights based）的落實。以權利的觀點對待身心障礙問題，這代表在過去看待身心障礙者是個客體，現在的變化是以主體來對待。也就是說，身心障礙問題不再是身心障礙者本身的內在問題，而是從經濟、社會、文化的脈絡上去對待的意思。[18]這樣的公約被聯合國採納，等於是過去三十年來整個全球的身心障礙者運動、身心障礙團體、身心障礙專家、身心障礙者本身、人權及國際司

---

[16] International Disability Monitor, 2005.

[17] 世界人權宣言（1948）、經濟社會文化權利國際公約（1976）、公民與政治權利公約（1976）、消除一切形式種族歧視國際公約（1969）、消除對婦女一切形式歧視公約（1979）、禁止酷刑公約（1987）、兒童權利公約（1990）、保護所有移徙工人及其家庭成員權利國際公約（ICMW: 1990）、保護所有人免遭強迫失蹤國際公約（ICPPED: 1992）、身心障礙者權利公約（CRPD: 2006）等十大公約。

[18] UN, 2002.

法上的專家們經過努力及爭取後獲得的一大回饋。[19]

## 2. 以人權為基礎的權利公約

《身心障礙者權利公約》是以全文中標明的以普遍性人權精神作為基礎。

---

**聯合國 CRPD 的全文**

身心障礙者具有人類尊嚴和價值，追求幸福的權利。身心障礙者是以健全的社會成員，開發本身的能力讓自己能夠自立。國家與社會根據憲法和聯合國身心障礙者權利宣言的精神，維護身心障礙者的人權並全面的參與社會而達到平等，建構其條件與環境以建造共生共榮的社會。（最後部分）具有總體性而整合性的國際公約，為維護身心障礙者的權利與尊嚴，讓開發中國家及已開發國家補救身心障礙者之重大社會不利處境，而在其公民、政治、經濟、社會、文化領域中，都可增進同等的參與機會。

---

45

人權概念在本質上來講，是不管怎樣的文化背景、價值觀、年齡、性別、能力、環境等，人人適用的普遍性原則，只要是人就應當享有的權利。所謂人權，就算是平凡地定義為在形成其共同體的過程中，都不能有人受到人性尊嚴的侵犯，但是嚴格來看，我們的地球村與這些理想還相距甚遠。又或者「人權運動是指正面挑戰受壓制的情況，結合大家的力量來實現正義」。[20] 拿這個概念來講是強烈表達當人們在不合理及受辱的情況，就需要團結起來加以反抗的意思。另外，也有將人權視為挑戰現有社會秩序，而聚集勢力的危險因素，反之或是將人權理解為不

---

[19] Al Thani, 2006.

[20] Andreww Clapham, *Human Rights: A Very Short Introduction* (New York: Oxford University, 2007).

具任何威脅的和平又抽象的概念。但是人權一詞還是要理解為，以道德上對於人類社會的所有行動、規範進行批判、捍衛、改革之正當要求。韓國的憲法第 10 條規定之人性尊嚴及第 34 條第 1 項之正常人的生活權利、教育權（第 31 條）、工作的權利（第 32 條）、勞動三權（第 33 條韓國憲法上保障勞工的三項權利，團結權、集體交涉權、集體行動權）、健康權（第 36 條 3 項）、家庭生活及保健的權利（第 36 條）、追求幸福權（第 10 條）、男女平等權等的規範，此憲法所保障的活著為人的權利，以及社會保障權等其他 39 個立法是與人權有密切的關連。但是這些法律規定若是沒有站在中立的立場，視人權為需要經過一連串不斷的要求與爭戰才能取得的話，那人權就不是一個完全沒有威脅的平易概念。人權從普遍的角度觀點上，是每個人民都具有人權，就是每個人在每個地方、每天的日常都可以享有的就是人權。人權是以自由、平等、人性尊嚴的價值維護著我們的生命品質。

人權還包含我們平常熟悉的許多權利。例如：公平的判決、投票權、言論自由、教育的平等、種族、宗教，免於上述各種理由遭受歧視的自由，免於不具正當理由的入獄、從酷刑、虐待以及非人道的對待中受到保護，教育的自由、健康的權利、免於受暴力等。那麼這些人權是從哪裡來的呢？人權原則的起源追隨到古文明，來自於基督教、佛教、儒家、印度教、回教以及猶太教的教導中。也有助於美國、法國以及最近以曼德拉為首的非洲國家的發展。二十世紀的專制國家，第二次世界大戰中對人類的殘酷罪行等，導致全世界認為應將維護人權擺在第一順位。1948 年宣布的《世界人權宣言》也是起因於人權保護之認知。在韓國的《國家人權委員會法》第 2 條第 1 項定義「人權是憲法及法律所保障，以及在國際人權公約和國際法規中認定的人性尊嚴、價值、自由與權利。」而福特（Ford）[21] 定義的人權是更具有運動（campaign）的性質：

---

[21] Richard Thompson Ford, *Universal Rights Down to Earth* (New York: Norton & Company, 2011).

「現代的人權乃普遍道德規範與政治行動，以及結合法律形式主義之獨特產物，藉由明文規定的道德觀與社會正義，還需靠政治游說、推廣、訴訟等來實現。」福特定義的概念特徵是，人權不只有被動而依賴司法的靜態性，更具有動態性或是爭戰性要素。我想此概念充分說明為人權而爭戰的現場氛圍，福特的人權概念混合著司法、政治及社會性的元素。

這樣的情形可以從韓國及世界性的身心障礙運動中清楚所見。基於人權對身心障礙的認知，在此提出以下幾項先決條件。[22] 以下七項先決條件的說明是針對人權模式和社會模式的比較。社會模式是歐盟公認的模式，過去提升身心障礙者的自由權和公民權利概念，以及將平等概念落實在身心障礙的研究領域。[23] 這些相關的詳細論述，可參考第三章。[24]

一開始在討論《身心障礙者權利公約》時期，聯合國已經有了許多公約，所以有些人主張，要以新公約來通過是很困難的，但因以下六個主張得到了實效：

① 新公約將成為約束歧視身心障礙者的非常重要文件。
② 新公約將為聯合國與成員國政府以及其他組織主張的正當性，吸引資源。
③ 此公約在聯合國的人權基礎上，附加身心障礙者人權之嶄新層面，同時將目前為止未曾探索過的，也就是開啟與過去不同權利的新領域。
④ 新的公約將為身心障礙者團體賦予一個伸張身心障礙者人權的

47

---

[22] Theresia Degener, *"Disability in a Human Rights Context"*, © 2016 by the author; licensee MDPI, Basel, Switzerland. This article is an open access article distributed under the terms and conditions of the Creative Commons Attribution (CC-BY) license(http:，creativecommons.org/licenses/by/4.0). 作者為身心障礙之人權模式的國際知名學者。摘錄綱要。

[23] Michael Oliver, *Understanding Disability* (New York: St. Martin's Press, 1996).

[24] 以下論述中談及的身心障礙之社會模式與人權模式之詳細論述可參考第 3 章。

嶄新工具。

⑤在泛全球化的身心障礙運動，鼓吹一股活力的催化劑。

⑥此公約將身心障礙者人權之主題，登堂入室於聯合國的議程裡。

如此，《身心障礙者權利公約》是涵蓋非常創新元素的現代版國際人權法案。此公約在日後在學術層面的身心障礙研究與人權法上應該會有很大的影響。創新的內容是指身心障礙的歧視與身心障礙的模式與平等相關事項。特別是三種型態的障礙模式（請參考第三章）與平等原則都有不同的解釋，最顯著的主張是《身心障礙者權利公約》將身心障礙問題，從醫療模式進階為人權模式。尤其是《身心障礙者權利公約》將對於歧視的新概念導入於國際人權法。[25] 為什麼說這樣的模式進階是創新的呢？過去歷史上一直以來，身心障礙者是看不到的隱形存在，不是權利的主體而是要受到保護、治療、需要幫助者。這就是過去對障礙者採取醫療臨床介入與提供福利方式介入，而將其正當化，執著於醫療層面的福利模式也就是醫療模式。這樣的結果就是，由於身心障礙者是無法正常生活，在社會中被隔離，於是給予特殊學校、需受保護的工作地點及住宿、交通輔具等。同時，他們被排除在醫療、就業、教育、選舉、社會參與、文化活動等之外，進而剝奪了基本的權利與自由。但是過去二十多年對於身心障礙的接觸開始有了變化，現在則認知為是權利的主體。這樣基於權利的變化得到了聯合國的支持，而將 1981 年稱之為「國際身心障礙者年」，並將「全面參與及平等」採納為各國和聯合國大會的宣言文。

這遂成為身心障礙者的人權架構之開始。人權架構中的焦點是放在人身上，而不是在於障礙，而所謂身心障礙者的問題，若基於權利的角度來觀看時，它不是來自於身體和精神上的受損問題，而是來自於社會和政府及公民社會的不合理對待，或是沒有相應措施。所以政府要設法排除社會外部形成的阻礙，讓每個人都能恢復人性的尊嚴。而將這些課

---

[25] Theresia Degener, "Disability in Human Rights Context".

題以國際法規結合的就是《身心障礙者權利公約》。作為支撐《身心障礙者權利公約》的人權架構，與下列在早期聯合國採納的許多公約有著密切連繫，七項既有人權架構有：

① 世界人權宣言（UDHR: Universal Declaration of Human Rights, 1948）

② 經濟社會文化權利國際公約（ICESCR: International Covenant on Economic, Social and Cultural Rights, 1966）

③ 公民與政治權利國際公約（ICCPR: International Covenant on Civil and Political Rights, 1966）

④ 消除一切形式種族歧視國際公約（ICERD: International Convention on the Elimination of All Forms of Racial Discrimination, 1965）

⑤ 消除對婦女一切形式歧視公約（CEDAW: Convention on the Elimination of All Forms of Discrimination against Women, 1979）

⑥ 禁止酷刑和其他殘忍、不人道或有辱人格的待遇或處罰公約（CAT: Convention against Torture and Other Cruel, Inhuman or Degrading Treatment or Punishment, 1984）

⑦ 兒童權利公約（CRC: Convention of the Rights of the Child, 1989）。

如何將這些公約具體的反映於《身心障礙者權利公約》的各條文，在第 3 到第 4 章公約的深入分析中有詳細討論。舉個簡單例子，《身心障礙者權利公約》第 10 到 23 條、第 29 條是基於自由權，第 24 到 28 條、第 30 條是基於社會權。那麼《身心障礙者權利公約》的人權模式是基於怎樣的先決條件呢？

### 先決條件 1：身心障礙者是社會成員之一，而符合人權條件不需具備任何健康或身體上的資格

身心障礙的社會模式只是在說明障礙，但在人權模式則是將身心障礙者的尊嚴納入於身心障礙的政策研究上。惟在人權模式中不強調損傷作為身心障礙基準。社會模式是來自於說明社會對於身心障礙者的排除現象，在解釋社會的歧視性、壓抑性結構方面是有力的工具。這些社會學的說明就是身心障礙社會學的開始。《身心障礙者權利公約》也是與此相同。《身心障礙者權利公約》的第 1 條是「每一位身心障礙者都要享有人權和基本自由，要增進身心障礙者的尊嚴之尊重。」在社會模式是強調反歧視的政策研究與人權改革；人權模式是將自由權和社會權，這兩個人權支柱做為依據。

49

### 先決條件 2：身心障礙的人權模式追求超乎反歧視的理想層面

對於身心障礙者因為損傷而承受的疼痛與生活品質下降、壽命的縮短、需要依賴，同時這些問題影響身心障礙者的主體性等方面，過去社會模式欠缺對損傷經驗對障礙者影響的說明，遭受批評。而在人權模式，承認這些狀態情況，希望把它納入在社會正義理論內開展論述。而社會模式所主張的「損傷／障礙」的二分法與唯物論式的焦點，受到女性身心障礙學者 Jenny Morries 的指責，這是在她的著名書籍《對於偏見的矜持》（*Pride against Prejudice*）裡的主張。

### 先決條件 3：身心的損傷應該視作人類固有的多元性

身心障礙的社會模式主張，身心障礙者在身體上的差異或受限，完全來自於社會建構的結果，然而卻忽略身心障礙者所經歷的身體經驗。環境障礙和社會的態度、心智障礙、疾病、死亡的恐懼等，這是身心障礙者無法迴避的致命性經驗之一，難道要將這些全部忽略嗎？透過女性身心障礙學者的貢獻在於整理分析出男性和女性身心障礙者們的經驗。社會模式是主張我們身體的損傷經驗和障礙皆來自於社會而忽略身體的主體經驗。但環境上的阻礙和社會上的負面態度，都是身心障礙者所經

驗非常重要的一環，實際上也因此讓人成為一個身心障礙者。但要否定
這些就等於完全無視肉體上、精神上的疾病所帶來的限制和死亡的恐
懼。在這樣的角度之下，女權主義學者對身心障礙女性的研究就有很大
的幫助。[26]

### 先決條件 4：承認多重歧視與多重身分的交織

身心障礙的社會模式並不將身分認同政治（identity politics）列為
身心障礙政策研究的重要因素，相反的，在人權模式則會承認少數族
群和文化的身分認同。而過去在社會模式未將身分認同政治做為解放
之理論而受到指責。身分認同政治涵蓋人與人之間受到來自社會歧視
的特徵，而正面看待所謂的差異性。像是 Gay Pride（同志驕傲遊行）、
Black Pride（黑人驕傲運動）、Feminism（女權主義）或身心障礙的文
化都是身分認同政策研究的表露。身心障礙的社會模式其核心在於外部
社會的勢力關係，而輕忽個人的解放。從身心障礙的脈絡來看身分認同
政治也會有許多意涵。此概念可以意味著身體損傷的類型或原因，聽障　　50
者創造了屬於他們的獨特文化，其身分認同占據了重要地位，進而形成
身心障礙學研究的一個趨勢。

### 先決條件 5：預防性政策觸及人權之敏感度

在社會模式上，對於預防性政策是很敏感的；然而人權模式上在身
心障礙者的人權保護層面，預防可以成為檢驗之依據。公共醫療的預防
性政策之所以可能導致污名化或歧視是來自身心障礙運動權的譴責，他
們批判的根據在於保健政策之研究型態或目的。防止交通事故或小兒麻
痺的發生而做預防是沒什麼大問題，但以怎樣的文宣來對外宣導就會產
生問題。例如，為強調行駛安全的重要性，如果將標語寫成「車禍導致
身體障礙，還不如就此喪命。」這看來像是很貶低身障者的海報是吧？
為廣告小兒麻痺的疫苗若使用的口號是「口服疫苗是短暫的甜味，小兒

---

[26] Jenny Morris, *Pride against Prejudice* (Philadelphia: New Society Publishers, 1991).

麻痺是一輩子的苦味。」這樣會是什麼感受呢？在 1970～1980 年代這種型態的公共醫療政策的廣告，讓許多國家的身心障礙運動者引起激憤。

### 先決條件 6：貧窮和障礙相互關聯，但會有改變

如同社會模式所主張的，世界上有 15 億的身心障礙者處於貧窮，而人權模式就有提出此問題研究途徑。非常多的證據顯示，貧窮與障礙是會相互交織的。[27] 身體的損傷很容易造成貧窮，貧窮也可能造成身體上的受損。全球三分之二的障礙者現實上所面對的問題是，缺乏生存所需的資源和教育機會，以及其他基礎服務問題等。這個部分社會模式很早就指出障礙者的貧困來自於「發展」的問題。社會模式的支持者和障礙研究學者們對於如何強化能力的研究有很大的功勞。[28] 聯合國與世界銀行從很早以前就承認身心障礙就是發展的問題。[29] 雖然如此，身心障礙還是沒有成為國家政策研究的主流。千禧年發展目標（Millennium Development Goals, MDGs）以全球五億人口的貧民為對象，然而所謂貧窮人口中最貧窮（the poor of the poorest）之身心障礙者，完全沒有列入。隨著《身心障礙者權利公約》的通過，身心障礙才開始成了國際合作政策研究的核心，有了突破性進展。換句話說，《身心障礙者權利公約》成為首度提到所謂「發展」的人權公約之一。事實上，在聯合國的協商過程中，公約第 32 條的國際合作從頭到尾都是激烈爭論的主題，在所有的發展方案裡將涵蓋身心障礙融合發展（disability-inclusive

51

---

[27] World Health Organisation and World Bank, *World Report on Disability* (Geneva: WHO-Verlag, 2011), Jenny Morris, *Pride against Prejudice* (Philadelphia: New Society Publishers, 1991).

[28] United Nations General Assembly, "Standard Rules on the Equalization of Opportunities for Persons with Disabilities". Available online: http://www.un.org/esa/socdev/enable/dissre00.htm(accessed on 10.October 2018). Colin Barnes and Geof Mercer, *The Social Model of Disability* (Leeds: Disability Press, 2005).

[29] Jeanine Braithwaite and Daniel Mont, *Disability and Poverty: A Survey of World Bank Poverty Assessments and Implications* (Washington: World Bank, 2008).

development）加入於 NGO/DPO 和監測活動中。[30] 有關危險情況與人
道緊急情況的《身心障礙者權利公約》第 11 條，也是在要求國家若發
生自然災害和危及人道主義的事件時，應優先保護身心障礙者。第 11
條是 2004 年印度洋海嘯時，數十萬人命受害，很多人未能受到即時救
濟，後來就成了障礙者。2006 年發生黎巴嫩事件而讓公約第 11 條的政
治顏色變得更加強烈。尤其第 32 條和第 11 條在發展政策研究及人道
主義的介入上有三個重要的意涵。（1）基於人權的發展政策研究以及人
道主義的介入；（2）在國際合作上身心障礙主流化成為核心議題；（3）
NGO/DPO 的積極參與和介入。

　　這些核心原理並沒有說很創新，但當這些已成為具約束力的國際法
規，這是突破性的事實。基於人權的政策研究中，貧困障礙者不再是福
利或接濟的受惠者，而是具有主權來決定資源分配與需求的主權承載
者。參與既是一種目的也是策略；是強化能力的手段也是策略。政策研
究應以弱勢階層與被冷落的團體作為標的對象。這些原則就是 1977 年
聯合國通過並擁護的基於人權之發展。[31] 基於權利的發展，儘管不能說
是完整的，[32] 但確實是在全球化時代為實現社會正義而提出了方向。身
心障礙之主流化乃是改革過去長久以來維持分離結構的傳統身心障礙政
策研究，是改革的重要第一步。過去若沒有身心障礙者與障礙者代表團
體積極且平等的來參與，也許發展策略還是讓身心障礙者處於持續強化
歧視的結構。我們看到各國在履行公約的過程中，藉由各種政策研究來

---

[30] Stefan Trömel, "A Personal Perspective on the Drafting History of the United Nations Convention on the Rights of Persons with Disabilities," *In European Yearbook of Disability Law*, Edited by Gerard Quinn and Lisa Waddington (Antwerpen: Intesentia, 2009): 115-38.

[31] United Nations, "The Human Rights Based Approach to Development Cooperation: Towards a Common Understanding among UN Agencies," Availableonline: http://hrbaportal.org/the-human-rights-based-approach-to-development-cooperation-towards-a-common-understanding-among-un-agenciesn (accessed on 15 August 2018).

[32] Andrea Cornwall and Celestine Nyamy-Musembi, "Putting the 'rights-based' approach to development into perspective," *Third World Quarterly* 8(2004): 1415-1437.

影響如何防範貧窮。國際上在 2015 年 9 月 25 日由聯合國大會通過永續
發展目標（SDGs 2030）。[33] 不同於 MDGs 在 SDGs 中有包含 15 個身心
障礙相關目標，很顯然在議題中沒有讓身心障礙者遭受冷落或從編入預
算中排除在外。

### 先決條件 7：從社會模式發展到人權模式

請大家別誤會。不是說全面廢除社會模式，而是要更加發展下去。
身心障礙的社會模式在聯合國協商當時，也立下了很大功勞。如果以
一句話來說明《身心障礙者權利公約》的成功理由，那就是國際上的
身心障礙政策從醫療模式已經轉換為社會模式。在協商當時受大眾喜
愛迎合的社會模式，並不是支持批判身心障礙理論的現狀，而是在宣
示身心障礙學的激進社會結構論。[34] 像是過去許多聯合國公約是如此，
《身心障礙者權利公約》自聯合國大會通過後，一定也會找尋自己的定
位。就舉《身心障礙者權利公約》幾個例子來說，諸如：監測、國際合
作、可近性、法律能力、自立生活和去機構化、融合教育等方面發揮了
相當的影響力。但是以最近的研究來看，身心障礙運動雖然大致上承襲
了人權的精神，但是身心障礙者團體現階段還無法效法像國際特赦組織
（Amnesty International）或是人權觀察（Human Rights Watch）一樣的
人權主流團體。[35] 目前 NGO/DPO 是屬於聯合國人權制度，這就是身心
障礙的政治運動發展成為人權，而《身心障礙者權利公約》讓障礙者的
人權模式得以法制化變得更有系統。權利委員會在結論性意見也納入了
身心障礙的人權模式。[36]

---

[33] Bill Albert, *In or out of the Mainstream? Lessons from Research on Disability and Development Cooperation* (Leeds: The Disability Press, 2006).

[34] Rosemary Kayess and Philipp French, "Out of Darkness into Light?" *Human Rights Law Review* 1(2008): 1-34.

[35] Gerard Quinn and Theresia Degener, *Human Rights and Disability* (New York and Geneva: United Nations, 2002), 14.

[36] Concluding Observations on the initial report of Argentina as approved by the Committee at its eighth session (17-28 September 2012), CRPD/C/ARG/CO/1, 8 October 2012, para. 7-8;

　　從上述內容可以看出，《身心障礙者權利公約》的人權架構是在很長的一段時間，由障礙運動者及學者們不斷的爭論與抗爭下慢慢建立起來的。韓國的身心障礙學界、運動圈、服務現場是否已定出了正確方向，還是依然站在歧路上呢？我們回顧這些歷史，第一線的障礙服務專家、社工在現場的人權實踐和人性尊嚴、自我決定權、內在平等權、共同體意識等都有密切的關係，而現實上也具有相當程度的緊張與糾紛的成分在裡頭。特別是在法律元素上有重要意義，對於消除身心障礙者的社會偏見與歧視相關的抗爭，被認為是讓弱勢階層重新獲得力量而占有一席之地的抗爭。我們社會總是認為緊張與糾紛是不好的，忽略緊張與糾紛會帶來的生產效應。身心障礙服務專家、社工在第一線的人權實踐即屬於特定範疇的人權。

　　過去有一部電影是關於身心障礙者的內容叫《熔爐》，曾經在韓國社會引起一陣譁然，影片中是對於障礙兒童的人權侵害。那段日子，我有多次機會為主修社會福利的學生講課。那時候我就常常問起，有多少人因那部電影受影響而去參加了示威？我之所以這樣問，是想瞭解有多少人會為那件事表示共憤，以及為擁護人權而實際行動，看看學生們對於人權的感受力與他們對人權的意識。實際上據我所知，當時沒有任何一個因為《熔爐》事件而示威，或有社會福利學系及身心障礙團體對外發表正式聲明。這不就意味著，韓國社會的人權環境，特別是身心障礙界的人權意識是如何的惡劣不是嗎？不，應該說是身心障礙專家們在現實中對身心障礙者會經歷到的偏見、歧視、性侵等各種現象不是很敏感，而且也沒有問題意識，不是嗎？單就個人層面過度專注於需求、保護、協助服務上，結果導致在社會結構下的排除與歧視、不平等、互相交錯的問題上，無法發展一個可以介入的方法，以下會再做說明，這在東西方的身心障礙歷史中成為共同要素，且占據了一百年以上。

concluding Observations on the initial report of China, adopted by the Committee at its eighth session (17-28 September 2012), CRPD/C/CHN/CO/1, 15 October 2012, para. 9-10, 16, 54.

## 1）支持身心障礙者權利架構的四個要素

以下四個要素，會在以下的核心主題，不斷強調又反覆。

① 與經濟效益無關之尊嚴，具有個別且獨特的人性尊嚴
② 可以自我決定、自主行動，在每個決定中占據主角位置，其個人的自主性、自我決定權
③ 無論如何的不同或差異，每個人皆具有內在平等的價值
④ 在適度的社會支持下，守護每個人權益的集體共識

54 　在類似的脈絡下，Jim Ife 依社會福利的脈絡強調了九種要素。[37]

① 人類生命的尊嚴
② 從壓迫中的解放
③ 平等
④ 不歧視
⑤ 正義（justice）
⑥ 團結（solidarity）
⑦ 社會責任（social responsibility）
⑧ 漸進性改變與改革，和平、非暴力（gradual change and reform, peace, nonviolence）
⑨ 人類福祉與環境之間的關聯（links between human well-being and ecology）

　　在物質萬能及競爭又緊迫的生活中，這些不都是我們要追求的崇高價值嗎？以權利為架構的核心要素是將身心障礙者認知為法律上的主體，終極目的是強化他們的力量，而在政治、經濟、社會、文化活動中得到重視而參與其中，並接受彼此之間的不同，所謂以身心障礙者人權為架構是聚焦於每一個人，從自我束縛的世界中擺脫而積極參與社會，

---

[37] Jim Ife, 사회복지와 인권 (*Human Rights and Social Work*)( 서울 : 인간과복지 , 2002).

受惠的同時也要發揮所長來貢獻自己。

　　以人權模式來看，所謂身心障礙的問題點不是來自於精神上、身體上的損傷，而是對於身心障礙者的「差異」部分，沒有去做一個合適回應而造成的結果。所以社會要設法排除在社會上形成的所有障礙，尊重每一個人的權利和人性尊嚴。此人權導向的核心要素，是主張身心障礙者遭受社會排除與疏離的經驗，與障礙者的身心損傷無關，而是來自於身心障礙者所面對的可近性，只能依賴印刷媒體的視覺和聽覺障礙的問題，沒有提供手語翻譯而產生的溝通問題，對於障礙的一種錯誤假定下的政治性選擇。也就是說，身心障礙問題不是個人問題，而是在外部環境與社會上，沒有認識到每個人的差異，而將問題呈現出來。

　　身心障礙的人權取向是基於國際人權規範，以保護並促進身心障礙者的權利。以權利作為架構的身心障礙是依據國際人權規範，強化人權也等於是在預防身心障礙的產生。障礙的起因在某方面是違背了人權與人道主義精神而產生的直接性結果。酷刑與人權的侵害會導致永久性身體損傷，一直以來的營養失調幾乎不例外的成為重度障礙的原因（兒童的頭腦發育障礙、維他命 A 的缺乏造成的視覺喪失等為例）。沒有接受疫苗而造成障礙的例子也很多。支持權益為架構的聯合國公約如下列的腳註。[38]

55

　　除了這些公約，聯合國大會曾經特別採納身心障礙相關的許多項決議文，持續為身心障礙的人權表明立場。舉幾例來說，採納為發展遲緩與精神健康而知名的《聯合國保護精神疾病者與改善心理健康照護原則》（MI Principles），《關於身心障礙者的世界行動綱領》（World

---

[38]（1）1948 世界人權宣言（UDHR），（2）1966 經濟社會文化權利國際公約（ICESCR），（3）1966 公民與政治權利國際公約（ICCPR），（4）1965 消除一切形式種族歧視國際公約（ICERD），（5）1979 消除對婦女一切形式歧視公約（CEDAW），（6）禁止酷刑和其他殘忍、不人道或有辱人格的待遇或處罰公約（CAT），（7）1989 兒童權利公約（CRC），（8）1990 保護所有移徙工人及其家庭成員權利國際公約（ICMW），（9）1992 保護所有人免遭強迫失蹤國際公約（ICPPED），（10）2006 身心障礙者權利公約（CRPD）。

Programme of Action concerning disabled persons, WPA)、《身心障礙者機會均等標準規則》（Standard Rules on the Equalization of Opportunities for Persons with Disabilities）等。除此之外，在聯合國有關身心障礙相關機制，也包含如下：

- 1958 年第 11 次的國際勞工組織（International Labour Organization, ILO）大會通過了身心障礙者職場的歧視問題（編註：《（就業和職業）歧視公約》）
- 1962 年聯合國教科文組織大會通過了教育上的歧視問題
- 1983 年國際勞工組織的《（身心障礙者）職業康復和就業公約》

　　人權取向的身心障礙概念是讓障礙者、比障礙團體還要更積極的參與，研擬為他們平等參與社會相關的計劃與政策研究。以地區來說，1988 年，關於經濟、社會及文化權利領域，在美洲國家組織通過了協定書，還有 1996 年歐洲的《社會憲章》（Social Charter），1999 年南美的《美洲國家公約》（Inter-American Convention）中決議對障礙者禁止所有的歧視行為。這些國際動向，實可稱之為「有關身心障礙的國際現象」，並開啟了可以全面相互分享與討論障礙相關議題，彼此之間爭議及長期偏見問題的窗口。基於這些國際動向，2001 年 12 月 19 日聯合國成立了完整且必備之國際公約的特設委員會，以保障身心障礙者之尊嚴與權利，這是 2001 年 11 月 28 日聯合國大會第三次委員會中決議的。[39] 2001 年之後開始蓬勃展開身心障礙者權利制定法規和政策研究，不僅是以國家層級在各地區及國際法規上也都帶來很大的變化徵兆。當時聯合國人權委員會的主席前愛爾蘭總統 Mary Robinson 談到：「目前地球上有許多的身心障礙者承受極度的貧困，並受到社會上的阻礙而被排除在外，無法參與社區生活。導致數千萬兒童及成人障礙者被

56

---

[39] G.A Res, 56th Session.<on the report of the 3rd Committee on the draft resolution concerning a comprehensive and integral international convention to promote and protect the rights and dignity of persons with disabilities>. (A/56/583/Add.2. UN Doc. A/RES/56/168. 2001).

隔離，他們的權利被剝奪，在無法形容的惡劣環境下求生存。」[40] 而強調障礙者人權的重要性。聯合國在過去對障礙者的人權採取的態度是基於不能過正常的日常生活或是社會生活的認知。也承認人人可以享有的基本健康保護、就業、教育、投票權、文化生活等，身心障礙者都是被拒絕而無法接觸的。但是隨著聯合國的介入和國際性的身心障礙運動蓬勃發展，經過二十多年逐漸開始改變對身心障礙的態度，認為身心障礙者是權利的擁有者。身心障礙的人權架構基本上是以障礙者為法律的主體，最終目的是讓障礙者積極的參與政治、經濟、社會及文化生活，享有被認同障礙者多樣性的生活，及尊重他們權利的社會。這種以權利為架構的取向是來自聯合國的認定，1981 年聯合國以全面的參與及平等之價值下，宣布的「國際身心障礙者年」為關鍵點，帶來很大的變化。身心障礙的人權取向是聚焦在人，障礙問題不再是個人的問題，而是要參與社會並取得協助下，發揮所長而貢獻於社會。

《身心障礙者權利公約》的第 3 條提出原則如下：

- 尊重固有尊嚴、個人自主，包括自由進行個人選擇及個人自立及個人自立；
- 不歧視；
- 完整且有效的社會參與及社會融合；
- 尊重差異，接受身心障礙者是人類多樣性之一部分與人類之一份子；
- 機會均等；
- 可及性／無障礙；
- 男女平等；
- 尊重身心障礙兒童逐漸發展之能力，並尊重身心障礙兒童保持其身分認同之權利。

---

[40] Mary Robinson, United Nationals High Commissioner for Human Rights, International Seminar on Human Rights and Disability, Almasa Conference Ceter, Stockholm, Sweden. Nov. 5. 2000.

57　　在多達 50 條的公約內容中，本研究詳細解釋其中 33 條，並引用聯合國的任擇議定書判決案例和各種相關文獻。

### 韓國身心障礙者實態

當我們看到以下的資料，可以認真思考一下，我們身邊身心障礙者是否真的過著「正常人」、「像樣的」生活。我們對於人權的敏感度、或擁有對於人權的判斷力、人權意識，其實這些是不需要特別深奧的哲學思維。

根據韓國統計處的經濟活動人口調查與身心障礙者的經濟活動動態調查顯示，以 2017 年為基準的身心障礙者就業率是 36.5%，約只占一般民眾（60.2%）的 60.6%。且依 2017 年身心障礙者動態調查（2017）[41]，每一戶身心障礙者的月平均所得為 2,421 千韓元，是全國每戶所得（3,617 千韓元）的 66.9% 左右。如調查所示，一般來說身心障礙者因工作上的活動困難，比起一般民眾生活艱困。為保障身心障礙者的所得收入，韓國政府投入推動身心障礙年金及身心障礙津貼。身心障礙者在 15 歲以上的經濟活動參與率為 38.2%，這與 2000 年的 34.2% 相比變化不大。其中失業比例根據統計處的標準計算是 10.6%（整體失業率為 3.3%）。

### 將來會帶來怎樣的變化？

隨著 CRPD 的批准與推動，將來會有怎樣的變化？這是我們要關注的主題，具體而言，我們會在第五章〈由身心障礙者權利公約提升公民權利〉中詳加說明，在此先做簡單的陳述：

①公約生效後，障礙者從以往被保護、救助與施捨的對象，改變為積極主動的社會一份子。

②第二，身心障礙者從過去被社會歧視與偏見的對象，轉化為可以享受平等的社會公民權利，在實踐平等不歧視的社會中，站

---

[41] 韓國保健福祉部，2017 年全國障礙者實態調查。

在核心的位置。

③因此從過去的被動又依賴的負面性地位，進而成為主動、具生
　產力、獨立的社會公民。

④並且從過去的排除（exclusion）、統合（intergration）的狀
　態，轉而可以克服能力限制並強化能力而達到全面融入社會
　（inclusion）的地位。

　　一言以蔽之，身心障礙者的公民身分地位產生了變化。隨著身分的
變化不僅改變社會上的地位，過去看待福利的觀念也會有所改變。由
CRPD帶來的結果要呈現出公民權利的概念。從現在起改變過去福利採
取接濟式的施予和同情的博愛概念，或是針對特殊階層的選擇性服務，
爾後的變革為從基本條件之保障過渡到視之為全體民眾對象來滿足其最
適條件之普遍性福利，福利中的個人、家屬的責任轉變為國家與社會的
責任。確實是身心障礙主流化讓福利有了很大的變化契機。福利的需求
典範提升到權利典範，最具有相當的意義。為達到這樣的模式，花費了
約八十多年的時間。

　　這在第四章會做更深入的討論，首先清楚的是根據《身心障礙者權
利公約》第4條第1項規定批准公約的締約國得履行以下的義務，這是
變化的第一步。締約國承諾確保並促進充分實現所有身心障礙者之所有
人權與基本自由，使其不受任何基於身心障礙之歧視。為此目的，締約
國承諾：

①採取所有適當立法、行政及其他措施實施本公約確認之權利；

②採取所有適當措施，包括立法，以修正或廢止構成歧視身心障
　礙者之現行法律、法規、習慣與實踐；

③於所有政策與方案中考慮到保障及促進身心障礙者之人權（以
　下省略，請參考原文）。

58

第二章

# 社會工作與人權：實踐的課題

# 1. 緒論：理解社會工作人權實踐的脈絡

## 幾項問題的提出

- 若以人權之專業來重新審視社會工作，如何更加理解社會工作面對的困境？
- 社會福利工作就是人權專業，這代表什麼意涵？
- 基於人權的社會福利實踐，在身心障礙者福利中，具有何種樣貌？
- 我們對於人權的理解，可以如何挑戰身心障礙者福利的實踐？

　　上述問題在當今面對後現代的浪潮所有的價值與道德觀相繼出現相對觀點的年代，對於一個追求人性、人類尊嚴與價值的人，人權會提出具有其對應方案的價值觀。

　　韓國在過去幾年，得力於國家人權委員會的支持和第一線現場實務工作者對人權的關注，在社會工作和人權上都同時有出色發展的樣貌。雖然過去在身心障礙服務專業的角色和人權的關係基礎並沒有建立得很好，但是最近，例如在面對整個身心障礙福利上，有關社福機構的人權侵害、家庭暴力、性暴力、進一步對於移工的福利問題以及他們所處的人權侵害的現狀等，大家對人權的關注度變高，也舉辦過多次學會層次的福利與人權相關研討會。以這些動向來看，身心障礙服務與人權似乎建立相當的關係，也沒必要在此多加贅述。雖然如此，但以第一線現場為主的身心障礙者福利來看，還是令人質疑，身心障礙服務與人權的結合情況，在實地現場有達到合理的情形嗎？

　　現在是對比於過去的全球化時代，因全球化所浮現人權問題，諸如「全球化時代的福利與人權情況」，或者「身心障礙服務專業在何種意義下，才屬於人權專業？」、「以人權的觀點來看，身心障礙服務專業扮演的是什麼角色？」這些問題，確實值得我們思考，這些基本問題已

62　經在相關文獻也有些答覆。[1] 以下的腳註是引用最近在韓國出版的社福工作和人權相關書籍，他們也都試著先將社會福利與人權的關係做了一定的梳理。雖然稍嫌晚了一點，這些出版書籍無一不在強調，福利領域本來就和社會上的弱勢階層息息相關，而較易受人權侵害的貧民、老年人、兒童、身心障礙者，甚至包含婦女，他們的人權很容易遭受侵犯，所以作為人權倡導、人權取向專業的課題要很明確。實際上，就以社會福利為例，在社福工作理論或倫理守則中都很明確表示，在過去的歷史上長久以來和人權有著密不可分的關係，但大部分對於專業的社工來說，總是認為人權是相當抽象而生疏的領域，這點在身心障礙服務的專業上，也是一樣的。也許是我們過去對於人權的想法有點狹隘所致，事實上我們試著搜尋社會福利學術期刊的目錄，也很難找到人權相關的論文。人權或是人權侵害，在過去與民眾的社會生活好像相距甚遠，往往被賦予特定的政治意涵，講到人權侵害，可能聯想到入獄者的家屬或個人身上發生的人權侵害、違法監禁、酷刑、非法居留移工的遣返出境、對政治犯的打壓、勞工團體罷工等的抵制、警察的暴力鎮壓等等。韓國長期以來抵抗獨裁政權，有著極度侵害人權的痛苦歷史，過去韓國總統金大中因為爭取人權有功，首次獲得了諾貝爾和平獎。韓國在 2001 年設立了國家人權委員會，就這點來說事實上韓國算是人權國家了。雖是如此，但還是出現因為膚色不同的歧視，只是因為是女性或是少數族群（minority），或是因為勢單力薄、身心有所障礙就遭受到歧視，儘管這些現象存在卻沒有將這類人權侵害納入社會福利的領域。到了最近才有社會福利與人權相關的學會、研討會、出版物等的出現。對於身心障礙服務專業來說，過去只是侷限於身心障礙者的福利或服務領域，至於在人權的侵害、身心障礙者的人性尊嚴、偏見與歧視、遭受主流社會的排除等問題上，沒有意識到它是人權的問題。我們過去之所以忽略對於身

---

[1]　Jim Ife, 사회복지 실천과 인권 (*Human Rights and Social Work*), 김형식 · 여지영 역 ( 서울 : 인간과 복지 , 2001). 엘리자베스 라이커트 , 사회복지와 인권 , 국가인권위원회 시회복지연구회 역 ( 서울 : 인간과 복지 , 2008).

心障礙領域的實踐課題與人權關係的建立，可能來自於教育的課程和內容，也有可能身為一般公民過去對人權的偏見或不關心所致。因為這是我們所處的狀況，所以持續為身心障礙與人權之間奠定良好的關係是我們現在所面對的課題，用這樣的觀點來處理有關身心障礙的人權問題，身心障礙模式的變化與人權及社會立法（social legislation）制度的改革要有系統且迅速地來完成。

63

　　本書主張，基本上社會福利的人權實踐是將在社會福利內的哲學、理論、法律制度面的架構擴大到實踐領域，以強化社會福利的主體性。同時，更有系統且迅速達到社會福利與人權的結合是當前課題。

## 2. 社會工作的價值取向與人權

　　社會工作和人權關係的建立，是基於社會工作的價值取向。社會福利在學問與實踐領域是隨著社會文化的環境與時代的發展而有了各式變化，但在社會福利上一向標榜的價值是人類的尊嚴、平等、自由、權利、社會正義等等，而這些價值取向讓社會福利開始有了對人權專業的主張。事實上，社會福利在本質上就是將人權的理想以各種型態來實現或保障的實踐領域。

　　這不僅僅是我們的想法也是全球化的趨勢（韓國國家人權委員會2008）。[2] 而這種趨勢的接納，對於社福工作者來說是一項挑戰，同時也喚醒對人權工作的重要性，並提供新的思維和實踐場域，可以將其整理如下，但這種整理不算新穎，只是指出人權觀點早已融合在社福工作的課程規劃（human rights perspective and SW curriculum）並做附帶說明這樣的認知。[3] 社會福利是以人本主義、平等主義思想為基礎，尊重每個人的尊嚴與價值，並致力於保障天賦自由和生存權的活動。我們再度引

---

[2] UN Human Rights Center, "Teaching and Learning about Human Rights: A Manual for Schools of Social Work and the Social Work Profession," New York, 1992.

[3] 국가인권위원회 워크숍, 사회복지와 인권 . 2006.

用 Jim Ife 的話：

**（1）為奠定社會工作與人類關係而強調的主要價值是：**

（a）尊重生命；（b）自由：從壓迫解放；（c）平等：不歧視；（d）正義；（e）連帶責任；（f）社會責任；（g）漸進式變化：和平與非暴力；（h）人類的福祉和生態系之間的關係等概念。[4] 社福工作不僅要標榜這些價值，也要將其結合到實踐的專業，以設法認定其地位。[5]

**（2）社會工作倫理守則與人權：**社工師倫理守則的 26 項倫理標準中有 15 項是有關服務對象的人權。

①韓國社工師的倫理守則：1988 年制定公布，2001 年第二次修訂「社工師是基於人本主義、平等主義思想，尊重服務對象的尊嚴與價值，致力於天賦自由權和生存權的保障而服務。」在此，天賦自由權和生存權可解釋為人權的子範疇（sub-category）。[6]

②美國社會工作人員協會（NASW）的倫理守則：社會工作的實踐乃人權實踐的過程也是核心價值，包含服務、社會正義、人性尊嚴與價值、人際關係重要性、廉正、能力。與韓國的倫理守則一樣沒有使用人權的概念，但是詳細觀察在倫理守則的倫理原則中就有「社會工作者挑戰社會的不公正」的標準。[7] 這項標準的解釋是，社工應致力於改變貧困、失業、歧視、其他類型的社會不公義，在這些活動中尋求增加對壓迫、文化和種族多元性的敏感度和知識。而這些努力若不來自於對差異性的尊重和對多樣性的理解就沒有辦法做到，所以專業社工人員的道德責任中，就是

---

[4] Jim Ife, 사회복지 실천과 인권 (*Human Rights and Social Work*), 김형식·여지영 역 ( 서울 : 인간과 복지 , 2001).

[5] Jim Ife，前揭書。

[6] 손병득 , 김기덕 외 , 사회복지와 인권 , 49.

[7] 미국사회복지사협회 엮음 , 사회복지실천이론의 토대 , 이필환 역 ( 서울 : 나눔 문화 , 1999), 399.

對「種族、國籍、民族、膚色、性別、性向、年齡、婚姻狀態、政治理念、宗教、心智上或身體上的障礙，不得有任何型態的歧視，也不可對此默認或助長、協助」[8]的人權原則。

③國際社會工作者聯會（IFSW）：1994 年斯里蘭卡哥倫布議員大會通過的「社會工作倫理：原則與標準」中，對於社會工作倫理原則做出國際宣言：「社會工作者須尊重並提倡人權。」[9]而國際社會工作者聯會做出的詮釋為「所謂的社會工作是指，追求社會變革，解決人與人之間的問題，賦予人民權利和解放來促進人類福祉。運用人類行為與社會環境理論，讓人類與環境相互依存。人權與社會正義的原則，正是社福工作的核心任務」（IFSW, IASSW 2001）。

（3）提高作為人權專業的社會工作身分認同：人權問題不再是屬於司法界、律師等法學專家，或是交給西方世界的專家就能搞定的性質。過去都認為人權問題是屬於律師、學者、政治家、外交官、媒體人等人權 NGO 特權階層的少數人才會關注的領域。這些人士若以全體的人口來比對，算是特權階級也只是偏於一邊階層，但是很顯然的，人權的問題不能再交給這些少數專家階層，而是必須以底層社會、貧民、障礙者、老人等容易受到人權侵害族群為服務對象的社工人員為核心領域。

廣泛意義下社會工作的人權提倡，這是指應超越單純的為權利立法、以國際人權憲章等做為支持，要靈活運用具有強制力的司法系統和程序，並且獨立運用具有法律約束力的權利公約等制度與立法來施壓，同時為那些無法保護自己人權不具法律能力（legal capacity）的階層扮演提倡者（advocator）的角色。進一步對人權表示關心是為發展地區社會，建造積極而參與性的社會並開發基礎穩固的公共服務，參與建設達成獨立性與依賴性之間協調的社會。

---

8 　　　　　, NASW 倫理守則 (2001), 415.

9 손 병규, 김기덕 외, 앞의 책, 50.

人權是社會工作核心唯一考量，為社會工作表示真誠關心的人，才是人權運動者。[10]同樣的，人權的意義就是社會福利工作，保障及實現合宜的人類福祉。

(4) 社會工作和人權教育：在社會工作和人權之間建立身分認同或是關聯性，並不是很困難的課題，但實際上困難的課題是韓國的社福工作教育界是如何具體實施人權實踐相關教育。李容敦（이용교）教授早在2001年發表過〈社工界對人權的觀點：成果與侷限〉[11]，然而之後有如何刮目相看的變化就有待評估。

首先在教材的出版上令人注目的是1992年位於日內瓦聯合國 UN Center for Human Rights 的主導下，有 *Teaching and Learning about Human Rights: A Manual for Schools of Social Work and the Social Work Profession* 一書，據悉有韓文版；在韓國已經廣為人知的 Jim Ife（2001）的翻譯本[12]之外，Elizabeth Reichert 的 *Social Work and Human Rights*（2003）[13]譯為《社會工作與人權》[14]問世，印度在2004年為印度社福工作教育而出版的 *Human Rights and Social Work: Challenges and Responses*（A.S. Kohli, New Delhi: Kanishika Pub.）。韓國平澤大學曾出版過《社會工作與人權》[15]，社會福利工作領域在全世界，非談論社會福

---

[10] Jim Ife，前揭書。

[11] 이용교, " 인권에 대한 사회복지계의 접근 : 성과와 한계," 박영란, 이예자 외, 한국의 사회복지와 인권 ( 서울 : 인간과 복지, 2001) 참조 . 請參考人權教育相關國家人權委員會的諮詢文 2007-2011，國家人權委員會法第 26 條〈人權教育與推廣〉，只有一般民眾的 5.3% 接受過人權教育 ( 國家人權委員會 2005 年國民人權意識調查 )，世界人權教育課程 (1995-2004)、(2007-2007)。2005. 8. 5，第 59 次聯合國大會決議案 (A/59/113B)。國家人權委員會法第 26 條 4 項〈考試內容〉。

[12] Jim Ife，前揭書。

[13] Elizabeth Reichert，前揭書。

[14] 손병득, 김기덕 외 5 명 ( 평택대학교 다문화가족센터 편 ), 사회복지와 인권 ( 파주 : 양서원, 2008).

[15] 손병득, 김기덕 외 5 명 ( 평택대학교 다문화가족센터 편 )，前揭書。

利倫理等延伸性主題而是專注談論人權的教材，全部加起來也不過五本左右，這一點顯示我們對於人權只有停留在思考階段，並沒有結合至具體的實踐。而這些出版教材透過哪些人，如何積極被採用也不得而知。若考慮到韓國國家人權委員會和社會工作界，特別是現場第一線過去一直以來為人權的實踐所做過的努力，韓國應該不落人後才是。至少將人權的主題引進到社福工作教育而做的努力來看，雖然韓國也有問題，但是先進國家看起來也沒有做出很積極的貢獻。從社會工作相關的學術期刊或學會中有關人權和社會工作結合主題的發表寥寥無幾，出現在韓國市場的二、三本左右書籍也曾經開設過講座，卻都乏人問津來看，只能推測韓國社工界的人權教育還是停留在原地踏步的狀態。[16]

**教育課程**

67

我們所熟知的美國幾所社會工作學院，經隨意搜尋也很難找到與人權相關課程或科目。例如，雖有找到「National Survey of Ageing Curriculum」、「National Survey of Psychiatry Curriculum」，但沒有搜尋到「Human Rights Curriculum」。只有搜尋到一兩個是「International Master Program with Focus on Social Work and Human Rights, Faculty of Social Sciences, Gothenburg University」。另一個是澳洲的「Curtin University of Technology, Centre for Human Rights Education」[17]有開設碩士及博士的教學課程。教授群大部分為社會工作專長但有很大程度的跨學科性質。也許每所大學不同，也有共同開設傳統和平研究與人權問題相關研究的課。

以下的資料可以顯示韓國社會工作的人權教育相關大致情形。

---

[16] 作為 2001 年將 Jim Ife 的書安排在韓國翻譯出版的人，筆者曾經向出版社問及是否曾有大學將「人權與社會福利」納入教學課程採購教材，對方的答覆是「沒有」。以下做為參考，2007 年 10 月 19 至 20 日舉辦過「韓國社會福利學會創立 50 週年紀念學術大會」。在此學會有發表自由主題及包含研究所論文的 46 篇論文，但沒有一篇是人權與社福工作。隨意搜尋季刊韓國社會福利學會期刊，也很難找到人權相關論文。

[17] 研究者金亨植為此中心之兼任教授。

表 2-1　2019-2020 年度社會福利學系教學課程導引書分析結果 [18]

| 科目名稱 | 內容（社會工作學系教學課程指南目錄） | | 負責評鑑委員（教授） |
|---|---|---|---|
| 社會福利概論 | 課程內容 | 4. 社會福利與人權<br>1）人權與正義<br>2）作為人權的社會福利<br>3）人權與社會福利 | 吳承桓（蔚山大學） |
| 老人福利論 | 課程內容 | 12. 老人人權的實務<br>1）老人虐待的概念與理解<br>2）老人虐待相關社會制度<br>3）成人監護人制的理解 | 石才恩（翰林大學） |
| 社會福利倫理與哲學 | 課程內容 | 9. 社會工作人員的社會責任相關倫理爭議<br>1）人權取向的社會工作與社工角色 | 金基德（順天鄉大學） |
| 兒童福利論 | 課程內容 | 3. 兒童的權利<br>1）兒童的權利與兒童福利<br>2）聯合國兒童權利公約<br>3）韓國的兒童人權 | 鄭益仲（梨花女子大學） |
| 身心障礙福祉論 | 課程內容 | 13. 身心障礙者福利核心議題 II<br>2）身心障礙與人權<br>3）倡導權益與成年監護 | 金用得（聖公會大學） |
| 精神健康論 | 課程內容 | 15. 人權與精神健康<br>1）人群與精神健康概念與議題 | 成峻模（拿撒勒大學） |
| 精神保健社會工作論 | 課程內容 | 9. 人權保障與實務倫理<br>1）精神疾病者之人權<br>2）歧視與污名 | 최명민（白石大學） |
| 青少年福利論 | 課程內容 | 7. 青少年人權的參與<br>1）青少年的人權：少數階層青少年、跨國婚姻青少年（新住民子女）等 | 盧爀（拿撒勒大學） |
| 學校社會工作論 | 課程內容 | 4. 有關學生的理解<br>2）學生人權相關理解 | 김민정（江南大學） |

---

[18] 2019-2020 社會福利工作系教學課程指南，韓國社會福利協會。

| 科目名稱 | 內容（社會工作學系教學課程指南目錄） | | 負責評鑑委員（教授） |
|---|---|---|---|
| 國際社會工作論 | 課程內容 | 3. 國際社會福利的知識架構<br>2）人權及兩性平等 | 김경휘（耶穌大學） |
| 跨文化社會工作論 | 課程內容 | 3. 跨文化（新住民）社會工作的理論觀點<br>1）人權與文化多元性 | 崔惠枝（首爾女子大學） |
| | | 8. 跨文化社會工作的實務<br>3）跨文化社會工作實務觀——人權觀點、優勢觀點（strength perspective）、充權觀點 | |
| | | 14. 性少數者與跨文化社會工作<br>1）性少數者之人權實際狀態與爭議 | |
| 照顧福祉論 | 課程內容 | 2. 照顧福祉的理念<br>2）人權／倫理<br>　①人權的概念與歧視排除等<br>　②人權相關法律內容與方法<br>　＊訪問國家人權委員會網頁<br>　＊因 TBL 遭遇歧視及人權侵害案例討論 | 曺秋龍（Kkottongnae 大學） |
| 社會工作管理論 | 課程內容 | 5. 社會工作人力資源管理<br>3）社會工作人力資源管理<br>　——社會工作人力資源管理基本原則：尊重與人權 | 黃昌淳（順天鄉大學） |

　　綜觀上述資料大概可知現階段人權科目不是獨立的，而是一般社會工作學系教學大綱中的小主題。欣慰的是 2006 年度社會工作學系教學課程大綱分析結果有六個科目[19]在小主題裡有開設人權科目，特別在韓國淑明女子大學社會工作學系社會工作研究所課程[20]中，自 2019 年在政策及運作機關組別準備要開設社會工作與人權科目，也衷心期待日後

68

69

---

[19] 社會福利法制論、社會問題論、兒童福祉論、社會工作倫理與哲學、女性福祉論、青少年福祉論。

[20] http://www.sookmyung.ac.kr/policy/4713/subview.do（搜尋日期 2019.03.14）。

透過各樣的碩博士研究所課程有很多人權科目的開設。同時韓國聖公會大學的「身心障礙與人權」（見表 2-1）有相當程度參考聯合國的《身心障礙者權利公約》。另外順道一提，筆者早在 2010 年在澳洲的社會工作學術期刊主張過，作為社福工作理論架構之一環，應慎重考量聯合國《身心障礙者權利公約》。[21] 哪怕是沒有以身心障礙者的權利與人權為核心主題，在整個社會工作開設課程中，若人權主題能夠穩住地位就相當令人欣慰了。

### 國際活動

國際社會工作者聯會（IFSW）也致力將人權主題引進於社會工作教育及實踐，在 IFSW Action Plan 2004-2006 也可以看到 [22] 在許多實踐領域提出行動綱領，但是還沒有看到具體實踐的記載。IFSW 具體的行動綱領可以摘要如下：

- IFSW 人權小組委員會應為會員國家明述如何推動國際人權議題。
- IFSW 人權小組委員會應鼓勵及支援理事國對人權相關爭議表明立場。
- IFSW 人權小組委員會對於各地區會員國應監測其人權狀況和爭議點，並每二年提出報告書。
- IFSW 在社會工作作業推動過程，若有社工、實習生及服務人員執行人權業務時受傷害或遭到威脅時要加以支援。
- IFSW 要支持對人權問題表明立場的國家和地區層級的社會福利機關。

IFSW 曾對各國的人權委員會提出以下的具體要求，但往往只有收

---

[21] Hyung Shik Kim, "UN Disability Rights and Implications for Social Work Practice," *Australian Social Work*, 63, 1(2010): 103-116. Online publication date: 05 March 2010.

[22] www.ifsw.org/en

到「準備中」的答覆，看起來課題並沒有完成。但為了社會工作的人權實踐我們也得到以下的啟發，也就是：

- 國家人權委員為使人權主題涵蓋在社會工作教育，應盡最優先的努力。
- 國家人權委員會的最優先課題是以國際社會事業的正義與社會工作教育相關倫理守則為基礎，開發人權與社會正義的教材分發給個別的社工人員、社會工作協會之會員及會員國。
- 國家人權委員會透過國際及區域大會，以社工人員為對象開辦研討會，並調查人權關注議題以建立合宜的配套策略。
- 國家人權委員會為個別社會工作者開發出「人權的模範案例」。
- 國家人權委員會應安排優先方案選出，因人權爭議而受到人權侵害的社工及社福從事人員為對象的倡導工作，提供持續性的支持，必要時可與國際特赦組織協助合作。
- 國家人權委員會應建構人權與社會工作相關網站，以提供人權與社會工作相關資訊，同時告知 IFSW 的活動為最優先課題。
- 國家人權委員會鼓勵主修社會工作科系學生，更積極參與人權相關活動。

70

　　我們雖支持 IFSW 為強化社會福利的人權實踐所做的努力，還有一項問題必須考慮。就算不是採取亞洲價值（Asian Value）[23] 的觀點，在結合許多型態的人權宣言與規約、制度之實踐上，還是難免會出現經濟強國（the north）與經濟落後國家（the south）之間的差距。那麼 IFSW 是否曾考量過這些問題而提出行動方針？與其說韓國社會，更具體來說韓國社會工作的特殊情況，是否造成推動實踐課題時形成障礙，這是有待評估的地方。

---

[23] Tatsuo Inoue, "Human rights and Asian values," *The Globalization of Human Rights*, Ed. Jean-Marc Coicaud (New York: United Nations University Press, 2003).

## 71　3. 第三代人權與社福模式的變化

・韓國憲法

第 10 條：「全體國民皆享有人類的尊嚴和價值、追求幸福之權利。」

第 34 條之 1：「全體國民皆享有正常人生活的權利。」

・聯合國《世界人權宣言》第 22 條：將社會福利追求的各樣價值涵蓋於內。

「每個人，作為社會的一員，自然有權享受社會保障，並有權享受個人尊嚴和人格的自由發展所需的經濟、社會和文化方面各種權利的實現，這種實現是透過國家努力和國際合作並依照各國的組織和資源情況。」

上述引用的韓國憲法與聯合國《世界人權宣言》第 22 條之社福工作的具體理念，足以顯示各個憲法與聯合國憲章有多麼密切關係。「國家有義務確認及保障每個人所具有不可侵犯的基本人權。」相應於社會基本權的此項規定在告知，對於所有人民這些法律保障不是施予而是權利，從韓國社會立法（social legislation）之發展歷史中來看，如國民年金、醫療保險、就業保險、產業災害等的社會福利及工作關聯法律的具體落實，可以看出社會福利不再是施予的層面，已成為人民的權利。

長久以來社會福利是以施予的慈善性及博愛性質來強調，突顯狹義概念的社福概念之補償性、殘補式（residual）的扮演角色，但在憲法中已用制度式觀點來支撐福利而積極主導社會立法的發展。特別是最近在 2006 年自聯合國《身心障礙者權利公約》通過後，可以看出過去支持社會福利的許多社會立法的制定，已跨越單純福利問題的層面，而視之為權利問題，重新認知。在此，社會權或公民權利的概念是每一個人民都是共同體的完整成員（完人），基於人人平等的精神賦予共同體中

的成員完整人格之地位。[24] 這地位在經濟社會關係中，不會因為個人地位或身體的特徵來決定，而是憲法保障之，如同「國家賦予人民保障最低薪資和衣食住及教育的機會，這不是施予式的慈善而是人民的權利」，[25] 這立場要闡明。需要明確指出的是社會權可以建立與社會福利的直接關係，韓國的憲法特別具體又直接保障成為社會福利對象的各種社會權，藉此採納「基於社會連帶的福利國家原理」。[26] 在社會基本權的理念框架下盡可能探究社會福利的依據，其中優先強調社會連帶之社會權範圍包括，韓國憲法第 10 條規定之人性尊嚴與第 34 條 1 項正常人享有生活之權利、教育權（第 31 條）、工作之權利（第 32 條）、勞動三權（第 33 條），健康權（第 36 條 3 項）、家庭生活及保健之權利（第 36 條）、追求幸福權（第 10 條）、男女平等權等。正常人享有生活之權利是 1962 年在韓國第三共和國（譯註：朴正熙總統的共和憲政體制）憲法中首度明文規定，此規定在 1980 年憲法增修條文「國家致力於增進社會福利之義務」（第 32 條 2 項）補充之，於 1987 年修訂的現行憲法，針對保護不具生活能力者、環境權、國家致力於改善居家生活之義務等細部規定提出具體實踐事項。這些憲法規定更具體來說，表明國家與地方縣市政府在公共救濟上具有憲法上的義務，提供一定的社會保障所需的給付權、健康保險、社會保險、教育、勞動、與其他福利服務。

目前韓國《社會保障給付法》內有 39 項各式規定社會福利法之保障。圖 2-1 顯示《社會福利事業法》，特別是 23 項社會服務法立法之再訂與修訂，顯示社會保障與福利領域確實逐漸在擴大中。

---

[24] 參見第六章的討論。

[25] 김형식 , 시민적 권리와 사회정책 ( 서울 : 중앙대학교 출판부 , 1998).

[26] 윤찬영 , 사회복지법제론 ( 파주 : 나남출판사 , 2001).

73

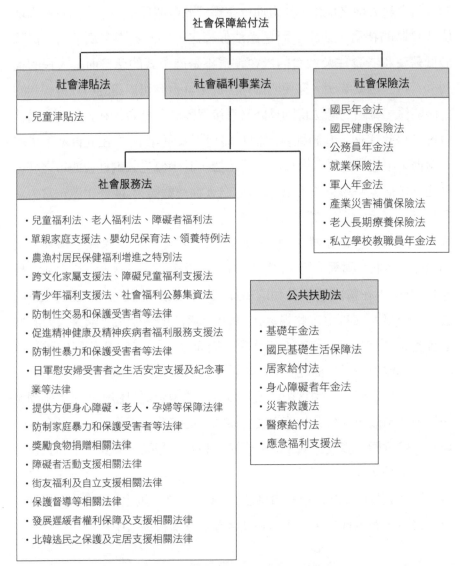

圖 2-1　一般司法體系下的社會福利法 [27]

　　以這些社會立法之發展為例，可以得知社會福利只是在過去沒有使用「人權」的概念，但它從很久以前就透過制度為人權、保護之義務推

---

27 參考社會福利法制論講義及社會福利事業法規，http://www.lawnb.com/Info/ ContentView?sid=L000000202#P2

行給予不斷支持。福利－憲法－人權之間密不可分的關係到了最近，在有關人權與福利的全球趨勢下，由傳統施予式的福利開始轉換為權利的概念，於是社會立法的發展具有重要意義，也就是過去社會福利的核心是滿足衣食住行等人類基本需求為目的，從「需求模式」到「權利模式」的思維轉換開始形成。

74

　　而福利受惠對象需得到保障生存之需求，這不是單純個人能力或選擇的問題，而是強調由國家負責的基本正義與權利問題。雖有這樣認知上的轉換，但不代表作為社會福利實踐的核心理念之一，「需求」的概念有所削弱，國家需積極扮演好維持公共福利、社會正義、社會秩序等的角色，認定福利不是施予而是權利以達需求的滿足。但是憲法、社會立法的發展雖然支持由需求模式轉換到權利模式，但這些模式的轉換在現實上還沒有結合到具體的實踐，只能停留在消極的福利概念，也就是基於補償式的需求模式。因此社會福利須追求轉換為權利模式的實踐有很重要的意義，就是視人權為實踐社會福利的具體價值同時也是實務領域。[28]

　　若確實推動韓國憲法保障的各種社會立法與福利之 39 項法律，就可以透過憲法保障社會權的實現，期待將人權侵害降到最低。許多社會立法的制定不只是在提升福利，而與保護人權的理想有密切關係，並以「權利」而非施捨之概念為基本原則。那麼權利是什麼呢？簡單定義來說「權利就是基於道德、法律規範的正當需求或正當資格。」[29] 通常權利之意義可區分為「意思說」、「利益說」、「法力說」，社會福利法上的權利是指，視法律適用對象為權利之主體，並由法律賦予資格，使其可以追求社會福利的給予及服務的利益。[30]

　　但是現實與理想之間的距離，以及福利對象者無法行使賦予給他們

---

[28] 請參閱第 10 章討論。

[29] Michael Freeman, 인권이론과 실천 (*Human Rights: an interdisciplinary Approach*), 김철효 역 ( 서울 : 아르케 , 2008).

[30] 윤찬영，前揭書。

的法律能力，還有社會福利想要達成的福利與人權理想的實現並不是自動且順利的達成，這些問題受限於社會上對於人權的認知、制度中之機制、預算編列和資源等因素，須從這樣的脈絡來理解。首先要能夠全面瞭解這些問題，才能結合到實踐。社會福利學系的課程由社會福利法制論來帶入第二代人權中出現的福利權／社會權的概念，容後說明。事實上社會福利就算無法包容到人權主題，若能起碼持續更加深入研究福利權／社會權，人權早已成為社會福利的穩固基礎。換句話說在公民權、政治權的進展過程中，最後出現的社會權（social right）[31] 或福利權就能讓社會福利與人權呈現為更具體的關係。近代社會權試著由國家積極的介入（positive intervention）建構社會保障、醫療保障、住宅、教育等社會安全網，保障人類的尊嚴。

讓我們將上面提及的制度性機制、預算編列及資源等需求條件與人權實踐之間的關係以發展第三代人權之觀點來探討。從立法進展的層面來看，韓國也在很早以前就具備將聯合國的《經濟社會文化權利國際公約》（1968）反映到政策內的制度性架構。

對於一般人來說，第三代人權的概念還是有點生疏而有必要再繼續討論（相關討論請參考 Jim Ife 的著作。）[32] 第一代人權通常是講到自然權（或自由權），為自然秩序的一部分，受到十八世紀啟蒙主義和自由主義政治、哲學的影響而進展的公民權、政治權領域。但是初期的公民、政治權利的概念，由於個人主義色彩較強而強調個人的尊嚴、公共安全、免於各種偏見、壓迫、拷問的自由（freedom from）等應受保護的權利。這些就是以公民、政治權利為主軸的第一代人權，也叫做消極性權利（negative rights）。另一方面，第二代人權（生存權）是總括經濟、社會、文化性權利的概念，為將人類潛力發揮至最大而需要各項社

---

[31] 社會權和福利權相關研究可參考김형식, 시민적 권리와 사회정책 ( 서울 : 중앙대학교 출판부 , 1998); 안치민 , " 복지권의 구성과 성격 " 한국 사회복지학 55, 55(2003): 5-25 참조 .

[32] 請參考 Jim Ife，前揭書，第 2 章。

會支持的需求，也就是「rights to」的元素較強。因此第二代人權之實現需要的是比較具體的國家角色，而使用所謂「積極性權利」（positive rights）這樣的抽象名詞，我們可以看到第二代人權突顯於韓國憲法第 10 條、34 條有關社會權的概念，並與社會福利做結合。社會權要求國家積極介入使其正當化，因此與社會福利有直接的關係。社會權的穩固要跳脫抽象化的法規內容，為讓社會權確切落實而得到司法保障，在醫療、基礎生活保障等公共救濟預算的編列取得具優先權，符合憲法制度性保障之目標。也就是說，國家若沒有確實執行社會權的義務，也算是一種人權侵害。第二代人權所包含的經濟、社會、文化性權利的實現，需要學校、醫院、公共住宅、社福機構、社會保障制度的建立，與福利服務的提供，需要相當程度國家層級的投資。

表 2-2　人權之多元領域與層面 [33]

| | 積極層面<br>（需要資源投入與具體政策之層面） | 消極層面<br>（不可意圖侵害之層面） |
|---|---|---|
| 公民・政治領域<br>第一代 | ・司法改革<br>・執法程序及矯正機構之改善<br>・警察待遇之改善<br>・選舉制度之改善<br>・過去人權侵害事件之清算調查 | ・酷刑、不人道待遇<br>・任意拘留<br>・法外處決、強迫失蹤<br>・不公正判決<br>・選舉舞弊 |
| 經濟・社會・文化領域<br>第二代 | ・保健<br>・福利<br>・教育<br>・受企業等私人主體迫害的人權救濟 | ・保健、福利、教育領域的性別傾向、種族、年齡、言語等歧視慣例及政策 |
| 結社・集體領域<br>第三代 | ・歷史清算，真相／和解／賠償<br>・外債減免<br>・援助海外發展 | ・環境破壞<br>・地球暖化<br>・不公平貿易 |

---

[33] Jim Ife，前揭書；조효제, 인권의 문법 ( 서울 : 후마니타스 , 2006).

　　《世界人權宣言》將人權問題呈現為國際性關心議題，將人權侵害斷定為危害世界和平與安全的要素，使國際有可以介入的空間，但卻沒有明白標示涉及人權侵害的各個國家應遵守的人權標準之法定義務（legal duty）。結果人權宣言究竟只是一個宣言文還是一個具有法律約束力的文件，這缺陷在自由陣營和共產陣營之間形成理念上的衝突。[34] 這些理念上的衝突也出現在 1966 年通過的，屬於第二代人權之公民、政治權利，以及經濟、社會、文化權利國際公約上。前者以美國、英國、澳洲等主張自由權原則為核心，與帶有社會主義理想的後者之間，在理論和實踐上站在不同立場。又拿後者來說，不以法院的判斷為依歸，而是需要國家的介入性政策，實際上權利的實踐還需要相當的預算。前者是要接受人權委員會（Human Rights Committee）的判決，但後者是向經濟社會委員會（Social and Economic Committee）提交公約履行相關報告書。[35]

　　屬於第二代人權的經濟、社會、文化權利中，社會權與社會福利有密切關係，用福利權的觀點可以理解，但一般大眾或媒體無法將它跟人權問題做連結。差勁的醫療／保險制度和相關問題或是教育的權利被剝奪的情況，理應讓人認識到這是人權侵害問題，相信這也是社會福利的一個課題。時至今日，具體來說像是性別歧視、身心障礙者歧視、學歷歧視等領域也逐漸開始從人權的角度探討。

　　而在兒童的人權領域，也僅僅停留在概述性、理論性的討論程度，似乎無法與社會福利實踐直接融合。我們關注社會福利第二代人權的原因是，為了實現這些權利需要經費，經濟領域需要國家的積極介入，需要由國家主導的社會福利服務。目前有些聲音高分貝地要求國家要減少福利預算與介入，第二代權利自然是受到威脅，對此社會福利有必要採取明確的立場。

---

[34] Robertson, Geoffrey, *Crimes Against Humanity: the Struggle for Global Justice* (Penguin Books, 2006), 30-32.

[35] 前揭書，175。

最後出現的第三代人權（環境權）是二十世紀的產物，承認第一代與第二代人權基本上因各自獨立定義產生的脆弱性，對於人權的理解強調人類共同體的渴望，也就是追求和平的權利、生態環境保護、發展權等人權的連帶關係。尤其第三代人權超越個人適用，是一種屬於社區、全體人民、社會或國家的集體權利，包含經濟發展的權利、世界貿易與經濟成長中受惠的權利等。這些權利不是被賦予、取得或得以實現的，而是帶有保護或防禦性質的權利。

如上所述，依據憲法和聯合國各項人權公約的精神發展社會立法，國際法的發展趨勢表明，對福利採取的態度已從過去的施予轉換為權利模式。同時也證實了社會福利法制論所探討的人權、社會權／福利權之主題，以及社會福利實踐方法和社會福利倫理中談到的個人尊嚴等，長久以來就與社會福利的人權實踐（Human rights practice）有密切的關係。剩下的課題就是要將這樣的架構再度挖掘，以強化社會福利的理論與法律制度的實踐基礎。

# 4. 結論：走向實踐

78

在本章中想要說明，我們在社會福利的價值與倫理、教育動向，以及韓國的社會立法與國際人權法制度之間的關係上，社會福利與人權主題的聯繫有多麼密切。目的是希望人權主題或支持人權的各種國內外的法律機制可以更加強化社會福利在學問、實踐上的主體性。

第一，有關人權與社會福利的關係，已經透過理論、哲學思辨，進行多次討論及發表，為建立這兩個領域之間的關係，針對歷史背景和各人權世代以及社會福利理念與實踐之間關係等理論上的討論已有相當的

進展。筆者看來，這種圍繞原理的討論已經行之有年而有所積累，所以現在應該是讓社會福利積極蛻變成為人權專業。[36]

有關人權和社會福利或社會工作，其最核心的問題或課題，不得不承認過去只淪為口號，至於實踐，至少在社會福利教學課程上，可以說是完全沒有或是非常緩慢。因此社會福利是否要基於人權（human rights based）專業來強化其主體性，這仍然是一項沒有達成共識的課題。因此我要在這裡提出，我們是否有毅力來達成共識？有決心將社福工作的課程改編為權利模式主流化的方向？要推動這些課題的人力以及教授陣容都備齊了嗎？教材的開發與實踐作業的指南要如何開發，有誰來主導等問題。

至於，對這些基本問題的答覆若有難處，那麼韓國對於社會福利的人權觀點，還是有如朴泰英教授的論文指出：[37] 在社會福利領域中，人權屬於特殊領域，也就是移工、身心障礙、長期住院病患這些人權侵害因素較多的領域相關人士的責任，一般領域的人權只被認為是很崇高的想法或是理想而已，要在自己的工作如何適用或是思考如何具體的實踐還是處於非常欠缺的階段。」但是對於社會福利的人權有這種狹隘的觀點，不僅僅是在韓國，在先進國家好像也沒有很大的不同。

第二，經由韓國社福界的努力、出版，持續提倡社會福利與人權的結合，並透過國際動向相關討論來推廣，社會福利與人權的結合不再只是韓國社福界的問題，可謂形成一種普遍存在的認知。為了日後實踐性課題之推動，社會福利要更加積極採納人權的觀點，試舉下列依據：

①唯有結合人權才能徹底實踐社會福利倫理守則。
②全球化時代邁向人性化的社會福利與人權價值有密不可分的關係。

---

36 김형식 , 인권과 사회복지 ; 이혜원 , "사회복지 학과 교육과정과 내 인권교육 도입방안 ," 인권위원회 주관 토론회 (2006. 6. 12.); 이용교 , "인권에 대한 사회복지계의 접근 : 성과와 한계 "; 박영란 , 이예자 외 , 한국의 사회복지와 인권 . 참조 .

37 박태영 , "사회복지시설에서의 인권에 관한 소고 ", 사회복지 , 2002 겨울호 , 63.

③認識到可能遭受人權侵害的弱勢階層的密集現場就是社會福利的現場。

④聯合國的許多人權法案和制度都是加強社會福利實踐的具體機制，在這種認知下我們必須加強理論和實務的基礎，以提高社會福利的既有地位。

結論部分，我們想試著提出社會福利和人權結合的幾個相關問題，為此引用 2006 年出版的人權文獻 Geoffrey Robertson 的《危害人類罪》（*Crimes against humanity*），[38] 在書中提及有關人權實踐的課題時，談到以下人權實踐上的困難：

「最近人權只落為一個流行語。」

「現在社會對於人權只在耍嘴皮。」

「人權的主題大多是抽象的，對約束力的保障仍然遙遠！」

「竟然有人（馬哈迪）主張，人權要以文化相對主義的觀點來討論。」

「人權爭議隨著亞洲價值（Asian Value）的爭議而逐漸消退了。」

社會福利最起碼不要淪落為，對人權只在耍嘴皮的對象。

---

[38] Geoffrey Robertson, *Crimes Against Humanity* (London: Penguin Books, 2006).

# 第三章

# 聯合國權利公約的深入探討：基於自由權公約（ICCPR）的權利條文（第1條～ ,23, 29條）

# 緒論

聯合國《身心障礙者權利公約》在 2006 年自聯合國通過之後，至 2018 年底約有 177 個國家批准，但是由施予式的身心障礙者福利轉換為權利模式，以及從醫療模式到社會、人權模式的發展，似乎還很緩慢又很遙遠。雖然如此已有 177 個國家批准公約，此項事實顯示醫療、施予福利模式開始面臨挑戰。同時目前有許多聯合國公約，但以反歧視與平等作為核心原則的權利公約提出身心障礙問題的法律觀點，應視為一條嶄新的途徑。

雖然像聯合國公約等國際法的實際推動，整體來說是困難的，但我身為公約的專門委員以過去八年時間來觀察，對於實踐的研究我的認知為該國家的主要執政當局對於本公約的哲學和原則的深入理解不足。締約國一旦批准了公約就要履行相對應的國家義務，但通常對於國家義務的深度認知有所欠缺。我認為原因是對於公約的深入理解不足的關係。具體來說一旦通過聯合國《身心障礙者權利公約》的國家，就要保障、保護、促進所有身心障礙者享有人權與基本權利，以及遵守以下的義務，卻還有很多國家甚至不知道有這種義務的存在。

- 應依公約第 4 條國家義務的明文規定，採取政策研究、行政措施實施本公約確認的維權之目的，並廢止構成歧視身心障礙者之現行法律、法規、習慣與實踐。
- 司法之前人人平等，禁止所有基於身心障礙之歧視，採取平等與有效之法律保護（第 5 條）。
- 消除偏見與成見，改善對身心障礙者能力的社會認知（第 8 條）。
- 身心障礙者在與其他人平等基礎上確實享有生命權（第 10 條）。
- 保障婦女與少女的平等權利，並獲得充分發展（第 6 條）；保護身心障礙兒童的權利（第 7 條）。
- 查明並排除阻礙實現無障礙環境之因素，使身心障礙者無障礙地

進出物理環境、使用交通工具、公共設施與各種通訊技術（第 9 條）。

- 確保障礙者從災難、災害、武裝衝突、人道緊急情況中得到保護並完善其安全機制（第 11 條）。

- 確保身心障礙者有平等機會獲得財產、資產管理、銀行融資、信用擔保等可近用之權利（第 12 條）；承認與其他人在平等基礎上有效獲得司法權（第 13 條）；避免以非法或人為剝奪身心障礙者的權利與自由（第 14 條）。

- 與他人在平等基礎上獲得身心完整性之保護（第 17 條）；防止身心障礙者遭受酷刑或殘忍、非人道之待遇或處罰，沒有當事人的同意不得進行醫療或科學試驗（第 15 條）。

- 保護身心障礙者免受壓榨、暴力、權利之侵害，受到權利侵害時締約國要進行調查並提供保護服務，促進被害人之復原、復健及重返社會。（第 16 條）。

- 促進身心障礙者自立生活、與社區融合，不管選擇於何處、何人一起生活，都可利用居家設施或社區服務（第 19 條）。

- 同時要保障個人的移動能力，並提供移動技術、移動輔具等必要支持（第 20 條）。

- 確保身心障礙兒童享有同等權利，除非有主管當局的承諾可帶給兒童本人最大利益，否則不得以身心障礙為由與父母親分離（第 23 條）。

- 提供公眾可接觸的資訊媒體之近用，及使用手語、點字文件等其他所有無障礙傳播方法；鼓勵大眾媒體、網際網路，使其服務得為身心障礙者近用（第 21 條）。

- 身心障礙者其個人生活、家庭生活、書信往來或意見溝通上不得受到任意或非法之干擾。他們個人隱私、健康、復健相關資訊，應與其他人在平等基礎上受到保障（第 22 條）。

- 消除涉及結婚、家庭、個人關係上的歧視，身心障礙者亦可結婚

與組成家庭成為父母，享有適齡決定的資訊、生育及家庭計畫教育之平等權利，亦得以成為監護人、監管人領養兒童的權利（第23條）。

- 確保於各級教育、職業訓練及成人教育和終身教育之平等近用之權利，對於需要支持的兒童提供必要支持，視覺、聽覺障礙學生可透過專業手語、點字老師以最適合的溝通方式來接受教育。身心障礙者們透過教育參與社會提高他們的尊嚴，並發展個性、能力及創意力（第24條）。

- 身心障礙者有權享有可達到之最高健康標準，不因障礙而受到歧視。提供與其他人享有同等範圍、水準之免費或可負擔之醫療服務，於提供身心障礙所需服務方面，禁止以醫療保險等為由歧視身心障礙者（第25條）。

  — 開發中國家的身心障礙者中，只有2%的人能夠接受基本醫療及復健服務。

  — 80%的身心障礙者可以在社區內滿足他們的醫療需求，20%左右才需要專科醫師的協助。

  — 開發中國家只有不到0.1%的身心障礙者接受必要且適當的服務。

  — 五歲以下兒童的死亡率降至20%以下的國家，其身心障礙兒童死亡率卻達到80%。

  — 癲癇病患5千萬人有80%是在開發中國家，每年的治療費用卻不到5美金。

  — 有2千萬人需要坐輪椅，卻沒有輪椅可以坐。

- 提供完整康復（habilitation）、健康、就業、教育等復健服務，使身心障礙者能夠達到及保持最大程度之自立（第26條）。

- 身心障礙者也有工作生活的平等權利。禁止就業及活動上的歧視，他們可於自營業、公共機關、私人機關就業免受歧視，必要時還能得到正當的待遇（第27條）。

- 承認身心障礙者享有適足生活水準之權利與保護，包括義務支持身心障礙公共住宅、服務、降低貧困支出（第 28 條）。
- 政治及公共生活、投票權、被選舉權、擔任公職的權利（第 29 條）。
- 確保身心障礙者參與文化生活、休閒、運動、表演等，並享有以無障礙格式提供之電視節目、電影、戲劇、圖書館、博物館等的文化資料；善用他們的創意潛能，不僅基於自身之利益，更為充實社會。鼓勵參與專為身心障礙舉辦或各級主流體育活動（第 30 條）。
- 為實施本《身心障礙者權利公約》，確保包含並便利身心障礙者參與國際合作。透過資訊和經驗、培訓方案、模範案例等的共享，促進身心障礙者的能力強化（第 32 條）。
- 為執行監測《身心障礙者權利公約》是否明確實施，政府設置研究部門，以國家層級監測權利公約的推動（第 33 條）。

　　因此本章試著深入分析探討公約的各項條款。我們在緒論中已經提到進行此研究的四個理由，本書的重點在於提出障礙者的問題不在於「障礙」而是在於他們因「歧視」所承受的痛苦，以此作為核心主張。身心障礙者的歧視問題在本公約的許多條款內，像是金礦般隱藏在各個要處。大致上公約的組成從第 1 條到第 23 條以及第 29 條是依據自由權（公民與政治權利國際公約）、第 24 條到第 28 條以及第 30 條是以社會權（經濟社會文化權利國際公約）為依據。在本章中作為一個研究框架，我們探討以下的議題：

86

- 這兩個公約所呈現的權利劃分是有怎樣的意義？
- 本《身心障礙者權利公約》是如何幫助此二分法之權利的爭論？

　　有學者主張，本質上社會權（ICESCR）是渴望的、希望的，自由權（ICCPR）是可行、可實現的。但因筆者主修的是社會政策研究，更

加關注於基於國家制度及需要預算的社會權，並思考如何實現。有人說像教育之類的社會權有點抽象也很難定義其概念，國家推動起來有困難度，但果真如此嗎？實際上身心障礙者歧視造成的各種問題，例如無障礙／可及性、移動性等歧視問題是與經濟、社會、文化權利的實踐有直接連接，所以將權利二分法劃分並不具有很大意義。舉例來說，在委員會的一般性意見（general comments）中，公約第 19 條的自立生活與全面融合（inclusion）是自由權和社會權都能夠適用才能實現的規範。更深入一點，過去十年在公約的委員會透過對各審議對象國家的結論性意見、一般性意見、許多任擇議定書的判例，都持續不斷地顯示權利的雙重性格。這對有關注此議題的研究生是個很好的研究題材。有關第 5 條的「歧視」在前面的緒論已有詳細說明。緒論中難免陳腔濫調，但最主要是用來強調本章之目的——《聯合國身心礙者權利公約》法理學（jurisprudence）層面的深入理解是很重要的。作為參考，本研究的讀者最好要熟悉聯合國公約的各條款內容，若有需要就參考英文正本或翻譯本也無妨。

# 第 1 條　宗旨

87

> 　　本公約宗旨係促進、保障與確保所有身心障礙者完整及平等享有所有人權及基本自由，並促進對身心障礙者固有尊嚴之尊重。
>
> 　　身心障礙者包括肢體、精神、智力或感官長期損傷者，其損傷與各種障礙相互作用，可能阻礙身心障礙者與他人於平等基礎上完整有效地參與社會。[1]

---

[1]　編註：本書公約中文翻譯參考衛福部社家署《身心障礙者權利公約》【中譯本修正草案】版本（詳見附錄）。

　　上面引用的第 1 條公約宗旨是要保障及促進所有身心障礙者的人權，並明文規定尊重其固有尊嚴。所有障礙者的概念解釋是根據前言的第 e 段，在此並沒有標示細部的「損傷」範圍，讓公約委員會可以考量適當原則或是最新情況。也就是身心障礙的範圍並不是封閉的，身心障礙演變中之概念成了公約委員會的原則。在前言中指的身心障礙是一個演變中的概念（evolving concept），意味著「身心障礙是功能損傷者與阻礙他們與他人在平等地位上充分及全面參與之各種態度及環境障礙相互作用所產生之結果。」以這樣的觀點來看，韓國的身心障礙等級制已經違背了公約的基本原則，要透過法律改革協調所有的立法，達到障礙主流化。實際上締約國的許多審查過程中，相當多，甚至幾乎是大部分的國家採用醫學的角度，ICF 或是採取世界衛生組織（World Health Organization, WHO）在國際健康功能與身心障礙分類系統（International Classification of Functioning, Disability and Health, ICF）所頒布的醫療模式概念來認定，所以在審議初期歷經一段痛苦的時期。根據 ICF，「功能」的概念是包含身體所有機能、活動功能與參與功能。而身心障礙是全面涵蓋著身體損傷、活動受限制或參與侷限性，因此得由個人的健康狀態和個人因素，與其生活環境的外部因素等綜合結果來做評估。尤其之所以強調法律的改革是因為只有透過法律改革，才能實現身心障礙者權利的保障。因此目前世界的身心障礙運動之主流是主張，改革或廢除將身心障礙者視為病患或特殊案例之各種法規規定，並要求以法規的訂定去除所有環境的障礙，促使他們在日常生活中可以於平等基礎上參與社會。因此第 4 條第 1 項第 a 款明文規定「採取所有適當立法、行政及其他措施實施本公約確認之權利」，以及在第 b 款中「採取所有適當措施，包括立法，以修正或廢止構成歧視身心障礙者之現行法律、法規、習慣與實踐。」

88　　需要討論兩項議題。一個是身心障礙的概念，第二個是憲法的修訂。

**任擇議定書的判例：身心障礙的概念**

　　由任擇議定書呈上的案例中，白化症（albinism）病患的〈X vs. Tanzania〉的案例是公約委員會採用前言第 e 段來判定的一個很好案例。白化症是個很稀有的非傳染性遺傳性疾病，不分種族或地區在世界任何地方都可能發病的現象。身心障礙的人權模式認同身心障礙的多樣性，《身心障礙者權利公約》前言第 e 段和第 i 段內容，認為一個人的損傷是環境與態度的相互作用上形成的一個阻礙。而委員會根據公約第 1 條得到結論是白化症屬於身心障礙。公約第 1 條與前言第 e 段中確認身心障礙者是具有法定權利者，而此權利是不可以分割且被剝奪。第 1 條並沒有提出身心障礙者的定義，只有提到「身心障礙者包括肢體、精神、智力或感官長期損傷者，其損傷與各種障礙相互作用，可能阻礙身心障礙者與他人於平等基礎上充分有效參與社會。」權利委員會對於〈X vs. Tanzania〉的案例，判定締約國違反公約第 5、7、8、15、16、17 條，由於是對相關事項本應是可以預防、保護、調查的，因而判定同時違反第 4 條和第 24 條。

　　我們在這裡要注意到，《身心障礙者權利公約》在一開始就避開去定義身心障礙或身心障礙者的概念。如果沒有如此，就會遇到對於身心障礙的醫療模式無法提出問題等不必要且無法預期的情況。同時這種開放的態度，可以在接觸身心障礙的人權模式時，阻止去分析或列舉身體受損而伴隨的某種核心經驗之必要。同時也不需要去討論身體損傷的個人經驗與環境之間引起何種相互作用而產生何種歧視。聯合國公約磋商的當時，本人積極參與的國際身心障礙連線也反對以任何型態身心障礙的定義。順道一提作為參考，委員會曾依據公約的第 1 條於「結論性意見」明確表示支持「預防身心障礙」的任何政策研究都是無法容忍的。原因是這預防的政策研究就是基於醫療模式的觀點而脫離本公約的界

線。身心障礙預防的前提就是在鋪陳身心障礙者需要醫療治癒或介入。因此，委員會從初期就很謹慎地審議這個議題，並強力勸導締約國要改革預防身心障礙的相關立法以及變更政策上的研究。另外值得一提的是，有關《身心障礙者權利公約》第 1 條的身心障礙概念在各締約國的報告書都強調醫療模式，讓我們看一下，透過結論性意見表達對韓國政府的建議事項。[2]

- 委員會針對《障礙者福利法》顯示對於身心障礙採取醫療模式表示遺憾。

- 委員會建議締約國，應檢討《障礙者福利法》，並使該法融合於依公約所支持的人權模式。

- 委員會對於依據《障礙者福利法》之新制身心障礙鑑定及等級制度在提供服務上只仰賴醫療性評估，而沒有考慮身心障礙者的各種需求，以及沒有包含精神障礙者在內的所有身心障礙者表示憂心。委員會對於該制度就結果上，只是依照身心障礙等級來限制身心障礙者的福利服務和活動輔助服務對象而表示憂心。

- 委員會建議締約國應檢討依據《障礙者福利法》之現行身心障礙之判定及等級制度，並確保符合身心障礙者的個別特性、情況及需求，在社會福利服務及活動輔助服務方面應全面涵蓋包含精神障礙者在內的所有身心障礙者，對於每位身心障礙者依照他們的需求來擴大保障。

這是對韓國國家報告的建議事項，但除韓國之外，很多締約國也都不例外地受到這一方面的指責。那麼韓國的障礙判定有什麼問題呢？應該說，過去 30 年來在身心障礙福利政策及實施現場一直作為主流的身心障礙等級制在 2019 年 7 月 1 日起開始廢除，其本質意義是什麼呢？韓國牧園大學的金東基教授主張以下的看法：基本上廢除身心障礙等級

---

2　身心障礙者權利委員會之韓國最初報告之最終諮詢（權利公約 /C/KOR/CO/1）。2014 年 9 月 17 日和 18 日舉行的第 147、148 次會議。

制是意味著身心障礙者福利政策產生根本性的變化，不是單純地將等級本身廢除或是提出具有替代方案性質的新制標準這樣枝微末節式的變化。也就是拒絕過去一直以來身心障礙等級制所扮演的絕對性角色和意義，是在全面的身心障礙者福利政策上產生的本質性而創新的變化。首先身心障礙等級制的廢除等同更加積極認定身心障礙者的人權，也就是其人類的尊嚴。因為他／她成為身心障礙者之前就是一個人，而將人以等級來做區分標準後提供服務，這就已經違反人權了。[3]

　　以上主張是在強調身心障礙者的人權這一點值得關注。雖然人權模式概念的追求要勝過醫療模式是《身心障礙者權利公約》的原則及哲學，然而有很多像韓國政府一樣受到指謫的結論性意見，中國的案例也是如此。 90

- 本委員會表示憂心的是，對於身心障礙概念的定義及之後談論有關身心障礙的語言與言談中，持續廣泛使用身心障礙的醫療模式，且欠缺本《身心障礙者權利公約》所指向的身心障礙人權概念架構，在公約的整個領域明文規定實現真正平等之全面且一貫的身心障礙政策。同時委員會對於在中國殘疾人聯合會（China Disabled Persons' Federation）之外圍活動的身心障礙者當事人代表團體沒有參與本公約的推動而感到遺憾。[4]

　　第二個討論的議題，在上述第 b 款規定「採取所有適當措施，包括立法，以修正或廢止……之現行法律」，實際上在審議過程中發現，為符合《身心障礙者權利公約》的實踐而修訂締約國憲法的也為數不少。具體的案例可以舉西班牙的憲法修正案為例。西班牙憲法 49 條本來就是為保護像身心障礙者一樣的社會弱勢者權利為目的。但經過四十年的時間後發現，為推動 2006 年聯合國通過的《身心障礙者權利公約》，無

---

3　김동기 ,"' 장애인 = 특수집단 ' 사회를 거부해야 한다 . [ 좋은나라 이슈페이퍼 ] 장애등급제 폐지 : 의미와 현실 , 그리고 그 다음 미래 ," 프레시안 , 2019.04.15. 13:59:30
4　中國的結論性意見，2012. 9, 17-18。

法避免在法律用語、文字、49 條全面的結構變更等作大幅的修正。首先在 49 條以「people with disabilities」定義身心障礙者的概念，透過法律用語現代化保持憲法的價值，同時認定身心障礙者的固有權利。第二，為了以多元方式解決身心障礙問題，試圖將法律變更為四個層面以保護身心障礙者權利。第三，對於憲法 49 條涵蓋的領域強化了身心障礙者的權利維護保障，並刪除原來醫學上的身心障礙概念。新的法律用語表明身心障礙者得以從所有的歧視成為自由、平等之公民，公共行政人員有義務推動身心障礙者自主權與參與社會融合，並且所有政策都應尊重身心障礙者本身之喜好與選擇。同時強調所有政策研究及方案的研擬要諮詢身心障礙者代表團體並讓他／她們參與。特別是在 49 條叮囑位處弱勢階層的身心障礙婦女及少女的權利不可以疏忽處理。[5]

91　　　以上第 1 條的討論重點是，「身心障礙概念」與包含憲法在內的立法之修訂與廢止。身心障礙概念與傳統，尤其醫療模式有關，而這個主題在第一章的《身心障礙者權利公約》人權架構中已充分討論可以參考，在此省略。

## 第 2 條　定義

> **為本公約之宗旨：**
>
> 　「溝通」包括語言、內容顯示、點字文件、觸覺溝通、放大字體、可及性多媒體以及書寫的、語音的、淺白語言、報讀及其他輔助性與替代性的傳播方式、方法及格式，包括可及性資訊與通訊科技。
>
> 　「語言」包括口語、手語及其他形式之非語音語言。
>
> 　「基於身心障礙之歧視」是指基於身心障礙而作出之任何區別、

---

5　前任權利委員並知名的 Spain Once 基金會理事長 Ana Peláez Narváez 之間以電子郵件交換的內容, 2018. 10. 26

排斥或限制，其目的或效果損害或廢除在與其他人平等基礎上於政治、經濟、社會、文化、公民或任何其他領域，所有人權及基本自由之肯認、享有或行使。基於身心障礙之歧視包括所有形式之歧視，包括拒絕提供合理調整。

「合理調整」是指根據具體需要，於不造成不成比例或過度負擔之情況下，進行必要及適當之修改與調整，以確保身心障礙者在與其他人平等基礎上享有或行使所有人權及基本自由。

「通用設計」是指盡最大可能讓所有人可以使用，無需作出調整或特別設計之產品、環境、方案與服務設計。

「通用設計」不應排除於必要情況下，為特定身心障礙者群體提供輔具。

　　第 2 條主要是在定義組成公約基礎的諸多概念，像是傳播、基於身心障礙之歧視、合理調整、通用設計等。這些概念試圖去實際達成上述概念中內含的人權標準，目的是為了對應日常生活中身心障礙者所面對的情況。第 5 條之「平等與不歧視」中會詳細論述歧視與合理調整，這意味著身心障礙者及身心障礙者團體、理所當然可以主張這些概念要被落實。第 2 條揭示的這些概念具有監測價值，可以監督締約國是否誠實推動公約上明文規定的義務。更具體的描述在於《身心障礙者權利公約》第 4 條第 1 項第 f 款，從事或促進研究及開發本公約第 2 條所定通用設計之貨物、服務、設備及設施，以盡可能達到最低程度之調整及最少費用，滿足身心障礙者之具體需要；同時促進其可用性與使用，並於發展標準及準則上推廣通用設計。第 4 條第 1 項第 g 款規定從事或促進研究及開發適合身心障礙者之新技術，要求國家促進提供與使用該等新技術，包括資訊和傳播技術、行動輔具、用品、輔助技術，並優先考慮價格上可負擔之技術。與歧視的概念一樣，上述概念自 2008 年之後開始生效，尤其歧視的原則擴大為自由權與社會權領域得以適用，在經

濟、社會、文化權利（社會權）領域中也在擴大其正當性。

為解讀第 2 條「合理調整」之意義，我們來拿任擇議定書中審議的幾項判例作為具體案例深度地來探討。

92

**任擇議定書的判例 1：澳洲的案例**

Gemma Beasley vs. Australia 的案例是原告有聽覺上的受損而需要澳洲手語來溝通意見。[6] Gemma 由澳洲新南威爾斯州高等法院接獲通知以陪審員出席。因為 Gemma 的聽覺受損而表達需要手語翻譯，法院就要求提供醫生的診斷書，目的是要排除陪審員的資格。但是她多次呈報法院她可以擔任陪審員的角色而法院卻予以駁回她的請求。根據她的主張，政府的拒絕等於是讓聽覺障礙者無法有效的擔任陪審員角色。為了履行陪審員的角色而需利用澳洲手語翻譯員，法庭認為這不屬於「合理調整」的範圍，其理由是如果使用手語翻譯員就會使聽障人士無法充分的瞭解法庭的意見溝通。駁回她的請求是因為聽障人士與手語翻譯員有可能將被告的公平裁判走向雙方和解的結果。12 位陪審員包含翻譯員就 13 位，這會違背陪審員之間強調相互信賴的慣例。而且，多一位翻譯員在司法程序的進行上就更需要花費時間。締約國澳洲主張公約第 13 條僅限於認定身心障礙者對於法庭的近用，而 Gemma 的主張已經超越了第 13 條的範圍和權限。並且締約國主張身心障礙者的司法保護之權利，不屬於像是翻譯員的陪伴等這類的近用。這一點，締約國主張遵照《身心障礙者權利公約》的籌備工作（travaux preparatorie）直接或間接參與只能適用在案件的證人。締約國又主張陪審員並不包含在公約第 13 條第 1 項之「1. 締約國應確保身心障礙者在與其他人平等基礎上有效接近使用司法保護，包括透過提供程序與適齡對待調整，以增進其於所有法律程序中，包括於調查及其他初步階段中，有效發揮

---

6　Gemma Beasley vs. Australia. 2016. 권리협약 /C/15/D/11/2013.

其作為直接和間接參與之一方，包括作為證人。」而且利用翻譯服務會加增附帶的費用使判決時間延長。

對於締約國如上述的主張，原告 Gemma 認為無法同意締約國的主張，她對於有效的司法保護是符合公約中明示的程序上的對待調整。並且她要求的手語翻譯是屬於合法對待，是屬於《身心障礙者權利公約》第 5 條第 3 項明示的國家義務。身心障礙者的程序上的合理調整與合法對待不是相同的概念。以 Gemma 的案例來說，程序上的合理調整是可讓締約國廢除或修訂該法，讓手語翻譯員出來宣誓，聽障人出席法庭需要翻譯員陪同即可。

透過這樣的宣誓就可以避免翻譯員被看待為第 13 位陪審員。另外一面，提供合法的待遇，就讓翻譯員單純地為聽障人出席即可。Gemma 的案例需要這些少許的調整，卻讓法庭感到額外的負擔。但是在《身心障礙者權利公約》第 13 條明文規定提供程序及適齡的合理調整是賦予締約國明確的義務，也不致有過度負擔，在《身心障礙者權利公約》第 5 條也有明確規定。公約第 13 條也是自由權公約的規定事項，因此締約國不容推遲其義務。

權利公約委員會駁回締約國的主張而同意 Gemma 的陳情。有效的司法保護是係指一般的司法保護，公約第 13 條第 1 項定義的直接及間接參與之一方不得解釋為排除陪審員。締約國有義務讓身心障礙公民以直接及間接參與之一方在司法程序上與其他人平等基礎上有效獲得司法保護。此項義務包含程序及適齡合理調整。因此，權利公約委員會指責澳洲締約國沒有提供澳洲手語翻譯等措施讓 Gemma 順利地扮演陪審的角色，因此建議締約國對於相關法令、規定、政策研究方案等要與身心障礙當事人或代表團體進行緊密諮詢後，向聽覺障礙者提供手語翻譯好讓他們與他人於平等基礎上獲得司法保護，其內容如下：「讓澳洲的手語奧斯蘭（Auslan）成為澳洲官方手語，並以法律來保障聽障人奧斯蘭的接近使用權。」[7] 權利

---

7　權利委員會第 10 次會議，2013。

委員會並指示締約國向 Gemma 提供適度的補償等救濟措施。

　　從上述具體判例及解釋可以看到程序上合理調整是為保障身心障礙者不受制於能力、身分的阻礙，就公平獲得司法保護這點來說是不可或缺也強化了法治精神。讓 Gemma 在以陪審員的活動中受到阻礙的是程序上合理調整的失敗。而澳洲法律讓 Gemma 的身分成為弱勢並受到歧視而犧牲。同時司法制度也沒有對歧視與羞辱做出適度的補償。權利委員會說締約國應該提供一切的支持讓原告順利擔任陪審員角色，並判決其違反了公約的第 5 條第 2 項、3 項、第 21 條的第 a 款和 e 款。

# 第 3 條　公約原則

　　再三強調，身心障礙人權史上重要里程碑是 2006 年通過的聯合國《身心障礙者權利公約》。其目的是促進與保護所有身心障礙者，保障其人權與基本自由，並尊重其固有之尊嚴性，並在第 3 條記載一般性原則，其內容如下：

94

　　①尊重固有尊嚴、個人自主，包括自由進行個人選擇及個人自立；
　　②不歧視；
　　③完整且有效的社會參與及社會融合；
　　④尊重差異，接受身心障礙者是人之多元性之一部分與人類之一份子；
　　⑤機會均等；
　　⑥可及性／無障礙；
　　⑦男女平等；
　　⑧尊重身心障礙兒童逐漸發展之能力，並尊重身心障礙兒童保持其身分認同之權利。

　　批准聯合國《身心障礙者權利公約》的國家要有適當立法、行政措施廢除構成身心障礙者歧視的法律與慣例。所有的政策研究都要包含身心障礙者。聯合國的《身心障礙者權利公約》可說是為解除身心障礙者面對的各種阻礙問題而做的國際性努力。公約第3條反映出豐富的國際道德價值傳統，並且作為增進與保護固有權利，以國際人權規範作為核心架構，同時是基於聯合國的各種權利典章，即《世界人權宣言》、自由權（ICCPR）、社會權（ICESCR）的原則。《世界人權宣言》第1條中明示「人皆生而自由，在尊嚴及權利上均各平等。人各賦有理性和良知，誠應情同手足，和睦相處。」然而對身心障礙者的人權侵害、偏見與歧視，現實上與聯合國的理想還相差甚遠。

　　依筆者本人的見解，如果第3條的充分參與及融合原則與第5條的平等與不歧視原則能夠同時推動的話，第19條的第c款「為大眾提供之社區服務及設施，亦可由身心障礙者平等使用，並回應其需求。」之條款與公約第9條的無障礙性原則也能適用的。進一步說，第2條的通用設計原則若也同時適用的話，就得以在更加廣泛的意義下推行平等和非歧視的原則。總歸一句，這顯示出公約的各項條款與原則需要相互交叉實踐。

# 第4條　一般義務

95

　　以下第4條第1項是批准公約的國家要推行的一般義務：

1. 締約國承諾確保並促進完整實現所有身心障礙者之所有人權與基本自由，使其不受任何基於身心障礙之歧視。為此目的，締約國承諾：

　（a）採取所有適當立法、行政及其他措施實施本公約肯認之權利；

　（b）採取所有適當措施，包括立法，以修正或廢止構成歧視身心障礙者之現行法律、法規、習慣與實踐；

（c）於所有政策與方案中考慮到保障及促進身心障礙者之人權；

（以下省略請參考原文）

第4條第1項a款是要求締約國無條件迅速地將公約提出的國家義務反映於國內的相關法律。很多聯合國締約國迅速批准公約可以看作是希望讓身心障礙者的歧視與分離盡快結束的意志。實際上在委員會也會審議締約國的憲法，並指出憲法上一直以歧視的對象看待身心障礙者的問題，並反映於結論性意見中。但由結論性意見可以看到各國的立場也有荒唐、不合理的一面。我們透過第4條第2項可以看到締約國若干尋求狡辯的可能性，就是：

2. 關於經濟、社會及文化權利，各締約國承諾儘量利用現有資源並於必要時於國際合作架構內採取措施，以期逐步完整實現該等權利，但不妨礙本公約中依國際法屬於立即適用之義務。

在第4條第2項國家的義務承認以經濟、社會及文化權利為架構的公約前言第 v 段中「肯認物理、社會、經濟與文化環境、健康與教育，以及資訊與通訊傳播之可及性，使身心障礙者能完整享有所有人權與基本自由之重要性」，並暗示可以「逐步實踐」（progressive implementation），實際上「逐步實踐」是在公約協商當時，讓經濟先進國與開發中國家之間的見解形成對立之主題。開發中國家主張要立即實施公約，反而先進國家採取保留的態度。這種解釋上的差異在審議過程中有時會出現，現實上開發中國家由於資源欠缺而訴求國際合作（第32條）的支援。但是委員會的立場很明確，為防止此條款被濫用而更清楚表明過立場。意思是認定逐步實踐義務的主張是有意造成經濟、社會及文化權利退步局面之推論。就算要採取保守消極的措施，該國家應

當考量所有資源，詳細研擬適用的應對方案，以避免此保守消極性措施違背公約的原則。

在表明這樣的立場，委員會對於《經濟社會文化權利國際公約》的推動，避免這些國家採取過往退步思維的措施，由幾項條款來使其導正。若要採取這些措施：

① 須有正當的理由。

② 須率先研擬全面性的因應方案。

③ 研擬措施與替代性方案時，應保障利害當事人有意義之參與。

④ 措施方案不得有直接或間接的歧視元素。

⑤ 所採納之方案不得對公約的推動有直接影響，該個人或集體亦不得剝奪其社會保障的福利。

⑥ 採納方案是否經過國家層級的獨立性審議。[8]

為了《身心障礙者權利公約》在自己國內推動，建立「國家實踐策略」是比其他任何課題都來得緊急。至於在此強調監測國家報告的重要性，目的是在於國際審議過程中可以比對其他國家和檢討本國的立法和政策發展是否如實符合《身心障礙者權利公約》的期待。另外為實施本公約之事項而設立協調中心（focal point，參見第 33 條）[9]的部分，基於從福利模式轉到人權模式的哲學角度，相較於過去由韓國保健福祉部或一些特殊教育負責社福服務的聯絡事項，可以考慮新增跨領域部門的（cross-cutting）個別協調中心。原因是從福利的角度轉換為權利模式上，對過去的保健福祉部或社會開發部、Department of Human Services 多少會隱藏著一些問題，[10]這項建議是可以考慮的。最後，向政策研究

---

8 委員會對於英國和北愛爾蘭之調查，2016，權利公約 /C/15R.2, para. 2。

9 參考第 10 章。

10 Eillionoir Flynn, *From Rhetoric to Action: Implementing the UN Convention on the Rights of Persons with Disabilities* (New York: Cambridge Cambridge University Press, 2011), 27-28. Mary Lou Breslin and Silvia Yee, *Disability Rights Law and Policy: International and National Perspective* (Transnational Publishers, 2002).

97　策劃者介紹《身心障礙者權利公約》實踐上絕對必要的「國家策略」或是關於實踐方面的國家行動綱領之核心要素。國家級的實踐策略包含以下要素：

### 國家級實踐策略的核心要素

①針對實踐《身心障礙者權利公約》的領導力及立法改革、以及反映於政策研究立案與國家預算的政治決心。

②國家的所有身心障礙立法和政策研究，要明確呈現平等與禁止歧視的目的。

③政策研究制定者、身心障礙代表團體之間，維持持續性的協商和深具意義的參與夥伴關係。

④國家實施國家策略和監督的整個過程中，讓身心障礙團體參與是法定義務。

⑤國家策略相關報告和所屬政府部門的實施及監測方法，大眾媒體的報導，以及透過獨立機構的評鑑等內容，應公開透明且有系統地管理，並將相關資訊公開周知於一般大眾。

⑥國家策略應在國家各個領域，包括跨部門全面主流化。

⑦針對國家策略的實施，請具權威性的外部機構做短、中期、以年為單位的監測。

⑧針對《身心障礙者權利公約》的實踐，統計收集相關量化及質化的資訊，以驗證國家策略確實有系統地推動。[11]

　　若政策研究之決策不夠確實，以及立法空窗期，或在推動過程出現問題大致上是因為沒有保障身心障礙利害當事人或代表團體在決策過程有效且深具意義的參與。之後我們會更詳加討論，公約的第 4 條第 3 項揭示「為執行本公約以發展及實施立法及政策時，及其他關於身心障礙者議題之決策過程中，締約國應與代表身心障礙者之組織、身心障礙

---

11　同上，引自上文。

者，包括身心障礙兒童，密切諮商，以使其積極涉入。」這樣的觀點具有重要的意義。公約前言中第 m 段為「肯認身心障礙者存在之價值與其對社區整體福祉及多樣性所作出之潛在貢獻，並肯認促進身心障礙者完整享有其人權與基本自由，以及身心障礙者之完整參與，將導致其歸屬感之增強，顯著增進該社會之人類、社會與經濟發展及消除貧窮。」另外公約的第 4 條第 3 項與公約第 33 條「國家執行與監督」的第 3 項之規定「公民社會，特別是身心障礙者及其代表組織，應涉入並充分參與監督程序」是相同的脈絡。

　　第 4 條第 3 項若能達到名符其實的境界，就能實現國際身心障礙運動口號：「所有與我們有關的事，都要我們的參與」。再次聲明在一般性意見的討論過程中也要保障身心障礙者的參與，並使其得以貢獻於所有法律、政策、方案措施上。筆者本人於在職中審議過的 69 個國家中尚未有任何一個國家誠實推動公約所要求的第 4 條第 3 項。英國在其報告審議中也承認並沒有誠實推動第 4 條第 3 項。進行國家審議之前，委員會藉由與公民社會的對談，聽取他們的見解，並收集公約相關條文在審議上必要的各種資料。匈牙利代表團對於在日內瓦當地，其公民社群、尤其是身心障礙者團體的活動感到非常不滿，後來審議結束歸國後就將該身心障礙團體的補助款全面中斷。這件事一直成為委員會的關注和調查的對象。值得一提的是，2014 年韓國的國家報告審議當時，韓國的公民團體，特別是身心障礙者與代表團體之活躍情形。自從審議開始前近六個月的時間，他們共同學習並認真做好準備，並向權利委員以文件和對話直接展開遊說活動。韓國公民社會團體在充實的內容和積極地展開活動下，不僅是向委員們、更向來自世界各國，透過網站觀看的五千多名以上的身心障礙者和團體展示鼓舞人心的一面，之後也可以看到其他國家的公民團體紛紛效仿韓國團體的活動。

　　值得我們關注的是第 4 條第 4 項中明示「本公約之規定不影響任何締約各國法律或對締約各國生效之國際法中任何更有利於實現身心障礙者權利之規定。對於依據法律、公約、法規或習慣而於本公約締約各國

98

內獲得肯認或存在之任何人權與基本自由，不得以本公約未予肯認或未予充分肯認該等權利或自由為藉口而加以限制或減損。」不管在任何情形，國家不得以該國的立法、規定為依據，在公約的實施過程中以違背人權價值將公約原則貶低或進行部分性的修訂，本公約不認同身心障礙者的權利有所妥協或折衷。[12] 儘管結論性意見對公約第 3 條原則之實施與否較表示關注，但實際上締約國在公約的實施上比較傾向採取社福關懷（caring）或父權式的觀點，站在身心障礙者的權利觀點，父權式觀點違反障礙者權利。又或是有些國家會聚焦於工作能力，或透過功能模式希望矯正身心障礙，設法使其具有正常功能。

99

## 第 5 條　平等及不歧視

　　公約的前言第 h 段說：「同時肯認基於身心障礙而歧視任何人是對人之固有尊嚴與價值之侵犯」，公約認定因身心障礙而產生的歧視行為等同於違背人的尊嚴與價值。同時在前言第 i 段中說：「進一步肯認身心障礙者之多樣性」。透過這些強調讓與第 1 條判例〈X vs. Tanzania〉一樣的特殊狀況也訂立了一個可以對應的原則。公約的法律原則在 69 個國家任擇議定書的審議和判例中可以顯示，公約的初期，委員們將身心障礙演變中之概念納入進來是要為公約實施做準備。任擇議定書的審議告訴我們身心障礙者的權利與尊嚴的概念，是如何常常被錯誤解釋。

　　每個國家的國內法會根據他們對公約的態度或其他聯合國公約之重視程度而有所差距。巴西很重視《身心障礙者權利公約》而給予與憲法同等地位。任何法律只要違背公約就等同於違背憲法。即便如此由於法

---

官和司法界人士對公約內容與適用還不是很熟悉，在推動實施上有所困難。公約的推動不僅僅是在法庭，政府的超前（proactive）佈署也是有必要的。韓國遵照憲法第 5 條承認其同等效力，但與實際上的推行還是有相當的距離。相反的如果在美國批准了公約，為避免比照其他人權公約之延伸而自動生效，會阻止任一法庭逕自直接履行公約。美國由於沒有批准任擇議定書，個人或團體無法有效適用聯合國公約。實際從法律上來看，對於身心障礙者的歧視歷史相當久遠也有很多樣態。例如教育權被剝奪、在物理或社會環境的阻礙下、巧妙的被隔離或孤立等，有很多令人不愉快或惡質的措施。在《身心障礙者權利公約》中（編註：第 2 條）為定義「基於身心障礙之歧視」，列舉出基於身心障礙而做出之任何區別、排斥、限制、待遇，包括拒絕提供合理調整等，因而使身心障礙者在經濟性、社會性與文化性 [13] 的權利被損害或剝奪。

100

　　公約的第 5 條是這樣揭示的：

1. 締約國肯認，在法律之前與法律之下人人平等，有權不受任何歧視地享有法律給予之平等保障與平等受益。
2. 締約國應禁止所有基於身心障礙之歧視，保障身心障礙者獲得平等與有效之法律保護，使其不受基於任何原因之歧視。
3. 為促進平等與消除歧視，締約國應採取所有適當步驟，以確保提供合理調整。
4. 為加速或實現身心障礙者事實上之平等而必須採取之具體措施，不得視為本公約所指之歧視。

　　2017 年委員會曾針對「一般性意見 No.6 平等與不歧視」舉辦整天的討論。[14] 舉辦的原因多半是委員會為了讓締約國以最適當的方法來實

---

[13]　一般性意見 No.5(1994) on persons with Disabilities on the 10th and Eleventh Sessions. UN.ESCOR. 1995. Supp. No.2.

[14]　Day of General Discussion on Article 5 -Equality and Non-discrimination. 18th Session

施公約而給予指引性的角色，並受理來自全球各地的身心障礙者代表團體、公民社會團體及各種專門研究機構提出的討論事項。當時負責主持的德國波鴻（Bochum）大學法學系教授 Degner 說：「公約第 5 條是貫穿整個公約的黃金脈。」實際上在一般性意見雖然談到實質性的（substantive）、包容性的（inclusive）平等諸如此類的字眼，但就實用性層面的考量會說明及解釋第 5 條第 1 項所出現「法律之前的平等」、「法律之下的平等」、「法律的平等受益」等公約的用語。之所以會這樣強而有力地對用法做出解釋及運用，是希望更加明確地保障身心障礙者的平等，公約第 5 條這樣的嘗試可以填滿自由權和社會權之間的空白，明確的表達平等與不歧視完全屬於國家義務，需要義不容辭地來推動。在此也要留意《世界人權宣言》第 7 條的規定：「法律之前人人平等，並有權享受法律的平等保護，不受任何歧視。」自 1948 年宣布之後，《世界人權宣言》的精神反映在聯合國的各個公約中。公約在聯合國通過之後，許多國家制定了消除身心障礙者歧視的相關法規，大抵是涵蓋在憲法的框架裡。韓國在 2007 年制定《障礙者反歧視法》，憲法第 11 條：「①法律之前人人平等。任何人不得因其性別、宗教不同或因社會上的身分，受到來自於政治、經濟、社會、文化生活上所有領域的歧視。」而摩爾多瓦共和國在 2012 年 5 月 25 日以第 25 號立法，蒙特內哥羅共和國在 2011 年通過了《身心障礙者反歧視法》。[15] 但這兩個國家在反歧視的立法和監測的結構上，都沒有達到公約第 5 條目標。至於韓國的第一次國家報告結論性意見裡提出以下建議，指出在法律實施方面出現問題：「11. 委員會對於身心障礙者反歧視法未能有效推動而深表關切。對於請求救濟的陳情，大多數都沒有得到解決而深表關切。韓國法院對於本身具有的命令權限應該要有正確的意識，對此委員會表示關

27 August bodies, 2017./www.ohchr.org/EN/HB Bodies/ 權利公約 /Pages/Equality and Non-Discrimination. aspx. accessed 2018-10-09.

15  權利公約 Committee Concluding Observation on the Initial Report of the Montenegro. September 22, 2017. 權利公約 /C/N\MNE/CO/1.

注。12. 委員會建議韓國應該擴充國家人權委員會的人力，並保障其獨立性。讓受歧視者在訴訟費用上獲得減免，好讓他們能近用法院的權利救濟，同時放寬法務部長行政命令之條件（《障礙者反歧視法》第43條）。此外，委員會建議法官對於韓國有效實施身心障礙者反歧視法的必要性，有必要提高法官們對自身所具有的命令權限，增進他們對障礙者權利的正確認識。」[16] 而世界上以福利國家著稱，而在所有層面都很先進的瑞典，委員會給他們怎樣的建議：

> 本委員會對於為歧視型態做分類的新訂法規中，沒有把雇用十人以下員工的小型企業「拒絕提供合理調整」視為一種歧視而深表關切。在瑞典的整個司法結構上一般都沒有採用「合理調整」的概念，政府旗下的各部門也沒有一貫採用而深表關切。[17]

我常常被人問起：「哪一個國家在公約的實施上做的最好？」而我的回答都是一樣的，「沒有一個國家將公約推行的很完整。」我們不能以此感到安慰，也絕不可認為，每個國家在公約的理解上有所差距是理所當然的。在本書緒論中已詳細描述過歧視的各種型態，容我藉此再介紹一下。

歧視有分為直接歧視、間接歧視、連帶歧視、結構性及制度性歧視，還有一種是騷擾（harassment）與多重交織性歧視。以直接歧視為例，一個身心障礙者接受警方調查或審問時，若沒有提供適當的支持則很可能演變為虛偽自白，明明沒有犯法卻被當成犯人被關起來。直接歧視也以各種樣貌呈現，像是學校拒絕受理身心障礙者入學，或是被拒絕雇用，被拒絕出入某些公共場所等各式個案。

相反的，間接歧視是出現在比較具有中立性質的，像是司法、政策研究、管制規定等適用上。我們以聯合國身心障礙者權利委員會

102

---

[16] CRPD. 3 October 2014.

[17] CRPD. 3 April 2014.

（Committee on the Rights of Persons with Disabilities）曾經處理過的任擇議定書的判決個案（2012）來舉個例子。瑞典有明文規定法律之前人人平等，委員會的審查對象是 2010 年開始生效的建築法規，事情是這樣的，一個瑞典的障礙婦女為了接受持續性的復健治療，醫生建議必須在她居住的住宅蓋一間游泳池，而這位女士想要付諸實行，卻因為該建築法規而遭到拒絕，後來經由任擇議定書呈報到委員會。在該建築法規也明文規定，不管是身心障礙與否同樣適用於所有人民，因該建築法規而拒絕受理申請同樣也是公平適用於所有人民。但是委員會表述，就算是站在中立立場執行法律，但在該法律的適用上，若沒有充分考慮個人的特殊狀況，就等於是含有歧視性因素。已經被公約所保障應享有之權利、在一個未經客觀合理的正當性下遭到拒絕，就等於應當認定其差異性的充分條件沒有獲得認定，而可判為間接歧視。[18] 連帶歧視是在我們周遭常看到的情形，即使本人沒有身心障礙但是因家屬或父母是身心障礙者而受到連帶歧視。委員會審查的判例中，有一位身心障礙兒童的母親，公司因她有一個身心障礙子女而認為她的生產力可能不如別人，也不容易挪出時間為理由的歧視，但是，法庭判決公平待遇的原則不僅適用於身心障礙者本身，也要公平適用於任何基於身心障礙為由的狀況。[19] 結構性及制度性（intersectional and systemic）歧視是發生在社會結構或制度內部的歧視因素。這種因素可能是公開而直接的，也可能是潛在或隱藏在一個國家的憲法裡面。或長久根植於制度或文化傳統、社會規範裡，逐漸形成對身心障礙者的有害行為或負面成見。委員會認為非洲，特別是在坦尚尼亞對白化症的看法早已根深蒂固而幾乎屬於巫術的迷信行為，而依據公約第一條將其認定為對身心障礙的歧視。[20]「騷擾作為」（harassment）也是不管身心障礙與否而構成歧視的一種依據。這是一種有組織、且違反障礙者意願之行為舉止，來使人性尊嚴受損的

103

---

[18] 任擇議定書 H.M vs. Sweden (2012)。公約 /C/7D/3/2011 107

[19] 任擇議定書 Coleman vs. Attridge Law(C-303/06, C)

[20] 任擇議定書 X vs. Tanzania

一種威脅與暴力呈現。騷擾也會引發另一種騷擾，直接對身心障礙者以言語或戲弄等行為是騷擾的一種表徵，最近出現的歧視現象是網路霸凌的犯罪增加，其程度是極度惡劣。最後要談的是多重交織性歧視（intersectional），Sarah Reed 在英國等待最終裁定，以確定她是否具有能力為她在 2016 年的違法行為提出請願書，卻在等待判決中死亡。Sarah Reed 具有身心障礙者、婦女、有色人種等多重弱勢因素，她就是一個多重交織性歧視的個案。英國的《精神衛生法》（2017-2019），是因為 2010 年有位名叫路易士的病患在伯利恆皇家醫院死亡，由一位國會議員上呈給國會而完成立法，主要核心內容是病患可以自願性地接受精神保健治療。[21]

　　機會均等與結果之均等是我們在許多領域不斷論述的主題。因此在本章集中探討第 5 條第 1 項之「法律之前人人平等，法律之下人人平等」，這又具有怎樣的意義呢？

## （1）法律之前人人平等

　　許多國家毫無例外地在憲法上明文規定「法律之前人人平等」，這很明確指出保護人民免於受到任何歧視。簡言之，就是說法律不會因特定個人或集體之屬性或特性而有不同的態度。至少在理論上，法律應確保每個人都受到平等對待，而個人的能力取決於嫌疑犯、男性、女性、證人、律師、檢察官或服務員的身分，個人或是集體之力量、資源、能力不能也不應具有任何作用。在法律之前每一位身心障礙者都是平等的，是指國家有義務要保障身心障礙者避免在司法機關或是私人機關受到歧視，國家對於人民的保障義務是不能委任或轉讓的。　104

## （2）法律之下人人平等

　　公約第 5 條第 1 項是在認定，司法機構、執法機構和所有公民，在法律之下皆平等。這是國際法上對每個國家都得重視法治事項的要求，

---

[21]　Mental Health Units. Bill 2017-19. https://services.parliament.uk/bills

法律要成為賦予政治權力者的行動規範。法律之下的平等還有另一個意涵是要符合國際上的道德規範。根據法學專家富勒（Lon L. Fuller）的見解，司法制度需要符合幾項標準：法律應有公開性、要具有效力、可理解性、要保持一致性、不得超越牴觸法律者能力之可實現性、避免經常修訂而失去信賴之穩定性、運用上要合乎法律用語。[22] 每一位身心障礙者在法律之下人人平等是指：不容許對身心障礙者有任何型態的拒絕、限制、劃分界線、在權益上受限之法律存在。這也重申了所有的法律和政策研究，原則上要以身心障礙議題為主流。

### 平等保障與平等受益

「平等保障與平等受益」是聯合國《人權宣言》第 7 條所揭示的：

> 法律之前人人平等，並有權享受法律的平等保護，不受任何歧視。人人有權享受平等保護，以免受違反本宣言的任何歧視行為以及煽動這種歧視的任何行為之害。

上述聯合國的原則防止各國在制定政策時歧視身心障礙者。例如有關消除歧視措施中，要求廢除禁止讓視覺障礙者在執行公務時有個人助理陪伴的法律（例如：〈Gemma Beasley vs. Australia〉之案例）。[23] 國家要制定及推行使身心障礙者全面融入的平等法案，在這些法律的制定過程中，要與身心障礙當事人、身心障礙團體及國家人權委員會相互緊密合作。政府需要向人民推廣有關身心障礙者的權利範圍、內容、實際成果等，以提高人民對身心障礙者的意識。最後，政府還要在平等原則下，採取特別措施，以防止對婦女、兒童、老人、女同性戀、男同性戀、變性者以及性少數者遭遇到的多重交織性歧視。以法律之前的平等和法律之下的平等，以及以韓國憲法第 11 條的觀點來看，韓國社會裡

---

[22] Lon L. Fuller, *The Morality of the Law* (Yale University Press, 1964).

[23] Gemma Beasley vs. Australia, 2016. 身心障礙者權利公約 /C/7/D/3/2011

有很多「玩弄司法、有錢無罪、禮遇前任官員」，這些都是司法不公，
有肆意違反憲法之嫌。

　　許多國家的反歧視法大致上都集中在就業上的歧視。也許在該領域
過去經歷過很多對於弱勢群體的歧視，也因此帶來了相關制度的發展。
種族與性別相關的歧視，也是在就業領域上優先通過的，而身心障礙者
也跟隨這個模式。但仔細思考，就業是屬於社會權、就是經濟、社會、
文化上的權利。此社會權領域過去都適用於身心障礙領域，而自由權很
大程度都沒有被適用。我還是要重複，各國的反歧視法都有不同的樣
貌。身心障礙者在憲法、刑法、民法、社會法等受到保護。但是身心障
礙界的多數專家學者認為，要以自由權的領域來談論身心障礙者的歧視
才是合理的。這些專家的意見通常在下面的腳註中。如您所見，在很大
程度上僅限於文獻的分析。此外，關於歧視身心障礙者的一般性意見
是，立法機構對歧視問題起著重要作用以及政治和社會上的義務感。[24]
在其他法律並沒有談到自由權，多半是在一般的歧視法中列入身心障礙
者歧視問題。若依據各國的憲法，歧視身心障礙者法律上的核心問題
在於「基於身心障礙為由的歧視是對於身心障礙者的不合理對待」，[25]
「因弱勢而歧視也是對其差異性沒有認同」。[26] 而目前對於歧視身心障礙
者，還沒有通過一個全世界可以接受的歧視與機會均等的概念。

　　前面論述的「法律之前人人平等、法律之下人人平等」，用一句話
來表達就是「法律上的平等」。法律的平等會禁止直接歧視，免於受到
種族、性別、身心障礙、性向等的歧視。實際上，判斷基於上述特徵的

---

[24] The Nigerians with Disability Decree has provisions on the right to vote and the right to information.

[25] Australia( 第 5 條 )，Canada( 第 5-11 條 )，Fiji( 第 38 條 )，Germany( 第 3 條 )，Gutemala( 第 35 條 , 44 條 )，Hong Kong( 第 6 條 )，Ireland( 第 6 條 )，Namibia(107)，Maritious( 第 16 條 )，New Zealand( 第 22, 37, 42, 53 條 )，Philippines( 第 32 條 )，South Africa( 第 9 條 )，Sweden( 第 31 條 )，the UK( 第 5 條 )，Zambia( 第 19 條 )，Korea( 憲法第 11 條 )。

[26] France(225-1)，Luxembourg(454)，Ethiopia(3)，Uganda(21.3)。

106 　區分是相當隨意的，並且忽略了差異。這些法律上的判斷獲得想要擺脫醫療模式的身心障礙運動者的支持，他們拒絕接受身心障礙本身就是問題的觀念。但想要在不歧視的狀態下達到平等，在近用性的問題上就須納入身心障礙的立場，例如建築物的結構變更、方案的調整等。想要保障每一個社會成員的平等，就要先認定他們各自具有的差異。先前 Martin Minow 即談到身心障礙的差異性和實現平等的道德問題。[27] 忽略差異性的存在或許可以避免汙名化及歧視，但不可避免地會在差異現實面前犧牲正義。考量到差異性固然可以實現正義，但是也會對差異的本質產生一種猜測的風險。總而言之，平等原則是指每一個人的需求都是平等的，這些需求在社會的資源分配和規劃上，必須確保所有人平等參與的機會。身心障礙者也是社會成員之一，他們有自由選擇要留在社區中，也有必要取得一般教育和健康、雇用、社會福利上的資源。

## 第 6 條　身心障礙婦女

　　第 6 條對韓國具有重大的意義。到《身心障礙者權利公約》第 6 條所包括的運動展開之時，雖然 1979 年的《消除對婦女一切形式歧視公約》已經存在，但尚無權威的國際論壇來代表和倡導身心障礙婦女和女孩的境況。然而，反對《身心障礙者權利公約》第 6 條納入身心障礙婦女的討論聲音非常強烈，但在韓國政府和韓國身心障礙婦女與國際身心障礙婦女運動的主導之下，在公約第 6 條終究為障礙婦女和女孩的權利做出了保障，填補了國際公約的缺陷。這確實不折不扣是韓國的貢獻。至於其他任何公約的批准過程是否還有韓國的貢獻尚有待確認。[28]

　　歷史上障礙婦女和女孩總是成為暴力、侵害、剝削的對象。強姦、

---

27　Martin Minow, *Making All the Difference: Inclusion, Exclusion and American Law. 19-79* (Ithaca, N.Y: Cornell University Press, 1990).

28　2018 年於聯合國當選為《身心障礙者權利公約》的韓國代表，自 2019 年起開始擔任委員的金美妍女士的活躍身影是值得記錄的。筆者當時是在紐約聯合國的《身心障礙者權利公約》協商現場活動。

性虐待、犧牲和歧視，更是把婦女推向社會的最底層。 根據 2013 年人權觀察（*World Report 2013*）的報告，在印度，障礙婦女被迫送入精神病房或其他設施，使她們暴露於衛生惡劣的環境下，遭受人身和性侵犯，並接受電擊治療。[29] 如此非人道而恥辱性的人權侵害行為，隨著貧困的惡性循環，在世界各個角落到處發生。身心障礙婦女與女孩，由於她們的雙重歧視身分（身心障礙和女性），而被剝奪應普遍享有的人權。特別是由於她們的性別，因此面臨各種危險，包括暴力、性暴力、遺棄、不當對待、被強迫入院、強姦、強迫結婚，婦女割禮、被質疑會生育身障兒童而強迫墮胎等各種危險。身心障礙女孩受到其家庭和社區的各種風險，剛出生的身心障礙女嬰由於家屬撫養能力的不足，以及身心障礙女童在成長中，遭到強姦的危險是超出一般女童的五倍以上，也因此有些地區就乾脆直接殺害。儘管身處在這些不合理的危險中，但由於負面的態度、溝通上的問題、以及資訊和物理上的阻礙，使身心障礙婦女很難取得司法救濟。甚至在很多國家，身心障礙婦女和女孩在教育、就業、政治、社會參與以及整體醫療福利中處於不平等對待。

　　不管是法律的制定還是執行，通常是由男性獨當一面，這些事實多少與障礙婦女者遭受歧視與暴力不無關係。公約委員會曾經在拉脫維亞國的結論性意見上指出，該國在政治和公共領域婦女的參與度確實明顯不足。[30] 同樣的，對於伊朗伊斯蘭共和國，婦女面對各種型態暴力，欠缺支持婦女發展的公共政策研究、以及婦女能力強化等多重結構性歧視的現象深表關切。[31] 委員會也向衣索匹亞指出對於婦女的暴力、剝削、侵害等問題，建議要設法建立一個特別的保護措施。[32] 而韓國在結論意見中的建議是：

---

[29]　Human Rights Watch, "Treated Worse than Animals, Abuses against Women and Girls with Psychosocial/ Intellectual Disabilities in Institution in India," December 3, 2014. http://www.hrw.org/report/2014/12/03. accessed 10. 12. 18.

[30]　權利公約 Concluding Observations on Latvia, October 10, 2017.

[31]　權利公約 Concluding Observations on Iran, May 10, 2017.

[32]　權利公約 Concluding Observations on Ethiopia, November 4, 2016.

> 「委員會建議在締約國的身心障礙相關法律與政策研究上，推行性平觀點（gender perspective）主流化，並專門對障礙婦女制定保護政策。委員會對於締約國特別是在構思性暴力、家庭暴力防治教育課程時，應導入身心障礙平等觀點。為解決居住設施內外所發生之障礙婦女相關暴力，應採取有效的措施。同時委員會建議締約國的身心障礙婦女不管有沒有完成正規教育，根據她們的選擇和需求，要保障她們可以接受適當的終身教育。此外，委員會建議締約國的身心障礙婦女，在懷孕及生育期間要擴大對她們的支持。」[33]

108

　　包括有關婦女和身心障礙女孩的委員會、身心障礙婦女聯盟以及婦女學者在內的全球人權運動，都不斷地在訴求讓各個國家更加積極面對障礙婦女和女童的問題，但是各國目前在應對上還是處於非常不力的情況。聯合國《人權宣言》第 1 條規定「人皆生而自由；在尊嚴及權利上均各平等。人各賦有理性良知，誠應和睦相處，情同手足。」《公民與政治權利國際公約》第 3 條是締約國承允確保「本公約所載一切公民及政治權利之享受，男女權利，一律平等」，在《經濟社會文化權利國際公約》的第 3 條將平等思想擴大為保障享有經濟、社會、文化的權利。但是這些公約還是不足以保障與重塑各國對障礙婦女和女孩的平等地位。二次世界大戰後出現的女權主義提出合理而理智的依據，進而在1979 年通過《消除對婦女一切形式歧視公約》。但是《消除對婦女一切形式歧視公約》並沒有包含對身心障礙婦女和女孩權利的尊重和保護。加上《消除對婦女一切形式歧視公約》在通過的當時，國際社會對於具有多重及交織性的歧視還不是很理解，這個世界是直到 1991 年《消除對婦女一切形式歧視公約》的第 18 號一般性意見通過時，才開始談到有關身心障礙婦女者，當時對於身心障礙婦女和女孩的權利保障，還沒有

---

[33] 權利公約 Concluding Observation on the Republic of Korea. 17. September 2014 (Korea)

達到如同國際公約般的拘束力水準。[34] 然而如上所述，得力於韓國婦女界的活動，最後終被納入聯合國公約內。

## （1）第 6 條之範圍

公約第 6 條和第 3 號一般性意見「身心障礙婦女及女孩」很慎重地討論婦女面對的多重而又加劇的歧視。《身心障礙者權利公約——關於大韓民國的結論性意見。2014.9.17（韓國）》[35]，上述一般性意見對於身心障礙婦女和女孩所處的狀況進行分析，並整理出社會上的各種要素如何相互作用，即：

「為了保障婦女人權，首先要瞭解社會結構，以及決定法律與政策研究的權力結構，還有經濟、社會的動態因素、家庭與社區生活和文化特性。我們對於婦女的成見會導致婦女對於其能力發展、追求個人經歷以及對人生規劃的選擇受到限制。侵略性／負面或刻板印象本身就是一種危險因素，要達到兩性平等須先認知到對於障礙婦女的有害定型觀念[36]。《身心障礙者權利公約》中明文規定對於身心障礙者的年齡和性別等所有與生活相關的領域中，要消除其成見、偏見與惡劣行為。」[37]

## （2）多重／交織歧視的意義

身心障礙婦女因性別及身心障礙造成雙重及加重的歧視。公約中定義「多重歧視（multiple discrimination）是指基於一種以上理由的歧視，而造成加深或加重的歧視」，「交織歧視」（intersectional discrimination）則是多種理由同時以不可分割的方式相互作用下，使對方無法脫身的歧視」。

---

34　CEDAW Committee, General Comment 18(Disabled Women). 1991.

35　權利公約，General Comment No.3 on Article 6. August 26, 2016. 權利公約 /C/GC/3

36　編註：定型觀念意指刻板印象。

37　United Nations Assembly, "Declaration on the Elimination of Violence Against Women," December, 1993. A/RES/48/104, Article 1.

### （3）免於剝削、暴力、侵害的自由

對婦女的暴力行為可定義為「由於性別而在公共生活中對婦女造成身體，性和心理損害或心理痛苦，強制或任意剝奪其自由的行為」。《消除對婦女一切形式歧視公約》委員會的第 19 號建議對於性別的暴力定義為「使婦女無法與男性於平等的地位下享有權利和自由」。另一方面，《身心障礙者權利公約》第 16 條中揭示暴力和侵害適用於每一位身心障礙者，並提出對於身心障礙婦女和兒童要提供其附帶的保護。公約第 16 條表示，這可能是消除由於性別和障礙，而對婦女和女童進行各種形式剝削的有效工具。這表明國家應該採取具有預防性的當然措施。國家有積極義務要為她們制定法規，以及預防措施，保障身心障礙婦女及女孩免於遭受家庭暴力。委員會在第 3 號一般性意見中指出與剝奪自由有關的侵權行為，對於智力或心理社會障礙的婦女，以及收容機構中的婦女造成的影響尤為嚴重。在精神病院等地方，因實際或所認為的障礙而被剝奪自由的婦女，遭到暴力、殘忍、不人道或有辱人格的待遇或處罰的程度更高，受到隔離並面臨在特殊教育機構內遭到性暴力的風險。機構中暴力侵害障礙婦女的行為包括：男性工作人員違背有關婦女的意願讓其非自願脫衣、強制精神治療，以及用藥過量、導致降低記住性暴力的能力。[38]

《消除對婦女一切形式歧視公約》委員會在討論與判決文中重複強調，社會上根深蒂固的環境讓婦女淪落為暴力的犧牲者，婦女承受的暴力並不只是特定國家（如保加利亞）法庭上的問題，而是站在身障婦女和女童本身個人問題的角度上，並希望將焦點聚焦於受害婦女身上。當然，身心障礙婦女比起一般婦女更容易成為被剝削的對象，這也許是身心障礙的直接結果導致；但是在其脆弱性上貼上標籤，是無視蔓延於社會的成見或歧視態度的處理方式。身心障礙婦女和女孩沒有能力防禦自己，或者因為身體上的缺陷很容易成為犧牲的對象，也不容易被發現，

---

[38] CRPD General comment No.3. para.53

且加害者逃脫司法上的制裁。[39]

## （4）暴力與軍事糾紛

《消除對婦女一切形式歧視公約》曾經關注因為軍事糾紛讓身心障礙婦女和女孩特別曝露在暴力與壓迫的問題。[40] 最近此委員會突顯對於中東的加薩地區，戰亂中婦女面對的嚴重受害，特別是障礙婦女和女童處於至關危險的狀態。國際性的障礙者代表組織，對於婦女的權利倡導有令人刮目相看的貢獻，CEDAW 對此也承認，並對於「國際女性賦能組織」（Women Enabled International, WEI）的報告給予高度的評價。實際上奈及利亞的婦女團體，曾經為戰亂環境裡婦女和女童身心障礙者成為嚴重歧視和暴力的對象，提出報告。[41] 大家對她們的固有成見，認為既是身心障礙者又是弱勢婦女的多重歧視下，在家庭裡也無法得到適當的保護，也無法受到完整的教育，不能結婚生子經營家庭，頻頻出現的性暴力是嚴重的問題之一。身心障礙者婦女和女童時而被家屬遺棄，一旦遭社區集體排擠，要接觸最起碼的服務也都很難。甚至認為身心障礙婦女根本就不能懷孕，也無法接受婦女所需要的產前、產後健康檢查，特別是愛滋／HIV 預防服務。婦女因為性暴力而懷孕的相關服務，許多國家採取的是強制墮胎的行為，形成一種懷孕的歧視行為。

111

## （5）強制墮胎

美國在 1927 年〈Buck vs. Bell〉的高等法院判例中，判定心智障礙者的懷孕墮胎在憲法上是合理的。[42] 事實上這個判決讓屬於「弱智」的心智障礙者強制墮胎為合法化，而在二十世紀約有七萬多人的障礙婦

---

[39] 一般性意見，No.3. para. 53。

[40] CEDAW 委員會的一般建議 30(Women in Conflict Prevention, Conflict and Post-conconflict Situations. 2013)。

[41] NGO Submission to CEDAW Committee Pre-sessional Working Group for Nogeria. October 2016. http:// womenenabled.org/pedfs

[42] Catarina Devanda, Aguilar, Sexual and Reproductive Health and Rights of Girls and Young Women with Disabilities. Bell & Bell, 274. US 200. 1927.

女，未經她們本人的同意下就強制墮胎。[43] 英國的上議院在 60 年後也通過了類似的立法。但英國的上議院認為對於心智障礙婦女，應該要先確認她們是否具有判斷能力來決定墮胎與否。有一點矛盾的是，只要說是對婦女好，就算沒有經過婦女的同意也可以將墮胎手術合理化。又認為如果沒有能力知道墮胎是怎樣的程序，就視同不具有法定能力。[44] 澳洲衛生社區服務部 vs. JWB 和 SMB 案（Secretary, Department of Health and Community Services vs. JWB and SMB）的審判中，澳洲高等法院在審議 13 歲心智障礙女兒的父母親是否有權決定女兒墮胎。高等法院對於法定能力不足的情形就由家庭法院來裁決是否決定墮胎。高等法院的意見是家屬或醫護人員遠比法院更容易做出錯誤的決定，因此認為家庭法院是可以為懷孕女童帶來最高利益保障的最佳法院。[45]

從上述判例可以看出，在強制墮胎率很高的國家將墮胎視為一種文化屬性而不是歧視行為。在現實中也以標榜優生學、生理健康的考量、節制生育等藉口不斷地灌輸墮胎是正常的。《消除對婦女一切形式歧視公約》依照哥倫比亞法院對於強制墮胎的裁決，[46] 接受「任何人都沒有能力解救性侵中的受害者，反而加重其危險」的立場，並採納聯合國特別報告員的建議，[47]「避免將懷孕一事過度醫療化」，而建議所有國家對於強制墮胎應視為違法，這是違背《身心障礙者權利公約》的第 17 條「保障人身完整性」。我們參考一下，韓國追求身心障礙婦女權利相關資料：[48]

---

[43] Adam Cochen, *Imbeciles: The Supreme Court, American Eugenics, and Sterilization of Corrie Buck* (London: Penguin, 2016).

[44] General Comment No. 3. para. 53.

[45] Catarina Devanda, ibid.

[46] UN General Assersbly. Dreft Resolution. June 28, 2016. A/HRC/32/1.25.

[47] UN General Assersbly. November 13, 2017. A/C3/72/L.18/Rev.1

[48] 박서연, "[ 연재 ] 장애 X 젠더 , 재생산을 말하다 ① ," 장애여성 공감 , 1998.

　　韓國婦女團體「身心障礙婦女同理心」（Woman With Disabilities Empathy，以下簡稱「同理心」）自 1998 年成立以來，專注於身心障礙婦女的人權問題，以有關身體差異性別問題、婦女暴力、如何獨立、文化藝術的生產等為主題。最近對於一些重度障礙婦女建立家庭又經歷懷孕後生育、養育過程等變化的故事進行分享與討論。透過這些活動我們也漸漸感受到身心障礙婦女的生育權不能只靠母親權的保障就能解決，需要由多方面做後盾。隨著經驗的累積，身心障礙婦女團體「同理心」開始認為現在是以身障婦女的觀點來探討生育權的時候了。基於這些內容，她們透過身心障礙婦女相關法律的探討與研討會、會員採訪等，在 2014 年進行討論會後製作了報告書。在過去的討論基礎上，我們聽取了身心障礙運動、婦女運動對生育權的思考，瞭解身心障礙婦女生命中的生育權帶來的意義。

　　迄今為止，婦女運動一直認為，應尊重而不是懲罰因社會經濟原因而墮胎的婦女。韓國社會在 1970 至 1980 年代為了控制人口，瀰漫一種容許或鼓勵墮胎的氛圍，但是到了 2010 年由於政府發表的〈低生育和高齡社會〉，以及反墮胎組織「Prolife（維護生命）」以生命權為由而舉發墮胎的過程中，開始取締墮胎或是對墮胎的婦女加強處罰，使婦女的生育權受到很大的侵害。在此過程中，長久以來挑起的口號，「不要處罰決定要墮胎的婦女！」以及社會經濟因素墮胎者合理化也大大地被提起。

　　另一方面，在 1999 年經由韓國金弘信議員提出的報告，針對居住在身心障礙機構的身心障礙者，長期被迫實施絕育手術的事實被公諸於世。藉此報告，本來以優生學的觀念在母子保健法容許墮胎的，風向轉變為對身心障礙者的人權侵害。有關生育權的討論過程中，「同理心」團體沒有把它侷限於懷孕與生育，而是擴大解釋為懷孕與生育的決定權、避孕、性關係、性教育、養育等的整個過程，並且強調站在障礙婦女的立場來談論之必要性。

所以「同理心」團體以組織公益人權律師聯合團體「創造希望的法律」、健康和對應方案、全球區域行動網路、研究人員的背景為中心，為身心障礙婦女的生育權建構了嶄新模式的企劃團隊，並以企劃團隊為主軸在首都圈和地方連續進行了四次論壇。第一次和第四次的論壇是由婦女運動界、身心障礙運動界相聚進行座談會，談論有關生育權的定義，並站在身心障礙婦女的觀點來探討問題。在大邱和木浦舉行第二次和第三次的論壇中，進行了身心障礙婦女的集體討論及訪談。

## （6）結論

當我們想到多重及交織性歧視就能感受到身心障礙婦女的歧視問題是多麼的嚴重。但是站在反對歧視婦女前線的《消除對婦女一切形式歧視公約》也錯過了許多改革機會。在上述各國的個案中不難發現，大家站在《身心障礙者權利公約》這個嶄新挑戰前面，對於變化是如此漫不經心，裏足不前。也許更大的問題正在改變人們的心靈。2016 年聯合國大會通過了決議文，內容感慨對於多重而交織的歧視、種族主義或種族歧視主義、以及偏激思想等，使身心障礙婦女和女孩無法享有人權。2017 年在《身心障礙者權利公約》和任擇議定書上通過了針對身心障礙婦女和女孩的附帶性決議文，這在國際上是非常具有意義的措施。但在各個國家、社區和家屬等層面上，若沒有跟隨到這些的變化就沒有意義了。每一個國家都要消除造成身心障礙婦女和女孩行使決策權的阻礙，也要消除妨害她們生活品質的政策研究和立法。必須讓所有的婦女公平而充分利用所有的身心障礙團體和網路資源，以提升她們的權利。為此，具體來說：

第一，所有國家為強化婦女能力，需要採取：（1）司法程序上的平等近用權；（2）消除暴力；（3）教育機會均等；（4）尊重家庭生活；

（5）生理上的健康和懷孕的權利；（6）就業與社會保護等積極的措施。而這些措施要與婦女團體緊密協商後再行通過採納。公約第9條的無障礙（近用性），以及在第2號一般性意見（2014）裡強調的，在公共服務與私人服務中都要暢行無阻不受阻礙（可及性）。第二，每個國家都要積極推動有關婦女、女童身心障礙者的研究。同樣的，在所有的研究活動上要保障婦女的參與，在研究主題、研究方法、評鑑、資料蒐集上都要有積極的參與。第三，消除阻礙婦女發展以及阻礙她們增強能力的司法、程序及社會上的阻礙，並以區域及國際層面來做支援。同樣的，婦女要成為諮詢對象，讓婦女來參與她們的研究主題、方法論、評估、資料蒐集等。

## 第 7 條　身心障礙兒童

　　一般來說，成人們都會認定尊重自己人權的重要性，但又怎樣看待兒童的人權呢？依據 2017 年的人口統計，全體人口中有 17% 是兒童。我們先不談全體公民，在兒童相關機構的從事人員對於兒童權利的認知有多少？兒童也擁有像成人一樣的權利，但是需要成人來告訴他們，也要告訴他們尊重他人的權利，首先，我們必須要先思考在我們的生命當中、我們的家庭、職場，更進一步在整個社會中，兒童及我們的子女是多麼地重要。我們要回顧一下，我們為兒童權利的尊重和提升是否做得很好。同時我們也需考慮，有關身心障礙兒童和青少年的權利。和聯合國其他成員國一樣，韓國也是批准《兒童權利公約》的締約國（1991年 11 月 20 日），此公約到 2018 年剛好是第 25 週年。

114

**兒童的四大基本權利[49]包括：**

- 生存權——於安全處所生存之權利、充分攝取飲食之權利、生病或疼痛時接受治療之權利、保障基本生活之權利。
- 受保護權——從虐待中受保護之權利、從歧視中受保護之權利、遠離毒品之權利、從緊急狀況中受保護之權利。
- 發展權——兒童有受教權，以充分發展其個性、才智和身心能力、遊戲及休閒之權利、享受良知、良能與宗教自由的權利。
- 參與權——無障礙使用資訊之權利、自由表達意見之權利、集會之權利。

**兒童權利的三大原則**

為了兒童的成長發展，應均衡發展兒童的參與、非歧視、兒童的最佳利益。

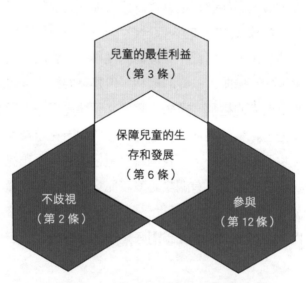

圖 3-1　兒童福祉的三大原則

---

[49] 韓國青少年輔導福祉開發院，https:www.kyci.or.kr/specialserv/specialserv10_4.asp，第 1 單元 (1-44 條)，第 2 單元 (42-45 條)，第 3 單元 (46-54 條)。

　　圖 3-1 的三大原則是在《身心障礙者權利公約》的逐項條文中反覆討論的主題，難免會被重複提及。但是即使重複，第 3 條的「兒童最佳利益原則」仍有進一步擴展的空間。原因是身心障礙兒童在長大成人後，還是會一輩子被當作兒童來對待，這是美國學者 Wolf Wolfensberger 博士（在美洲大陸倡導正常化原則的觀念）曾在早期指出的見解。身心障礙兒童在生活中、在各種型態的參與和選擇、決定，幾乎沒有機會表達自己的意見，總是受到父母親或監護人的支配，這等於是侵害《身心障礙者權利公約》第 12 條的法律能力。這些問題不斷出現的原因是，監護人或專家一直以為他們可以代理決定兒童的最佳利益，我們在第 12 條還會做詳細的討論，在此要強調的是基於監護人或專家的意志、經驗、判斷、權威，一直以來第 3 條的兒童最佳利益原則常常被濫用或誤用。監護人或專家應致力於幫助身心障礙兒童，使他們可親自使用此項原則。2018 年 2 月 7 日，第五、六屆的聯合國《兒童權利公約》國家報告，是如何看待兒童最佳利益條文呢，讓我們來看一下：

「101. 政府對於兒童相關法律的制定及修訂、綜合研究方案的建立、政策研究及制度的推動上，應致力於適用公約的一般原則，特別是以兒童的利益為最優先適用。本報告的每項領域所推動的兒童政策研究，都是最優先考量兒童利益的原則。」

「102. 政府基於兒童利益為最優先考量，於 2007 年修訂了《民法》，過去只限定父母的探望權，也開放為子女。此外，為讓兒童盡可能在家庭環境下成長發展，政府致力於改善對領養的意識，以提高國內領養並擴大推動受託家庭、團體家屋等家庭保護工作。」

上述報告的第 102 段，在內容上與《身心障礙者權利公約》第 12 條的法律能力保障是相同的脈絡，但在身心障礙者領域還沒有全面改革到監護人的替代性決策，也沒有在原則上支持身心障礙者的獨立決定或是支持性決策。這個主題在第 12 條還會有深入的討論。

雖然沒有辦法討論所有的條文，但是兒童不分障礙與否都要適用的基本權是：不管身處何方都要保障安全、歸屬感、受到公平且正常人之對待、有決定權、被聆聽、培養探究能力、表達個人意願、發揮創意力，包含終身學習的教育、健康的生活與開心玩樂，活潑成長與被愛的權利。若兒童充分瞭解自己的權利，也就會尊重家人與他人的權利。我們都對自己的家人和照顧者以及社區具有責任，也要一起來實現這些權利。但顯然身心障礙兒童與其家人常常在基本人權以及全面的社會融入方面持續遇到阻礙。他們的能力總是被輕忽且被低估，他們的需求也被排擠在優先順位之外。而且由於他們身體的受損，在生活環境中常常經歷許多阻礙。隨著成長過程雖也許會有所好轉，但確實仍留下嚴重的隔閡和空白。

好消息是過去二十多年來，由身心障礙者團體和公民社會為主軸，對於身心障礙兒童和家屬，來自世界的關注逐漸提高，許多國家和區域展開了立法或修訂相關的遊說和改革運動。過去阻礙身心障礙兒童參與的圍牆，逐漸被消除，但在相關立法的欠缺下，還是有身心障礙者權利被侵害的現象。特別的是，2006 年通過的《身心障礙者權利公約》，讓每個國家做出司法改革和制度的改善等變化，保障對身心障礙者平等的權利。

為具體保障兒童的權利和人權，聯合國兒童基金會（United Nations International Children's Emergency Fund, UNICEF）在 2003 年提出五項重點工作，這同樣適用於身心障礙兒童：

①每個兒童都要注射疫苗
②每個兒童都要保障就學

③避免 HIV/AIDS 傳染給青少年

④保護兒童避免受到暴力和剝削

⑤在每個國家推行幼兒計畫

身心障礙兒童相關的資料有限，但是國際復健組織（Rehabilitation International）的資料也常被聯合國兒童基金會廣泛使用，在此引用之。[50]

### 統計

身心障礙兒童相關的國際資料不多。因此聯合國的組織也會利用國際復健組織在 1970 年代統計的資料，據此，世界人口的 10% 左右，以 2018 年的人口（約 75 億）來計算，就是約 7 億 5 千萬名兒童，在一輩子生命週期當中可能會形成身心障礙。根據這個計算目前有約 250 萬名的身心障礙兒童。[51] 但是在特定研究中發現，開發中國家的身心障礙兒童出現率高出先進國家許多。根據一份早期世界銀行 1999 年統計的資料：「大致上開發中國家的障礙兒童比率遠遠高出經濟先進國家，以印度來說 6%-10% 的兒童出生時就有障礙，因為他們的平均壽命很短，所以估計整個身心障礙人口的 3% 左右是兒童。」[52] 根據世界衛生組織的 *World Report on Disability* 在 2011 年的報告顯示，70 億的人口中有 15% 是身心障礙人口，而推估其中 80% 是住在開發中國家，那麼 10 個人中有 1 個是身心障礙兒童，因此有 80% 的身心障礙兒童住在開發中國家。

2005 年根據聯合國兒童基金會，有 1 億 5 千萬名 18 歲下的身心障礙兒童沒有接受教育的機會，世界衛生組織 2002 年指出，有 5 萬 3 千名兒童在幼兒時期遭殺害，有 1 億 5 千萬名女童、7 千 3 百萬名男童是兒童暴力中的受害者，因戰爭關係 3 名兒童中有 1 名成為終生障礙者。

117

---

50　UNICEF & Disabled children and youths: Background Information: (It Is Our World Too! A Report on the Lives of Disabled Children, Disability Awareness in Action 2001).

51　Disability Awareness in Action 2001. It Is Our World Too! A Report on the Lives of Disabled Children.

52　World Bank, Poverty and Disability: a Survey of the Literature, 1999.

一旦成為身心障礙兒童就很難享有基本資源，更在貧困、營養失調、健康不良、文盲、基本衛生、乾淨飲用水等的欠缺下，加重排除與障礙問題。儘管如此，更不可遺忘的是，在全面性的改革和改善過程中，總是忽略身心障礙兒童，正如國際身心障礙者權利組織（Disability Rights International）[53] 指出，在國內法的改革過程中，總是遺漏（left behind）他們。我們在締約國的報告和結論性意見可以看到身心障礙兒童的現狀一直處於性虐待和暴力、貧困等問題。我們接觸以下的締約國個案，也不要忘記 2014 年舉發，引起韓國社會共憤的聽障學生遭性侵的小說以及電影《熔爐》。

---

**中國的個案**

　　本委員會對於締約國之身心障礙兒童遭父母遺棄或被放置在孤立機構而深表關切。需為居住在家庭和農村地區的身心障礙兒童建立完善的協助相關研究。

---

118

**瑞典的個案**

　　身心障礙兒童比非身心障礙兒童更容易曝露在暴力中，對於兒童輔導專家也普遍欠缺對身心障礙兒童的認知深表關切。

---

53　Copyright 2013 By Disability Rights International

**給亞塞拜然共和國的建議**

　　本委員會希望締約國參考本委員會有關身心障礙兒童權利第 9 號一般性意見（2006），並請求改善以下事項：

①向身心障礙兒童予以適當的幫助並建立支持方案。

②改善身心障礙兒童的無障礙學習（可及性），增加特殊學校的教師人數，向教師和學校的督導提供持續的輔導教育，以確實推行身心障礙兒童的教育。

③編入適度的預算並加強人力資源，以有效實施身心障礙者為對象的特別教育。

④盡其所能向身心障礙學生實施全面融合教育。

---

**台灣的個案**[54]

①欠缺針對身心障礙兒童全面的早期療育方案。

②有許多報告提到特殊學校兒童遭到性侵，尤其對於心智障礙兒童欠缺長期相應的研究。

③都市與農村的身心障礙兒童在支持服務上落差很大。

④受訓人員與緊急醫療服務不足，以致需特別支持的身心障礙兒童沒有就學。

# 第 8 條　提升身心障礙的意識

　　第 8 條對於身心障礙的意識提升，或許會以為這只是要提高對於身心障礙者的理解。但是深入思考，滲透在整個《身心障礙者權利公約》裡的有關身心障礙者的歧視、偏見、平等、被騷擾、霸凌、排除、甚至於在民主社會，可以容許到怎樣程度的表達自由等問題，都與第 8 條的

---

54　台灣由於與中國的政治因素無法加入聯合國，而在 2014 年透過身心障礙者權利公約施行法來批准，在誠實推行權利公約上，不輸其他締約國。

原則有密切關聯。例如，對於身心障礙者的負面語句或帶有騷擾的表達方式，會侵害代表自由人之尊嚴的實質平等，這可說是民主主義最基本權利。近來，認為對於種族和婦女的歧視行為或語言，僅用自主的管理方式很難解決，所以有很強烈的聲浪主張制定反歧視法。實際上，也有因為歧視性的語言或行為遭到求償、課罰金甚至接獲刑事判決的情形。我們看以下的幾個個案，有必要想想這些問題該如何對待才算合理。

　　從國家報告的審查過程中，到了第8條對於身心障礙者的意識提升，就可以發現許多有趣的事實。其中過去屬於蘇聯語系文化圈的社會主義國家、東歐各國，諸如土庫曼斯坦、蒙古、亞塞拜然、波蘭、捷克、斯洛文尼亞、保加利亞等國幾乎如出一轍，有很多對於貶低身心障礙者的騷擾性語言表達方式。而韓國國內的現實又是如何呢？過去為了特殊學校的設立，身心障礙小孩的父母親不是雙膝跪地苦苦哀求嗎？那麼，政府對於那些反對設立特殊學校的居民，又該如何去懲罰呢？可以使用哪些法律來定義「社會危害」？目前我們是透過社會意識的提高來進行自主性的改善或是管制的方法，但是這些集體反對者不也該將他們列入為「反歧視法」的對象嗎？在這些過程中還需要保障他們的表達自由嗎？該去保護會讓人受傷的表達自由嗎？這些都是疑問。以下的個案不會是很例外的案例，只能視為韓國《障礙者反歧視法》和聯合國公約目前還無法得到成效的一種現象。以下是2014年9月權利委員會對韓國政府的結論性意見內容。

**對韓國政府的建議內容**
　　委員會建議韓國應加強推廣意識提升運動，擴大對身心障礙者為人權主體的正面意識。尤其對於委員會的公約內容和目的，應完整且持續地宣導，並向公務員、國會議員、媒體、一般大眾提供相關的教育。

　　身心障礙的意識提升要先瞭解身心障礙者有特殊的需求，而這需求往往因為欠缺充分的資源而無法被滿足。包含中央政府、地方政府應不分年齡、人種、性別、宗教供應其必要的資源。同時，身心障礙者的權利是神聖的，在預算的分配上、大眾媒體的使用上、社區的教育上，都不得貶低或成為吃虧的對象。作為基本原則的身心障礙者權利包含：（1）社區要先理解身心障礙者的權利，接受身心障礙者的特殊狀況；（2）被認定為社會上平等公民之權利；（3）承認身心障礙者對社會的貢獻並予以尊重之權利；（4）有權取得身心障礙相關預算的集資、行銷及社區教育相關資訊的近用。

　　從對韓國政府的意識提升之建議和原則來看，韓國的意識水平大概是如何呢？來看一下以下的個案。

120

　　「在○○站的第○號出口前面的小吃店，請大家不要去吃。他們叫罵身體障礙客人是個殘廢，當我站出來阻止他們罵人，他們就趕我出去還把我吃的飯碗丟過去而打破了。」

　　這是在2號下午由社群網站上傳的文章，到了4號下午4點就有3萬3千次以上的分享，而引起網友們的共憤。這一天在這家小吃店到底是發生什麼事呢？本報記者採訪了上傳文章的張姓女子（27歲）以及小吃店的老闆，親自聆聽試圖還原當時的狀況和發生的問題。

　　「那種怪脾氣，難怪會生出一個殘廢。」

　　在2號下午1點15分左右首爾市區的一家小吃店，正在用餐的張姓女子忽然質疑自己的耳朵。她一邊摘下掛在耳朵上的耳機，心中一邊想「不會吧？」，但是她依然聽到小吃店的員工在叫罵是殘廢。因為外帶問題與員工發生口角的老人和他的障礙兒悻悻然地離開了。

張姓女子忍不住向員工說：「拜託好嗎？人都已經走掉了，還在唸，夠了喔！」講完後我心想：「至少要對沒說敬語說聲抱歉吧！」。張姓女子回顧的狀況是這樣的，那名員工和老闆比手畫腳地大聲回應說，「我們在做生意隨我們高興。」坐在裡面的老闆的兒子也大叫說：「小姐我們不賣妳了，妳出去！趕快出去！」一邊說，一邊將張姓女子餐桌上點的食物菜盤，直接收回去丟到廚房水槽裡，似乎有打破。店裡有兩三個客人在用餐，但是沒有人站出來阻止老闆這樣的行為。深感威脅的張姓女子匆忙離開了那家店，之後向警察報警，後來警察有出動，但是警官認為該名張姓女子已經離開那裡了，而且又沒有目擊證人，只能草草結案。但是小吃店的老闆卻說，當天的狀況是「我們的員工跟那個老人和兒子說：『如果點壽司就只能外帶，不能在店內用餐，這是店內的規定』，一說完那位殘障者的父親，就先罵人後大叫，我們才會在背後講他們的話。」但是老闆否認他們講出對身心障礙者表達騷擾的用字。也沒有打破張姓女子的餐具，只是把張姓女子用完餐的餐具收回廚房的時候不小心掉落，才發出聲響。在去年 1 月由韓國國家人權委員會發表，對身心障礙者使用騷擾語言的實態調查顯示，回應的身心障礙者 10 人中有 7 人（73.5%）曾經在實際生活中遭到討厭。而網路上的霸凌更是嚴重，10 名身心障礙者中有 9 人（95%）在網路上看到或聽到騷擾語言的表達，並有 8 名左右（79.5%）遭受到實際的傷害。這些騷擾語言延伸成為恐懼感。全體回應者中有 70% 的人認為對自己是身心障礙者而感到遭人騷擾而恐懼。

韓國《京鄉新聞》2018 年 10 月 4 日報導

121　　　我們再看一則現場的個案：

2 日，障礙者反歧視推動聯盟和全國障礙者反歧視聯盟向國家人權委員會提交了陳情書，主要是針對因貶低身心障礙者發言引起爭議的共同民主黨代表李海瓚，還有在批評李黨代表的過程中，反而加深對身心障礙者貶意的前自由韓國黨代表洪準杓 2 人。他們透過陳情書表示：「社會成員被分為正常和異常兩類，顯然是把障礙者歸為異類。表面上說是為身心障礙者設想，卻又將身心障礙者形容為可悲的存在，且對心智障礙者肆無忌憚地發表歧視言論。在他們的道歉文中，依然未意識到他們所作所為的嚴重性，令人質疑他們成為政府官員的資格。」接著又提到：「他們這次的發言明顯具有歧視性，且違反了《障礙者反歧視法》，希望透過人權委員會的陳情確認，他們對身心障礙者做出的歧視行為是明顯的違法行為，且這次事件不能在沒有任何道歉與防止再度發生的約定之下，讓他們就這樣呼攏過去，並強調要求人權委員會下達強力的糾正勸告。」

《able 新聞》2019 年 1 月 3 日

丹麥被認為是人權先進國，可謂世界最平等的國家，曾向一般大眾進行了一項對身心障礙者的意識調查。根據調查，非障礙者對於身心障礙者都有些負面的觀點，例如只有 64% 的人認為，他們在職場環境中可接受與身心障礙者同事一起工作。至於對身心障礙者兒童的意識是更加負面的。總是用「他們與我們」來做區別，這些負面的觀點是必須要改善的。在同樣的脈絡底下，早期的法律很明顯地看出使用很多偏見與歧視性的用語。最近的法律也沒有太大的改善，並沒有承認全體人口中的多樣性，還是偏向於讓身心障礙者有距離感，總是以「他們／第三方」來表達。這些法律上的用語是必須要修正的。

---

**丹麥社會的意識改善運動**

　　丹麥約有 500 萬人口，2017 年為改善對身心障礙者的意識，政府分配約 4 億 8 千萬（韓元）的預算來向一般大眾推廣「身心障礙者並非障礙」的運動，宣導障礙者的權利。這些活動主要透過電視和大眾媒體，本來要展開全面性的活動，後來也是因為預算而無法納入所有的障礙者。像是視聽資料、易讀、插畫等使用就沒有推動。

---

122

　　另外一個知名的福利國家瑞典，也是被指出一般民眾對身心障礙的多樣性普遍欠缺意識。因此權利委員會建議瑞典政府，為提升民眾對障礙者的多樣性之瞭解，應建立新的國家策略，除了民眾對身心障礙者的正面形象外，身心障礙者還是有人性尊嚴且具獨立性和能力的公民，是《身心障礙者權利公約》規定的人權所有者，因此在公共生活的所有領域中要消除社會文化性的歧視。為此目的，包括高等法院法官、檢察官等所有司法界人士，負責立法的政治人物以及高級公務員、教師、警察、典獄長、雇主、教育機關等，為提升所有公民的意識，要與身心障礙者團體緊密結合來建立改善意識策略。有時候，在締約國提報的改善意識內容中，偶爾也有像是身心障礙者自己的團體針對身心障礙者推動的運動，但這些與權利委員會向瑞典政府建議的全體對象，如上述提及高等法院法官、檢察官等所有司法界人士、負責立法的政治人物與高級公務員、教師、警察、典獄長、雇主、教育機關等是不同性質的。

## 第 9 條　可及性（無障礙）權利

　　可及性或無障礙這個用詞是指身心障礙者在日常生活的各種狀況下，不受阻礙而近用之能力。公約第 9 條的目的是讓身心障礙者可以獨立生活而參與每個環節的大小事宜。所以可及性（無障礙）是為身心障礙者獨立生活與平等社會參與之基本性先決條件。身心障礙者若無

法暢行無阻地進出物理環境、使用交通工具、基於資訊通信技術與交流，或向公眾開放或提供之其他設施及服務，那麼他們就無法平等的參與社會。如可及性在《身心障礙者權利公約》第 3 條的一般原則之 f 款（無障礙）中已揭示，是屬於公約的第一項原則，這是早在採納（通過）《身心障礙者權利公約》之前，聯合國的許多公約中都已闡明過的原則。以過去歷史來看，保障身心障礙者行動權相關的物理環境與交通工具的近用，是《世界人權宣言》第 13 條和《公民與政治權利國際公約》第 12 條中所保障之權利。以同樣脈絡下，資訊和溝通交流的近用（無障礙）是《世界人權宣言》第 19 條和《公民與政治權利國際公約》第 19 條第 2 項思想的自由保障之基本要件。在《公民與政治權利國際公約》第 25 條第 c 款亦指出，「基於平等原則，每位公民都有權利平等近用該國家的公共服務。」以此原則為依據，大抵所有的人權公約都認定可及性（無障礙）為一項權利。如同《公民與政治權利國際公約》第 25 條，《消除一切形式種族歧視國際公約》第 5 條第 f 款，提到，「進入或利用任何公眾使用之地方或服務之權，如交通工具，旅館、餐館、咖啡館、戲院、公園等。」反映了聯合國的基本原則。當然有關強調其他種族的可及性（無障礙）性，是針對少數種族的排斥與偏見等的消除為目的。相對的，身心障礙者會在建築物入口處的台階或階梯遇到阻礙，

123

或是遭遇無障礙資訊的不足。這種大眾性服務上的阻礙，也不是因為對身心障礙者的歧視，而是基於技術性資訊的欠缺。《公民與政治權利國際公約》與《消除一切形式種族歧視國際公約》中，將可及性視為人權的普遍原則，而在《身心障礙者權利公約》是將可及性的權利更具體的視為讓障礙者可以享有自由權、社會權層面的自由和權利之核心原則，同時也是先決條件。總的來說，可及性（無障礙）是一項原則也是一項權利，使身心障礙者可以全面參與並融合，同時保障行動權的自由。如果少了合理調整和可及性也等於是對身心障礙者的歧視行為。

可及性（無障礙）大致分為三項，（1）消除物理性阻礙；（2）利用互動傳播技術（Interactive Communication Technology, ICT）消除溝通

交流上的阻礙；（3）消除思考方式及文化上的阻礙，參與經濟、社會活動。2011 年 WHO 和世界銀行共同報告指出，身心障礙者常常在物理環境、交通、資訊、通信上受到阻礙。[55] 身心障礙者在就業及健康服務上，由於欠缺交通無障礙近用，很難暢行無阻。實際上，根據許多締約國的報告顯示，大部分在可及性上都比較欠缺，而資訊傳播工具不足導致溝通交流受到限制。就算是可以利用手語翻譯的締約國，也由於手語翻譯員人數的不足，無法充分供應其需求。基於這些因素，權利委員會在直接審議締約國的過程中，將無障礙／可及性的問題視為一大核心原則。其特別指出，在《身心障礙者權利公約》的推行上，對無障礙／可及性程度的監測有所不足，相關法規的實施也有所欠缺。有的締約國無障礙／可及性的監測，竟仰賴於技術能力與人力、資源都很欠缺的地方政府。另外，針對當事人的培訓不夠，並且身心障礙者團體的參與不足也是另一個問題。[56] 在結論性意見也以各種形式來強調此問題改善的必要性。

---

**哥斯大黎加的個案**

　　本委員會對於哥斯大黎加在身心障礙者平等權法（法令 7600號）中，較著重於身心障礙者的物理性近用，而欠缺資訊通訊的溝通與互動深表關切。同時，對於在 81 個地方政府中，只有設置 18個物理環境無障礙委員會，而在資訊通訊溝通的互動上欠缺資訊的部分，亦同表關注。

---

[55] WHO, World Disability Report, Summary, 2011. p.10.

[56] CRPD/C/TUN/CO/1, para. 21, April 2011(R) CRPD/C/ESP/CO/1, para. 28, September 2011(R) CRPD/C/ ARG/CO/1, para. 18, September 2012(R), CRPD/C/HUN/CO/1, para. 24, September 2012(R), CRPD/C/CN/ CO/1, para. 62, September 2012(R).

**韓國的個案**

　　本委員會對於都市和鄉村地區，欠缺無障礙公車和計程車。以及在建築物的無障礙設施適用範圍極其有限，在無障礙／可及性的適用上也沒有標明該建築物的規模或年度等表示關切。同時對於視障者使用網站不便，以及聽障者和心智遲緩者不易上網亦深表關切。

**丹麥的個案**

　　本委員會對於貴國未將身心障礙者與非障礙者在平等原則下提供物質環境、交通、資訊通信交流，以及享有於都市與鄉村地區向公眾開放或提供之其他設施及服務，欠缺全面性融合的措施深表關切。本委員會對於公共網站無法使障礙者有效接觸深表關切。

**台灣的個案**

　　本「獨立審查委員會」指出貴國的無障礙／可及性措施，僅為臨時方便而未充分考量身心障礙者的可及性。並對於網路銀行與行動電話的使用上，身心障礙者特別是視覺障礙者無法無障礙近用而深表關切。

　　上述引用的個案，幾乎無例外地對無障礙／可及性方面的問題表示關注，令人矚目的是如同丹麥的先進國家也不例外。還有一點要留意的是，像是《身心障礙者權利公約》的所有條文一樣，第 9 條也與其他許多條文相互關連。因此，第 9 條要求每個締約國採取所有必要措施，確保身心障礙者在與其他人平等基礎上，以他們選擇的方式來行使第 21 條上標明的「表達與意見之自由及近用資訊的」權利）。在第 21 條是更具體說明要如何保障其權利。如第 21 條第 b 款內容為，於正式互動中

接受及促進使用手語、點字文件、輔助溝通系統及身心障礙者選用之其他所有可及性通訊傳播方法、方式及格式；第 21 條第 c 款內容為敦促提供公眾服務之私人單位，包括通過網際網路提供服務，以無障礙及身心障礙者可以使用之格式提供資訊及服務；第 21 條第 e 款內容為締約國應依照第 24、27、29、30 條的要求，肯認手語翻譯並推廣手語使用。又以第 30 條為例，就如第 2 號一般性意見指出，為使障礙者平等參與文化生活，締約國應採取所有適當措施，以確保身心障礙者（1）享有以無障礙格式提供之人文素材；（2）享有以無障礙格式提供之電視節目、影片、戲劇及其他人文活動；（3）享有進入文化表演或文化服務場所，例如劇院、博物館、電影院、圖書館、旅遊服務場所，並盡可能地享有進入於本國文化中具有重要意義之紀念建築與遺址。實際上，讓身心障礙者能夠無障礙地享受文化古蹟需要有相當的考量與安排，而締約國讓這些觀光景點成為無障礙空間，也是一項《身心障礙者權利公約》的推行義務。

125

# 第 10 條　生命權

　　第 10 條生命權是不能只靠分析或解說的，因為長期以來生命權都是以負面意義占據人類歷史。如果擺脫這些人類歷史的背景來解釋該條文就失去意義了。首先簡單介紹一下條文內容，並逐步深入探討生命權的時代性與人類歷史性。

　　依據《身心障礙者權利公約》第 10 條：「締約國重申人人享有固有之生命權，並應採取所有必要措施，確保身心障礙者在與其他人平等基礎上確實享有生命權」。如果締約國沒有誠實履行這項建議，生命上就算沒有大礙，締約國還是得要承擔責任。締約國不僅有義務預防對生命的任意侵犯，即便是履行公約第 10 條，但對將來會威脅生命權的可能性也有義務要預防，並採取明確的保護措施。進一步對於酷刑、剝削、暴力、人權侵害等造成生命權的威脅，也要考量其身心的完整性保護

（請參考《公民與政治權利國際公約》第 7 條及《身心障礙者權利公約》的第 15-17 條）。

　　聯合國長期為維護生命權而費盡心思。國際法上並沒有提及所謂生命權的概念，而人權學者和人權運動者卻對於生命權的核心要素煞費苦心。《世界人權宣言》第 1 條和第 3 條指出，人人享有生命權且具有平等之尊嚴和權利。因此人類的尊嚴和權利是不可劃分開來的。聯合國會員國在《公民與政治權利國際公約》已達成協議，人的生命和尊嚴性須予以尊重。這與長久以來威脅著人類生命權的歷史背景不無關聯。現在讓我們回朔一下。

　　回顧人類最近的歷史不難發現，人的心性往往在獨斷而不合理的信念下腐敗。像是納粹主義幾近宗教信念的各類極端主義，在幸福最大化的美名號召下，帶給人類極端的痛苦。1933 年希特勒對追求完美人種的執著與癡迷，為消除優生學上有瑕疵的公民，強制讓墮胎合法化。任何形式的「損傷」包含酒精中毒都被希特勒的優生學列為瑕疵。希特勒在掌握權勢後，採取更加激烈、慘無人道的手段加害於身心障礙者，使他們成為安樂死的對象。希特勒的故意殺人行為已超乎暴力進而成為大量屠殺的手段，終究建立了毒氣室。

126

　　透過世界歷史的回顧，種族屠殺和大屠殺奪取數百萬人的生命。在 15 至 20 世紀之間靠武力奪取土地的移居者，殺害了數十萬的美國原住民印第安人。面積有朝鮮半島 34 倍大的澳洲，現在也僅存 30 萬左右的原住民，足見其虐殺行為之嚴重。1915 年和 1923 年土耳其的鄂圖曼帝國虐殺了數十萬的亞美尼亞人，1994 年非洲盧安達的圖西（Tutsis）和胡圖（Hutu）族之間的種族屠殺，約 100 天的時間裡殺害人數達到 80 萬人。最近較受關注的是緬甸邊境約 70 萬名羅興亞族人遭到屠殺，也是一種生命權的問題。種族屠殺的問題，事實上在許多國家的法律，威脅著身心障礙兒童出生前後的生命權。例如，2017 年權利委員會對於身心障礙人士由於刑事訴訟程序欠缺合理調整，這樣的缺失更有可能獲

判死刑表示關切。[57] 生命權一直以來都是糾結而矛盾的爭論議題。

國際法上所謂每個人都享有天賦之生命權首見於《公民與政治權利國際公約》第 6 條第 1 項。《公民與政治權利國際公約》第 6 條第 1 項中補充說明，人人皆有天賦之生存權。此種權利應受法律保障。任何人之生命不得無理剝奪。[58]《身心障礙者權利公約》的前言也讓我們想起聯合國憲章所宣告的內容：「承認人類大家庭所有成員之固有尊嚴與價值，以及平等與不可剝奪之權利是世界自由、正義與和平之基礎。」《身心障礙者權利公約》第 10 條是採納《公民與政治權利國際公約》，再三向締約國確認平等原則下尊重生命權。《公民與政治權利國際公約》和《身心障礙者權利公約》的第 10 條都很明確禁止所有對生命的任意剝奪。依據國際法，生命權的任意剝奪代表涵義是，酷刑或引起身心靈受創、傷害等可以預測也可以預防之故意行為造成之侵害。這裡最大的挑戰可謂是宣判死刑、強迫失蹤、胎兒的生命權、人工流產（墮胎）、安樂死。這些領域都與生命權有關，但著眼於《身心障礙者權利公約》中與身心障礙婦女和心智障礙者有密切關聯的第 6 條、15 條內容，在此針對胎兒的生命權、墮胎做深入討論。

### 生命權和人工流產／墮胎

每個人的生命都是尊貴的。但是當這句話談到了墮胎就會形成嚴重的爭議。多數人接受天賦生命之尊貴，但是「人在何時形成為一個人？從何時算起為一個人？」這個疑問就更引起爭議。有關生命權的討論在科學、宗教、哲學或法律上都會談到，至於開始獲得人之資格的時機點，則依宗教、道德信念、哲學家的主張會有所不同。生命無關乎出生前後都是神聖的，但這裡有一個例外就是《公民與政治權利國際公約》接受了死刑宣告。表面上看似聯合國人權委員會在第 36 號一般性意見中讓墮胎合法化。但是在《公民與政治權利國際公約》的任何一處都沒

---

57　CRPD，對於伊朗的結論性意見。2017. 5. 10. CRPD/C/IRN/CO/No.1
58　《公民與政治權利國際公約》第 6 條第 1 項至第 6 項。

有支持人權委員會的墮胎合法化，此事長期以來是一場爭論。[59]「要保護懷孕中的生命」這個爭論透過《公民與政治權利國際公約》的第 6 條第 5 項「懷胎婦女被判死刑，不得執行其刑」作為驗證。聯合國人權委員會和《公民與政治權利國際公約》的爭論，看似沒有折衷的餘地，但明確的是，一般性意見 36 號對於身心障礙者的確是一項帶來不便的內容。聯合國人權委員會的核心建議是「墮胎法要避免危害懷孕婦女的生命或造成殘酷非人道之結果。」聯合國人權委員會對於墮胎的立場是尋求考量胎兒和婦女的生命權之間的平衡，[60] 然而消除婦女歧視委員會對於不安全的墮胎深表關切：

> 「不安全的墮胎會造成母親生命的威脅。因此締約國只有在強姦、亂倫、母親的健康和生命處於危險中，或對於胎兒造成傷害的情況下才可以進行，並為防止墮胎後的危險，應提供高水準的流產後醫療服務。同時對於選擇墮胎的婦女不可施加任何形式的處分。」

儘管對不安全的人工流產提出警告，但肯定的是，就《身心障礙者權利公約》而言，以「損傷」為理由的墮胎，違反了障礙人權的基本原則。假設說需要墮胎的情況有致命危險，很多時候是基於「損傷」的理由，但「損傷的胎兒」不會構成致命。過去的經驗來看，有關「損傷」的診斷本身，有時候也會是一個誤診。就算沒有誤診，「判定障礙」只會讓人想起「障礙本身不會帶來美好的生活品質」之感受。

但是，如果胎兒不能維持生命，並且如果不進行人工流產會損害母親的身心健康，則應當承認墮胎的權利。這種情形不是因為胎兒有些異常特徵或損傷情形而被剝奪生命權，就不必捲入優生學上的爭論。世界上有關墮胎的法律，由於女權運動者、人權運動者都在主張婦女對她們

128

---

[59]　European Centre for Law Institute, "The Right to Life is not the Right to Kill" 2017. https://eclj.org/abortion/un/protgez-toute-vie-humaine-, 2018. 11. 15

[60]　聯合國人權委員，第 39 號一般性意見，9 節。

的身體有自主權，墮胎有增加的趨勢。

結論上，權利委員會拒絕接受聯合國人權委員會的第 36 號一般性意見，對於婦女和身心障礙胎兒的尊重與保護採取兩種立場。是否要墮胎當然取決於婦女的選擇，而決定是否可以成功懷孕也不是可以完全依照醫療的見解或判斷。儘管通過與批准《身心障礙者權利公約》的歷史並沒有很長，但確實有助於將生命權和酷刑的領域擴大成為法律原則。這並不是創造了什麼新的法律原則，而是將既有的各種公約的原則適用在新的領域。《身心障礙者權利公約》將生命權和身心障礙透過嶄新的法理分析有了一番獨特的貢獻。2016 年聯合國的 117 個成員國，同意了死刑判決緩刑的決議案。[61] 這項決議案拓寬了不能宣判死刑的對象範圍，將醫療障礙、心理社會障礙者包含在內。我們一方面歡迎這樣的改善，一方面為身心障礙者依然在監護人底下，長期被他們代理決定而無法接受公平判決（公約第 12 條）的現狀感到憂心。包含心智障礙及身體障礙所有的身心障礙者，必須為他們採取特別措施，讓他們可以平等的享有生命權。這些措施是為保障他們的生命權，在公共政策研究也要有合理調整的考量，避免特殊緊急服務讓身心障礙者受到過度的法律脅迫。

## 第 11 條　風險情境及人道緊急情況

2011 年 3 月 11 日日本東海發生大海嘯的災害，2 萬多人的死亡者之中，身心障礙者的死亡率是平均死亡率的 2 倍。基於這些經驗開始思考要如何建立「身心障礙者融合式」（disability-inclusive）的災害防治系統，並重新喚起《身心障礙者權利公約》第 11 條的重要性。全面「身心障礙者融合式」的災害防治也納入 2015 年的永續發展目標內。根據韓國學者金承完（김승완）教授在研究首爾市消防災害本部和韓國國立康健院實施的《身心障礙者危機處理管理手冊的開發及推廣》（2013）

---

61　CRPD 盧森堡結論性意見。2017.10.1

的報告，據 2010 年至 2012 年首爾市消防公務員申報個案的分析報告顯示，雖然災難是任何人都會經歷的，但是一般人比身心障礙者應對災難的能力，要高出 2 倍以上。[62] 根據聯合國網路調查顯示，當災害來臨時，大家都不會想到為障礙者去研究[63]。因為平常沒有試圖與身心障礙者一起研究災害相關的應對，因此災害發生時，大多數的身心障礙者都會受傷或失去生命。政府在這方面也無能為力。[64] 泰國以及亞太地區的許多國家，幾乎沒有災難救濟的身心障礙者相關資訊，整體來說，對身心障礙者的保護對策研究也幾乎全無，實際發生災害只有大約 20% 左右的人可以逃生。時間充裕的話有可能逃生機率增加到 20% 到 38%，但是要達到 58% 就有相當程度的困難，而有 4% 據說是完全無法逃生。最危險的災害有五種（1）水災 54%，（2）極端氣候 40%，（3）颱風 39%，（4）旱災 37%，（5）地震 27%。除此之外，火災、交通事故等也讓身心障礙者容易遭受危險。

聯合國人權委員會依據《身心障礙者權利公約》第 11 條，委託聯合國人權事務高級專員辦事處（Office of the UN High Commissioner for Human Rights, OHCHR），敦促相關負責單位、地方機構、人權機構、身心障礙團體等提出報告，以強化身心障礙者的人道干預協助。聯合國人權委員會要求將備妥的報告於第 31 屆會議之前提交到 OHCHR 網站。公約第 11 條是站在國際人道責任的觀點，責成締約國對於發生武裝衝突、人道緊急情況及自然災害時的防範，應建立保護與安全對策的研究。聯合國在協商公約當時也要求，在災害或危機發生時，應避免對身心障礙者用「弱勢或邊緣族群」之字眼，而是基於身心障礙者的人權來採取保護措施。在這方面，權利委員會為推行公約第 11 條，提出幾

---

[62] 김승완 외 , 장애포괄적 재난관리체계 구축을 위한 기초 연구 ( 서울 : 한국장애인개발원 , 2015 ).

[63] New York, Oct 10 2013 2:00 PM

[64] news9-bounces@list.un.org [mailto:news9-bounces@list.un.org]: Friday, 11 October 2013 5:00 AM

項方針。[65]

①締約國為人道干預對策研究，應以身心障礙者為中心進行設計及實施，保障身心障礙者的無障礙／可及性。

②此項對策研究要讓身心障礙者參與相關疏散計畫，並應有適度的預算分配。

③締約國應將難民與移民者納入所有人道措施主流化。

④委員會對於「身心障礙者融合式」的災害對策研究，要讓身心障礙代表團體積極諮詢、建議及參與，並強調參與重點工作項目研究。

⑤委員會強調，所有關於災害對策研究的手冊，應採用點字、手語等原民使用之語言來推廣，以讓他們充分理解。

⑥確保在災害和人道主義干預過程中，動員的消防隊員和其他急救人員充分瞭解有關「身心障礙者融合式」的救護對策研究。

在此介紹亞洲、太平洋地區國家間，管制防範災難及應變活動且具有法定拘束力之兩項文件，作為參考：[66]

①東協災難管理暨緊急應變協定（ASEAN Agreement on Disaster Management and Emergency Response, AADMER）

②南亞區域合作聯盟自然災害快速應機制（National Disaster Risk Reduction and Management, NDRRM）

有關災害管理及響應機制的東協國協定 AADMER，是由十個東協

---

[65] The full texts of submissions received are available on the OHCHR website at www. ohchr.org/EN/Issues/Disability/Pages/StudiesReportsPapers.aspx. 2 See for example the Geneva Conventions of 12 August 1949 and the Protocols additional to the Geneva Conventions of 1977.

[66] OHCA- Regional Office of Asia Pacific. UNCC Building. Bangkok, Thailand. 아시아 · 태평양지역 재난대응을 위한 국제적 활용도구 및 서비스 안내서 Disaster Response in Asia and the Pacifc: A Guide to International Tools and Services. 2005.

成員國協議之該區域內，有關多重危險因素管理及政策研究架構，在災難管理所有層面之必要協助、調配、技術支援和資源運用相關方面具有法定拘束力。AADMER 提供一種有效的機制，實際減少災難帶來的人命損失，與社會、經濟及環境資產的損害，並協助相關國家與地區，期許國際社會深入合作，共同應對緊急災害。東協工作計劃（2010~2015）反映的協定精神，是一項全面涵蓋式的總體行動計畫。

　　東協為聯合救災及緊急應變行動，建立了SASOP（Regional Standby Arrangements and Coordination of Joint Disaster Relief and Emergency Response Operations，聯合救災及緊急應變行動之區域應變規劃和協調作業程序），東協成員國在緊急應變時，應協助動員並支援派遣。東協成員國於 2005 年簽署了該協議，該協議於 2009 年 12 月生效。接下來，南亞區域合作聯盟（South Asian Association for Regional Cooperation, SAARC）的自然災害快速應變機制（NDRRM），是迅速響應救災而強化既有體系的區域災害管理協定，要求 SAARC 成員國採取國內法律和行政措施來執行該協議（NDRRM）。這些措施包含請求支援與回應、採取掌握現況需求之行動、裝備與人力物資等其他設施的使用、區域內緊急後援隊之組成、緊急救護物資之儲備、以及管理救護物資的質量等。SAARC 成員國於 2005 年簽署了該協議，該協議於 2009 年 12 月開始生效。有趣的是，《身心障礙者權利公約》的通過時間和第 11 條相關討論幾乎是同時進行的。讓我們來看一下有關第 11 條對韓國的結論性意見作為參考。

## 第 11 條　對韓國的結論性意見

「有關貴國對於包含自然災害之危急情況的應變上，並沒有為所有類型身心障礙者建立以無障礙形式製作之具體策略深表關切。特別是在『建築基本法實施令』和『身心障礙者、老人、孕婦等加強便利性保障之相關法規』中，並沒有包含身心障礙者的逃難體系而深表關切。」

　　韓國學者金承完教授的研究觀察到，在人為災難和自然災害等國家危急情況中，國家危急管理應變體系並沒有考量到身心障礙者，因此為建構身心障礙者融合式的災難管理體系，提出相關方案。[67] 在此研究中，「身心障礙者融合式災難管理系統」（disability-inclusive disaster management system）的定義，並不是另外單獨針對身心障礙者建立管理體系，而是在災難管理的整個過程（預防、儲備、對應、復原）和計畫中，將身心障礙者的觀點主流化，以確保身心障礙者參與的政策研究，包括推動方案之階段性規範。有關第 11 條的意見，2015 年 3 月 18 日，在日本基金會的支援下舉辦的「仙台宣言」（Sendai Declaration）具有重要意義。

　　2014 年權利委員會也明確地請求締約國、聯合國的各部門、以及國際社會確實履行第 11 條的相關義務。

① 依據《身心障礙者權利公約》和國際上公認之無障礙／可及性原則，於第三世界中討論的災害對策研究，以及 2015 至 2030 年永續發展目標相關的討論內容，要確實履行。

② 身心障礙者與其代表團體以及其他相關團體，要有效參與所有會議和諮詢過程。

③ 所有的國際討論中，基於身心障礙者融合之權利導向的永續發展議題，要讓身心障礙者融合式的災害對策研究成為典範。

④ 透過聯合國大會的決議，應保障身心障礙者的參與更加透明而公開。

---

67　김승완 외 , 장애포괄적 재난관리체계 구축을 위한 기초 연구 ( 서울 : 한국장애인개발원 , 2015). 보고서 참고 .

印尼的個案

　　在印尼發生災害時，當國際障礙聯盟（International Disability Alliance, IDA）得知心理社會障礙者被銬上腳鐐的消息後，正式提出查詢請求。為進行地震受災的帛琉（Palu）地區心理社會障礙者的情況調查，地震災害後我們與幾位當地居民立即探訪了消息來源地以瞭解實情。由於當地禁止外國人訪問，所以亞太地區的委員們無法同行。但心理社會障礙者確實是銬著腳鐐被監禁的狀態。他們雖然能保住生命，但是所有人都逃難去了，只留下他們。人權觀察（Human Rights Watch）試著透過影像紀錄下他們的慘狀，他們簡直像是一個被腳鐐鎖住的野獸一樣，完全無法逃脫。唯一令人欣慰的是，他們被關在一個用傳統木材搭建的耐震小屋子裡，而該屋子沒有倒塌。無論是災難時的保護、或救護對策研究中，從來都沒有意識到他們的存在權利。

# 第 12 條　在法律之前獲得平等肯認

## 緒論

　　第 12 條的核心論點分為兩個部分。第一是障礙者，尤其像心理社會障礙者的判斷和思考能力受限，而需要監護人或法定代理人來代替執行的替代決策（substitute decision making）。第二是盡可能協助障礙者當事人，使他們能夠盡量發揮自主決定的支持決策（supported decision making），即自決權。但實際上這兩種機制都充滿複雜的因素很難做出合理的實踐。《身心障礙者權利公約》第 12 條是將法律之前獲得的平等承認稱之為「法律能力」。此項法規讓身心障礙者在他們的生命中，享有與他人同樣平等的權利。同時有如《公民與政治權利國際公約》的第 1 條內容，所有民族均享有自決權，根據此種權利，自由決定其政治地

位並自由從事其經濟、社會與文化之發展等，具體宣示了自我決定權之固有權利。第 12 條第 5 項規定了國家對此最基本的義務。韓國外交通商部的翻譯是「法律之前平等承認」，但筆者認為「法律之前，平等的法律能力承認」的說法較為妥當：

133

> 5. 於符合本條規定之情況下，締約國應採取所有適當及有效措施，確保身心障礙者平等享有擁有或繼承財產之權利，掌管自己財務，有平等機會獲得銀行貸款、抵押貸款及其他形式之金融信用貸款，並應確保身心障礙者之財產不被任意剝奪。

此處的法律能力是由兩個要素組成。當事人的權利能力與法定代理人。權利能力是指身心障礙者本身的實質權利，相反地，法定代理人是要取用實質權利，而其行動得到司法尊重。這兩種要素在權利能力中密切關聯，對於確保法律之前人人平等至關重要。根據權利公約委員會，心智能力（mental capacity）並不具有客觀性，也不屬於科學性或自然現象，其原因是心智能力的表達牽涉到政治或社會的脈絡。根據權利公約委員會在公約第 12 條的審議發現，大部分對於心智能力和法律能力上的差異，都沒有加以分辨。[68] 我們從以下的例子，任擇議定書所審議之波蘭判例作為分析：

### 任擇議定書的判例 1

原告在沒有法定代理人的情形下，經過四個月後才收到入獄通知，使其失去了抗訴的機會，之後又被強制入住精神醫院病房，這違反了《公民與政治權利國際公約》第 9 條（不得無理予以逮捕或拘禁）以及第 11 條（不得僅因無力履行契約義務，即予監禁）的權

---

68  一般性意見，第 1 號，第 13 節。

利。根據人權委員會的審查結論，〈Fikalkkouska vs. Poland〉判例的法律推論是有誤的。人權委員會的立場是「若將一個人監禁在精神病房，表示已認定這個人是喪失了法定能力。」在這裡並沒有區別出法律能力和心智能力。[69]

讓我們回顧一下，韓國報紙《京鄉新聞》報導的內容，所謂「心智障礙[70]的認定不是依據醫生診斷，而是取決於當事人的判斷力」的事件（2018 年 10 月 24 日）

首爾江西區網咖殺人事件金姓嫌犯所提出的憂鬱症診斷書上的精神鑑定結果，大眾對此表示極大關切，該判決表示他接受了 16 年的憂鬱症治療，但在犯案當時還是具有辨別事物的能力的話，不得認為是精神狀態異常。

23 日韓國釜山地方法院西部分院刑事 1 部，宣告拿凶器殺害鄰居的何姓嫌犯 23 年的徒刑。何姓嫌犯涉嫌 4 月在釜山北區的一個公寓向鄰居 K 先生的腹部、背部和脖子部位以凶器連砍 6 刀。當他行兇時發現凶器斷掉，就換成另一個凶器，並追趕逃跑的 K 先生對他連續痛下毒手。何姓嫌犯提出 16 年來長期接受憂鬱症治療的證明，並主張當時是處於精神異常的狀態。但法庭認為「從他可以追趕及壓制逃跑的受害人來看，像是充分意識犯案當時的狀況和犯行結果」而駁回。

134

上述報導[71]中嫌犯的「判斷力」成為判決的依據，這與波蘭法庭以

---

69　Fikalkkouska vs. Poland 2006. CCPR./C/ 84//1061//2002. para 3.

70　編註：此處的心智障礙是指精神耗弱者的判斷力，而非指心智障礙者。

71　http://news.khan.co.kr/kh_news/khan_art_view.html?www&artid=201810231809011&code=940301

原告的「心智能力」為依據的情形，不很類似嗎？

「經審議大部分締約國對公約第 12 條的內容，都沒有充分認知所謂心智能力和法律能力的差異。」心智能力和法律能力的概念也被混淆，有些身心障礙者在某些時候因認知障礙或是心智異常而導致決定能力缺損，這等同於剝奪了馬上做出決定的法律能力。

這是單純基於對某種損傷的診斷（狀態法則）為依據，或是當事人在做出對自己不利的決定（負面決定法則），或是被認為他的決策能力在功能上有所缺陷（功能法則）時，其法律能力往往被剝奪。評估心智功能的方法，試圖評估心智能力與智慧能力，同時相應剝奪法律能力。

這經常用來判斷此人是否充分知道決定的後果，或是否充分運用或衡量特定資訊。但這樣的法則有兩方面的問題。（1）它被歧視性地適用於身心障礙者。（2）它假定能夠正確評估出人內心的動態活動，並在一個人未能通過評估時剝奪其核心人權——在法律面前獲得平等承認的權利（見上述第 5 項法條解釋）。所有這些法則將個人的障礙及做出決策的能力視為合法理由，剝奪這些人的法律能力並削弱他們在法律面前的人格。

135

---

**任擇議定書的判例 2**

在任擇議定書中審議的澳洲個案〈Novel vs. Australia〉，原告被證明為有認知上的障礙後，被視為認知上有損傷而被判定無法為自己辯護。但是權利委員會表述，用心智異常（unsoundness of mind）和其他歧視性判斷或汙名化來否定法律能力是不合理的，依據公約第 12 條的法律授權，不得因精神能力或是認知上的缺陷而否定他的法律能力。[72]

---

72　一般性意見，第 1 號，第 13 節。

「任擇議定書的判例 2」替《身心障礙者權利公約》確立了「障礙者不管在任何一個國家，在法律之前都應該是平等的，也應享有法律之前獲得承認的權利。」

這就像是第 12 條第 1 項記載的「締約國重申，在法律之前身心障礙者於任何地方均獲肯認享有人格之權利。」身心障礙者具有法律人格，這是認定其法律能力的基本要件。[73] 同時在第 12 條第 2 項是「締約國應肯認身心障礙者於生活各方面享有與其他人平等之法律行為能力。」權利委員會是在表明，法律能力不僅僅是指擁有法定人格，也是具有行使法律的能力。[74] 所謂擁有法律能力是承認障礙者在法律內有能力保護他的法定權利。法律能力的「行使」是指可以進行業務上的往來，例如像是能夠結婚或離婚，或像法律關係的建立、修正、生育、領養等可以開始、糾正或是結束。《身心障礙者權利公約》第 12 條不承認具有歧視性的評估，為否認法律能力之依據，為了順利進行所有這些法律程序，要求協助身心障礙者行使其法律能力。[75]

---

**任擇議定書判例 3**

〈Eujdodo vs. Hungary〉這是透過任擇議定書接受權利委員會審議的案例，過去一直受監護人保護的心理社會障礙者的投票權遭到拒絕。[76] 但是締約國並沒有依照《身心障礙者權利公約》第 12 條第 3 項之規定，提供人民投票時應協助他行使法律能力的義務。

「3. 締約國應採取適當措施，便利身心障礙者獲得其於行使法律行為能力時可能需要之協助」。原告 Eujdodo 本應該要取得協助使其可以去參加選舉的投票，卻失去了機會。權利委員會認為匈牙利的

---

73　一般性意見，第 1 號，第 11 節。

74　Ibid.

75　一般性意見，第 1 號，第 14 節。

76　一般性意見，第 1 號。公約第 12 條。2014. 4. 11。權利公約 /C/GC/1，第 30 節。

國內法庭和立法單位對於《身心障礙者權利公約》第 12 條第 3 項的內容有了錯誤的理解。根據《身心障礙者權利公約》第 12 條第 4 項，

> 「4. 締約國應確保，與行使法律行為能力有關之所有措施，均依照國際人權法提供適當與有效之防護，以防止濫用。該等防護應確保與行使法律行為能力有關之措施，尊重本人之權利、意願及選擇，無利益衝突及不當影響，適合本人情況，適用時間儘可能短，並定期由一個有資格、獨立、公正之機關或司法機關審查。提供之防護與影響個人權利及利益之措施於程度上應相當。」

　　在《身心障礙者權利公約》第 12 條第 4 項[77]的「防護」是指與他人處於平等地位下，沒有利益衝突與不當影響，提供之防護也要依個人所處之環境合乎比例來相應。利益衝突或最佳利益傳統上是用於身心障礙者的權利維護，但以嚴謹的角度來說僅憑《身心障礙者權利公約》第 12 條還是有不足夠的面向。根據權利委員會的意見，對於「何謂身心障礙者的最佳利益」應該取代成為「對意願和選擇的最佳解釋」。據我個人的省察認為是，通常服務對象的「最佳利益」往往取決於專家的思維與需求。這兩者之間有多大的差距呢？我們還是得顧慮法庭中法官往往也會有一些錯誤判斷的可能性。那麼，前面引用的韓國《京鄉新聞》報紙所刊登對於「精神狀態異常」的核心不在於診斷資料，而在於「判斷力」的報導，看起來似乎是正確的。

　　為積極實現身心障礙者的法律能力，與其他條文一樣需遵守公約的第 12 條第 1 至 5 項。詳細分析這項條文，公約第 5 條的法律之前之平等和第 12 條第 3 項承認法律之前的法律能力是有重要的界線區分。明顯的差異是提供「合理調整」，公約第 2 條所明曰之「合理調整」是指根據具體需要，於不造成不成比例或過度之情況下，進行必要及適當之

---

77　編註：原文誤植為第 4 條第 4 項。

修改與調整，以確保身心障礙者在與其他人平等基礎上享有或行使所有人權及基本自由；公約第 12 條第 3 項是賦予協助身心障礙者行使法律行為能力之義務。另外在公約的第 5 條下的合理調整是指，不造成第三方不當負擔的情形下，進行必要及適當之修改與調整，而於第 12 條第 3 項規定的義務沒有設定限制，換句話說，在第 12 條第 3 項明確規定政府有義務協助身心障礙者在行使法律能力時，獲得法律之前與法律之下之平等承認。由於《公民與政治權利國際公約》在《身心障礙者權利公約》第 4 條第 2 項無法適用，所以政府不得「逐步」實現法律之前的平等承認。權利委員會在第 1 號一般意見中說明，在第 12 條規定之法律之前的平等是立足於自由權，而屬於自由權領域。而因《公民與政治權利國際公約》之自由權公約性質，是不得變更的權利，敦促批准後政府接受規定內容應立即推行這些權利。因此依據第 1 號一般性意見，批准國家要在批准的同時馬上執行，但是執行過程要慎重，要有很妥善的計畫，也要與身心障礙當事人及代表團體進行有意義的諮詢。另外公約第 4 條第 1 項第 b 款內容為：「採取所有適當措施，包括立法，以修正或廢止構成歧視身心障礙者之現行法律、法規、習慣與實踐。」其實就是第 a 款的「採取所有適當立法、行政及其他措施實施本公約肯認之權利」。會影響身心障礙者的法律能力的代理決定（替代決策制），目前受到許多國家採行，乃今日的現狀。例如在中東國家卡達的結論性意見中，權利委員會表示與公約第 12 條中的要求距離還很遙遠而感到憂慮。[78]

第 12 條相關的討論接近尾聲時，日內瓦權利委員會寄送了一份有趣的文件。2018 年 10 月 28 日，歐洲人權法庭對於有關公約第 12 條，在監護人保護下的身心障礙者之案例〈Delecolle vs. France〉做出實質性的判決，就是與長期交往的朋友結婚的話，因為無法充分瞭解經濟問題而不允許結婚。本權利委員會任擇議定書上的審議委員會判定，依據第 12 條，具有法律能力的人享有結婚也有經營家庭的權利。一審當時

137

---

[78] 權利公約委員會。2015. 10. 2。權利公約 /C/QAT/ CO/1，第 21 節。

對於剝奪結婚的能力是否妥當並沒有討論，而集中在法國的司法程序上的問題。就結論上而論，在家父長制的態度與偏見主導下，對於上了年紀的障礙者忽略了他們的意願。有趣的是歐洲的人權法庭逐漸開始接受《身心障礙者權利公約》的法律原則。例如有關融合教育的〈Cam vs. Turkey〉、可及性和合理調整的〈Guberrina vs. Croatia〉相關等判例就是其例。[79] 上述的判例就是對於《身心障礙者權利公約》原則上較難適用的法律能力、可及性之權利、自立生活等的領域做出統一的原則。以下的個案是最近韓國在討論有關法律能力的相關內容，僅供作為參考並無要多做討論，可比照本節第 12 條解說最後部分的替代決策原則來做思考：

> **個案 1**
>
> 　　任何人都有可能成為嫌疑犯，警察具有權限來查清任何事件，就算是身心障礙者如果違反刑事責任就要受到處分。但是在調查初期要輸入有關嫌犯的訊息時，並沒有為身心障礙者提供輸入基本資料（如：是否登記為障礙、等級類型等）之輔具的現實情況下，開始調查之後就無法對於身心障礙者的辯護權做保障，以及提供合理的方便性。[80]

138

---

79　UNCRPD; December 3, 2018 Guest Blogger Delecolle v. France, Disability, Elderly.

80　김예원 서울시 장애인인권센터 변호사 ( 한겨레 [ 기고 ] 장애인 피의자 양산하는 사회 / 신문에 게재되었으며 A31 면의 3 단 기사 2015-12-21 18:55).

**個案 2**

　　2014 年聯合國身心障礙者權利委員會，向韓國政府建議應廢除替代決策制（成年監護制度），引進支持決策制。支持決策制是為心智障礙者、老年人能夠參與社區以保障自我決定權而引進的制度，可以彌補成年監護制度造成的問題而受歡迎。有關於此，韓國的障礙之友權益問題研究中心等六個團體，與政黨和在野黨人士，22 日於首爾市舉辦了「引進支持決策制國際論壇」，並透過國際案例來探討相關方案。

**德國的支持決策制**

　　支持決策制是為心理社會障礙者或是老年人的意願表達而設的制度，與成年後監護制不同的是，就算是單一的表達意思，也不會剝奪障礙者的法律能力，也不需要先選出替代決定的代理人。根據韓國國民大學法學院安京姬教授的說法，以德國來說持續性代理權授與是身心障礙者喪失行為能力或有監護需求時，由本人指定某一位代理人表達決策或法律行為的資格。持續性代理權授與的範圍是有關財產相關業務、醫療相關事務、入住精神病院及其他剝奪自由相關事務、其他身分行為相關事務等財產及身分問題。除此之外訴訟行為、不動產行為、監護相關事先指示、事先醫療指示也包含在內。但德國法院認為如果該代理人超越了心理社會障礙者所設定的權限時，可以直接剝奪該代理人的資格並選出適當的代理人。[81]

139

---

[81]　Able News，報導日期：2018-02-22 18:45:3。

**任擇議定書判例 4**

　　香港大學法律系何錦璇教授說，過去香港的心理社會障礙者要去尋找醫師和律師請求在文件上簽名，以證明本人在心智上很難判斷。因為同時要取得醫師和律師的簽名，因此利用代理權制度的個案非常少數。香港政府在 2012 年意識到這個問題修改了法律，於是從醫師獲得簽名之後，在 28 天內有律師簽名就可以成立持續性代理權。之後 2013 年到 2016 年持續性代理權的請求件數大幅增加為 383 件。在香港，持續性代理權的範圍也僅限定於財產。但現在推動中的修訂法案（2017 年 12 月發表修訂草案）也會包含身分行為的問題，進而將範圍拓寬，也可以選擇將身分問題和財產問題放在一起。持續性代理人不能做的是心理社會障礙者們的器官捐贈、不孕手術、精神意願的住院、是否決定延命治療、醫學研究參與等。這些是有關於本人的人權而不允許的。香港政府採用向法院登記的方法，來認定持續性代理權，這是認為由法院來管理及執行比較安全所致。但是由於法院的法官人數不足也產生許多問題，因而開始討論是否將法院的權限交由監護委員會（持續性代理人登記負責的行政機關）來處理。

**任擇議定書判例 5　正義的誤審：James Marlon Noble vs. Australia 個案**

　　原告 Marlon 是心理社會障礙者，他控訴澳洲政府違反了《身心障礙者權利公約》第 5 條第 1 項、第 12 條和第 13 條。Marlon 被起訴犯下多次的性侵案。但是對於起訴的罪行從來沒給他機會去承認，並且在法庭沒有宣判監禁的情形下，就直接讓他入獄關了 10 年。Marlon 承擔的所有罪行後來都被撤銷。Marlon 認為他具有與別人一樣行使法律的權利，而法院判定「他的精神不適合辯護」，違反了公約第 12 條第 3 項。他主張他沒有得到適當的支持協助，對他承擔的起訴內容做真實

辯護。且在公約第 13 條第 1 項規定的司法可及性也遭拒絕。

　　Marlon 在 2002 年被逮捕後無法保釋就拘留在監護所。當時的檢察官附上的報告是 Marlon 無法為自己的起訴辯護。因為報告內容不具有決定性，辯護方和起訴方都依據《1996 年心智障礙者相關刑事法則》，要求精神科專門醫師的意見。2003 年 1 月 14 日三位精神科專業醫師的診斷報告呈現於法庭，其中兩位專業醫師的診斷是 Marlon 沒有能力為起訴內容辯護，另一位醫師認為還需要再做一次評估。第三位專業醫師的意見是，「他似乎瞭解有關於他的起訴內容，也似乎願意去承認自己觸犯罪刑。」而律師和檢察官並沒有正式聲明 Marlon 沒有能力抗訴，建議法庭要審慎的重新評估。

　　法庭保留了結論，Marlon 又再次被關起來。到了 2003 年 3 月 7 日重新出庭，這次也被判定他沒有抗告的能力。Marlon 依據《1996 年心智障礙者相關刑事法則》被扣留。負責判決 Marlon 是否扣留的心理社會障礙者判決委員會認為，他要與其他犯人一起關在牢裡。雖然這期間委員會偶會提起是否重新審議，但就這樣過了九年。到了 2010 年有一位法醫學心理學家檢查 Marlon 的心智能力後，認為若 Marlon 在司法過程中，能夠得到需要的協助，裁判是可以進行的。經過這樣的精神鑑定之後，Marlon 的法定代理人立即申請駁回最初的判決。

　　2010 年 9 月 20 日判決撤回對 Marlon 的繼續監禁。檢察總長對於此項決定提出兩個依據，第一，就算 Marlon 承認他的罪刑也已經過了相當的監禁期間。第二，因為現在可以動員的所有舉證資料不夠充分，所以很難判定有罪。Marlon 的法定代理人一直堅持認為他具有能力站在法庭，但法庭卻認為沒有採納的依據，加上 Marlon 已經動員所有澳洲的司法救濟制度，只剩下釋放他的日子，但是他依然處於被監禁的狀態，後來由權利委員會對於 Marlon 的案件處理表明關切的態度後才得以釋放。

　　權利委員會依據公約第 12 條第 2 項，國家在平等原則下，有義務保障身心障礙者於生活各方面享有與其他人平等之權利能力。並進一

步在第 12 條第 3 項指出，[82] 國家有義務保障身心障礙者獲得其於行使法律行為能力時可能需要之協助。在第 13 條第 1 項也指出，國家應確保身心障礙者在與其他人平等基礎上有效近用司法，包括透過提供程序與適齡對待措施。澳洲政府為抵制 Marlon 的不服而沒有審慎評估他提出的指證物件，也沒有提供他需要的適當支持，使他被迫接受不利的裁判。他被認為是性侵犯而被判有罪。權利委員會認為此項判決已經違反了公約第 12 條、第 13 條及第 14 條。這個判決的核心是放在他是心理社會障礙者，這就是以他的心理社會障礙為核心理由，將他起訴的案例。權利委員會在此項判例中，認為締約國澳洲判決違反了公約第 5 條第 1、2 項、第 12 條第 2、3 項、第 13 條第 1 項、第 14 條 1 項第 b 款以及第 15 條。

141　　韓國漢陽大學法律專門研究所諸哲雄教授指出，在韓國如果有取得法律專家的諮詢，是可以讓心理社會障礙者（或是有可能發生精神上的障礙者）於本人所決定之一定期間內使用持續性代理權。但是這些法律專家的專業諮詢需要花費很高的費用，只適合高收入者來利用。因此，為保護心理社會障礙者一定範圍的代理權，應該要由韓國政府來做必要的協助。有關於此諸教授認為，政府應該是讓心理社會障礙者或精神障礙者，不必負擔律師費用而持續使用代理權，並透過對於持續性代理人的適當監督，來保護心理社會障礙者。

　　登記持續性代理權的機關比起民間機構更適合由國家來運作。持續性代理權登記機關的角色是要保障代理權文件製作的有效性、擔保行使代理權的實效性、並協助（有關教育與推廣）適度的代理權行使。持續性代理權的範圍，在日常生活中有療養照護及治療之決策（法律行為）、常態性生活費的支出金額帳簿的管理權限（食衣住行相關一般生活費用等），療養照護的部分是申請長期照護等級以及長照給付權的行

---

82　編註：原文誤植為第 13 條第 3 項。

使、專業照護人員的雇用、療養設施的入住等。諸教授認為「可以馬上行使持續性代理權的是日常生活的費用支出、長照服務等。這對於心理社會障礙者是必須的。所以這個部分持續性代理權的登記要能夠很便利，並核發代理人的登記權以便行使。」而且「由政府直接成立主管機關大部分的人就會有信賴感。政府要站出來運作就需要法規。有必要制定主管機關的運作相關辦法。」「至於這個機關要登記怎樣的權限和文件，我們可以結合香港、德國的經驗，以及韓國國內情勢需要來做配套的開發。」[83]

韓國障礙者家長會李吉準秘書長指出：「持續性代理人制度也無法完整彌補監護制度的缺陷。」「兩個制度的差異是社會費用的支出與否、程序上的簡化而已。」對此漢陽大學法律專門研究所諸哲雄教授回應說：「公共監護人制度是不可或缺的制度，也有持續必要。政府在9月起針對一千件認知症老人中的獨居老人建立公共監護服務計畫。這些計畫要持續進行。公共監護也會成為支持性決策制度的模範。」

韓國在有關第12條的規定上進展如何呢？聯合國身心障礙者權利委員會給韓國的首次國家報告的結論性意見是，韓國成年後監護制度有三個類型，成年監護、限定監護、特定監護等，可依照情形讓當事人利用可以反映個人意願的限定監護或特定監護，並且只有在不能利用限定監護和特定監護時，才可以補充方式利用成年監護，輔助缺乏決策能力的身心障礙者做出決定，以此來完善制度。若要全面廢除成年監護制度，反而可能會使持續缺乏處理事務能力的障礙者，在權利行使上受到阻礙。法律之前的平等原則並不是指絕對性的平等，反對一切的歧視，而是容許合理依據下之歧視的相對性平等，所以應依照缺乏辦事能力的程度提供必要的支持，均一性的平等措施，反而會讓需要決策協助的障礙者，權利保障受到影響。但是對於自己無法處理事務的成年人，就要提供適當而有效的決策支持。在實務上，比起限定監護、特定監護，採

142

---

[83] able news，報導日期：2018-02-22 18:45:32。

用成年監護類型的比例較高，要立即廢除是困難的。[84]

## 第 12 條第 3 項　協助（support）的意義

> 締約國應採取適當措施，便利身心障礙者獲得其於行使法律能力能力時可能需要之協助。

權利委員會對於上述條文做出以下的附帶說明。

在為行使法律能力提供協助時，必須尊重身心障礙者的權利、意願及選擇，不得以協助取代決策。第 12 條第 3 項沒有具體說明支持應採取什麼形式。「協助」是一個廣泛的用詞，包括不同類型及不同強度的各種非正式及正式的協助安排。對許多身心障礙者而言，能夠預先計畫是一種重要支持方式，讓他們表達自己的意願及選擇，在他們無法向別人表達意願的時候，先前所表達的意願及選擇應當得到遵從。所有身心障礙者都有權預先進行計畫，應在與他人平等的基礎上給予他們這種機會。締約國可提供考慮到各種選擇的預先計畫機制，但所有方案都不得具有歧視性。[85]

143　　韓國保健福祉部的「發展遲緩障礙者公共監護協助計畫」，是跟隨民法修正所引進的成年監護制度，成年監護制度中以特定監護為原則進行。「發展遲緩障礙者公共監護協助計畫」是 2015 年起，針對滿 19 歲以上需要協助決定意思之已登記發展遲緩障礙者（心智、自閉性）為對象，在社區內自立生活中需要輔助者提供並協助監護人的挑選。[86]

### 法律能力行使的重要原則

1. 法律能力可以理解為，可以行使權利的能力和可以行為之能力。
2. 公約所言明之身心障礙者的法律能力適用於，包含身心障礙者

---

84　韓國法務部見解。第 2、3 次合併國家報告權利公約第 12 條的回覆。
85　一般性意見，第 1 號，第 17 節。
86　韓國法務部的意見，合併報告權利公約第 12 條的回覆。

的所有人民與所有締約國。

3. 法律能力在任何情形下，不得當作問題或加以挑戰。

4. 身心障礙者為行使他們的法律能力，需要提供必要協助。協助是透過與身心障礙者共商的溝通與信賴下，協助身心障礙者充分表明出本人的意願。

5. 身心障礙者本人在行使法定權限時，應得到合理調整與協助。

6. 包含身心障礙者在內的所有成年人都可以行使法律能力。這意謂在行使自主權時，不能剝奪此固有之權利而且要承擔伴隨的義務。協助與合理之調整，使障礙者享有平等的權利並使其承擔義務。

7. 所有兒童，包含障礙兒童，從出生開始就具有逐漸發展之法律能力，待長大成人後遂具備完整行使權利之能力，身心障礙兒童也要與同齡兒童一樣，予以他們適當協助行使發展逐步成熟之法律能力。

8. 父母與監護人為尊重兒童的權利和義務，得尊重逐漸發展的兒童最佳利益，締約國政府對於父母或監護人沒有履行此項原則時，得以介入。父母和監護人對身心障礙兒童所代理之行為，自兒童法定成年時即告終止。這禁止身心障礙兒童在成年之後被歸類成為障礙者。

### 為「支持決策制」建立司法救濟及社區結構　　144

9. 締約國對於目前允許代理決定的相關立法，應修改為支持決策制。

10. 締約國應發展協助服務並支持及推動，尊重所有人的權利與意願，保護他們避免承受不當壓力引起糾紛，為他們所處之環境接納等問題，加強安全相關研究。

11. 協助必須沒有任何形式的強迫性因素，也不得與身心障礙者的意思背道而行。協助不得阻礙當事人的行為能力，也不得

提供非自願之協助。協助的類型包括社交網絡、個人申訴員（ombudsman）、同儕支持、個人支持、事前計畫等。同時身心障礙者直接表達的意思和年齡、宗教、文化差異或喜好等，也都要成為考慮的對象

12. 身心障礙者需要協助卻很難掌握他／她的意思時，或是確實努力還是無法協助時，得善用經過良好培訓的輔助者，必須充分考量身心障礙者的自主性，並以此作為遵守的義務。締約國可提供考慮到各種選擇的預先計畫機制。

13. 身心障礙者對於自己的需求，輔助者無法給予滿意的決定時，可尋求任何形式的共識。這不代表身心障礙者喪失了決定權，輔助者要盡力為身心障礙者需求進行充分的意見溝通。若盡力溝通仍告失敗時，則應選擇可以日後進行調整的最佳協助。

14. 若決定內容為身心障礙者當事人比較在意或認為慎重之情事，例如人工流產、插入鼻管、服用神經藥物、電擊、透過腦部手術進行心智障礙治療等，有可能傷及身心障礙者本身的情形，應事先充分確認本人的意思。

### 解除替代決策的制度層面

15. 締約國政府應即時建構以下制度。

　a. 建立立法措施，確保所有人不受障礙之歧視行使法律能力

　b. 透過立法、政策研究、預算研究政策，協助（身心障礙者）得以根據上述原則做出決定

　c. 解除以下的制度

　　①監護人制度的完全廢除

　　②沒有期間限制的無限制監護人制度

　　③會允許拒絕他人決定的監護者之不法身分

　　④由身心障礙者之外的第三方做監護人之權利行使

　　⑤短時間或長時間拒絕身心障礙者當事人意見的締約國

145

⑥其他替代決策制度的廢除

倘若當事者沒有拒絕，應建立附帶性協助機制，以便到最後還是可以讓身心障礙者獨自行使完整的法律能力。

16. 會剝奪或限制身心障礙者法定權利行使能力的所有法律，應取代為可以行使法律能力之法律。上述的替代決策包含沒有能力之人、受武力控制的移動／輸送、命令、強制安置機構、住院及醫療治療等。

17. 同樣的，應該要廢除以障礙為由剝奪行使權利或執行義務的法律。例如投票、公家機關的就業、是否同意或拒絕擔任陪審員、財產擁有或繼承、結婚和養育子女等皆為《身心障礙者權利公約》所保障，是屬於行使法定權利的領域。為順利行使這些權利和義務，應提供適當的協助。同時他們的文件也能發揮同等效力。

18. 對於《身心障礙者權利公約》第 12 條之實施，締約國政府應顧及刑事法上刑事制度正當性的意義。若心智障礙者觸犯罪刑時，也要像其他人一樣接受民事、刑事上的責任，不能逃避。但為避免傷及到人權和尊嚴，應提供必要的協助。宣判死刑或類似的殘酷處分，基於人道待遇應廢除。

19. 為推行《身心障礙者權利公約》第 12 條的所有層面，協助方式的發展和提供，都需要和身心障礙者本人及代表團體建立積極的夥伴關係。上述的所有原則均為《身心障礙者權利公約》所保障，適用於國際法上需要保護，且符合演變中之身心障礙概念的所有人。

### 《身心障礙者權利公約》第 12 條之概要與結論

第 12 條是在承認身心障礙者在法律之前的平等。而所謂獲得承認為法律之前平等之公民，是承認他們包含行為能力之法律能力上的平

146　等。同時，第 12 條是讓締約國政府消除阻礙行使法定權限的所有因素，讓他們得以發揮並享有他們的能力。現行（韓國）國內法規要是有拒絕／否決身心障礙者法律能力的行使、或是其權利行使所需之協助時，需根據《身心障礙者權利公約》第 4 條第 1 項的義務：「締約國承諾確保並促進完整實現所有身心障礙者之所有人權與基本自由，使其不受任何基於身心障礙之歧視。為此目的，締約國應承諾以下事項。」並依公約第 12 條之要求，修訂相關法規。

　　但是問題在於，似乎不能僅通過民法中的成年監護制度來解決這個問題，讓我們參考一下現場的聲音。

1. 案件發生大家只想一股腦兒地把精神病患關起來，雖然有刑事法、治療監護法、保護觀察法等犯罪研究和管理相關法律與治療監護所、及犯罪預防中心等許多機關和機構，但只要有人發生犯罪，這個社會只想瞄準精神疾病來找出原因，設法將病患給監禁起來，並沒有試著去瞭解案情內幕或本質性原因。問題出在預算跟權力壟斷結構，我們投入龐大的預算在落後的精神健康體系和精神醫院、設施，卻讓病患住院前與出院後都得不到應有的服務，還有不尊重精神病患，過時不人道診療服務系統和收價體系也是問題。

世界衛生組織製作了 QualityRights Tool Kit（人權品質工具包）來做推廣，是為精神衛生服務以及在制度上，確保 Quality Service（高品質服務）和 Human Rights（人權）所做的努力。然而韓國社會並沒有改善落後先進國家很多的精神衛生系統，反而讓 OECD 專家在五年前就指出的「精神醫院和預算的企業壟斷結構」變得更加嚴重，[87] 令人憂慮。

---

[87] 권오용（權五鏞，韓國精神障礙聯盟 KAMI 秘書長、律師）facebook，2019/01/31。

2. 去年在首爾的一家大學附設醫院門診看病的教授醫師，被病患手
　中的凶器刺殺身亡。肇事者是一位躁鬱症（極端性情緒障礙）患
　者，一年前曾經住院治療，出院後沒有預約就出現在門診而發生
　了慘狀。更令人悲哀的是本來醫生的診療時間已經過了，醫生還
　願意繼續接受病患而釀成大禍。後來才知道，那位醫師在犯人的
　威脅下採取攻擊的行動時，他還讓護士們先行迴避後獨自面對，
　媒體很震撼而爭相報導精神疾病患者的可怕。

以下內容是引用自徐中錫教授的文稿。

3. 就算沒受到媒體影響，通常多數民眾對於精神疾病患者，總認為
　不同於一般民眾，難於在社會中共處。但據本人瞭解，就算是罹
　患了躁鬱症、精神分裂症的人，只要不是具有攻擊性或衝動障礙
　的重度精神疾病患者，將這些症狀管理妥善的話，還是可以正常
　的生活。罹患重度精神疾病患者，或是正因這些病狀而在接受治
　療的病患們，會引發攻擊性或衝動性社會案件的會有多少呢？而
　這些事件又為我們傳達出怎樣的意義？

4. 涉及重度精神疾病的另一起他殺案件是一名中學生。1990 年代
　中期，他患有焦慮狀態的幻聽、幻視症狀，這位男學生吸食藥物
　後，從家裡拿了凶器傷害了照顧自己的奶奶。這位學生因為家裡
　有經濟上的問題，而沒有在醫療機關接受過醫師的準確診斷，所
　以沒有正確確認的機會，但是既然有幻聽、幻視等這些重度症
　狀，由此判斷案發當時很有可能思覺失調症正在發作，但也難以
　推斷其嚴重程度。另外一起是母女一起死亡的案件，40 多歲的
　母親因為憂鬱症和思覺失調症接受了長達 11 年的治療，後來殺
　害了國中生女兒之後自殺身亡。從女兒的腸胃驗出大量的憂鬱症
　藥劑 venlafaxine，死因調查是藥物中毒。服用過量的 venlafaxine

147

時會造成高血壓或低血壓、心臟心律不整、癲癇發作、昏睡狀態等，有致命性的副作用。根據研究人員（徐中錫）的經驗來看，重度精神疾病患者成為重大刑案肇事者的情形，並沒有一般人想像來得多。當然研究人員的經驗並不能代表韓國的統計。但是 25 年來的經驗，也不是完全沒有依據的。研究人員就法醫學界觀點來看，對於所謂躁鬱症的極端性情緒失調，或是思覺失調症患者的看法是，除了一部分的急性病患之外，不能說比正常人還要危險。如果不管他們的症狀如何，全部將他們判定為需要從社會隔離的對象，也不是一個很理想的做法。雖然在精神上有不安定的狀態，但是我們還是可以營造一個社會是讓這些人可以一起生活的環境。另外根據研究者的驗屍案例中，我們也觀察到重度精神疾病的病患是如何面對死亡。包含上述的案例總共有 20 多件。年齡是從 24 歲到 82 歲不等，男性與女性的比率是 8 比 12，而女性比較多。死亡的地點在醫院的有 9 個，在住家的有 11 個案例，重度精神疾病的病患並非是在毫無防備的狀態下死去。經過驗屍後進行的檢查發現，有 10 個案件是身體上沒有驗出精神科藥物。由這些結果報告看來，也許已經是完成治療或是並沒有接受正常的治療。居家死亡的 4 個案例確認為飲酒所致。[88]

148　　　　介紹上述個案的徐中錫教授的意見是：「對於精神疾病患者的社會偏見與歧視，不僅加重患者本身，也加重家屬等監護人的痛苦，需要改善這樣的意識型態。」均說明了法律修正的侷限。

---

[88] 서중석（徐中錫）的 facebook。2019. 1. 21。「徐中錫的法醫學故事──尋找沉默中的真實」（2）精神疾病的病患是危險嗎？更危險的是來自偏見與歧視的社會的汙名化。徐中錫是前韓國國立科學調查研究院院長，韓國中央大學博士，1991 年進行國立科學調查研究。

# 第 13 條　近用司法

　　正如在公約的第 12 條已深入討論過，納入程序是公約第 13 條的核心原理。公約第 13 條是，獨立而公正的法庭應保護身心障礙者作為法律程序中的直接和間接參與之一方。要聆聽身心障礙者的聲音，身心障礙者是承認歧視性法律的決定權者，要承擔研究責任。公約第 13 條第 1 項對於法庭提出等同國際法規的新標準，就是，「締約國應確保身心障礙者在與其他人平等基礎上有效近用司法，包括透過提供程序與適齡對待措施，以增進其於所有法律訴訟程序中，包括於調查及其他初步階段中，有效發揮其作為直接和間接參與之一方，包括作為證人。」這條文為使身心障礙者有效的近用司法機構而提出詳細條件，也就是在法庭可以度過有意義的一天，跟其他人一樣享有法律給予之平等受益。公約的第一個條件，第 13 條第 1 項責成締約國應確保身心障礙者可以平等而有效接近使用司法保護，明白表示了締約國的義務。在這裡，所謂「有效接近使用司法」是指締約國政府對於阻礙身心障礙者接近司法程序上以及實質上的法定限制，要加以廢除。第 13 條第 1 項也顯示，一種新的法律解釋文化的出現，它反映了對身心障礙者需求的理解。司法權的環境要敞開胸懷迎接人類的多元性，司法界人士要摒棄那些傲慢和象牙塔的思維。公約第 13 條第 1 項指出，讓身心障礙者可以有效接近司法的條件，就是有義務要提供「合乎適齡的司法程序」。合理調整和程序調整也適用於第 13 條。對此，在《身心障礙者權利公約》第 2 條的各種概念定義中，有比較詳細的解說可以作為參考，避免重複。但是值得關注的是，權利公約委員會對於公約第 13 條有諸多形式的建議。第一，為增進身心障礙者的權利，在司法制度下的相關人士，例如針對司法部的法官、檢察官、警察、監護所的員工等為對象，為加強對身心障礙者的認知，有必要接受培訓。其次，有必要為參與法律程序的心智障礙及精神疾病患者，構想並實施一種意思決定制度。第三，締約國政府為了讓這些提案能夠得到實際效應，要有足夠的預算支持。第四，必

149

要時，接受法律扶助基金（legal aid）的協助，使身心障礙者近用司法保護之前，獲取足夠的知識。第五，避免身心障礙者在接近使用司法和法院時，因為費用問題而不能近用司法。第六，對於接近使用司法的身心障礙者，若被委派為陪審員時，締約國政府應提供足夠的程序上的需求，聽障者則提供手語翻譯，和其他人一樣平等參與。同時，締約國也要提供必要的支持，好讓障礙者也可以從事作為司法人員的活動。締約國對於身心障礙者代表團體，以及身心障礙者的需求與多樣性，要有各方面的深度理解。為幫助身心障礙者與他人平等基礎上近用司法，這些理解與承認是有必要的。締約國應尊重及承認所有身心障礙者的自主性與法律能力；同時，要具備有效的溝通體系，使障礙者能夠享有及參與所有的生活。締約國須意識到多重交織性的歧視，會以複雜多樣的面貌影響身心障礙者。我們在公約第 5 條已有詳細論述過，多重與交織性歧視會與文化習慣、宗教及其他等各種類型的社會身分之識別形成關聯。總括來說，締約國應避免身心障礙者因為其他任何原因而成為歧視對象。

　　以下作為參考，韓國《刑事訴訟法》第 244 條之 5 規定，檢察官對於嫌犯因為身體上或心智上的障礙，難以辨別事物或決定、表達自己意思的能力上有困難時，可以讓身心障礙者由信任之人陪同下進行調查。尤其心理社會障礙者成為調查或審問的對象時，應依照《發展遲緩障礙者權利保障及支持相關法律》及「發展遲緩障礙者案件調查相關方針」，由「發展遲緩障礙者專任檢察官」來進行該案件的調查，檢察廳在每年針對發展遲緩障礙者專任檢察官，實施有關發展遲緩障礙者的特性與調查方法的相關教育。而且法院為受害者是發展遲緩障礙者，作為證人審問時，在受害者的意願下，為防範受害證人的二度受害與順利的證人審問，可提供法庭同行服務，並告知有關裁判的進行程序、法庭的結構與座位的安排、審問證人的順序和方法等整個裁判的過程，以及為審問證人在審問前後的心理安定提供輔導等。檢察官在審問聽覺或視覺等身體障礙者時，應依照「人權保護偵查準則」，在偵查過程中要提供

手語、文字翻譯等的便利性。關於在性侵、虐待兒童的犯罪受害者中，由於障礙而向調查機關以及法院進行溝通或在意見的表達上有困難時，司法部為受害者的溝通可扮演仲介或是提供「陳述輔助人」來協助。在此所謂的「陳述輔助人」，要對於身心障礙者的發展階段與身心障礙者個人的特性有相當的理解，以順利幫助身心障礙者來表達受害經過，幫助調查機關和法院理解身心障礙者的陳述，扮演橋樑的角色。另外，檢察官亦將經過障礙活動專家審核過的「個別障礙類型受害者調查規範」分發給第一線的檢察廳。

　　在本章中，《身心障礙者權利公約》第 14 條（人身自由及安全）、第 15 條（免於酷刑或殘忍、不人道或有辱人格之對待或處罰）、第 16 條（免於剝削、暴力及虐待）、與第 17 條（保障人身完整性），都和任意剝奪自由，或酷刑而剝奪安全和自由之情事有關。若說自由權是解放身體的自由而具有狹隘意義的概念，[89]而基於安全的自由概念則是保護個人免受他人意圖在精神和身體傷害的具體概念。[90]意圖使人在精神上、身體上受傷是包含《禁止酷刑公約》第 1 條、《公民與政治權利國際公約》第 7 條、以及《身心障礙者權利公約》第 15 條明文規定的酷刑或殘忍、不人道或有辱人格之對待或處罰。於身心障礙者自由的限制，有可能會建立在實際或認知上的損傷而以各種形式來呈現。例如，不管本人是否同意，由保護者代理決定後，直接將身心障礙者關到收容設施機構的行為。聯合國身心障礙權利委員會在向秘魯提出的結論性意見中，對持續強制施打藥物、抑制神經麻醉劑，以及在沒有最基本的康復措施的情況下收容在惡質環境設施十年以上表示關注。[91]「心理社會障礙者」被視為罪犯是對其安全自由的嚴重剝奪。以非法和不公平的方式取得口供也是剝奪了他們的自由和安全。因此，《公民與政治權利國

---

89　聯合國人權理事會，第 35 號一般性意見。第 9 條（自由與安全）。2014. 12. 16.CCPR/C/GC35. para. 3

90　Ibid., para. 9

91　身心障礙者權利委員會給秘魯的結論性建議。2012.5.16. CRPD/PER/CO/1

際公約》第 9 條以及《身心障礙者權利公約》第 14 和 15 條明確規定，逮捕前和偵查過程、審問、拘禁及審判時得確保必要的安全措施。締約國還應在其立法過程中留意《公民與政治權利國際公約》第 14 和第 16 條，特別是第 14 條有關司法執行的部分，明確規定人人有資格由一個依法設立的合格的、獨立的和無偏倚的法庭進行公正的和公開的審訊。第 16 條說，人人在任何所在有被承認為法律人格之權利，如果任何締約國背離了國際公法標準，則構成了司法誤判，這點無容置喙。身心障礙者在會使精神與身體上受到酷刑或虐待的設施機構強制入住，有可能被剝奪本人的自由和安全。如同第 1 條的討論，對於身心障礙的醫療定義有可能忽略到障礙者本人的意志、自主權及偏好。心理社會障礙者未經本人同意遭到強制住院，則當事國的立法便牴觸《身心障礙者權利公約》第 14，15 條。同樣的脈絡下，若精神衛生法的本質或適用上有所歧視，同樣是違背以下的第 14、15 條。《身心障礙者權利公約》第 14 條的核心是反歧視，禁止以身心障礙為由的所有歧視，明確地界定身心障礙者的自由和安全範圍。因此第 14 條在本質上反映了讓障礙者享有人性尊嚴、固有之權利、人權與基本自由的公約精神。

## 第 14 條　人身自由及安全

1. 締約國應確保身心障礙者在與其他人平等基礎上：
   (a) 享有人身自由及安全之權利；
   (b) 不被非法或任意剝奪自由，任何對自由之剝奪均須符合法律規定，且於任何情況下均不得以身心障礙作為剝奪自由之理由。
2. 締約國應確保，於任何過程中被剝奪自由之身心障礙者，在與其他人平等基礎上，有權獲得國際人權法規定之保障，並應享有符合本公約宗旨及原則之對待，包括提供合理調整。

　　我們在前面第 12 條詳細談過〈任擇議定書判例 5 ——正義的誤審：James Marlon Noble vs. Australia〉的個案。Marlon 認為締約國違反了《身心障礙者權利公約》第 5、12、13 條，也主張違背了公約第 14 條第 1 項第 b 款不被非法或任意剝奪自由，任何對自由之剝奪均須符合法律規定，且於任何情況下均不得以身心障礙作為剝奪自由之理由。Marlon 在 1966 年依據精神障礙被告人法被剝奪自由，就是這部分他主張違反《身心障礙者權利公約》第 14 條第 1 項第 b 款。若當初有遵守上面的條文，Marlon 就不會被囚禁，而他卻吃了 10 年的牢飯。據他描述囚禁中也常遭到其他囚犯的欺負，受到不合理的對待。Marlon 即使在被釋放之後，也必須遵守具有壓迫性的 10 項保護觀察準則，依照教官指示參與指定的教育課程，並禁止攜帶大麻和酒精等麻醉品，還會隨時被抽查是否使用藥物或酒精。同時禁止接觸指認受到他侵害的女性，更不得在沒有獄警的允許下接觸 16 歲以下的女童。Marlon 若要外宿，需要事先獲得精神障礙被告委員會的同意，甚至於不能去酒館，還要接受酒精檢測。[92]

　　雖無犯罪事實，但判決讓 Marlon 入獄的是由國家公權力宣告的心智障礙，因此 Marlon 因為自己的障礙成為監禁的主要理由。這是違反公約第 14 條，不得以身心障礙作為剝奪自由的理由之第 1 項第 b 款。明確記載於國際人權法上多項公約的安全機制，完全沒有適用於 Marlon 身上。澳洲政府是已批准《公民與政治權利國際公約》第 9 條所保障的自由與人身安全之權利，及任擇議定書的締約國。但是並沒有啟動防止任意逮捕或拘禁的第 9 條，在 Marlon 的案件上也沒有被採用。令人不得不質疑當初警察是否對於 Marlon 的案件採取徹底的調查。約莫經過了十年後的 2012 年，Marlon 經過精神鑑定之後才免了吃牢飯的日子，這個案例的不合情理是無法言喻的。我們花了很長時間在說明了 Marlon 的案例，問題是有太多這樣類似的案例。更嚴重的是，

152

---

92　James Marlon Noble vs. Austrlia, 2016. CRPD/C/17/17/2012。請參閱第 12 條之深入分析。

權利委員會並沒有依據公約的第 14 條第 1 項第 b 款，嚴密地從國內法規尋找解決方案。忽略了公約的第 14 條第 2 項的「締約國應確保，於任何過程中被剝奪自由之身心障礙者，在與其他人平等基礎上，有權獲得國際人權法規定之保障，並應享有符合本公約宗旨及原則之對待，包括提供合理調整」的條文。同時權利委員會也疏忽的一點是，《公民與政治權利國際公約》第 15 條第 1 項、《身心障礙者權利公約》第 14 條第 2 項均與《身心障礙者權利公約》第 15 條第 1 項是基於相同的原則。

2014 年權利委員會通過了第 14 條相關的討論案之後（CRPD/C/12/2, Annex IV），聯合國組織與各國政府之間合作制定了方針，避免入獄的身心障礙者受到自由與安全的威脅或剝奪。[93] 一些締約國也在討論，是否制定附帶且具有約束力的規範，以保護自願或強制接受治療的心理社會障礙者。

153　　韓國政府為強化心智疾病者的人權，並阻止不必要的強制住院，全面修訂《精神衛生法》中的強制住院條件及程序等內容（2016 年 5 月 29 日），並實施〈精神衛生及心智疾病福利服務支援相關法案〉（2017 年 5 月 29 日）。根據此法案，（1）有需要治療的精神疾病；（2）急性發病等可能造成自殘或加害他人之危險情形為限，得以治療目的向精神醫療機關接受非自願住院之治療，即使在這種情況，也要將自由的剝奪降到最低限度。但〈精神衛生及心智疾病福利服務支援相關法案〉的精神疾病病患與《障礙者福利法》的心智障礙者是不同的概念，在此只敘述〈精神衛生及心智疾病福利服務支援相關法案〉中講的精神疾病患者的非自願住院。與上述內容有關，權利委員會再次確認，以健康為理由強制障礙者住院，違反《身心障礙者權利公約》第 14 條第 2 項以及第 25 條的健康條文。[94]

---

[93] CRPD, Guidelines on article 14 of the Convention on the Rights of Persons with Disabilities. 2014.

[94] 任擇議定書 Denis Yevdokimov and Artiom vs Russian Federation, CCPR/C101/D/1410/2005. para. 7.4

# 第 15 條　免於酷刑或殘忍、不人道或有辱人格之對待或處罰

在第 12 條的深入分析中，談到澳洲的 Marlon 承受 13 年的殘酷又非人道的待遇和處分。非己所願的精神障礙導致自己無限期的拘禁，之後也持續在暴力的受害中，這是違反公約第 15 條第 1、2 項，也就是任何人都免於成為酷刑或殘忍、不人道或有辱人格之對象。特別是公約第 15 條第 1 項是「不得於未經本人自願同意下，對任何人進行醫學或科學試驗。」第 2 項是「締約國應採取所有有效之立法、行政、司法或其他措施，在與其他人平等基礎上，防止身心障礙者遭受酷刑或殘忍、不人道或有辱人格之對待或處罰。」

公約第 15 條第 1 項是基於《禁止酷刑公約》的第 1 條第 1 項。從我們《身心障礙者權利公約》第 1 條討論中引用的 *X vs. Tanzania* 案例，權利委員會就堅持站在與《禁止酷刑公約》一樣國際法的立場。酷刑的核心要素為：（1）劇烈疼痛或痛苦；（2）故意的加害行為；（3）有意圖性；（4）政府介入等。大部分的國際法規對於一旦有酷刑嫌疑的政府，會要求舉證是否有觸犯。舉證標準要超越合理的懷疑或嫌疑。政府要是對防範酷刑行為宣告失敗，或是酷刑行為本身並不是國家所為而是由第三方造成時，政府有義務查明原因。

權利委員會透過審議過程，得知在現實上許多締約國對於具歧視性的精神衛生法，其本質或適用上還是無法進行改革。例如在丹麥要是被認為會對本人或他人造成危險，該心理社會障礙者不需得到同意，就會被強制住院或接受治療。[95] 依據《身心障礙者權利公約》第 14 條，這是屬於以身心障礙作為剝奪自由或安全的理由。在住院或接受治療之前，必須存在心理社會障礙者提供訊息的知情同意。這些決定要從替代決定變更為支持決定後才能達成。同時「心理社會障礙者」在身體和精

154

---

[95] CRPD Committee, Concluding Observations on the initial Report of Denmark. Oct 30, 2014. CRPD/DNK/ CO/1. para. 36

神上的完整，必須要符合《身心障礙者權利公約》第 17 條，也就是保障人身完整性：「身心障礙者有權在與其他人平等基礎上，獲得身心完整性之尊重。」目前在許多國家針對出現精神異常或類似症狀之病患，認為若沒有強制將病患安置於精神病院，可能會導致更大的損害就逕行強制住院。但是很多的研究結果並不支持這樣的做法，殘酷而非人道的屈辱式的對待，常常以心理社會障礙者為對象發生，論道德、法律、科學也都無法使其正當化。強行接受精神科治療主要透過抗精神病藥物，據悉這個效果是很低的。從 Placebo（安慰劑）的試驗顯示，抗精神病藥物在結果上的問題也很多。加上這些藥劑有很多危險的副作用，儘管醫師或病患都可以知道使用的是安慰劑還是抗精神病藥物，但檢測結果都被誇大。應尊重所有病患價值與偏好的道德標準、法律之前人人平等的基本權利適用於每一個人，同時也應適用於心理社會障礙者。《身心障礙者權利公約》在這一點講得很清楚，但許多締約國雖然批准了但都還是忽略了此公約，依然持續歧視心理社會障礙者。特別是第 15 條與第 12 條的法律能力的行使有密切關聯。[96]

### 韓國現況

此項討論，著重於重新檢視《精神障礙者人權》（徐美京，2015）一書中所談到的各式爭論點。特別是書中第三單元「走向平等的長途旅行」一章談到平等權的爭論。此單元的平等權最核心的論點就是歧視。作者在這個單元對於心理社會障礙者的歧視，站在保護平等權的脈絡觀察，並透過歧視理論說明心理社會障礙者在我們社會中受歧視的理由。其中也包含上述第 12 條討論的法律之下、司法之前的平等概念。

155

---

96 （韓國）社會福利事業法第 11 條之 2（社工師資格不符理由）屬於下列各款之一者不得成為社工。一、受成年監護者或受限定監護者；二、遭判處徒刑而刑期未過或尚未確定不執行者；三、經法院判決取消資格或停職者；四、吸毒、大麻或抗精神病藥物藥物中毒者；五、符合〈精神衛生及精神疾病患者福利服務支援法律〉第 3 條第 1 項定義之精神疾病患者，但專門醫師認為適合從事社工師者例外：「精神疾病患者」是指患有妄想、幻覺、思考或情緒障礙等而無法自立生活者。

　　2018 年 5 月初，韓國國家人權委員會向國務總理和保健福祉部長官建議了兩件事項。第一是有關限制心理社會障礙者取得證照的現行 27 個條文的廢除，並要求放寬且進行跨政府部門之研究。第二是 4 月份實施的「社會福利事業法」規定的社工師資格中，廢除限制心理社會障礙者考取社工師資格的條文。因為這些條文違反憲法保障的平等權和職業選擇的自由，以及違反 CRPD。特別是對於精神疾病認為是一種固定的狀況，而不是治療的過程。綜觀我們社會的氛圍對精神疾病有強烈偏見，這樣的認定會助長對心理社會障礙者的歧視。問題的嚴重性在於，儘管在《精神衛生福利法》實施後對《社會福利事業法》進行了修訂，但是這些陳述與修訂的初衷相違背。亦可視為違反《精神衛生福利法》之宗旨，即禁止對於心理社會障礙者的歧視，並協助他們回歸社會。其中也規定心理社會障礙者是否合適擔任社工師職務資格，是由精神科專業醫師來決定，從這一點來看更是如此。日本在之前的法律中，對於資格不符之內容認定為是對障礙者的一種歧視，而在 2001 年重新對於 63 項的資格不符條文做出重新整理。英國也在 2013 年修訂了「精神衛生（禁止歧視）」法案，讓精神疾病患者也可以任職公職，也可以考證照。美國禁止因為精神障礙為理由，將個人排除在特定類型的資格要件。

　　2019 年聯合國的權利委員會在第 2、3 次合併審議中，問及韓國政府是否已廢除「身體約束、孤立安置、強制處方藥物，要求身心障礙者忍受殘忍、不人道或有辱人格之強制治療」。對此，韓國政府透過「精神衛生及心智疾病福利服務支持相關法案」的全面修訂與實施，消除對於精神疾病治療上，殘酷而不人道的強制治療。依據同法第 68 條（禁止強迫住院），不得強制入住精神醫療院所或延長強制住院期間。同法第 72 條（禁止收容及殘酷行為），不得安置於可以保護精神疾病者設施之外的地點，也不得有施加暴行或加害行為。為能隨時監督此一情況，保健福祉部和國立精神病醫院從事相關事務的公職人員，被賦予了「特別司法警察權」（2017 年 12 月 19 日），透過這樣的權限可以調查精神

醫療院所、精神療養設施的人權侵害與否，若有舉發時會加以處分。[97]

# 第 16 條　免於剝削、暴力及虐待

在第 16 條的深入討論中，我們想要檢視幾個締約國的結論性意見中所出現的剝削、暴力及虐待有哪些種類和型態。2014 年 9 月在韓國的結論性意見中，關於公約第 16 條表示：「31. 委員會對於身心障礙者仍處於包括強迫勞動及暴力、虐待及剝削的環境表示憂慮。委員會對於在締約國並沒有處罰加害者也沒有補償受害者，以及除了被性侵和家暴的受害者之外，並沒有為身心障礙者安排一個理想的安居處而表示憂慮。」

「32. 委員會敦促締約國對於居處設施內外區域之身心障礙者，他們所承受的所有剝削、暴力及虐待的事件進行調查，對於加害者要處分；對於受害者要賠償，並為受害的身心障礙者提供可以無障礙使用的安居處。特別是對於身心障礙者的強迫勞動事件，建請加強調查並提供受害者的適當保護。」

上述建議文 32 中談到「身心障礙者的強迫勞動事件」，就不得不提到披露於世人眼前的鹽田奴隸事件。

---

「63 名鹽田奴隸受害者中大多數是身心障礙者，鹽田的主人利用他們智能低也不善溝通為由，假借提供食宿等方便性不發薪水，並隨時施暴等作為奴隸使喚。這些人都處於奴隸狀態，在該地區沒有人不知道這些事情，附近也有地方派出所和鄉鎮公所，而需保護居民的政府竟然默認及助長這些慣行，沒有一個人對此表示負責。」[98]

---

[97] 2019 韓國第 2、3 次合併國家報告。

[98] http://withgonggam.tistory.com/2189 [ 公益人權法基金會－同理心的部落格 ]

　　這個案件確實包含了剝削、暴力及虐待，直到2018年11月才透過公益人權法基金會「同理心」的部落格，刊登出鹽田奴隸事件訴訟勝訴判決之消息。

　　作為參考，讓我們看一下障礙者相關的暴力虐待資料。

157

　　以2018年6月底為標準，向倡導身心障礙者權益機關申訴、受理的障礙者勞動力剝削、性侵等類似虐待案例共達984件，其中532件判定為虐待。包含重複虐待就達767件。虐待類型有勞動剝削或詐領金錢等剝削（218件占28.4%）為最多，其次是身體虐待（186件占24.3%）。虐待發生地點以受害障礙者居住地（275件占35.85%）為最高，接下來是發生在障礙者居住之機構（212件占27.64%）。登記案件713件中受害最多的身心障礙類型是心智障礙，占全體的69.7%。[99]

---

**英國案例**

　　本委員會對於身心障礙婦女和女童、身心障礙的年長男女，以及加害於障礙者的各種形式人權侵害、不合理的對待、性侵和剝削相關防範機制欠缺而表示憂慮。同時，在英國和威爾斯也對身心障礙者的各種仇恨犯罪相關處分，欠缺各種司法機制的資料而表示憂慮。[100]

---

[99] 韓國第2、3次合併國家報告，2019。

[100] CRPD. Concluding observations on the initial report of the United Kingdom of Great Britain and Northern Ireland. (CRPD/C/GBR/1) at its 348th and 349th meetings(see CRPD/C/SR.348 and 349), held on 23 and 24 August 2017.

---

**韓國的案例 1**

　　本委員會對於雖有明文禁止強制墮胎的法律規定，還是常常發生強制障礙婦女墮胎的案例表示憂慮。而對此項問題韓國沒有實施調查的資料同感憂慮。[101]

---

　　其實在韓國有很多問題，不只是強制墮胎而已，我們來看以下的案例。

---

**韓國的案例 2**

**哭喊的障礙者，不停施暴的老師們** [102]

　　首爾市和○○區共同經營的發展遲緩終身教育中心，老師們長期對發展遲緩者施暴的影像被公開。發生暴力的床墊上留下鮮明血跡。韓國 MBC 電視台引用舉報者的話：「老師們將障礙者拉到監視器無法拍攝的死角地帶，熄燈後常常使用暴力。」並公開了監視器的影像，影像中的 A 氏（23 歲）哭喊著跑到房裡。趕過來的女老師拿起腳上的拖鞋朝向 A 的臉繼續搥打。之後男老師進入房間拿著一個大玩偶不停地揮舞。A 氏被靠在牆上不停地被毆打。「你過來。」A 氏想要躲過老師的踹腳，被拉到監視器不能拍的死角，上半身被老師的膝蓋壓住。老師們把障礙者拉到身心鎮定室繼續施暴，放在身心鎮定室的床墊上留下了鮮明的血跡。據瞭解身心鎮定室是障礙者在興奮時接受治療的地方。被指認為加害者的男老師以沉默對應，對於這些事實，首爾市和○○區公所向委託經營的障礙者家長聯盟解除契約後，開始著手於真相調查。該機構以院長名義對外表示道歉並表示：「已將該內容委託警察局和人權中心進行調查。與案件相關的老師二人處以停職處分，並將誠實面對相關的調查。」

---

[101] CRPD. Concluding observations on the initial report of the Republic of Korea.(CRPD/C/KOR/1) at its 147th and 148th meetings, held on 17 September and 18 September 2014.

[102] 국민일보 . 2018. 12. 29. 입력 MBC 캡처 .

158

上述案例 2 並非很特殊的事件，也許是每天發生的暴力事件之冰山一角。更令人驚訝的是，障礙者的終身教育中心竟然是障礙者家長聯盟受託於首爾市經營的。

---

**盧森堡的案例**

我們對障礙者中特別是針對身心障礙婦女和女童的家庭施暴，與 2003 年的家庭暴力相關監控裝置、預防以及對應上，欠缺相關的司法制度而深感憂慮。（1）暴力受害者在住院期間，欠缺由法定代理人做司法保護（2）暴力和性侵等多重歧視，相關障礙者的受害資料仍嫌不足。[103]

---

**瑞典的案例**

權利委員會對於身心障礙婦女暴露在暴力中，以及其中只有少數人才能使用庇護所的事實表示憂慮。[104]

---

**泰國的案例**

權利委員會對於處在貧困的障礙者，特別是婦女和女童遭受剝削、乞討、人口販售、人權侵害的危險，同時對於這些問題的對應上，欠缺障礙者的觀點而深感憂慮。[105]

159

---

[103] CRPD. Concluding observations on the initial report of the Republic of Luxembourg(CRPD/C/SR.346 and CRPD/C/SR.347), and adopted the following concluding observations at its 354th and 356th meetings, held on 28 and 29 August 2017.

[104] CRPD. Concluding observations on the initial report of Sweden.(CRPD/C/SWE/1) at its 123rd and 124th meetings, held on 31 March and 1st April 2014.

[105] CRPD. Concluding observations on the initial report of Thailand.(CRPD/C/THA/1) at its 236th and 237th meetings, held on 30 and 31 March 2016.

# 第 17 條　保障人身完整性

接受國家報告審議的當時，丹麥的身心障礙者代表團體於民間報告，針對公約第 17 條表達如下立場。它指出其政府在保護身心障礙者的人性尊嚴上欠缺努力。傳統式障礙者專用設施依然留存下來服務，特別是對心智障礙者提供必要性的服務方面，常常發生侵害障礙者尊嚴的事件。例如，在洗手間和淋浴間，以及其他設施中物品的使用、訪客來訪、就寢時間、飲食和飲料等，有非常多的正式與非正式的規定與管制。持續供應身心障礙者的專用設施或居處，在維護障礙者的尊嚴上，反成為一大絆腳石。同時也應考量身心障礙者機構的員工與人力，對於身心障礙者，員工應熟習於提供適度的輔助與協助，並有豐富的經驗，而不是想以管理或控制的方式對待他們。因此身心障礙者團體提出以下建議事項。

- 政府對身心障礙者的居住應提出具體方案，減少類似機構設施的居住型態。
- 入住精神病房之後仍持續採取的強制措施，應廢除。
- 強制治療和住院對於心理社會障礙者是一項嚴重的事情，應廢除

同樣的，強調或助長這些措施的規定也應廢除。有關強制治療效果的臨床根據和治療者的證詞都很不足，但這種舊式的心智障礙治療方法仍然很普遍。[106] 權利委員會警告，在判定心智障礙或人身完整性時，締約國必須依障礙者的自由和知情來做判定。權利委員會由許多次的結論性意見指出，精神科專業醫師或其他相關醫療團隊，在身心障礙者的強制治療具有牴觸保障人身完整性（公約第 17 條）以及免於酷刑與殘忍（公約第 15 條），暴力、剝削、人權侵害（公約第 16 條）的行為；同時也牴觸，身心障礙者享有自由選擇怎樣的醫療行為之法律能力（公約第

160

---

[106] CRPD Committee，一般性意見 1（司法之前的平等權）。2014. 4. 11. C/G/1. para. 2

12 條）。進行治療或醫療時，應尊重法律之前的平等權。因此在危機狀況時，也要認定身心障礙者有權行使自己的選擇，讓他們知曉有哪些服務選項與非醫療性介入、獨立性支持等可以近用的資訊。在此強調，締約國對於精神病以及其他治療相關的決定上，有義務要提供協助。

# 第 18 條　遷徙自由與國籍

遷徙自由與國籍是依據《公民與政治權利國際公約》第 12 條第 2 項，也就是「2. 每個人都可以自由離去任何國家，包括本國在內」；「3. 上列權利不得限制，但法律所規定、保護國家安全、公共秩序、公共衛生或風化、或他人權利與自由所必要，且與本公約所確認之其他權利不牴觸之限制，不在此限」。但是回溯到此公約的第 4 條就有表示，除了特別情形之外不得違反此公約。依據第 4 條的內容：

① 如經當局正式宣布緊急狀態，危及國本，本公約締約國得在此種危急情勢絕對必要之限度內，採取措施，減免履行其依本公約所負之義務，但此種措施不得牴觸其依國際法所負之其他義務，亦不得引起純粹以種族、膚色、性別、語言、宗教或社會階級為根據之歧視。

② 本公約締約國行使其減免履行義務之權利者，應立即將其減免履行之條款，及減免履行之理由，經由聯合國秘書長轉知本公約其他締約國。其終止減免履行之日期，亦應另行移文秘書長轉知。

在審議《身心障礙者權利公約》的過程中，第 18 條相關的問題並沒有很多。雖然如此，但是偶爾在締約國當中，像是英國和澳洲等將上述條文作為保留項目，這就等於是擺明要拒絕接受身心障礙者的移民或難民。為理解第 18 條的意義，有足夠的必要集中分析韓國和澳洲案例。澳洲雖然尊重《身心障礙者權利公約》第 18 條的原則，但是對於

第 18 條表示如下的保留立場。台灣的話只要有身心障礙之情形，本人或家人的入境好像都是困難的。[107] 拿韓國情形作為參考，為避免以身心障礙為理由而剝奪入境韓國的權利，先前廢除（或改善）《出入境管理法》第 11 條，以及為使身心障礙的移民者在利用基本的身心障礙協助服務時不受限制，廢除（或改善）《障礙者福利法》第 32 條（障礙者登記）。

---

**韓國的案例**

　　根據《出入境管理法》第 11 條（禁止入境等）第 1 項第 5 款，法務部長對於不具有思考分辨力，在國內停留時沒有輔助者陪同的心理社會障礙者、無力負擔在韓國停留費用者、以及需要救護者，可禁止他們入境。《出入境管理法》的立法目的不是針對心理社會障礙者以此規定來禁止他們入境，而是在居留活動時若無輔助者（保護人、邀請人、熟人等），不僅是對他個人，包含對他人的安全層面之考量下，才要適用此項規定。而實際上，也未曾有過因為是心理社會障礙者而禁止入境的情形。[108]

　　《障礙者福利法》第 32 條和第 32 條之 2，是關於非韓國公民的海外僑胞或國外人士也可以登記為障礙者的規定，原則上只要登記為身心障礙者就會提供對身心障礙者的協助。但是，像身心障礙年金、身心障礙者給付、身心障礙者醫療費等，以所得及財產為標準提供給付的現金給付，則只針對國內的認定資格者申請受理。但是像大部分的社會服務性質，如協助就業、康復服務、無障礙相關減

---

[107] 編註：現行《入出國及移民法》第 18 條第 1 項第 8 款仍規定，外國人患有足以妨害公共衛生或社會安寧之傳染病、「精神疾病」或其他疾病，「得」禁止入國。內政部於「身心障礙者權利公約初次國家報告國際審查結論性意見回應表」中表示，擬修法刪除「精神疾病」等文字內容。

[108] 第 2、3 次合併國家報告。

免及優惠等則沒有限制外國人。韓國的保健福祉部為讓更多的外國人障礙者受惠，新增《障礙者福利法》第 32 條之 2 第 1 項第 5 款（2017.12.19），擴大外國人的範圍，讓依據《難民法》的難民也可以登記為身心障礙者，獲得身心障礙者的福利服務，依據《難民法》第 31 條提供與韓國國民同等水平的福利服務。[109]

**澳洲的案例**

「澳洲政府承認身心障礙者與他人一樣，有遷徙並選擇居住地和國籍的自由。進一步，《身心障礙者權利公約》還承認，如果身心障礙者在不是該國國民的情況下，不賦予其居住在該國的權利。只要符合正當、合理、客觀的標準，申請入境澳洲者的健康狀況不會違反澳洲的規定。」

　　上述的保留條文嚴格來說，就是指在入境簽證的管理上會直接適用既有行政法規。1958 年的移民法和 1994 年的移民管制法是向申請入境的外國人適用的標準。而 1992 年的反歧視法，在該法底下根據情況移民法也適用包含「健康條件」的某些例外條文。絕大部分有意入境的人為取得簽證，要符合此「健康條件」。[110] 雖然說，健康要求條件沒有直接影響身心障礙者，但是大部分的障礙者都很難符合這個條件。也就是說申請簽證的人不得有任何疾病或醫療情形，無論他們將來是否會使用社區醫療服務，他們都不得要求社區充分的醫療服務，也因此不應造成澳洲當地居民在使用醫療服務時受到影響。[111]

162

---

[109] 第 2、3 次合併國家報告。

[110] 澳洲移民法，1958，第 65 條。

[111] 移民管制法，1994，第 4 章，4006。

但問題是若直接採用澳洲政府要求的「健康條件」的話，就立即違背《身心障礙者權利公約》第 5 條的平等保護原則。[112] 聯合國難民高等專員（UNHCR）也指出，澳洲政府採用的「健康條件」實際上也是一種歧視，有很大部分違背了聯合國的各種規範，以這些方面來看，澳洲當局並沒有正常履行締約國的義務。[113]

總的來說，澳洲適用於移民者、難民的「健康條件」，是不符合權利公約原則。「健康條件」的適用等於是在拒絕很多身心障礙者，特別是身心障礙兒童無法入境。尤其是，移民局將重點擺放在避免身心障礙者為澳洲社會帶來「經濟成本和負擔」，很有可能取消身心障礙者的入境資格。也因為如此，將來身心障礙者可能會在社會上或是經濟上做出的貢獻的想法也被排除在外。[114]

### 有關《身心障礙者權利公約》第 18 條對澳洲身心障礙團體的建議事項

① 澳洲政府應撤銷，公約第 18 條的保留條款。

② 撤銷 1992 年消除身心障礙歧視法適用於 1958 年移民法的例外情形。

③ 澳洲政府應撤銷，對簽證申請者及海外難民收容所簽證的申請者，強制適用 HIV（愛滋病毒）測試。

④ 對於申請入境澳洲的身心障礙者，要採取一貫且透明的行政中立。

⑤ 對於身心障礙者的協助服務，不受各州或地方政府的範圍限制，在任何地方或他們選擇的居住地，都可以利用必要的協助服務。

---

112 「澳洲移民障礙者聯盟」相關法律諮詢書。2009. 8. 29 諮詢。

113 聯合國難民高等專員，報告 82：移民障礙者相關論述報告。2009. 11。

114 Ibid. 聯合國難民高等專員，報告 82。

**泰國的案例**

　　泰國的身心障礙團體在 2016 年 3 月出席日內瓦的權利委員會提出各項討論事項，包含公約第 18 條。亦即泰國在 2007 年在《障礙者就業法》（Persons with Disabilities Employment Act, PDEA B.E.2550）規定：「所有身心障礙者無關乎國籍，均有權獲得與上述法令第 20 條有關的所有利益。」但是根據第 19 條規定，「只有泰國公民得以核發障礙者卡。」導致非泰國公民的身心障礙者無法入籍為居民，也不能取得身心障礙者卡，因此也無法享受福利和其他優惠，進而在障礙者的權利行使上受到制約。

　　泰國的《障礙者就業法》（PDEA, 2007）的 19 條第 1 項是，接受權利委員會指示的建議，「所有障礙者不分國籍，應享有國家的保障，基於人性尊嚴之程序和條件規定，即便是沒有泰國國籍的障礙者，也要使其登記為居民而享受所有的優惠。」而在 2013 年修訂了上開法規（PDEA, 2007），這就意味著第 19 條第 1 項將立即生效。2013 年之後，泰國身心障礙委員會（Disabilities Thailand, DTH）將 19 條第 1 項修訂案提交給勞動廳（Department of Employment）接受審議，但到 2016 年為止沒有任何進展。換言之此份修訂案的真正目的，是讓在社會歧視下迴避或延遲登記為身心障礙者的身心障礙兒童家長接受登記，而得到最起碼的協助，只是將外國人完全排除而已。[115]

　　有關於這些狀況，權利委員會有以下的質疑：[116]

　　「締約國在處理《人口法》（Population Act, 1991）有關登記與非登記的行政事務中，請說明關於核發身心障礙者卡的問題上，如何應對複雜的身心障礙者處境。同時，請闡述要以怎樣的無歧視性計畫來應對沒有登記為障礙者的合理調整。」

---

[115] Disabilities Thailand and Network of Disabilities Advocate(DTN) September, 2015.

[116] 泰國在 2016 年受審，當時首席報告員（Rapporteur）為韓國代表金亨植委員。

164 ### 公約第 18 條的全面重新審視

與國籍相關的移居問題不但超越了身心障礙與非障礙的問題，還應包含難民和移民、移工等問題，需要全面性的重新審視。2016 至 2017 年的資料顯示約有 5,900 萬人，若以人口來算，可謂全球第 24 位的國家規模之國際難民問題，開始深受全球矚目，而過去在學術領域中也未曾將其考慮在內。難民或大量移居的情形在中東地區、歐洲等地出現；亞太地區在近代比較少出現難民問題，也許這地區對於難民來說不算是經濟強國。

以歷史來看，聯合國難民事務高級專員辦事處（Office of the United Nations High Commissioner for Refugees）[117] 是為保護在 1945 年 12 月 14 日第二次世界大戰之後湧現的難民潮，以及解決他們面對的問題而設立。設立當時剛剛結束第二次世界大戰，本來以為大概花上二十年的時間就能解決難民問題。遠渡重洋來到美國的亨利·季辛吉、愛因斯坦等人及許多藝術家和學者，也是這些難民之一，而澳洲、加拿大等是充分利用了這些難民的頭腦和勞動，來帶動社會進步的國家。現實上，難民數量激增的現象會在經濟、社會、文化、以及宗教層面帶給許多國家複雜的問題。考量到公約第 18 條的脈絡下，舉出幾項整理過的資料。[118]

印度和巴基斯坦在分裂當時，有 1,400 萬難民，第二次世界大戰後顯示巴勒斯坦有 70 萬人，整個歐洲全域有 1,500 萬的難民。據統計，1970 年代越戰期間，在印度支那有 180 萬人，1980 年代以後阿富汗有 350 萬人，1990 年代索馬利亞有 110 萬人，利比亞有 70 萬人，巴爾幹半島有 120 萬人，非洲盧安達有 200 萬人，於 2000 年之後，伊拉克有 210 萬人，蘇丹有 500 萬人，以及最近敘利亞的難民約有 400 萬人。它顯示了有哪些國家正在接受敘利亞難民。首先，土耳其接收了 155 萬 8,000 多人，占據土耳其全體人口的 10-20% 由難民組成。另外，黎巴

---

[117] 目前高級專員在 123 國設有代表部，共有 9,300 名職員，本部在日內瓦。

[118] *The Economist*. September 12-18, 2015.

嫩約有 141 萬多人，約旦有 62 萬 3,000 人，伊拉克有 234 人，其餘在瑞典、亞美尼亞、荷蘭、保加利亞、丹麥、瑞士、法國、比利時、俄羅斯、甚至韓國也有接受極少數的難民。但由於難民的情況急速在變化，這些資料也有很多的變數。我們要關心的不是新聞性的表面狀態，而是要理解更加根源性的難民問題。雖然如此，現在難民問題已經不是少數國家的問題，雖然在程度上有差異，但確實在影響世界上的許多國家，另一個明確的事實是，沒有一個國家提出對於接收難民的解套方法。特別讓問題變得更困難的是，最近由於景氣低迷財政緊縮，對於接收難民所需的經濟能力帶來負面影響。還好德國政府勇敢地做出接受 80 多萬難民的決定，但是圍繞在種族與文化衝突而出現的右派勢力團體，也是一個不容忽視的問題。也有人主張，難民問題已經不僅是人道主義的一部分，而是有很多政治因素作用在其中。在一個研討會中，韓國江原大學政治系宋映勳教授指出，「過去，雖然歐洲和美國等先進國家為難民問題的改善做出努力，但實際上，當觀察難民問題的解決情形時，與其說是人道主義更偏重於政治立場。」[119] 對難民的另外一種解釋是，難民不是單純的難民，而是被貼上「經濟難民」、「經濟移民」的標籤。從更加人權的角度考量，要提供怎樣的協助服務，要尋找怎樣的國家安全機制，才能維護最起碼的人權，也能維持北半球的國家社會安全，不會帶來負面影響，這也需要花費腦筋來思考。最常出現的問題就是融合或是歸屬感的問題，而結論不是融入主流社會，就是成為一個邊緣人，這都不是遙遠的他國問題。

　　目前逃離北韓來南韓定居的人不到 4 萬，韓國主流社會並沒有欣然接受他們，而是放任他們在社會邊緣過日子。我們沒有資格去想到統一，已經躋進先進國行列的韓國社會，對於這些問題應該要有更明確的意識。最近隨著敘利亞難民激增，德國欣然答應要接受 80 萬以上的難

---

119 이재호 , " 텐트 임대료가 월 150 불？시리아 난민들 현실은… [ 토론회 ] 난민 사태 , 인도적 사안 아닌 정치적 사안 ," 프레시안 , 2015. 10. 13

民，歐盟國家也正在討論，即便是採用配額制度也要接受難民。亦有像美國總統川普一樣，建築鐵牆以防止難民的流入。筆者在關注這些國際動向時也在思考，像是亞洲國家，特別是日本、韓國、中國為什麼對於難民問題都保持安靜而不予關注。既然稱之為先進國那不就要承擔國際上最起碼的責任嗎？網路搜尋一下就可發現，韓國現在有 768 位敘利亞難民，其中取得難民資格的有 3 人，歸類為不法滯留者有 140 人，剩餘619 人有獲得人道性居留資格。韓國的難民制度大部分是抄襲日本，日本也像韓國一樣，要取得難民的身分相當困難，但日本給難民和人道性居留資格者提供醫療保險；[120] 而韓國給予難民資格者每年全部在 50 人以內。[121]

另一個非常需要關注而令人嘆息的問題，在於人口販運（human trafficking）份子的殘忍與可惡。首先，跨國非法賺進數百億美金的資金犯罪企業型態，剝削著無數的弱勢族群。實際上，在 2013 年國際勞工組織報告，人口販賣額達到 320 億美金，[122] 這個金額超出國際開發合作上投資的金額，這也是另一個研究領域。第二是強迫勞動、性奴隸、強制婚姻、代理孕母，甚至以摘取血液、肝臟等器官為目的的現代版奴隸制度。第三是透過全球性的網絡，繼續以人為方式輸出的難民。這都是個別需要研究的對象。[123] 呈現多樣化的難民問題中，很少人在關心或討論身心障礙者問題、戰爭與身心障礙者的問題、移工中因產業災害成為身心障礙者的處境。雖然看似與第 18 條的內容沒有直接的關聯，但是我們簡單來看一下敘利亞內戰與障礙的問題，因為無數的戰爭難民之中，一定會包含到障礙者。

權利委員會在 2013 年 9 月 17 日，以全體 18 位委員的名義，發表

---

120 손동준, " 세계적 ' 핫 이슈 ' 떠오른 ' 난민 ' 국내 상황은 ?'," 아이굿뉴스 , 2015. 10. 13, www.igoodnews.net 난민사역을 하는 기독 NGO 피난처 ( 대표 : 이호택 ) 과의 면담 기사 요약 . 2015. 10. 14. 접속 .

121 *The Economist*, ibid.

122 www.en.wikipedia.org, 2015. 10. 14

123 參考：*OXFORD MONITOR OF FORCED MIGRATION* 5, 1. AUGUST, 2015.

了「敘利亞內戰中被遺忘的身心障礙者」的聲明書，強調從敘利亞內戰之後有 160 萬人淪為難民，因為敘利亞內戰每天都產生無數的身心障礙者，這件事是很嚴重的人權侵害，需要得到保護。在內戰中生存，無論身心上都是莫大的痛苦。更何況是障礙者處在這種環境下的痛苦。牽涉敘利亞內戰的所有締約國，應停止對民間發動刻意攻擊，並採取措施來避免人們的傷亡。同時也強調，讓人道主義團體在內戰中對受傷者或障礙者，提供不受限制的援助。在醫療及緊急救護方面也不能將身心障礙者排除在外。

167

### 難民問題和韓國 [124]

---

　　聯合國消除種族歧視委員會（Committee on the Elimination of Racial Discrimination, CERD）在 14 日，再三訴求韓國政府應制定全面性的反種族歧視法，並建議對社會上全面擴散的種族歧視相關表達仇恨的字語，也要制定相關政策。

　　委員會在這一天國家審議報告中再度強調，韓國政府完全沒有反種族歧視相關的法定標準，並指出仇恨言論、歧視外國勞工、難民身分認可率低、外國兒童在韓國的出生登記等相關問題。

　　這個月 3~4 日韓國在瑞士日內瓦接受聯合國消除種族歧視委員會的定期審議。委員會指出：「在 2012 年審議當時就已經訴求過，對於直接或間接的種族歧視應制定反種族歧視的全面性立法，但是依然沒有改善。」委員會對於 500 多位的葉門人抵達韓國濟州島後，許多透過網路和社群網站散布典型的種族歧視與仇恨言論，對此深感憂慮。並訴求政府應該要加以監控，對於確定有罪者要加以制裁。

---

[124] 韓聯社，「聯合國指出韓國低靡的承認難民比率與移工的就業現制；建議制訂『反歧視種族法』與『種族歧視的仇恨用語』」，2018 年 12 月 15 日。

再者，外國勞工的工作地點變更次數限制、滯留期間的限制、禁止家屬入境、變更簽證時的困難度等被糾正為改善事項。

委員會建議，難民在接受當局的審查時，讓他們可以得到順利進行語言溝通的專業人士之幫助，不要使用「非法移民」一詞。

聯合國規定，非法移民（illegal migrant）一詞本身就是歧視性字眼，盡量使用「無證移民」（undocumented migrant）這樣的中立性措辭。

保障和平集會和結社自由，並加強對警察和負責移民事務之公務員的人權教育。

禁止歧視和保護外國女性、禁止對結婚移居者、多文化／新移民家庭歧視、適用同等醫療保險等也被列入勸告事項。

對於「多文化／新移民家庭」一詞，亦建議擴大其法律概念，只要家庭成員中有一位是韓國人，便能得到多文化家庭的優待。

168

委員會建議，已婚的新住民就算婚姻關係結束後，也要允許他們可以定居在國內，並針對韓國出生的外國孩子建立出生登記系統。

特別是對於外國孩童，也要保障義務教育並保障最低收入等，將移民者納入社會安全網。

與此相關的內容，韓國國家人權委員會崔永愛主席對於法務部在濟州舉行的難民審查報告給予直接批評，「對於 56 位身分不被承認為難民的人身安全深感憂慮。」[125]「希望將難民保護議題進行重整，以符合國際人權標準。」在這些批評中，應包含第 18 條所表明的，身心障礙者移民和難民之相關安排。

---

[125] 서어리, "국가인권위원장 "난민 불인정 56 명 신변에 깊은 우려", 프레시안, 2018.12.14 16:30:21

# 第 19 條　自立生活及社區融合

　　自立生活的歷史遠比聯合國的《身心障礙者權利公約》還要久，關於這個主題從過去到現在一直不斷的在談論，也是一項艱難的主題。因此有關本主題的討論很大程度僅能限於理論層面，各國正在進行的各種不同執行方法，無法在此一一道出。原則上身心障礙者需要自立生活，大力協助他們融合於社區是基於人權。這意味著不會因為他是身心障礙者就一定要過機構生活，要避免他們在機構裡面的人權被剝削。但是身心障礙者對人權和自由的需求並不是什麼新的議題，早在 1960 年代以來由歐洲首先發聲，他們的核心主張是：「不要把身心障礙者當作是病患，要以公民來對待。」2006 年聯合國《身心障礙者權利公約》通過後，身心障礙者可以在他們嚮往的地方，與他們想要共同生活的人一起自立於社區生活，這種主張大大的得力於《身心障礙者權利公約》第 19 條。本討論中關於機構化／去機構化的論點也會包含一小部分的Group Home（團體家屋）在內。首先整理幾項核心概念：

　　自立生活具有幾個特性：

- 通過自決和個人助理來安排自己的生活與生命
- 追求去機構化
- 挑戰歧視
- 促進和表現通用設計

169

　　仔細想想，身心障礙者的自立生活，可以說就是立足於這些原則的，逐一把阻礙打倒，逐步實現。我們整理出幾項概念：

　　自立生活是身心障礙者基於人權模式的日常生活中可以驗證的。讓身心障礙者可以結合環境和個人要素，控制與支配自己選擇或希望的生活，必要時可以取得協助下生活。自立生活要能夠近用環境、交通、輔具、個人助理。

### 個人助理（Personal Assistants, PA）

個人助理服務是實現自立生活的手段也是工具。通常個人助理服務，是將一定的預算金額撥付給身心障礙者後申請的服務。個人助理服務是根據障礙者的需求情形，以及考量生活環境後提供。給付給個人助理的酬勞是依照政府的薪資體系。而個人助理由身心障礙者親自雇用並接受管理，於必要時可透過培訓以協助身心障礙者之需求。個人助理的薪資要合乎情理，對於其他業務上產生的費用如：雇主要負擔的保險額、行政費用、PA 同儕相互協助費用也要包含在內。

### 去機構化（De-institutionalization, DI）

去機構化是從保護機構、孤立、隔離的生活中，轉換為自立生活的一種政治及社會化的過程。有效的自立生活，是讓過慣機構生活的障礙者成為完整的公民進行各種活動，而在必要時可透過個人助理的協助，自主管理和處理自己的生活。自立生活的必要條件包含適度的費用，無障礙之社區、居家環境、交通、個人助理以及同儕協助。去機構化也要防止未來的機構化生活，避免讓兒童在機構過著被隔離的日子，而是與家人、鄰居、親戚朋友一起共同在社區生活成長。

### 社區式服務（Community-based Services, CBS）

170

社區式服務的發展，需要採取政治、社會模式，提供身心障礙者住宅、教育、交通、健康照護和協助等無障礙服務。身心障礙者作為社會公民的一份子，要給予無障礙之主流化的服務和機會。在社區式服務，要廢除特殊學校、收容機構、長期療養醫院、無法便利可及之特殊交通手段等特殊、隔離式的服務。團體家屋並不是自立生活，但若已是提供之狀態，那麼就要共存於可以啟動自立生活的環境。但是去機構化並不是對每一位障礙者都有相同的意義，創立加拿大發展遲緩障礙者自助團體 People First 的發展遲緩障礙者 Patworth，告訴我們什麼叫做機構：「機構會拒絕給發展遲緩障礙者選擇的餘地，不給機會、被逼到角落、使他們隔離而孤立。被隔絕、受控制、沒有任何選擇的餘地就是設施機

構。在這裡不能隨心所欲，也等於是在拒絕生活的本質，拒絕讓我們與家人、社區交流，也拒絕可以交朋友的機會。機構也會剝奪我們可以對自己的行動負責的能力，不會允許障礙者有夢想。」[126] 過去在韓國舉行的去機構化運動，主要是針對身體損傷的障礙者，讓身障者在社區安排居家，透過個人助理的協助和政府給予的收入實現自立生活，就是身障者去機構化的目標，政府也為此制定了各種法案與政策研究。

隨著推動身心障礙者的自立生活，最近首爾市正在討論發展遲緩／智能障礙者的去機構化。2015 年 12 月，障礙者開發院和首爾市共同發表的發展遲緩障礙者之去機構化計劃案，因為此事，居住機構經營管理法人、自立生活支持中心、障礙運動者、福利專家和學者們的意見十分相歧，要討論去機構化就得先瞭解何謂「機構」，以及去機構化要追求的宗旨為何。在福利先進國家所謂的機構包含了 6 人以上的團體家屋到收容數百人的大型機構，像這樣以一個居住單位居住的人數來定義機構是一般的慣例。美國發展遲緩障礙者自助團體聯合會所指的「機構」的定義，除了數字以外，包含他們生命品質的人權層面，而將其定義如下。所謂機構是指：

- 只有身心障礙者居住的地方
- 和三人以上非己所願的人同住的地方
- 居住者不能關上房間或浴室的地方
- 需遵從經營者規定菜單和睡眠時間的地方
- 強迫個人的宗教或信仰生活的地方
- 不能自由選擇或更換輔助自己的人的地方
- 限制性的偏好或活動的地方
- 如果有不喜歡我的輔助人或員工，就要我搬離的地方

---

[126] J. Mansell, M. Knapp, J. Beadle-Brown, and J. Beecham, Deinstitutionalisation and community living -out- comes and costs: report of a European Study. Volume 2(2007), Main Report. Canterbury: Tizard Centre, University of Kent.

• 限制使用電話或網路的地方
• 限制社區生活和活動的地方

發展遲緩障礙者的情形就是如此。在美國有一項法案的提出受到矚目，內容是針對公共機關與民間服務提供業者，要求他們協助去機構化與自立生活的義務。去年 12 月 18 日民主黨參議員 Charles Schumer 提出《2015 障礙者融合法案》（S.2427 - Disability Integration Act of 2015，以下簡稱障礙者融合法案）。此法案是要為了日常生活無法自理，需要成為入住機構對象的障礙者，防止他們輕易流落到機構所提出的議案。根據此法案，對於準備要入住機構或目前居住在機構的障礙者，要向他們提供社區自立生活方面所需之服務，讓當事人有權自己選擇機構或社區。提供必要的服務給障礙者，使其能夠於社區自立的義務在於公共機關或民間業者身上。這是由聯邦政府建立的去機構化轉換計劃而受到矚目。現有的美國法律體系下，用餐、洗澡、居家管理等無法打理日常生活的障礙者，就可以由機構或療養院來照顧。所以機構的入住對象如果希望自立，只能以有限的型態接受社區式服務或放在候補名單來等待。但是這一次的身心障礙者融合法案，對阻礙社區自立生活的服務限制，或是報酬過低的協助等，也都視為對身心障礙者的歧視。同時也規定服務提供業者，保障身心障礙者得以無障礙及社區融合型居住的義務。依照法律規定，違反義務一次最高罰款 10 萬美金，違反兩次以上最高 20 萬美金的罰款。倡議本法案的 Charles Schumer 議員認為身心障礙者也有與家人朋友一起自立生活的權利，但當前的法律體系比較容易被安置於機構，而不是協助其自立生活。他說：「我們將竭盡所能，為障礙者提供舒適生活所必需的資源。」但是現行的法制體系比支持自立更容易進入機構，且說「為讓身心障礙友人舒適生活，我們會竭盡所能確保資源。」

美國障礙者運動組織美國障礙者交通無障礙權益（Americans Disabled for Accessible Public Transit, ADAPT）歡迎這次的法案便表明

支持的立場。此法案將會為身心障礙者自立生活的權利朝向公民權利的發展帶來很大的進步。ADAPT 紐約分部成員 Shelly Perrin，在 12 日接受美國身心障礙者媒體 Disability Scoop 訪問時表示說：「我被家人遺棄，然後進入設施機構，每當我想逃離機構，就會給我臉色看或懲罰我。」然後說道：「有數千人跟我一樣，還是在機構裡面過日子。」「這次的法案是長久以來，身心障礙者們奮力爭取『去機構化與自立生活』的理念，終於得以明文規定。」本法案在健康、教育、就業、年金部分，還在參議院委員會研議中，經過參眾議院的表決後就能決定是否立法。[127]

> 身心障礙者們在家庭內要能取得住宅或社區上得到活動協助，
> 為了使他們在社區內生活不會遭到孤立或隔絕，活動上的支持
> 是非常需要的。

　　自立生活之所以被身心障礙者提出成為替代性的服務模式之一，是長期以來因為機構導向的服務，忽略對身心障礙者的權利（選擇權）所形成的一項挑戰。自立生活有幾項重要主張。第一，障礙者和非障礙者之間關於需求的部分，是沒有多大性質上的差別。只要活著為人都會對居家、就業、教育、健康上有所需求。但就僅以自立生活等於是「正常」，依賴等於是「障礙」來定義的話，沒有一個人是完全自立的。任何人都需要某些人的協助下才能過日子。

　　第二，需要拿掉所謂「依賴」的概念。例如富有的人花錢請幫傭來煮飯，雇用園丁來顧花園，我們還是說他們是自立的，這是因為他們有管控能力。障礙者也應以管控能力來判斷其自立性。

　　第三，身心障礙者不需要保護，也不願意受保護，但他們為達成目的身邊總需要一個輔助人的角色。自從引進社區照顧（community care）後，身心障礙者開始根據自己的需求，支付費用利用大眾交通工具。自

---

[127] 上述資料取自韓國國際發展遲緩友人協會。

173　立生活主張的是，任何身心障礙者都不希望受機構保護，也不希望為了生存而依賴家屬或志工，而是希望在社會上自立。因此自立生活是基本的人權同時也是公民權利。

　　1989 年歐洲當時剛成立的歐盟自立生活網絡聯盟（European Network on Independent Living, ENIL），首度在社區要求自立生活與個人助理。2003 年在 ENIL 向史特拉斯堡歐洲議會提出幾項具體的訴求，於 2007 年、2009 年再次反覆提起訴求。以這些訴求為核心，歐洲整體的身心障礙運動跨越國境，開始展開社區內全面性自立生活與去機構化運動。這些運動的結果是，歐洲的幾個國家廢除大型的機構，而以團體家屋的型態，容納少數障礙者轉化為小規模機構，縮小機構的制度性問題。歐盟的新成員國中，大部分是舊蘇聯體制下的新生國家，由於他們認為大規模機構，是可以容納成年的障礙男女和兒童生活的唯一制度，而成為新的挑戰。儘管障礙者的全面自立生活和去機構化，是歐洲與聯合國所期待的方向，但是到現在為止其變化還是很緩慢。看來在日後有相當長期間，障礙者還是不能免於機構的生活。根據歐洲委員會的歐洲行動計畫（European Action Plan 2006-2015）闡明：「身心障礙者要從病患轉換為公民，他們的權利要先從法律得到承認並徹底執行。」為此提出三項原則：

　　　①尊重一個人固有之尊嚴、自由所選且不依賴他人自立生活的自
　　　　主性。
　　　②應充分有效地參與並融合社會。以及
　　　③承認彼此差異，將障礙者視為多元人類的其中一環。

　　歐洲理事會行動計畫（Council of Europe Action Plan）也提出類似原則：

　　　①障礙者也可實現與他人同等的權利。
　　　②社會對所有的公民賦予同等的權利。

③身心障礙者也能成為平等之公民。

但是對去機構化的反對甚至抵制，也需要給予理解。大致上分為三個面向：

①去機構化和社區的自立，在費用上高出機構很多。

②特別是生活在機構外而無法照顧自己的重度障礙者之情形，不　　174
　　管機構規模如何都很難擺脫機構。

③回歸社區而自立生活是需要花費一段時間，且社區的系統也需
　　要有所變更。

當然在這一方面的爭論，還要看各國去機構化的歷史、現行國家福利制度的成熟度及特性、中央政府和地方政府的關係、經濟狀況等而有所不同。這些所有種種在推動去機構化政策研究的時候，都必須納入考量，在這裡就不加詳述了。同時，經營機構的既得利益者，一定會秉持過去對障礙者的偏見和歧視，抗拒去機構化的政策研究，在這樣的過程下，很可能又導致對障礙者人權的侵害。

這些既得利益者包含會失去政府的服務契約而放棄補助款的服務提供業者、慈善團體、所屬職員、協會、工會組織、專責公部門等。甚至也包含由於去機構化，而影響到社區收入的地方公務員。確實，當我參與以下的研討會時，親眼目睹到許多型態的既得利益者，對於去機構化是多麼地防備。以下的資料是 2017 年 8 月 25 日，由權利委員會舉辦有關去機構化的研討會，由筆者做筆錄及摘取資料。[128]

根據美國經驗，推動去機構化的 1977-1988 年期間，大型機構一共從 154,638 間減少到 52,488 間。16 人以下的精神／認知障礙者機構也從 52,718 間縮小為 35,247 間。但是容納 6 人以下的機構，反而從

---

[128] Day of General Discussion (DGD) on the right of persons with disabilities to equality and non-discrimination, on 25 August 2017 (Conference Room XVII, Palais des Nations, Geneva).

20,400 間增加到 202,266 間。總體而言，大型機構被關閉，而容納 6 人以下的小型機構增加，整體來看，居住在社區的障礙者人數增加了。

在歐洲也有很多國家明顯看到大型的容納機構在縮減，但是並沒有收集到完整而可信之資料，特別是希臘、賽普勒斯、馬爾他、奧地利等國。但是有取得機構的類型和經營的相關資料。例如 25 個國家中有 16 個國家的財政補助是給 100 人以上的收容機構，25 個國家中有 21 個國家是補助給 30 人以上的收容機構，25 個國家中 12 個國家的補助是給收容 1~30 人的機構，剩餘的是由民間團體支援。但是像美國情形一樣，大型機構在減少，反而以所謂團體家屋式的小型機構型態呈現。上面雖有談過，也有專家認為不要採用大型機構，轉換為團體家屋的方式也算是一種去機構化。但這是一種錯誤。權利委員會的審議也多次指出，富有的歐洲國家在支援經濟貧窮國家的金額中，有相當金額是使用在大型收容機構的維修或擴張上。

### 機構經營及維持費用之研究 [129]

以下是從龐大的研究中彙整出來的。

① 實際上，預算的支出大部分是用在建築物的維護，反而不是為了人的考量。就算一個身心障礙者離開機構，原來給建築物使用的費用，不會因為這個人往後的自立生活，而自動轉換為生活支持費給他。大多數的情況，若想獲得補助，就要透過其他途徑來確認是否有資格獲得補助。就算認定資格了，補助的金額也並非自己可以決定。

② 需要高度保護或協助的障礙者通常不會離開機構。過去研究的大部分國家，除了英國和瑞典之外，有高度協助需求的障礙者，如果家屬沒有辦法貼補一些，就不會有個人助理的提供。

---

[129] European Network on Independent Living December 2014: Comparing the Cost of Independent Living and Residential Care: A Survey by the European Network on Independent Living.

③理論上，障礙者在有個人助理的前提下，可以選擇機構還是自立生活。但實際上的阻礙非常多。原因是所謂的協助，大部分都無法滿足每一個人的需求，例如：

- 活動上的個人協助不是每一個地方政府都會提供或實施。
- 對中央來說，活動上的支持還屬於法律約束力較低的試驗階段。
- 分配到地方政府的預算不是很多，所以活動協助服務也很有限。
- 就算提供個人協助服務，也因為資訊的不足，通常很難享受到。

④根據我們研究的對象，機構與居家照護上，不是以障礙者的個人協助需求來分配預算，而是根據整個機構的費用編列預算。因此已經補助的金額，就算障礙者的需求有所變更，也不會定期重新評估。

176

　　但是目前韓國正在討論有關發展遲緩者的去機構化，對於身心障礙者的概念是一概而論的，並沒有充分理解發展障礙者的區分或差別化。那麼為發展遲緩者的去機構化研究應該追求怎樣目標呢？我們換個角度來聽聽看，發展遲緩者本身是如何來定義「去機構化」：「讓心智障礙或發展遲緩者透過身邊的服務和協助，可以融合於社區，也可參與、活動於社區。若有人說發展遲緩者就要永遠住在機構裡，這件事本身就是人權的侵害。」（請參考韓國國會核准的聯合國身心障礙權利宣言文）。

　　但是，發展遲緩障礙者不同於身體障礙者，不能以自立生活作為去機構化的目標。由首爾市試辦的障礙者自立生活培訓院，不以住在機構裡的發展遲緩障礙者為對象的理由也正是在這裡。發展遲緩障礙者要居住在社區並提升生活品質，那麼在各社區都要有基礎建設，以提供他們需要的各種協助和輔助、服務。這種基礎配備不只是從機構出來的發展

遲緩障礙者，還包含居家的身心障礙者，甚至擴及於任何有輕度和重度的所有障礙者。居家的身心障礙者如果家庭情況有所改變，也需要一個更換居住地，社會要為他們做些準備。否則只能考慮入住於機構。

目前在韓國，對於發展遲緩障礙者去機構化相關爭論的議題包括，現有設施的重新改造、機構的經營者、機構的立場等。事實上，這些與發展遲緩者在去機構化上能否成功是無關的。社區要協助及輔助發展遲緩障礙者，最重要的是以他們為主的協助計畫（PCP），這些協助計畫不能採用障礙等級制。此外，為了建立社會基礎，並造福包含居家身心障礙者在內的所有發展遲緩障礙者，有必要檢查和完善既有家屬的協助及障礙者服務系統。

今後，我希望能根據韓國的實際情況進行討論和研究，以真正的方式幫助發展遲緩障礙者和家庭，並改善終身住在機構的發展遲緩障礙者的生活品質，這才是真正去機構化的意涵。歐美去機構化運動的歷史有40多年，現在的樣貌也還在變化發展當中。首爾市目前的發展遲緩障礙者去機構化五年計畫，若未改善而直接實施的話，很有可能只是國家財政的浪費。[130]

177　讓我們透過委員會的結論性意見，看一下歐洲幾個國家的機構現況。

---

[130] 全賢日，韓國國際發展遲緩之友協會（전현일 , 국제발달장애우협회）。

**波士尼亞的案例** [131]

　　締約國的機構化現象還是很高，而且完全沒有建立去機構化的計畫。機構的收容人員也還是相當多，在支持服務、個人協助服務方面，尤其對於離開機構回歸社區的身心障礙者，服務支持有所不足。到目前還是將資金運用在現有機構的維護或是擴張，並且由於程序上的複雜，導致身心障礙者團體無法扮演領頭羊的角色來彰顯效果。

**捷克的案例** [132]

　　本權利委員會對於締約國還是沒有協助身心障礙者，讓他們在社區上自立生活，反而是提撥相當的預算強化現有機構，表示憂慮。同時對於社區的年長者相關協助上有所欠缺表示憂慮。

**德國的案例** [133]

　　本委員會對於目前機構化的程度、欠缺應對方案的研究、對於可以減輕身心障礙者經濟負擔之整體基礎建設不足，表示憂慮。再者，為取得支持服務或福利補助，還得需要接受資產調查，並且不包括障礙相關費用，這很難達到在社區生活的條件。

---

[131] CRPD. 17 March 2017.

[132] CRPD. 4 April 2015.

[133] CRPD. 1 April 2015.

瑞典的案例 [134]

　　本委員會對於 2010 年「基本需求」及「其他個人需求」經過重新解釋後，有很多身心障礙者，無法獲得政府所保障的個人協助服務之補助款，還有對於向來都在領取補助的身心障礙者，在沒有解釋的情形下直接刪掉他們的補助款，表示憂慮。更令人憂慮的是，瑞典政府所認定的相關法令，並沒有做出實際的支持和服務。

178

韓國的案例 [135]

　　本委員會對於韓國為身心障礙者融合社區通過的去機構化計畫，沒有得到足夠實效而表示憂慮，理由是身心障礙者的收容機構在增加，而包含個人助理在內，所需要的社區服務並沒有充分的反映在政策研究上。

　　我們根據上述韓國的案例，觀察一下 2019 年第 2、3 次合併國家報告是如何做因應。權利委員會在第 19 條提出的論點是有關「為有效達成去機構化的具體措施現況、當前機構住民的有效去機構化方案與時程、已離開機構的身心障礙者人數及現況」，對此韓國政府的回應是：「目前居住於機構（團體家屋及短期入住者除外）的身心障礙者現況為 2015 年 26,775 人、2016 年 26,461 人、2017 年 26,342 人，除去死亡或轉換至其它機構的人，平均離開機構者為 2015 年 861 人、2016 年 853 人。」這些身心障礙者居住機構有提供 24 小時照護的優點，但是 2005 年在韓國光州的仁和院、2015 年全州的紫林院、2016 年大邱的希望院發生因機構與社區隔離，遭到暴力死亡等侵害人權慘案。根據 2012 年

---

[134] CRPD. 11 April 2014.

[135] CRPD. 3 October 2014。取自韓國國家報告第一審資料。

國家人權委員會的調查顯示，居住機構的身心障礙者有 57% 希望生活於機構外，為加強身心障礙者的人權，以身心障礙組織為中心持續在要求去機構化及落實自立。

「韓國政府為接納這些需求，加強身心障礙者的人權，並建構融合社會為政策研究的一環，將過去中央政府層級的政策研究所沒有做過的，去機構化協助自立支持，列入國家百大政治課題。進一步建立了第五屆身心障礙者政策研究綜合計畫（2018-2022 年），將『去機構化及加強協助自立居住』，設定為 22 個重點課題之一，由保健福祉部進行委託研究，並成立『促進身心障礙者去機構化與自立之官民合作組織』，而目前正在制定具體的支持方案。」[136]

不管是任何一個國家的例子，有關去機構化的問題要達成理想，事實上都還相差甚遠。在結束第 19 條討論的同時，想引用一項研究結果來做結尾。[137]「本研究是為了探究身心障礙福利現場的爭論議題之一——如何看待去機構化之團體家屋的主體性而進行的。核心的研究問題是從業人員把團體家屋視為機構還是非機構，其理由為何？而機構與去機構化的特性分別為何？機構跟去機構化之間引起混淆的因素為何？為此，我們利用開放式問卷，收集 50 位團體家屋從業人員的意見進行分析。分析結果有 35 位視為機構，有 23 位視為非機構。視為機構的理由細分成為 15 點，可以整理成三大類分別是：制度上的受限、機關的運作方式、相關當事人的認知。視為非機構的理由有 8 點細項，同樣可分成三大類為：制度上的優點、服務方式、從業人員對於去機構化和團體家屋的相關認知。對於兩種特性比較分析結果，機構的特性可濃縮成「訓練與保護為主的經營模式，以一對四的惡質支持體系、（與從業人員）同居導致自主性和主導性遭受侵害、無保障選擇入住權的長期入

179

---

[136] 參考 2019，第 2、3 次合併國家報告，第 19 條。

[137] 박숙경，"종사자가 인식하는 그룹 홈 정체성 - 탈시설과 관련하여 -," *Journal of Disability and Welfare*, 42(2018), 227-255.

住、與大型機構相同的行政管理、評鑑體系與預算支付方式、使用者和相關人員都不認為這是家庭」六類。至於非機構的特性可濃縮成「像家一般的環境、社區的生活、使用者是一般補助對象」三類。造成機構和非機構之混亂的特性是：「行政管理體系的非一貫性、經營機構的哲學和經營模式、當事人對於去機構化的概念」等三種。

## 第 20 條　個人行動能力

　　個人行動能力在《身心障礙者權利公約》第 20 條是「（a）促進身心障礙者按自己選擇之方式與時間，以其可負擔之費用享有個人行動能力」；這與《公民與政治權利國際公約》第 12 條第 1 項的「在一國領土內合法居留之人，在該國領土內有遷徙往來之自由及擇居之自由」是有區別的。《權利公約》第 20 條是侷限在障礙者個人的行動能力，與《公民與政治權利國際公約》指出廣義上的行動是明顯有區分的。在聯合國協商當時，委員當中也曾有人想用「逐步」或「適當」等字句加入公約內。第 20 條的基本精神是可以在自己的國家自由行動，出國之後也可以回國的權利。但若說要有所限制的話，就是國家安全、公共安全、健康或預防犯罪等。從許多層面來看，第 20 條是意味著，聯合國《身心障礙者機會平等標準規則》第 4 項所指的是，針對身心障礙者行動的相關協助體系。

　　這個看來像是單純的原則，事實上在韓國社會，「障礙者歧視聯盟」為確保行動權利花很長一段時間進行了相當的抗爭。根據首爾障礙者歧視聯盟表示，首爾市在 2015 年 7 月組成了公民合營小組後，經過 12 次的意見交流和討論過程，配合 12 月 3 日的「國際身心障礙者年」，頒布「首爾障礙者行動權宣言」，行動權宣言頒布的同時，也建立了加強行動權實踐計畫。這項計畫包含，確保整個車站的動線而設置電梯、低底盤公車的引進、身心障礙者專用呼叫計程車、車站導盲磚的改善、視障者

專用語音導覽、路邊站牌的導盲磚、車站顯示螢幕的改善等細部計畫。雖然低底盤公車計畫到 2025 年為止以引進 100% 為目標，但是在 2016 年比計畫少了 95 台。這乃是因為首爾市計畫在 2016 年引進 447 台而分配預算，但是國土交通部少編列了 95 台的預算。尤其與此相關的 2017 年預算減少了 56 億韓元，以致下一年度首爾市的低底盤公車引進計畫，目前還是不確定狀態。另外，首爾市打算在 2016 年引進 46 台身心障礙者呼叫用計程車，卻只引進了 13 台。

本來計畫要招募 160 位愛心接送小黃司機，卻只錄用了 150 人，目標在 2017 年引進 100 台，專為不用輪椅的障礙者設計的交通輔具（個人計程車），但是此項計畫並沒有反映在 2017 年的預算中。不過，為保障視障行動權的車站內導盲磚、針對視障者語音響導的設置，為確保聽障者面臨災難時的安全，在車站內顯示看板的改善、車站內視訊電話機的示範設置等，則依照原來的計畫進行。[138]

# 第 21 條　表達與意見之自由及近用資訊

181

表達自由與意見自由是身心障礙者以公民身分應擁有的基本條件，意見自由是一種表意自由，兩者相輔相成，藉此可以自由傳達意願及意見，這也是自由民主的動力。表達與意見的自由是公民權利的一個要件，也因此包含在聯合國的各種公約。首先《世界人權宣言》第 19 條早已揭示「人人有主張及發表自由之權；此項權利包括保持主張而不受干涉之自由，及經由任何方法不分國界以尋求、接收並傳播消息意見和思想之自由。」第 19 條是一種消極自由，是指在任何情形下都不能違背的自由，同時，在《兒童權利公約》的第 13 條也明確表明「各種資訊都不受國境之限制」。

相反地，公約第 21 條是讓國家肩負起積極性義務，使身心障礙者

---

[138] 최석범 기자 (csb211@ablenews.co.kr), 2017. able news, 2019. 2. 6

享有與他人平等之探索和接受表達與意見訊息的權利。因此，在公約第21條很具體明確地談到有關無障礙／可及性的問題，甚至連方法也都清楚地告訴我們，並銜接公約第2條對通訊傳播的定義：「包括語言、字幕、點字文件、觸覺溝通、放大字體、可及性多媒體及書寫的、語音的、淺白語言、報讀及其他輔助性與或替代性的傳播方法、方法及格式，包括可及性資訊及通訊科技等可近用的多媒體。」同時公約第21條也和公約第29條參與政治與公共生活有關。

公約第21條第a款是「提供予公眾之資訊須要以適用不同身心障礙類別之可及性格式與技術，及時提供給身心障礙者，且無須額外付費。」這是指提供給一般大眾的所有資訊，也要讓身心障礙者可以無障礙近用。但是一般認為，所謂公家資訊或資料都難以接觸，若以私人途徑接觸資訊則更是困難。全世界大部分的政府，都在追求研究市場化，所以更需要強調國家義務。也就是說，雖然在公領域或私領域都有受某種程度的限制，但在資訊的近用上身心障礙者要得到公平的待遇。公家資訊的傳遞需相當部分仰賴於私領域，而私領域的從業人員也需要經常對身心障礙者的反歧視與平等意識謹記在心。這些保護機制若沒有做的比公領域還要好，那麼身心障礙者作為主流的社區參與、作為社會成員活動等情形，很有可能被隨意阻斷。在此並不是主張凡事都要靠法律來解決歧視問題，但大家都有必要提高意識，理解障礙者的需求與其可貢獻社會的潛在力量。

上面提到的私領域是指，為鼓勵私營企業或大眾媒體來執行這項原則，所要求政府做出的特別努力或是相關的政策。特別是私營企業的積極參與和貢獻是非常重要的，這部分與公約第8條改善身心障礙者意識有密切關連。這樣看來，公約第21條是跨領域（cross-cutting）而具有相互參照的性質，所以若無法享有第5條所規定之平等與不歧視，也就是身心障礙者也要同他人一樣平等地享有資訊，否則就是歧視行為。第9條的無障礙亦然，甚至常見於造成電腦各種形式之障礙的網路連接設

計也是同樣的道理。而第 29 條的參與政治與公共生活，也是需要資訊近用權（第 21 條）、無障礙（第 9 條）及平等權（第 5 條）同時都獲得保障才能享有的權利。沒有保障資訊的近用權就無法享有公約第 30 條的文化生活、育樂、休閒與體育運動的權利。就拿第 30 條來舉例，如同第 2 號一般性意見所指出，若身心障礙者要平等地享有文化生活，締約國要採取以下的措施：（1）享有以無障礙模式提供的文化材料；（2）享有以無障礙格式提供的電視節目、電影、戲劇和其他文化活動；（3）盡可能地可以進出劇場、博物館、電影院、圖書館、觀光古蹟等享受文化表演或文化服務場所。實際上允許進入文化和歷史足跡等訪問，確實需要相當的用心與面面俱到的努力，但是隨著《身心障礙者權利公約》的實施，締約國實現觀光景點的近用，也是推行《身心障礙者權利公約》的義務之一。《身心障礙者權利公約》的所有條文都是這樣相互參照、維持和諧以便推行。

　　以下作為參考，韓國政府依據《放送法》與同法實施令來保障身心障礙者的大眾媒體近用權。在此具體規定身心障礙者節目的製作，及提供有關節目近用權的保障，並指出媒體業者應遵守的事項，亦對業者遵守與否進行管理與監督。同時還制定了身心障礙者節目規範，以提高障礙者節目的品質。在身心障礙者節目相關的法令及公告上，雖然明文規定了身心障礙者節目的義務性製作占比，但由於改善品質的相關具體製作方法、遵守事項等準則沒有被包含在內，因此傳播通訊委員會從 2016 年起接受利害關係人的意見，並成立研究小組，於 2017 年 12 月 26 日制定了「身心障礙者節目製作規範」，透過支援節目製作和服務（隱藏字幕、韓文手語翻譯、畫面解說）的改善，致力提升身心障礙者觀看電視的近用權。且針對媒體業者、製作人舉辦說明會，鼓勵他們遵守規範以及推動改善身心障礙者節目意識等相關活動。例如為障礙節目的製作提供支援，對於廣播業者、網路多媒體廣播內容業者、廣播製作人，告知基本的遵守事項以改善障礙者的近用權與廣播品質，而且日後

183

不僅是對障礙者，收視廣播節目時有任何障礙者都會提供其可及性。另外以媒體業者與非障礙者為對象，持續舉辦全國巡迴說明會（2017 年 2 次，2018 年 6 次），引導他們提高對身心障礙者節目的意識，必要時會由利害關係人與專家組成身心障礙者節目視聽保障委員會，為障礙者的廣播品質進行修訂規範。[139]

---

**任擇議定書的判例：澳洲的〈Michael vs. Australia〉和〈Gemma Beasley vs. Australia〉**

　　權利委員會對於上述案例，曾裁定違反公約第 21 條第 b 款：「於正式互動中，接受及促進使用手語、點字文件、輔助溝通系統及身心障礙者選用之其他所有可及性通訊傳播方法、方式及格式。」這兩個案例的爭論點是被選派為陪審員的視障者和聽障者，他們是否享有近用權的正當待遇，如點字、速記、手語翻譯等。權利委員會的審理認為，本質上第 21 條第 b 款是要逐步提供給身心障礙者的措施。同時第 21 條第 b 款是要國家擔負義務，使障礙者可以透過他們選擇的溝通方式，與他人平等地表達他們的意見和意願。若這成為要執行法律相關公共義務，那麼與他人的交流便不可或缺。這主題會銜接到公約第 29 條。[140]

---

# 第 22 條　尊重隱私

　　尊重隱私是依據《公民與政治權利國際公約》第 17 條的規定，「任何人之私生活、家庭、住宅或通信，不得無理或非法侵擾，其名譽及信用，亦不得非法破壞。對於此種侵擾或破壞，人人有受法律保護之權利。」但是這些規定已經在《世界人權宣言》第 12 條、《兒童權利

---

[139] 韓國政府 2019 年第 2、3 次合併國家報告。

[140] 參考公約第 2 條「傳播」。

公約》第16條，以及《保護所有移工及其家庭成員權利國際公約》第
16條都有類似的明文規定。在《身心障礙者權利公約》第23條第1項
（b）指出，「身心障礙者得自由且負責任地決定子女人數及生育間隔，
近用適齡資訊、生育及家庭計畫教育之權利獲得肯認，並提供必要措施
使身心障礙者得以行使該等權利。」而以此強調要保障障礙者的隱私原
則。第22條與第23條有相同脈絡，並納入《公民與政治權利國際公
約》第17條「包含私生活、家庭、住宅或通信，名譽及信用」來強調
障礙者設施的個人隱私保密。而公約22條於所謂的「通信」之後加上
「其他形式之傳播」，可以看出當時想要追隨時代變化所做的努力，這些
措施是要防止障礙者的醫療紀錄或損傷情形洩漏於外，但在現實上並沒
有得到完善保護，不在乎個人隱私、也沒有經過正常程序就公諸於世。

# 第23條　尊重家居及家庭

　　第23條是關於家庭及家屬，在其他主要的聯合國公約也都有規定
的主題。當時在討論這個主題的時候因為內容過度詳細，而梵諦岡當局
也憂心「是否會引起過多問題」。梵諦岡之外的幾個國家擔憂的是，「身
心障礙者在性方面的經驗、性方面以及隱密關係的維持、成為父母等的
自由被剝奪」等相關字句。有關於家庭的主題是在第6條的身心障礙婦
女以及第25條的健康主題中與婦女墮胎一同出現的主題。但是聯合國
的《經濟社會文化權利國際公約》非常嚴厲的批判，大家對於身心障礙
者的認知上是一個無性別（genderlessness）的人，也就是身心障礙者往
往被認為是個「無性者」，導致對身心障礙者婦女造成雙重歧視。國際
社會敦促對這個問題做出回應，聯合國秘書長在「障礙者世界行動」中
也談論過很多次，但是過去十年下來還是沒有得到很大的實效。締約國
要保障身心障礙者可以擁有家庭生活，尊重他們的尊嚴性，並避免現今
的法律讓他們在性關係或婚姻、或扮演父母的角色等受到歧視。因此：

184

①為使身心障礙者擁有圓滿的家庭生活，締約國應透過家庭諮商，避免障礙成為家庭生活中的負擔或是負面的因素。締約國應為家庭提供休息和居家照護服務，以及對想要領養障礙兒童或成人的家庭，消除不必要的管制。

②不得剝奪障礙者對於異性之間的關係、性、可以成為父母的經驗機會。為考量障礙者在婚姻或組成家庭時面對的困境，締約國應提供適度的輔導協助，讓障礙者與他人一樣可利用避孕方法，並且也可以近用關於身體性功能的相關資訊。

權利委員會曾希望韓國政府針對以下內容做出答覆：「針對包含未婚媽媽在內的身心障礙兒童父母親，給予他們在子女養育上需要的協助；做出全面性的政策研究之法律依據，以及具體可行的方案研究，讓身心障礙兒童得以像其他兒童一樣，同等享有對於家庭生活及社區參與的權利；以及有關身心障礙兒童的親生父母和領養父母公平待遇相關計畫的制定與否」，關於這些詢問，韓國政府做出的回應如下：

「韓國政府為保障有關身心障礙兒童父母的子女養育、以及身心障礙兒童的家屬權利，以及他們參與社區的權利，政府目前正提供各種協助計畫，同時已經制定法律依據。隸屬中央層級的女性家庭部，依據 2012 年 8 月制定的《照顧幼兒支援法》，對於滿 12 歲以下孩童的父母，派遣保母探訪，進行照顧孩童的服務，而身心障礙兒童，除了障礙兒養育支持事業（障礙等級 1-3 級）受惠兒童之外，得以獲得幼兒照顧服務。幼兒照顧服務是針對滿 12 歲以下兒童為對象，提供計時制的照顧幼兒服務，還有滿 36 個月以下的嬰兒為對象，提供全日制的照顧服務，政府依照家庭的收入按等級別補助費用。以 2017 年統計來看，6.3 萬戶中，安排 2.1 萬的幼兒保母提供服務。

保健福祉部在 2015 年 11 月，為支持發展遲緩障礙者及其家屬、監護人的權利保障，制定下位法令《發展遲緩者的權利保障及支援相關法律》，持續推動為發展遲緩障礙者需求設計的客製化協助服務，並提供

身心障礙兒童的發展康復服務（語言及聽力、美術、音樂、行動、遊戲、心理、感覺運動）。藉由這些協助計畫的推動，致力於保障參與社會的權利。同時擴大服務對象，持續為穩定預算努力，使更多身心障礙兒童成為社會的一份子，不受歧視地生活。此外，為減輕家屬照顧障礙兒童造成的經濟與身體負擔，持續推動障礙兒家屬養育支持事業（照顧服務、臨時喘息支持服務）。政府在提供身心障礙兒童的福利服務上，不會去區分是障礙兒童的親生父母還是領養的父母。政府只為養育身心障礙兒童的家庭，使其能夠享有各種福利服務獲得家庭穩定，而不遺餘力。

　　韓國的《民法》第 807 條和第 856 條，談到婚姻及家庭組成（領養條件）相關條文，依據韓國《民法》只要年滿 18 歲以上的當事人，雙方達成協議要結婚，並依法登記婚姻，就成立法律上的婚姻關係。身心障礙者亦然，只要具備相同條件就可以結婚。但若長期因為缺乏處理事務能力，由法院裁定之受監護宣告人，其婚姻需取得父母或監護人的同意。保健福祉部對於障礙者的家庭提供支持，對於障礙者婦女補助生育費用，並依據《障礙者福利條》第 37 條（產後照護援助支持），透過產前到產後坐月子的支持，協助身心障礙婦女從懷孕到生產過程順利，並根據《領養特例法》第 10 條（成為領養父母的資格等），並未因為是身心障礙者父母而限制領養。」[141]

186

## 第 29 條　參與政治及公共生活

　　公約第 29 條讓障礙者可以參與政治選舉，在必要時可由自行選擇的個人助理（輔助人）來協助。尤其在輔助方面，過去曾有很多爭議，因為個人助理會過度的干涉。第 29 條第 a 款條文為：「確保身心障礙者能夠在與其他人平等基礎上，直接或透過自由選擇之代表，有效與完整

---

[141] 2019，第 2、3 次合併國家報告。

地參與政治及公共生活，包括確保身心障礙者享有選舉與被選舉之權利及機會，其中包括，採取下列措施」，同時在第 b 款說明「積極促進環境，使身心障礙者得於不受歧視及與其他人平等基礎上有效與完整地參與公共事務之處理，並鼓勵其參與公共事務」。

　　過去在身心障礙者的歷史中，長期以來為爭取平等的表達和意見自由與參政權而抗爭，但是到目前為止還是無法平等享有這樣的權利。1990 年代全球的身心障礙者運動界為爭取身心障礙者的公民與政治權利，正式展開抗爭。抗爭的核心理念是，我們不再是被動的旁觀者，我們可以參與社區上的所有活動。

　　身心障礙者在任何社會中是規模最大的少數群體。在《身心障礙者權利公約》尚未通過之前，身心障礙者的政治參與並未獲得保障，他們敦促世界各地的政治領導人，接受身心障礙者在法律之前法律之下的平等權利，而非排除在理想生活的關鍵決策之外。回顧過去，對於身心障礙者以和平抗議的方式或運動，訴求他們面對的問題，要求政府積極地以政治和公開的方式討論協商。政府卻不加區別的將參與運動的身心障礙者逮補拘禁。警察在現場沒收輔助器材、強制推趕驅離，這個慘痛的歷史為韓國障礙運動畫下了難忘的一頁，而聯合國也受理了這一段內容，[142] 英國等國也不例外。為了行使上述有效而完整的參政權，只須參考一下《身心障礙者權利公約》第 29 條第 a 款的細則，方法一目了然。即：

①確保投票程序、設施與材料適當、可及性及易懂易用；
②保障身心障礙者之投票權利，使其得以於各種選舉或公投中不受威嚇地採用無記名方式投票及參選，於各級政府有效地擔任公職與執行所有公共職務，並於適當情況下促進輔助與新科技

---

142 OHCHR, Report of the Special Rapporteur on the Rights to Freedom of Political Assembly and Associationon his Mission to the Republic of Korea. 15 June 2016. A/HRC/32/36/Add.2. para. 44

之使用；

③保障身心障礙者作為選民，得以自由表達意願，及為此目的，
　於必要情形，根據其要求，允許由其選擇之人協助投票。

第四章

# 聯合國權利公約的深入探討：基於社會權公約（ICESCR）的權利條文（第24~28條、30條）

　　我們在談論基於社會權公約《經濟社會文化權利國際公約》的權利　　
條文相關內容前，首先有必要暸解當時是在怎樣的時代背景下，通過這
份公約。本書在嘗試深入討論《身心障礙者權利公約》時，將該公約的
條文分為基於自由權的與基於社會權的，但未能討論這兩項公約。在第
4 章中我們只會討論到部分的條文，所以這裡先簡單看一下，這二個公
約的特性和差異性。

　　首先在理解社會權之前，先來理解與社會權形成對稱且有互補作用
的自由權公約（《公民與政治權利國際公約》）也是有必要的。由《世界
人權宣言》為首的國際公約是在冷戰和意識型態的分歧中產生。具體來
說 1966 年通過了自由權和社會權公約，自由權公約是以選舉、言論、
思想的自由等民主意識型態為理念，主要得力於美國、英國、澳洲等維
護自由民主的國家。相反的，社會權公約當時是由兩大意識型態的另一
端，也就是以蘇聯為中心的社會主義國家在同一時期通過。自由主義和
社會主義的人權傳統，可以說是意識型態的兩翼，就像是左派和右派兩
邊不同理念的翅膀。[1] 但是仔細思考，兩個看起來不同的公約，其實都
是為實現人權理念而需要的雙軸或是兩個翅膀。令人想起，一隻鳥要飛
翔，是靠兩個翅膀的。

　　自由權和社會權公約在通過時，其過程不一樣，且在實踐方法上也
明顯有差異性。自由權是國家就算沒有預算，也能在政府不干涉的情況
下可以實現。自由權只是給予權利和機會，好讓你實現該項權利，並不
以保障結果為目標。然而社會權在基本上，為實現社會權保障的經濟、
社會、與文化的權利，需要具體的政府預算和政府介入，追求「成果」
的實現是社會權的目標。為實現這樣的成果及目標（例如：身心障礙者
福利與權利的實現），不同於自由權而有各種規範及現實上的條件影響
其作用。CRPD 為身心障礙者權利而規範的各項條文，為達到具體目標
的立法及政策，要引進立法制度作為施行上（implementation）的必要

---

[1]　리영희, 새는 좌우의 두 날개로 난다 ( 파주 : 한길사 , 2006) 참조 .

方法。為實現願景要制定必要的立法，並為實施的政策支援編列財政預算，都是必須的。因為社會權的實現，從屬於規範性及財政環境下，故要將其具體化，對具體化的主體做出決定。憲法無法直接進行這些具體化的作業，也無法提出具體的方針。也有人在主張自由權和社會權在法律性質上沒有什麼不同，常聽到的例子是，若不具備適宜的審判機構，就無法保障訴訟權（right to access to courts）。但是，訴訟權雖是基本權之一，是國際人權公約的重要內容，但不屬於典型的自由權。在憲法學上稱之為權利救濟上的基本權。訴訟權不是國家不干涉下就可以實現的權利，這一點很明確。因此，以此為例，否定社會權和自由權在法律性質上的差異，是不正確的論證。以上對於自由權和社會權其法律性質的相關討論，不只是理論上的問題，也有實踐上的意義。倘若我們把社會權的實踐結構與自由權的實踐結構看作是相同的，那麼探討社會權的權利導向研究途徑，至少就憲法位階來說是失去正當性的。因為社會權和自由權不具有雙重性，社會權不能用自由權的實踐方法來實踐。至少基於制定具體的立法，需要編列相關預算的理由而言是如此。憲法位階上的社會權問題可以透過下位規範，也就是法律及國際法的國際規範，至少克服一部分，這部分實際上是由《身心障礙者權利公約》呈現。對於自由權和社會權有時會出現一些問題，如果要滿足人的基本需求，那麼要先有社會權？還是要先實現對飢餓民眾沒有多大影響的政治上的自由權？地球村有 15 億的身心障礙者，其中 80% 屬於開發中國家，是「貧民中的貧民」，要解決這些飢餓人民的基本需求，自由權會有怎樣的幫助呢？[2] 但是自由權和社會權問題不能只以相互對立的概念來看，原因是這兩個權利是有密切的關聯性。政治上的自由權無法與實質性的社會權分開思考。[3] 實際上，韓國身心障礙界為爭取行動權展開激烈的抗爭，如果身處北韓、中國、蘇聯甚至像越南一樣的國家，根本無從想

192

---

[2] United Nations Expert Group Meeting on a disability inclusive development agenda towards 2015 and beyond, Kuala Lumpur, Malaysia, (2 to 4 May 2013).

[3] Peter Unwin, *Human Rights and Development* (Kumarian Press, 2004).

像。沒有允許示威遊行的政治自由就沒辦法實現身心障礙者的行動權
（第20條）、無障礙（第9條）的權利。沒有自由權的保障，也是無法
實現身心障礙者實質性的社會參與。

經濟、社會、文化之權利（社會權）是實現自由權的基礎，以此為
基石我們就能享有品質向上的人權，進而帶領我們成為普遍平等的社
會。雖然如此，現實社會中實現社會權的程度還不是很高。諸如勞動
權、教育權、健康權、社會保障權等社會權方面，也比不上跟韓國經濟
水平類似的國家，也還稱不上達到人民應享有的社會權的最低標準，或
是奠定明確的社會共識。社會權是有關生活條件的居家、教育、就業、
健康、環境，以及與社會保障相關，包含阻礙社會發展的反歧視相關權
利等。所以一般來說，很難在短期就完成社會權發展，這與國家的財政
能力也有密切關係。韓國的憲法明文規定要保障社會權，但人民的現實
生活中並沒有最低限度的保障，社會經濟不均的日益惡化告訴我們如
此。

韓國政府在1990年加入聯合國的社會權公約，之後有三次提交政
府的報告。經聯合國社會權委員會審議後建議了多項內容，這些內容就
是國際社會看待韓國人權水平的指標。這裡對於非正職勞工朋友的權利
保障、公務員的勞動三權保障、禁止兒童性交易與兒童就業、強制拆除
相關賠償及臨時定居設施的提供、公眾教育的強化等計畫的制定都包含
在內。接下來繼續討論基於社會權公約的《身心障礙者權利公約》剩餘
部分。

# 第24條　教育

與公約第19條的自立生活一樣，關於第24條的討論也很多，產生
龐大的相關資料。權利委員會在2016年11月25日通過了「一般性意
見」，在此不討論具體的方法，主要是談「融合教育」的原則，同時看
一下韓國現況。

193

　　不管是資本主義或是社會主義社會經過戰爭前後，以及主導現代社會的主要實用主義，以效益及成果的計算為主。教育只是其中一例，投資多少就獲得多少成果，所以多半由支配階層在支配。實用主義性的效益觀點，指努力與能力再加上投資作為競爭代價而換取的平衡原則。但這種前提下的教育體制，自然在結構上就會有些歧視，在這體制下沒有獲得成果或成功的人，例如特殊學校的身心障礙學生，就要甘於成為被動的角色或身分。在這樣的教育體制下，包容多元性、肯定差異性的人性價值只能被犧牲排除，只有取得好成績並獲得一份好工作才是最好的目標。大部分主流的教育體制均排除了身心障礙者，沒有向多數學生傳授普世的價值。沒有人想到任何人都應該有自由參與社會，且接受相關的教育機會，也沒有人追求聯合國闡明的《聯合國人權教育和培訓宣言》（UN Declaration of Human Rights Education and Training）價值：所有國家不分種族、宗教信仰，促進對於和平的寬容與友誼。過去身心障礙者在這種教育和社會環境下為了能夠接受教育而費盡心力。這就是「融合教育」（완전통합교육 ; inclusive education）理念所追求的背景。

　　「融合教育」是哲學思維也是方法。但到目前為止無論是在韓國或是許多國家，都還對於融合教育的內容、方法以及概念欠缺具體而認真的討論。有關融合教育的討論，大部分侷限在初等、中等的特殊教育領域，主要是以特殊教育談論融合教育，但並沒有達到任何共識。反而認為特殊教育是阻礙融合教育的因素，而將融合教育放在強化合理調整設施，或消除阻礙（barrier-free）的層面。雖然如此，談及大學階段的融合教育，若將韓國1995年實施的「身心障礙者優待入學制度」也算在內的話，可以說韓國比其他國家領先許多。但就算身心障礙者優待入學制度本身，可以視為高等教育身心障礙融合教育，但當前國中教育課程中的融合教育，並非是身心障礙學生與非障礙學生共同參與而包容的結構，而是站在針對身心障礙學生為對象的教育觀點，或偏向如何解決身心障礙學生的教育問題，這與融合教育的哲學思維是相違背的。尤其，大家對於身心障礙者融合教育制度，充斥著「障礙學生＝學習能力往下

滑」的觀點與擔憂，這不能算是一個支持融合教育的精神。至少特殊學校的老師不得以此解釋為完全融合教育的實踐，也不得以會降低教育品質的思維脈絡來解釋。若說教育的普世目的是發展學生的身體、心理、社會、智能，開發其個人的最大能力，那麼融合教育就是讓身心障礙學生也像非障礙學生一樣，為這些目的提供各樣形式的支持與協助，這樣的理解才是正確的。沒有任何正當理由去容許教育內容的品質降低，甚而學業能力下降。全面的融合教育所要追求的目標，並非視學生為無法教育，而是不管學生是否為障礙者，皆視為可以教育的學生。[4]

195

　　高等教育階段的融合教育概念也令人感到生疏。儘管整合（integration）與融合教育的概念有別，但在韓文漢字中不做清楚的區別而互相混用。當然整合是擺脫過去的隔離式教育（separation）教育，從物理上適應主流化一般教育的意涵較為強烈，而融合教育不只是單純指物理上的統合，強調的是對個別學生的關注與介入等教育方法的改變。某種情形下也意味著，為滿足想要正常化需求的身心障礙學生，把過去分配給特殊教育的資源逐漸轉移到一般學校。若說「整合」的目的是把身心障礙學生，送到一般學校去適應或同化（assimilation），融合（inclusive）是肯定身心障礙學生的多元性與不同，適合所有學生的全校性（whole-school）模式，父母和社區皆一同參與的學校。這種融合學校的思維著重於不管學生是否障礙，學校要營造有意義的機會，讓學生在自己多樣的需求得到滿足後，開發出各自的潛在創造力。某些情形下會看到 inclusive education 標記為整合教育（완전통합）而不是融合教育，因為這個用詞還不是很普遍，而整合教育好像無法充分傳遞我們所要指向的融合教育的意義，所以就只好繼續將 inclusive education 稱為融合教育。

　　特殊教育也經過一段本身模式轉換的過程而走到今天，若說 1960 年代的特殊教育是比較聚焦於成果上，1970 年代聚焦於主流化，而

---

[4]　김형식, "' 유엔장애인권리협약 ' 시대에 도전받는 특수교육 ," 현장특수교육 오픈 칼럼 (2014, Winter).

1980 年代則是一般教育的特殊教育，到了 1990 年代聚焦於完全融合教育。也許我們期許的融合教育，可以從後現代主義的去現代化與去工業化的文化和社會模式轉換去理解。不同於過去大量生產的工業社會，重點是在追求品質而不是量產，摒棄單一價值追求尊重多元性價值的教育方法，才是其意義所在。如果我們要摸索融合教育的本質，那就是擺脫工業社會教育體制下的客觀標準，使每個學生的潛能盡情發揮的教學方法。教育內容強調的是質量不是量化的標準，不是整齊劃一性而是每位學生的個性長才，是多元性而不是集體性，是尊重優點和能力而不是在乎弱點和障礙。使障礙與非障礙的異質性與多元性都能共存，就是融合教育的核心。融合教育是肯定學生在學習上的需求，以及能力上的多元性，從這一點來看是合乎後現代精神的教育，也是在教育這樣的時代精神。換句話說，融合教育是不會管學生是否有障礙，其教育對象就是所有的學生，他們在同個地方以同個主題活動學習，也可以滿足個別學生的各種學習需求。融合教育強調的是適合身心障礙學生的教育，但會避免身心障礙學生造成不利於非障礙學生學習的因素。融合教育的方法、目標、評價等，都要以融合教育的當事人，也就是所有障礙學生與非障礙學生的立場來探討。

融合教育是身心障礙者在偏見、歧視、隔離、過度保護、疏遠等人為因素中，受抑制的教育機會積極重新還原給身心障礙者的教育理念。也可以這樣解讀，融合教育係「試圖改善過去身心障礙者被分離出來成為特教對象，導致負面因素加深的偏頗式教育方法。」[5] 具體來說，融合教育是要打破因為偏見、歧視、貧困、溝通交流、機動性、互動關係等困難，造成身心障礙學生在學習上的阻礙，要擴散均等的教育機會作為基本目的。同時，完全融合教育是將身心障礙與非身心障礙學生全部都融入（inclusion）同樣的學習課程，追求相同的教育目標和成果。因此

---

5  A. Silvers, D. Wassweman & M. Mahowald, *Disability, Difference and Discrimination: Perspective on Justice in Bioethics in Public Policy* (New York: Rowan & Littlefield Publishiers, Inc, 1998).

我們可以說：「標榜融合學習的教育模式是基於教育權的平等原則，追求包容身心障礙與非身心障礙學生的無歧視教育現場。」以教育的脈絡來看，「排除」就是不管任何型態，身心障礙學生被直接或間接在接近教育的機會上受到了阻斷。權利委員會在第 4 號一般性意見表明「身心障礙者的受教權就是融合教育」，該體系應將身心障礙學生納入於國小、國中、高中、大學各個階段。

　　從加拿大的文獻中可以看到融合教育相關的爭論，主要對於沒有將重點放在教育方法，而是嘗試從人權角度來認知教育，並對融合教育要接受教育權的平等原則有意見。[6] 美國教師聯合會主席很大膽地表示支持說：「你們在支持融合教育的人，是不是不管身心障礙學生能力如何就放入普通班級，不管會不會影響其他學生，反正就是協助他們發揮」，[7] 認為這是矛盾的。他的意思是說，因為學生的學習能力絕對不可能相同（equlity），要實施融合教育是不可能的。說得誇張一點，為了教育身心障礙學生甚至連非身心障礙學生的教育也會宣告失敗。但是這些反對意見並沒有根據實證性研究的資料，只是在倡議融合教育的過程中，特殊教育的主導者感受到他們的重要性、影響力、甚至既有勢力受到威脅的情況下，做出來的反擊。[8] 這當然不是對於他們的主張一笑置之，而是說我們不能忽略過去曾有的主張：「身心障礙學生＝學習能力下滑」。[9]

　　作為對學習能力平等的相關反駁，融合教育會標榜及支持多元性，但是反對意見也很強烈。像有人曾坦言道：「所謂的多元性（diversity），本身是好的理念沒有錯，但是若把身心障礙學生放在主流

197

---

[6] B. Staples, "Special Education is not a Scandal," *New York: Times Magazine*, September 21, 1997.

[7] S. Tomlinson, *A Socioly of Special Education* (London: Routeledge, 1982).

[8] Lipset & Raab, *The Politics of Unreason: Right-wing Extremism in America. 1790-1970* (New York: Harper & Row, 1979; Mahoney, 1996).

[9] McMeniman Wiltshire & T. Tolhirst, *Shaping the Future: Report of the Review of the Queesnland School Cur-riculum* (The State of Queensland, 1994).

學生裡面，難道他們不會被嘲笑和邊緣化嗎？特殊教育的核心目標，傳統上就是對看似不可教育（ineducable）的學生實施教育為目標，至於融合（雖用 integration 似乎是指 inclusion）就排第二順位了。」[10] 如果「不可教育」這樣的表達有點過分，也許可以使用「特殊學習需求」（special needs）來表達。但在融合教育的環境下，聚焦於「特殊學習需求」就很容易連帶強調相對的差異性，而自然會強調補償資源的分配與個別化教育計畫（Individualized Education Program, IEP）的必要性。因身心障礙學生有特殊需求所以需要特殊教育專家，需要提供特別設計課程就要分配附帶的資源，這或許可以主張融合教育上平衡性的保障，但我們在這裡要警惕的是，過度去強調特殊需求會導致在「有助於身心障礙學生」的美名下，會偏重於強調歧視性反而忽視了融合。雖然早在英國的教育法案（Education Act, 1944）就已規定，教育身心障礙學生的最佳環境是普通學校，但是今天大規模特殊教育學校的量產，建構出任誰都無法挑戰的勢力與影響力，儼然成為現實，[11] 這點就連先進國家的歐洲也不例外。

對於多元性的反對論點，我們必須要釐清的是，至少我們追求的融合教育不是針對不可教育（ineducable）的學生，而是以可以受教育（educable）的對象為學生。不然的話為什麼需要複雜的入學甄試程序與審核呢？另外有以下幾項因素，阻礙了融合教育的圓滿落實。首先，過度競爭的考試與評審方法來審核學生成績，這在方法學上是否有必要需慎重考慮。其次，如果完全融合教育對學生重視個別化，那麼搭配各種教材課程的構想也是必要的。如果真能實踐尊重多樣性與個別化教育的話，相信身心障礙學生與非身心障礙學生都能受惠於這種教育課程，韓國在融合教育方面也才有可能穩居最頂尖的地位。第三，營造更加活

198

---

[10] B. Staples, "Special Education is not a Scandal," *New York Times Magazine*, September, 21, 1997.

[11] B. Staples, J. Campbell & M. Oliver, *Disability Politics: Understanding our past, Changing our future* (London & New York: Routledge, 1996).

潑而參與性的授課氛圍，並將主導權交給學生們。非障礙學生自不用多說，要是因為障礙的因素，難以自發且自然地參與，他們的參與機會也不應被剝奪。第四，融合教育的原則並不是把身心障礙學生和非身心障礙學生同化（assimilation），而是在強調能力多樣性的反映與平等性。弱勢群體同化於其他有力的支配群體，這不僅是喪失主體性也會導致排除問題，使彼此之間無法產生有意義的交互作用，更會威脅多元性之間共存的理想。從這樣的觀點來看，融合教育是對於像是歧視身心障礙、分離、另眼看待等所有隔離要素的一項挑戰，也可以理解為是一個嶄新的模式。如同過去在女性問題、種族問題上，都是由當事人直接站出來解決一樣，融合教育應開始對身心障礙者另眼看待的教育制度、教育課程和教育理論、教育專家等提出相關問題。

　　實踐原則通常與教育上的教學課程放在一起討論，金鐘仁（김종인）教授[12]為了理解高等教育融合教育的教學課程，引用了美國資料而強調學生的動機程度、獨立心、自我主張、自己決定以及能力的重要性。同樣的脈絡下，尹點龍（윤점룡）教授[13]也提出六項在融合教育的實踐過程中一定要反映的原則，並強調，「重點是融合教育不單只是身心障礙學生和非身心障礙學生安排於同一個地點的『教室配置的問題』。即融合教育一開始是物理環境上的融合，但接下來就要發展到社會融合與教學課程上的融合。」但是韓國的特殊教育界是否會認真接受這些原則，不禁令人起疑。美國身心障礙者教育法案的草案起草人 L. Walker[14]曾提出九項支持完全融合教育的原則，大部分是以國小教育和國中教育為對象，內容上有一些受限的部分，僅作為參考：

　　① 在公立教育領域要確保教育的近用權。

199

---

[12] 김종인 , National Joint Committee of Learning Disabilities, 1994.

[13] 윤점룡 , 한국재활복지대학 신임교원 연수자료집 , 2003.

[14] L. Walker, "Procedural rights in the wrong system: special education is not nough, in A." Gartner and T. Joed (eds) *Images of the Disabled, Disabling Images*. New York: 98-102. 1987.

②追求服務（教育）個別化帶來的變化，以驗證對於身心障礙的錯誤假設。

③要撤銷將身心障礙學生從非身心障礙學生隔離的原則。

④拓寬學校提供的服務領域。

⑤引進學校所提供服務領域之審議過程。

⑥制定確認障礙學生用的指引書。

⑦確立教育主管單位之間的角色（美國為州政府和聯邦政府）。

⑧教育服務提供的業務執掌明確化。

⑨強化融合教育相關教師職員的培訓。

概括實際可以實現的融合教育原則為：

- Availability：要充分提供品質良好的融合教育
- Accessibility：沒有歧視下，所有學生都得以近用
- Non-discrimination：排除所有的歧視性要素
- Physical accessibility：物理環境設施的可及性
- Economic accessibility：經濟可及性，費用不能成為融合教育的阻礙
- Acceptability：形式和內容方面，以及教育方法上能夠普遍為大眾接受且有人文素養的教育
- Adaptability：能夠靈活地適應社會的需求和變化 [15]

從以下韓國以及許多締約國的案例，可以看到融合教育的實際推行，面臨著背離上述原則的若干障礙。

---

[15] CESCR, general Comment 13, the right to education, Article 13, para. 6.

### 韓國的融合教育現況

　　韓國政府提出以下的資料，並要求增加特殊學校的設施，但這不符合《身心障礙者權利公約》原則。也就是，「2018 年全國特殊學校有 176 所，但是學生人數過多班級有 14%，往返學校要一個小時以上的遠距學生有 1,853 人（7.4%），因而需要增設特殊學校（或班級）。韓國政府為解決除這些問題，並保障及改善特殊教育對象的教育機會和教育條件，在 2018 年計畫新增 3 所，2019 年 3 所，2020 年 5 所，2021 年 7 所，2022 年 6 所，共 24 所以上的特殊學校。」[16] 並且說明不得不增設特殊學校的理由。「韓國政府同意身心障礙者權利委員會在第 4 號一般性意見所談及之全面性教育的必要性。並為全面性教育而致力於相關的融合教育。因此，國家對於適合身心障礙學生的教材及教育資料的開發，以教師與教職員為對象的培訓，身心障礙者意識改善進行不斷地努力。但是考量到身心障礙類型及特性，相關教育環境的受限，家裡有身心障礙兒童的家庭有設置特殊學校的需求，也需要根據身心障礙類型，建立具專業、有效教育的特殊學校。」[17]

　　2018 年 9 月，曾有身心障礙兒童的父母們雙膝跪在反對設立特殊學校的社區居民面前，苦苦哀求設立學校。根據新聞報導，如果增設特殊學校或特殊班級，那麼身心障礙學生在社區上，與非障礙學生一起學習活動共同交流的融合教育就會減少，而走上隔離式教育的方向。導致與聯合國《身心障礙者權利公約》所追求的身心障礙者社區融合方向的距離，會相差甚遠。更令人擔憂的是政府的第 5 次身心障礙者政策研究綜合計畫中，更是以特殊班級、特殊學校的增設為導向而不是融合教育。如此一來，將來在第二、第三首爾江西區特殊學校，以及在首爾 CAREERWORLD 發生的案件有可能再度發生。[18]

---

[16] 2019 年第 2、3 次合併國家報告。

[17] Ibid.

[18] able news, 2018. 9. 5

**瑞典的案例**[19]

　　本委員會對於瑞典學校由於學校結構和經濟問題，拒絕身心障礙學生入學，表示憂慮。同時對於需要相當支持的學生，無法給予支持以及由於支持不足而不能求學的狀況，亦表示憂慮。

201

**澳洲的案例**[20]

　　儘管根據《身心障礙學生教育標準》可以平等地就學，但是對於身心障礙學生還是被安排在特殊學校，就讀普通學校的身心障礙學生也是被分配到特殊班級而感到憂慮。本委員會同時對於，就讀普通學校的身心障礙學生缺乏合理調整，只能接受水準以下的教育而表示憂慮。而且身心障礙學生的畢業率，也大不如非障礙學生而表示憂慮。

**台灣的案例**[21]

　　國際審議委員會對於締約國在整體上沒有實施全面融合教育而表示憂慮。以及對於權利委員會在第4號一般性意見所表述的融合教育，也就是在排除、隔離，特別是在統合／整合與融合沒有做出區別。同時忽略屬於永續發展目標（SDGs）目標四「確保有教無類、公平以及高品質的教育」的主題。具體來說對以下四點表示憂慮。

①身心障礙學生並沒有參與他們的教學課程計畫。

---

[19] CRPD. 4 March 2014.

[20] CRPD. 23 October 2013.

[21] 國際審議委員會（IRC 2017. 11. 03）

②身心障礙學生就讀普通學校，學校生活中欠缺通用設計與合理調整。

③身心障礙學生在就讀上需要各種支持的費用都由父母承擔，若無法負擔時，在普通班級中與身心障礙兒童實施融合教育的老師培訓不足。

④在台灣手語翻譯並沒有普及。

　　為推行《身心障礙者權利公約》第24條，各締約國要立法以消除歧視性因素，並透過課程的採用，在教育體制下推動平等與反歧視作為國家政策研究。同時也要廢除歧視性或是對融合教育的推行上，有負面影響的立法和政策。公約第24條是要求締約國在不斷研究下，提供ICT通訊技術的資訊，以及使身心障礙學生更有效參與教育所需之輔具。同時，締約國對於身心障礙當事人及代表團體要維持緊密的溝通並接受諮詢。除了身心障礙學生和父母以外，也要向這些團體分享融合教育的相關資訊。締約國不應默認任何型態之歧視，也要多加留意若違反了公約第24條，該如何有效處理。締約國應保持無歧視的教育服務精神，這要超越教育體系，需要更廣泛地涵蓋到社會服務以及其他相關的服務。最後引用一份研究結果，當中提出幾項讓融合教育獲得成功的要素。[22]

① 有遠見的領導人：校長、教育行政人員、老師、父母家長、督學、身心障礙運動團體、大學的教育機關等。為了達到融合教育的成功，各方都要有明確的使命感。

② 協作：通常需要三種協作類型：（a）普通學校和特殊學校；（b）班級負責人和服務提供人；（c）教學課程評審與導師的協作分配時間。

202

---

[22] Council of Exceptional Children, a Working Forum on Inclusive Schools, 1995.

③ **重新修正評量重點**：傳統的特殊教育評量方式可以更真實地評量學生的優缺點，並為課堂提供更多實踐上的支持。例如，課程分析比智商測驗來得重要。與其專注於甄選特殊教育的對象，不如為普通班級提供足夠的補充資料並改善教學課程。

④ **教師與學生之協助**：提供針對教師們協作的時間分配與課程專家的教學課程；以教學課程經驗為基礎的實際教學。對於學生的協助是廣泛利用各種教學材料、重新編排教學與授課內容、運用科技技術以及擅用準專家（半專業人員）與輔助人手。

⑤ **足夠的財政補助**：融合教育是只要做好全盤的各項準備工作，就會比開辦一所特殊學校的費用減少很多。針對有特殊教育需求學生們之資金，可以分配到普通學校做儲備基金，提供更高效益的教育。但是如果同時開設正規學校和特殊學校，費用就會增加。

⑥ **有效的教育模式、教學課程的修正與教育策略的活用**：沒有唯一的融合教育模式。最突顯的方法是特教老師和普通老師的做搭配。有身心障礙兒童的班級由一般老師當導師，另外讓特教老師負責諮詢的角色。特教老師缺乏一般教育的經驗，一般老師也對身心障礙學生的個別化教育不是很熟悉。但是只要有一定程度的團隊教學（team teaching），相對學生的理解就會增加。

## 第 25 條　健康

　　為使身心障礙者充分運用健康與復健相關服務，採取合宜的措施，這在公約第 25 條和第 26 條都有明示的內容。同時，第 14 條的第 1 項第 b 款（也應以相同脈絡來理解。就是，「（b）不被非法或任意剝奪自由，任何對自由之剝奪均須符合法律規定，且於任何情況下均不得以身心障礙作為剝奪自由之理由。」當然，在第 14 條第 1 項第 b 款強調的是，在所需服務近用性上，不能剝奪其自由。最高水平的健康權益的保

障是在《世界人權宣言》第 25 條、《兒童權利公約》第 24 條、《經濟社會文化權利國際公約》第 12 條和《消除對婦女一切形式歧視公約》第 12 條都有明文規定。特別是，在《經濟社會與文化權利國際公約》中表明健康是基本的人權，也是為享有其他人權而必備的，每個人為享有尊嚴的生命都有權利被保障最好的健康。如果無法享有最高標準的健康，就沒有辦法享受食、衣、住、勞動、教育、人性尊嚴、平等，並抵抗酷刑與虐待，沒有辦法享有隱私、資訊的近用、結社與行動的自由等。健康不是單純只要健康的權利，是對自己身體有可以掌控的權利，進而可以抵抗沒有同意下的醫療介入、虐待、醫療試驗等。健康權是指保障享有最佳健康的醫療制度。對身心障礙者來說健康是無障礙醫療的近用權，《經濟社會與文化權利國際公約》明確列舉以下幾點：

## （1）可用性（Availability）

　　應充分供應良好的醫療制度、良好的服務與醫療內容。但是，這些條件會依照締約國的發展程度而有所不同。決定醫療制度的要素是清潔的飲用水、完善的衛生設施、診療設備、醫院建築、受良好訓練的醫療團隊、薪資水平、醫療從業人員的待遇、世界衛生組織指定必備藥品的供應等。

## （2）無障礙／可及性（Accessibility）

　　所有的醫療設施在締約國內要讓每個人都可以近用而不能歧視，並須具備五項要素。

　　① 不歧視：特別是弱勢階層的近用性要無條件保障。
　　② 物理環境的可及性：弱勢階層、女性、少數族群、障礙者、HIV/AIDS 感染者、兒童、青少年、老年人等，每個人都要容易無障礙的使用醫院和設施等。
　　③ 可負擔性：任何人都可以負擔，基於公平原則下的公共及民營的醫療費用：公平性意謂著降低貧富差距。

④ 資訊近用性：可以請求及獲得醫療資訊，任何情形下都要遵守
　保密原則。

⑤ 接受性：所有醫療服務都要遵守文化上可以接受的醫療道德，
　並須考量病患的文化與社會背景、少數族群的社區、性別與生命
　週期相關的必要條件，以提供最大限度的尊重與保密為原則。

醫療服務品質：不僅是文化上可以接受的，醫療服務也要保障是醫
界認可的品質水平。換言之，具備可信賴且接受良好訓練的醫療陣容、
科學驗證過的設施、使用未過期的藥物、醫院設施、安全的飲用水與足
夠的衛生設施。

---

**韓國的案例**

　　韓國政府為了接受 2019 年聯合國第三、四次的合併審議，得到
以下比較敏感的質疑。「《商法》第 732 條規定身心障礙者在加入人
壽保險時，僅限於當事人能夠證明本身有意思決定能力（possesses
mental capacity）的修訂，以及對於《身心障礙者權利公約》第 25 條
第 e 款，締約國是否決定要撤銷過去的保留立場，並請求說明改善
事項。同時，對於在醫療機關須提高有關身心障礙者近用性的改善
措施事項，以及韓國政府目前對身心障礙者本人要負擔的醫療保健
費用，是否有提供補助和今後費用負擔計畫，請求做出相關說明。

---

　　「《身心障礙者權利公約》」並不是一律要求准許身心障礙者加入人壽
保險，而認為以公平合理的方式（fair and reasonable manner）來做限制
是可行的。因此，在《商法》第 732 條，只有限制不具意思能力的障礙
者加入壽險，這並不是歧視心理社會障礙者，而是想要保護他們免於遭
遇保險犯罪或惡意遺棄。在法國的情形是，禁止受監護之成人、入住精
神醫院的障礙者加入壽險，英美法系也是依利益主義原則，被保險人若
是沒有意思能力的心理社會障礙者時，就有類似規定而不承認被保受

益。於是，韓國政府在 2014 年 3 月 11 日修訂原先全面禁止的心理社會障礙者加入壽險的《商法》第 732 條，將其修訂為具有意思能力之心理社會障礙者可以加入壽險，以履行依照公約的義務措施。於此措施中進一步確認，不管是否有意思能力，全面讓身心障礙者加入壽險是不適當的舉措。」[23]

「韓國政府依據《身心障礙者健康權及醫療近用權保障相關法律》第 17 條，已推動身心障礙者的醫療費用支援制度，已登記為第 2 種醫療給付補助者，或是中低收入自付額減免對象的身心障礙者補助醫療費用中的自付額全免或部分減免。另外於第一、二、三級醫療院所，住院費中的自付額部分全免。2017 年預算標準中，登記為第 2 種醫療給付補助者，或中低收入自付額減免對象的身心障礙者為 85,320 人。」[24]

## 第 26 條　適應訓練及復健

韓國的外交部將公約第 26 條翻譯為訓練與復健，這是因為在韓國尚未將 Habilitation（適應）和 Rehabilitation（復健）的概念定義清楚。現實上身心障礙專家對於 Habilitation 的概念也很生疏。2011 年像丹麥一樣的先進國家也沒有定義清楚這兩個概念的差異性。《身心障礙者權利公約》在形成當時也有過類似的混淆問題。我們試著來做以下的說明。

Habilitation 是多面向的醫療過程之一，但是與我們過去所熟悉的「復健」是有明顯不同的領域。從《身心障礙者權利公約》的整個結構來看 Habilitation 的地位是在第 25 條的健康、第 27 條工作與就業以及第 28 條的社會保障之間。Habilitation 是針對先天障礙／損傷者，盡一切努力幫助提高他（她）身為人的自我決定權，而 Rehabilitation 是與後天形成障礙／損傷的恢復有關。圖 4-1 的「社區導向復健矩陣圖」

205

---

[23] 2019. 2. 3 차병합국가보고서 .

[24] Ibid.

（community based rehabilitation matrix）是涵蓋健康、預防、醫療、復健、輔具，而公約第 26 條第 1 項的規定提示「經由同儕之間的支持實現完整融合和參與生活所有方面」。但需強調的是復健並不能「一體適用」這些過程，重要的還是當事人的自我決定權。第 25 條的第 b 款在彰顯「社區導向復健」CBR 的重要性；這與第 25 條的第 c 款概念一脈相通。

定義障礙相關的要素中，可以適用復健介入（rehabilitation intervention）。在世界衛生組織的 ICF 中，障礙是身體結構和功能、活動與參與、環境因素、個人因素等相互作用下出現的綜合性結果。因此針對各項因素進行復健介入，減低障礙使身體機能達到最佳之狀態、就是復健的目標。換句話說，身心障礙是由醫學模式與社會模式決定的。因此為恢復以往的生活，復健也需要超越醫療資源更廣泛的介入。為此，除了醫療人力之外，還有更多的專業人力可以走到實地現場來協助障礙者的復健。也就是說，為這樣成功的復健治療，須由復健醫學科的專門醫師、其他科的專門醫師、復健護理師、物理治療師、作業治療師、語言治療師、社工師、臨床心理師、輔具製作商、特教師、職業復健師等各種醫療專業人員跨專業合作（interdisciplinary cooperation）達成。接著要談的內容是復健醫院、醫學中心、綜合醫院的復健醫學科所實施的評估與治療，在影響障礙形成之因素的損傷、活動限制、參與侷限當中，較偏向於損傷的治療與其相關成果的評估。活動與參與成效評估是由意見溝通、移動性、自我管理、教育、就業工作、生活品質等各種領域中，以個人所獲取的成果來衡量。[25] 實際上，復健可謂是超越醫療的領域（beyond medical rehabilitation）。不能只設定在醫院後全部都能消化，有必要政府機關或其他相關機關的協作。Habilitation（適應）和 Rehabilitation（復健）服務之目的是讓所有身心障礙者在他們的生命週期可以維持自我獨立、自我決定為共同目標。

206

---

[25] WHO, World Report on Disability, 2011.

### 社區導向復健（community based rehabilitation, CBR）

社區導向的復健始於世界衛生組織 1978 年的阿拉木圖宣言。社區導向的復健是由低所得、中所得國家最大限度地利用社區資源，來促進身心障礙者無障礙之復健服務的做法開始發展的。之後經過 30 多年由聯合國的其他組織、非政府組織、身心障礙者組織之間透過協作，社區導向的復健的觸角延伸至身心障礙者的參與、社會融合以及提升生活品質等廣泛需求，逐步發展成為多元面向的策略。社區導向的復健到了 2010 年有 90 多個國家在推行中。社區導向的復健具有預防作用也可以降低費用，同時也是能開發醫療人力以外其他人力的最佳方法。2010 年 5 月 19 日以過去社區導向復健的建議事項為架構，世界衛生組織發行了社區導向復健指南。[26] 這一份指南有助於社區導向的復健藉由《身心障礙者權利公約》和身心障礙相關法規的制定與推行，也會成為適應社區之融合發展的一個基礎策略。

這份指南具體地為社區導向復健的管理負責人，提供作為開發及完善社區導向復健方案的實際提案，對身心障礙者和家人來說，在健康、教育、生計、社會領域會得到實質的幫助。而該指南強調在所有的開發與意思決定的各個階段，都要讓身心障礙者、家屬以及社區融合的參與，並能夠協助監測社區為導向的復健方案，還可實施研究，在各式情況下是否有效的推行社區導向的復健。WHO、ILO、UNESCO 的社區導向復健特別專家委員會的成員們，在緊密合作下制定了指南規範書，低所得國家有 180 位人士、300 個組織參與。[27]

在此之前，2004 年發表過一份社區導向復健矩陣圖，最能反映出理解社區導向復健的概念作為一個多元而廣泛的策略。[28] 橫軸為健康、教育、生計、社會以及充權五個組成要素，而各個組成要素又分為五個

---

[26] WHO, International Consultation to Review Community-based-rehabilitation (Geneva: WHO, 2003). http//www.wholibrdoc.who.int./2003/who/ dar 03.02.pdf

[27] WHO, Systems thinking for Health Systems Strengthening. Alliance for Health Policy (Geneva: WHO 2010). http//www.wholibrdoc.who.int./2003/who

[28] Ibid.

下位要素。實際上這是早於聯合國《身心障礙者權利公約》前十年提出來的，由筆者補充的下表可以看出與《身心障礙者權利公約》的條文有密切聯繫。一般來說社區復健偏向於醫療領域，而 WHO 的矩陣圖則納入了醫療以外的領域。

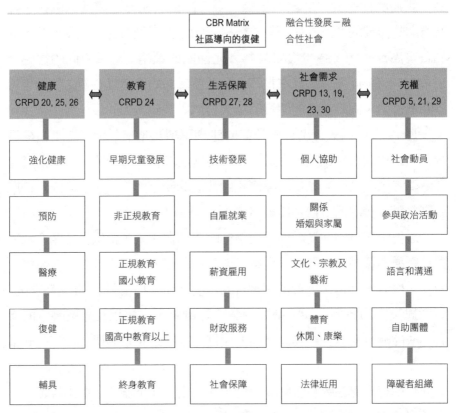

CRPD：身心障礙者權利公約（Convention on the Rights of Persons with Disabilities）

**圖 4-1　CBR matrix（社區導向復健矩陣圖，Framework）**

208　　　這五個組成要素主要與發展領域、身心障礙者與家屬，以及社區的充權都有關聯。健康是由強化身體健康（針對可以矯正的因素矯正）、預防（一級、二級、三級預防）、醫學管理（診斷、評估、治療）、復健、輔具所組成。教育是由幼兒期教育、國小教育、國高中教育、非正規教育、終身教育所組成。生計是由技術開發、自營業、就業、金融服

務、社會保障所組成。社會是由個別協助、關係與婚姻和家屬、文化與社會、休閒與運動、法律近用所組成。充權是由倡導與意見溝通、社區動員、參與政治、自助團體、身心障礙者團體所組成。實施社區導向復健時，不需要包含社區導向復健的所有組成因素與下階因素，可因當地的實情做適當取捨。以社區觀點來看，CBR 是社區發展上的必要因素。在所有的計畫與發展過程中，依據社區居民的參與或決定並需要動員社區資源。其中，身心障礙者的家屬以及身心障礙者團體是最重要的，他們具有的經驗及知識基礎，也可由社區的資源與技術為導向的適當教育和指導，得到改善，好讓家屬在家庭中也可以扮演好協助復健的角色。社區的教育設施、職能培訓的每個機會也要開放，社區要保護身心障礙者不讓他們受到人權的侵犯，為此，身心障礙者與身心障礙者的家屬，都要參與和身心障礙者的所有服務與機會相關的討論與決定。可從社區居民中挑選一至兩位接受培訓，成為主導 CBR 的社區成員，亦可動員訓練有素的社會福利師，發揮擅長的社區發展方法以及應用個案管理。在國際上，像是韓國國立復健院等各國的機構也有進行 CBR 的培訓。CBR 不是獨自運作而是需要與鄰近復健專門醫院緊密配合，尤其需要復健醫學介入的復健對象，其轉介（referral）更是如此。[29] 因此 CBR 需要與政府／非政府領域的服務保持密切的合作關係。

　韓國各地區的復健醫院，已成為醫療、技術與物質方面支援協助上的重要支撐。為達到韓國保健福祉部從 2019 年開始推動的社區照顧服務（community care）政策的實際成果，CBR 就是必須要納入的領域。再次強調，如果能夠有效地利用 WHO 的 CBR Matrix，那麼就能夠順利推行《身心障礙者權利公約》提出來的許多條文，這是一個很大的優點。具體來說就是在健康領域的第 20 條、25 條、26 條，教育領域的第 24 條，生活保障領域的第 27 條、28 條，滿足社會需求領域的第 13 條、19 條、20 條，強化個人能力領域的第 5 條、21 條、29 條。

209

[29] http://whqlibdoc.who.int/publications/2004/9241592389_eng.pdf

---

**菲律賓的案例**

　　本委員會對於締約國提交的有關健康之適應訓練／復健的廣泛服務範圍，包含在相關立法 R.A. No 7277，或是「障礙者的大憲章」和 R.A. 1179《職業復健法》，但卻沒有提到 CBR 相關具體資訊表示憂慮。[30]

---

**澳洲的案例**

　　本委員會對於締約國的適應訓練／復健治療，多半偏重於醫療模式而非人權模式表示憂慮；而建議締約國將其修正的同時，在近用適應訓練／復健上，應使身心障礙者在自由而足夠的資訊下提供。[31]

---

# 第 27 條　工作及就業

　　自 20 世紀初葉以來，「勞動權利」在各國的憲法、國際宣言、非約束性公約等都有明文的規定。國際勞工組織（ILO）在 1919 年成立並宣示「勞動不是商品」，ILO 的創立在此過程中留下重要的一筆。[32] 在這宣言文的第三部分中闡明，ILO 的嚴謹義務是「讓各國的人民充分就業以提升生活水平」。這樣的認知就是人類透過集體或個人的勞動，就能改變世界的一種信念表示，伴隨而來的是社會資產的近用性、為共同生活營造的架構、透過彼此之間緊密結合而不斷地學習、透過自我實現貢獻整體社會的安定等。如果將人類視為經濟耗材可能會違背人性尊嚴，因此勞動力不可以服從於市場的原則。勞動與人性尊嚴環環相扣，

---

[30] 聯合國人權委員會，18 February 2018。

[31] 聯合國人權委員會，21 October 2013。

[32] International Labour Organization (Declaration of Philadelphia) of 1944.

僅靠單純地承認擁有工作的權利是不足夠的。以人權觀點來看，端視勞動是積極的義務及其相關權利，也是受惠。以整個國際法規來看，勞動不是單純地創造收入。勞動權是代表公平的勞動，提供充分和生產性就業的同時，應追求人類的政治／社會自由。勞動不是單純的人權，是保證人性尊嚴的核心。這些人權的哲學思維與信念是透過許多途徑有所闡明，《世界人權宣言》的第 23、24 條，《經濟社會文化權利國際公約》的第 6、7、8 條，《公民與政治權利國際公約》的第 8 條第 3 項、《消除一切形式種族歧視國際公約》的第 5 條第 e 款之 i，《消除對婦女一切形式歧視公約》第 11 條第 1 項第 a 款、《保護所有移徙工人及其家庭成員權利國際公約》的第 11、25、26、40、52、54 條，以及《身心障礙者權利公約》的第 27 條。特別是在公約第 27 條，為推動身心障礙者的就業而盼望締約國要採取的許多策略。每個締約國常用的概念有所不同，但有共同點。例如「積極措施」（affirmative/positive measures）與「反向歧視」因為會造成混淆不常被使用。雖然名稱不同但是目的都是要創造平等的就業機會。考量上述所有發展的情況，我們有必要來檢視一下其他國家身心障礙者就業的情況。

210

### 身心障礙者就業的全球情況

**巴西的情況** [33]
　　在身心障礙者的就業中有嚴重的歧視行為，特別是對身心障礙婦女的情形，本權利委員會對此感到憂慮。同時對於僱用一百人以上的公司，沒有安排定額進用制（quota system）而感到憂慮。

---

[33] CRPD. 16 June 2014.

**台灣的情況** [34]

國際獨立審議委員會對於以下的就業現況表示憂慮。

①身心障礙者的就業市場參與率、特別是婦女，明顯低於非障礙者。

②就業現場的環境有很多阻礙，但是政府並沒有推行合理調整原則，而認為合理調整原則就是空間的分配，為這樣的誤解表示憂慮。

③身心障礙者在就業準備階段，沒有預先接受職業培訓。

④身心障礙者從事以工時制工作的情形居多，無法進入正職且薪資也很低。

⑤在就業現場的歧視，相關的司法應對機制不足。

⑥在身心障礙者就業上扮演重大角色的定額進用制，沒有發揮其實際效應。

⑦庇護工場（sheltered workshop）欠缺相關措施，無法讓身心障礙者打入開放的就業市場。身心障礙受雇者怕被取消社會保障資格，而放棄工作。

211

**泰國的情況** [35]

在身心障礙者的僱用上有嚴重的歧視行為，特別是針對身心障礙婦女而感到憂慮。同時對於在身心障礙勞工方面的偏見、就業方面職業復健的低迷，雇主寧願支付罰金給身心障礙就業基金也不願僱用身心障礙者，表示憂慮。同時，因雇主繳納罰金而累積的基金是如何正當使用，是否有效地依照規定運作此基金，表示憂慮。

從以上的締約國案例可以看出，身心障礙者在就業上面對許多問

---

[34] The International Review Committee(IRC) on 3 November 2017.

[35] CRPD. 4 April 2016.

題。筆者在擔任委員時，對公約的第 27 條表示深切關注，身心障礙勞工與同儕之間的關係、歧視與偏見、頻繁的失業以及再就業、低薪資、被隔離的作業場所等，針對實際上在工作地點內的同事關係、工作現場、薪資等無法保障身心障礙者「合宜工作」提出諸多問題。

　　韓國政府認為重度障礙者也要支付合理的薪資以穩定他們的就業。因此充分考量障礙者勞工的生活安定、以及雇主負擔、補助規模的合理性來決定薪資補助範圍，政府正在研議修訂「最低薪資適用除外認可制度」。為此，政府結合身心障礙者團體及專家學者，為該制度的修訂成立運作策劃小組，2019 年起透過相關司法的修訂進行改善計畫。[36] 總結來說，現實上雖有困難，但就業目標是要開放勞動市場，小規模的庇護工場也只能當作在不得已情形下的對應方案。職業培訓的機會也要朝擴大開放勞動市場方向，也要推動工時制、就業輔導、自營作業等。對所有人而言，就業是為了克服貧困與社會全面的融合和參與，這點同樣適用於身心障礙者。同時雇主應該以最具競爭力的方法來雇用身心障礙者。但是，根據某項身心障礙者就業統計指出，身心障礙者的失業率高出非障礙者的二至三倍，即使他們找到工作，因經常性低薪又常常面臨失業而重複再就業。在諸多問題中，「歧視」還是最嚴重的問題。我們來看身心障礙者在現實中怎麼說。

　　想要求職的身心障礙者們異口同聲地說：

「在應徵的時候我說是身心障礙者就被拒絕了。」
「因為我的手不方便、因為我是視障、因為我少一根拇指，他們都不給我機會。」

　　而目前已就業的身心障礙者也說：

「我們跟一般人比較起來，在薪資和獎金上相差很多。」
「因為我們的活動力低，所以像休假工資或過年獎金都沒有我

212

---

36 2019 年 2 月 3 日，第二次綜合國家報告。

們的份。」

「一開始他們對我們就有歧見。」

「再說，就算受到歧視也不知道如何救濟，也不知道方法。所以找到工作也是問題，沒有工作也是問題，像我們這種身心障礙者想要一份工作就只能是夢想嗎？」

「至於歧視的原因據調查，以輕度障礙者來說，『應徵條件上有過多的身體條件限制時』占 28.4% 為最多。其次是『不給我們考試或面試的機會時』占 18.5%，『不容易取得求職資訊時』占 13%，『面試者障礙者的歧視性發言』占 13% 等。重度障礙者也是一樣，『在應徵條件上有過多的身體條件限制時』為最多，占 24.6%。緊接著『不給我們考試或面試的機會時』占 23.1%，回答『不容易取得求職資訊時』有 21%。而在提供合理調整方面：在資訊及工作系統的近用性保障是 43.1%，提供符合特性的作業指南為 32.4%，提供身心障礙者輔具為 23.9%，為工作方便而改造設施為 22.5% 等都很低迷。尤其，為交流溝通及工作執行，安排手語翻譯師或朗讀員等工作支持只有 17.4%。」[37]

## 第 28 條　適足之生活水準及社會保障

社會保障和適足的生活水準是人權上兩個獨特的領域。我們在聯合國協商當時也有人提議將這兩個領域分開，後來發現至少在 40 多項的宣言文都有談到這些，後來就把它壓縮為社會保障與社會保護。社會保障在《世界人權宣言》的第 22 條以及《消除一切形式種族歧視國際公約》的第 23 條 [38] 都有規定，也包含在《消除對婦女一切形式歧視公約》第 11 條、《兒童權利公約》第 26 條以及《保護所有移徙工人及其家庭

---

[37] 에이블뉴스, 이슬기 기자 (lovelys@ablenews.co.kr)

[38] 編註：此處應為原文誤植，《消除一切形式種族歧視國際公約》第 23 條不是在講社會保障。

成員權利國際公約》的第 27 條內。值得我們關注的是，《經濟社會文化權利國際公約》在通過當時，就曾經強烈表述社會保障與適足的生活水準對於身心障礙者有多麼的重要。

　　社會保障與維持收入，對身心障礙者來說是特別有意義的制度。聯合國的基本原則有明文規定，締約國對於身心障礙者或因障礙或相關因素，造成短期收入減少或無法工作時，應保障身心障礙者合理的生活水準。在必要時，也要補助因為障礙所形成的衍生費用，且特別要照顧身心障礙婦女的情況。[39] 更進一步，除了衣食住之外，像是輔具等必要服務，一定要協助障礙者才能使他們擁有自立的日常生活，且能行使他們的權利。對於身心障礙者來說，先有衣物及居住上的適足，才能擁有圓滿的社會生活，所以格外具有意義。同時在必要時，也要能獲得行動支持服務。[40] 但是實際上，身心障礙者的現實如同就業現場一樣是惡劣的情況。獎金或福利津貼也無法正常領取，誰還可以保障他們適足的生活呢？「克服困難後就業的身心障礙者還要承受就業歧視。薪資部分明明做的是同樣或雷同的工作，但拿的基本薪資比非障礙者還要低的大概占 19%。以障礙程度檢視時，輕度占 13.7%、重度占 23.6%，而重度障礙者在基本薪資的給付上明顯有很大的差距。另外像是對身心障礙者職員，就沒有給付獎金或其他津貼的情形占整體的 15%，有 11.4% 在婚喪喜慶津貼、健康檢查等勞工福利津貼，跟非障礙者的勞工相比，明顯感到差距。」[41] 韓國政府發表了各項新的研究，但是與現實還是有相當的距離。

　　政府在 2010 年 7 月開始實施的《身心障礙者年金法》，引進的身心障礙者年金制是針對重度障礙者，為補助他們因重度障礙失去的收入和費用，政府對 18 歲以上低收入戶的重度障礙者，每個月補助 209,960 韓元 ~289,960 韓元。但是被指責，這樣的給付水準要來彌補因障礙形

213

---

[39] CESCR, general Comment 5, Persons with disabilities, para. 24

[40] CESCR, general Comment 5, Persons with disabilities, para. 33

[41] 에이블뉴스, 이슬기 기자 (lovelys@ablenews.co.kr)

成的無收入或補貼費用是不充分的。因此政府計畫將基本給付額，從現在的 209,960 韓元預計到 2018 年 9 月調升為 25 萬韓元。另外也計畫改善附加給付額，以協助改善障礙者因障礙形成的增加費用，一方面政府依據《障礙福利法》第 49 條，18 歲以上低收入輕度障礙者給付障礙津貼，並依據同法第 50 條，18 歲以下的低收入障礙兒童給付障礙兒童津貼。相較於身心障礙兒童津貼每月給付 2 到 20 萬韓元，障礙津貼只有給付 2 到 4 萬韓元。儘管在 2015 年已經調升 1 萬韓元障礙津貼，但還是有人指出這仍然不足以實現生活穩定的目標。因此日後計畫將階段性的調整障礙津貼。[42]

214　　　泰國的情形跟韓國很類似。

---

**泰國的案例**

　　本委員會對於身心障礙者處於貧困的情況深感憂慮，特別是少數民族、要照顧身心障礙兒童也要上班工作的未婚媽媽的家庭。更令人擔憂的是，沒有收到身心障礙津貼而無法維持適足生活水準的身心障礙者人數過多，對此希望做出改善措施。[43]

---

**蒙古的案例**

　　本委員會對於身心障礙者的生活水準，因為欠缺足夠信賴性的資料，而無法查明到底實際支持生活的情形是如何，對此表示憂慮並請求做出改善。[44]

---

[42] 2019, 第 2、3 次合併國家報告。

[43] UNCRPD 結論性意見 4 April. 2016.

[44] UNCRPD 結論性意見 10 October 2014.

**紐西蘭的案例**

　　相較於一般人民，身心障礙者的收入明顯偏低，另外與單親父母住在一起的貧困身心障礙兒童人數明顯增加，本委員會對於此表示憂慮。身心障礙者的津貼也依照障礙條件分成等級給付，造成難以合理化的生活水準差距，本委員會對此表示憂慮，並要求改善措施。[45]

**英國的案例**

① 2008 到 2009 年因為經濟危機，造成身心障礙者與家屬陷入貧困者急速增加，尤其家裡有身心障礙兒童的家庭深受打擊。

②由於社會補助、失業給付、因障礙而衍生的費用補助減少，而影響身心障礙者的生活表示憂慮。

③從社會保障、障礙津貼轉換到自立生活的過程導致津貼減少，造成身心障礙者的家屬生活品質下降。

　　有關上述的憂慮事項，本委員會對於英國政府建議如下。英國政府對於政府統治底下的所有地區包含國外，應與身心障礙者團體合作並為符合任擇議定書第 6 條（CRPD/C/15/R.2/Rev.1）與永續發展目標（SDGs）10.2 推行所有政策。[46] 永續發展目標 10.2 是「無論人民之身心障礙與否，政府應推動社經政治的融合。」任擇議定書第 6 條有（1）～（5）項，第 1 項舉出「在公約裡規定的」包含就業的諸般權利，若顯示締約國沒有順利推行時，委員會可邀請締約國為此提交相關資料。

215

---

[45] UNCRPD 最終建議 10 October 2014.

[46] UNCRPD 最終建議 25 August 2015.

# 第 29 條　參與政治及公共生活

　　身心障礙者也是身為一國之民或是社區居民，要能夠參與選舉行使其民主影響力。如果此民主權利的行使被拒絕或遭受不便，那就是一個受辱或被剝奪平等權利的公民。

　　第 29 條的首要課題是指身心障礙者在自己挑選者的協助下，可以參與選舉。若身為協助者的角色而過度干涉或有造假之情事，是否為真正的協助則有待爭議。同時輔具和無障礙原則，也要具體充分考慮在內。第 29 條所提出的第二個議題是依據一般政治的參與，如在第 a 款[47]第 ii 項要求「保障身心障礙者之投票權利，使其得以於各種選舉或公投中不受威嚇地採用無記名方式投票及參選，於各級政府有效地擔任公職與執行所有公共職務，並於適當情況下促進輔助與新科技之使用。」值得我們關注的是，在聯合國人權文獻首度標記的字眼——完整而有效地（fully and effectively）（在韓文翻譯中完全省略了）。我們的協商過程中也發現，當事國的各種選舉法似乎都沒有像《身心障礙者權利公約》的規定一樣具體。《世界人權宣言》第 20 條和第 21 條，反映在《公民與政治權利國際公約》第 25 條，也包含在《消除對婦女一切形式歧視公約》第 7 條、第 8 條。尤其《消除對婦女一切形式歧視公約》很清楚地表示這是「特別應保證之權利」。聯合國人權委員會將參與公共生活以及投票的權利納入於一般性意見。[48]尤其委員會特別指定「積極措施」（positive measures），其中包括文盲、語言障礙、貧困和行動自由不便而導致行使權利受挫，還有資訊隔閡等的特殊問題，實際上這與身心障礙者有很大關聯。委員會甚至建議可採用照片、符號／象徵物來拓寬身心障礙者的選擇幅度。[49]

---

[47] 編註：原文誤植為第 b 款。

[48] HRC, general Comment 25, Article 25 Participation in Public Affairs and the Right to Vote.

[49] HRC, general Comment 25, Article 25 Participation in Public Affairs and the Right to Vote.

　　《公民與政治權利國際公約》第 25 條第 1 項規定中的參與政事是一種概括性的概念，網羅了政治、立法及行政權利，乃國內外區域層級的政策研究之制定與推行特別要關注之主題。身為公民的身心障礙者可以在公開場合討論與對話，或者對外示威、組織團體等來參與公共生活。這些概念中包含所有公共生活與政治生活相關的公部門委員會、政黨活動、工會、事業協會、女性團體、社區組織行動。[50] 這些參與中表達自由與結社自由皆受保障，如同上述《身心障礙者權利公約》第 29 條第 a 款[51] 第 ii 項所規定，「保障身心障礙者之投票權利於各種選舉或公投中不受威嚇地採用無記名方式投票及參選，於各級政府有效地擔任公職與執行所有公共職務。」無論是作為投票人還是候選人均得以參與政治。當事國為使所有的人都可以參與選舉行使他們的權利，應採取一切有效的措施。

216

> **韓國的案例**
>
> 　　雖有上述的制度性機制，但是在過去韓國第 19 屆總統候選人的電視辯論會，都沒有提供充分的手語翻譯，也沒有製作容易閱讀的宣傳資料，造成身心障礙者團體的不滿，韓國中央選舉管理委員會認知到身心障礙者的全面參與政治上，有很多不足的部分。因此韓國中選會為保障身心障礙者更完善的政治參與，會繼續致力於改善有所未臻之處。[52]

---

[50] CEDAW, general Comment 23, Political and Public life, Para. 5

[51] 編註：原文誤植為《公民權利和政治權利國際公約》第 25 條第 2 款。

[52] 2019 第 2、3 次合併國家報告。

# 第30條　參與文化生活、康樂、休閒及體育活動

　　任何人都享有教育、身體活動與運動的基本權利，不應該因種族、性別、性取向、言語、宗教、政治理念、社會身分或財產受到歧視。這些活動可以增強身體、心理以及社會能力，應由政府、教育以及體育團體來提供支持。這些權利在《世界人權宣言》第 27 條、《經濟社會文化權利國際公約》第 15 條、《消除一切形式種族歧視國際公約》第 5 條、《消除對婦女一切形式歧視公約》第 13 條和《兒童權利公約》第 31 條，均有明文規定。聯合國的《身心障礙者機會均等標準規則》（The Standard Rules on the Equalization of Opportunities for Persons with Disabilities）也指出：「政府須確保身心障礙者有機會運用他們的創造力、藝術及智能，並不只是為了身心障礙者自身的利益，同時也可以豐富他們的社區文化。」也就是 30 條第 2 項所說的：「締約國應採取適當措施，使身心障礙者能有機會發展與利用其創意、藝術及知識方面之潛能，不僅基於自身之利益，更為充實社會。」

### 雙軌並行制（twin-track approach）

　　為享有文化、藝術、休閒的權利，透過雙軌並行制，讓身心障礙者可以同時選擇主流化之方式與考量障礙特性之方式去近用。《消除一切形式種族歧視國際公約》[53] 第 5 條曾經列舉過交通工具，旅館、餐館、咖啡館、戲院、公園等。

　　筆者在 2016 年 4 月曾經代表權利委員會，在紐約聯合國本部舉行締約國會議時，關於公約第 30 條提出如下議題，權利委員會討論並審議了各項條文的執行情況，但第 30 條一直沒有進入優先順位，尤其指出兩個問題，一般對於身心障礙者來說，參與休閒與體育文化活動是提升他們的生命品質和尊嚴，形成自立及社會參與。但是很可惜身心障礙者都被排除隔絕在外。這些過程從他們的幼兒時期的遊戲中就開始，而

217

---

[53] 編註：原文誤植為《消除對婦女一切形式歧視公約》。

遭拒絕的經驗一直延續到學校生活與其他生命的過程。另外值得提及的是，長期以來身心障礙者的關注，是年金、津貼、醫療、就業、福利等滿足人類基本需求之事，與文化生活相差甚遠。或者政府只著重那些以宣揚國際地位為目標，少數障礙者才能參加的國際競賽的特殊體育。公約第 30 條一直不能成為少數個人或政治安排的優先事項，導致身心障礙者參與的文化體育活動，大部分是以被動的觀眾身分動員而來，或是以非主角、非領導者或非創造者的情形居多，這些活動中身心障礙者大都只是配角，很少是主角。[54]

# 第 31 條　統計及資料蒐集

也許，在《身心障礙者權利公約》通過而正式審議之前，聯合國公約並沒有談到統計的重要性。統計的重要性頂多是在強調資訊自由的層次上。有些人在質疑「統計的自由何來之有？」但開始強調公約的推行時，統計就恢復到原有的地位。在此要強調的是，統計作業不可以造假，不應針對現有障礙做出偏見、歧視或強調其特殊性等結果。公約第 31 條的基本目的是監督公約的推行情形，締約國要負責這些統計的傳播與普及推廣，也要保障關於統計的身心障礙者與非障礙者的近用可能性。具體地說，第 31 條的規定如下：

218

---

[54] 김형식 , UN Panel on Article 30 Presentation (9 June 2016).

> 1. 締約國承諾蒐集適當之資訊，包括統計與研究資料，以利形成與
>    推動實踐本公約之政策。蒐集與保存該等資訊之過程應：
>    （a）遵行法定防護措施，包括資料保護之立法，確保隱密性與尊
>        重身心障礙者之隱私；
>    （b）蒐集及使用統計資料時，應遵行國際公認之規範，以保障人
>        權及基本自由與倫理原則。
> 2. 依本條所蒐集之資訊應適當予以分類，用於協助評估本公約所定
>    締約國義務之履行情況，並識別與指出身心障礙者於行使其權利
>    時面臨之障礙。
> 3. 締約國應負有散布該等統計資料之責任，確保身心障礙者與其他
>    人得以使用該等統計資料。

　　在第 31 條上，是誰來定義統計資料蒐集的指標與範疇的問題。如果彙總錯誤的統計，那麼事情就嚴重了。例如像是損傷與障礙，聽起來差異不大，但是在結果上就會有很大的影響。同時若以接受津貼或接受年金者為對象做統計時，有些人像是本身不具資格、自卑感、或因偏見、擔心遭受汙名化而拒絕受惠，則有可能在統計上被遺漏。

　　華盛頓身心障礙統計小組（The Washington Group on Disability Statistics）根據 WHO 的 ICF 系統框架製作了六項核心機能的題組。也就是聽力、視力、走路、認知、自我照護、意見溝通。但是為蒐集資料而製作的問題項，其最大的挑戰是健康功能的量測，不同的文化圈、語言、經濟、社會情形在蒐集資料過程中會有不同的解釋。令這些挑戰變得更困難的是，所謂功能會依據個人有各種意義、態度、經驗、經濟、社會環境與回應態度等，有密切關聯，再加上若在解釋上出了問題就會變得更嚴重。換句話說，身心障礙的統計不是單純的統計加總。諸如每項統計各使用不同概念而無法比較的資料、出於不同目的統計資料，想

要掌握損傷程度和定出服務對象和範圍的統計資料，這些統計各有不同性質。聯合國在 2001 年曾經發行蒐集身心障礙統計資料的指南。[55] 讓我們來看一下，針對有義務執行《身心障礙者權利公約》之締約國所提出的國家報告，審查委員會指出哪些問題。除了收集表面的統計數據以外，也有必要發展新的指標。

219

---

**澳洲的案例**

　　對於當事國提交的資料在結構元素的分析上有所欠缺，而政府以此資料作為澳洲身心障礙政策的基礎感到憂慮。特別是沒有提交女童和身心障礙婦女、澳洲原住民身心障礙婦女的具體資料而表示失望。

---

**哥斯大黎加的案例**

　　對於 2015 年實施的統計調查中，在入住機構的身心障礙者的現況、被剝奪自由的身心障礙者、身心障礙者遊民、原住民障礙者的相關資料有所欠缺而表示憂慮。同時，沒有提交上述的身心障礙者歧視與暴力相關資料，是個明顯的問題。

---

[55] United Nations, Guidelines and Principles for the Development of Disability Statistics. New York, 2001.

**紐西蘭的案例**

　　本委員會要提出如下具體的要求，亦即期許在日後的統計中，提交與非障礙者比較之身心障礙者，其人權伸張情形如何的具體統計資料。特別是以男／女障礙者與男／女非障礙者之間做出比較為理想。

＊紐西蘭的案例非常特別，可能是首度要求於統計資料上以統計指標，來報告身心障礙者人權伸張上的實際情形。

---

**中國的案例**

　　為推行《身心障礙者權利公約》所要求的各項元素分析之統計資料，由於適用於 2010 年修訂之《國家機密法》，導致沒有提交給本委員會，令人非常遺憾。

---

**韓國的案例**

　　韓國的統計資料是沒有考量身心障礙多樣性之統計，如果以此提交的資料為基礎，就無法評估身心障礙相關各種政策的推行方式與成效，令人感到失望。同時，希望所有的統計資料採用符合無障礙資訊的媒體來做發表。

# 第 32 條　國際合作

220

　　第 32 條國際合作為「締約國肯認到國際合作及其推廣對支援國家為實現本公約宗旨與目的所做出努力之重要性，並將於此方面，於雙邊及多邊國家間採取適當及有效措施，及於適當情況下，與相關國際、區

域組織及公民社會，特別是與身心障礙者組織結成夥伴關係。」其中得包括如下：

- 確保包含方便身心障礙者參與國際合作，包括國際發展方案；
- 促進與支援能力建構，包括透過交流與分享資訊、經驗、培訓方案及最佳範例等；
- 促進研究方面之合作，及科學與技術知識之近用；
- 適當提供技術與經濟援助，包括促進可及性及輔助技術之近用與分享，以及透過技術移轉等。

在許多聯合國的公約當中，只有《身心障礙者權利公約》包含了國際合作的條文而具有相當深遠的意義。在本公約國際合作是指，「包括障礙者在內的發展（disability-inclusive development）合作事務」。世界 15 億的障礙者中，有 80% 處於開發中國家，他們大部分處於貧困之中，其中有 20%（5 人中有 1 人）是貧民中的貧民，在開發中國家，比起非身心障礙兒童，身心障礙兒童沒有就學的比例非常的高。還有生活水準在中、下程度的國家，只有 5-15% 的身心障礙者才有輔具服務。同時身心障礙者的貧困使醫療服務費用的負擔更加的惡化，每年約有 2 千多的婦女，因欠缺產前或產後管理以及醫療服務的情況下，在生育過程中成為障礙者。另外身心障礙者也都無法平等接觸 HIV/AIDS 愛滋病毒相關資訊及預防教育。雖為人類的生存權之一，但卻有 8 億 8 千 4 百萬人以上無法飲用乾淨的水。身心障礙者行動障礙的問題也是非常嚴重。[56]

國際合作在最後第 32 條批准的過程中，經濟先進國與發展中國家之間有過一場煎熬，但最終普遍認同國際合作在協助開發中國家發揮重要作用而達成共識。也許國際合作受到支持的重要理由之一是，國際合作可以用來當作強化締約國推行公約義務的工具。在這裡想要強調的是

---

[56] WHO, World Report on Disability. 2011.

221 　　日後在「包括障礙者在內的發展合作事務」，是讓身心障礙者透過必要的保護、醫療、教育、就業等各種合作，成為克服貧困的關鍵詞。另外，長期以來開發與人權問題一直被視為不相關的兩個領域，維持著一定程度的緊張關係。例如，我們的司法怎麼可以忽略在社會、文化上低度開發的原因，同樣地，怎麼可以忽略開發合作帶給個人和社區的影響。近年來，人們認識到尊重人權和保護人權可以確保永續發展的未來。人權向發展過程究責，聚焦於最弱勢的階層，促使發展合作上必要資料的重要性，以及將所有人的政治聲音納入發展議程。同時，開發與發展被認為是讓每個人都有機會享有人權的資產，也需要有反思的機會。第一個原因是，以先進國家主導的開發合作，一直忽略了發展中國家障礙者的權利與需求問題。第二是，身心障礙與發展的問題一直在學術理論的展開過程被忽略，在發展合作的文獻上一樣也有被忽略的現象，導致發展合作的實現中，全面疏忽身心障礙者而將其問題排除在外。第三，儘管身心障礙者是許多人權公約（ICCPR [57], ICESCR [58], ICERD [59], CEDAW [60], CAT [61], CRC [62] 以及 CRMW [63]）都承認的主權實體，但他們的權利與發展是分離的。基於這些原因，在聯合國的議題上要同時推動障礙與發展。這裡的討論點是，在國際發展合作的援助中，若忽略了身心障礙者就等於是否定他們的發展相關權利。[64]

　　如同《身心障礙者權利公約》第 32 條的規定，應當清楚理解，融合身心障礙者發展合作，必須包含身心障礙者讓他們可直接參與，並肯

---

[57] International Covenant on Civil and Political Rights

[58] International Covenant on Economic, Social and Cultural Rights

[59] International Convention on the Elimination of All Forms of Racial Discrimination

[60] Convention on the Elimination of all Forms of Discrimination Against Women

[61] Convention Against Torture

[62] Convention on the Rights of the Child

[63] International Convention on the Protection of the Rights of All Migrant Workers and Members of their Families

[64] 김형식 , "Disability-Inclusive Development: a spurned Dimension in International Cooperation," 국제개발협력연구 2, 2(2010): 65-93.

定他們貢獻、受益的權利。融合身心障礙者是合乎所有的發展合作領域
與人道主義工作，更是符合聯合國《身心障礙者權利公約》第 32 條的
精神。融合身心障礙者發展合作是以經濟、社會、福利的提升為目的，
不分身心障礙者或非障礙者，同等賦予他們在開發合作上參與，並發揮
所長以及決策的機會作為核心課題。融合身心障礙者也讓我們想起在過
去發展合作的過程中，身心障礙者當事者以及代表團體都沒有參與發展
合作的提案、實施、監督等。身心障礙者必須要參與的理由是透過國際
合作消除阻礙，讓身心障礙者自己去克服少數化、弱勢化的現象。這裡
我們可以深思諾貝爾經濟學得獎人 Amartya K. Sen[65] 倡議的《經濟發展
與自由》（*Development as Freedom*），書中強調透過介入以及自我能力
之提升，克服貧困與不平等，以改善生活品質而做的努力。融合是一種
過程也是目標，是不可分離的概念。這裡的關鍵是讓身心障礙從醫療模
式轉換為社會及人權模式。簡單來說雙軌並行（twin-track approach）是
指：

①第一軸－聚焦於身心障礙：也許遇到實情有所不同，但多樣化的
　方案可以個別運作以滿足身心障礙者的特殊需求，並成為融合身
　心障礙者發展合作的重要層面。
②第二軸－身心障礙的主流化：很多執行發展合作的工作人員在性
　別、HIV/AIDS 項目的發展中，學習到身心障礙的主流化是一項
　非常管用的途徑。

**融合身心障礙發展合作之原則**

①「所有與我們有關的事，都要我們的參與」原則適用於所有的領
　域。
②所有方案的模式，都應量身定制，以考量到文化脈絡。
③權利導向（rights-based）的思考與模式是不可或缺的。

---

[65] Amartya K. Sen, *Development as Freedom* (Oxford: Oxford University Press, 1999).

- 此原則是推行融合身心障礙者發展合作，促使國際法上規範之身心障礙概念成為所有政策、方案的核心，並向過去長久以來以醫療或施予的角度去左右身心障礙者生命的慣行挑戰。

④從組織內部就要實踐「融合身心障礙」，這樣會讓夥伴們形成信賴感，對於採用的策略也能更深入理解。

- 這需要組織文化的改變，特別是領導階層的改變。作為具體的例子，它不只限於○○障礙團體，例如韓國國際協力團（KOICA）的員工需要接受身心障礙的意識教育。英國的國際發展合作機構 DFID 為員工進行了工作坊型態的教育。實際上，聯合國《身心障礙者權利公約》第 8 條（意識提升），不僅是指一般大眾，也在強調對於法官、高級公務員的認知培訓。CRPD 也提議，歐盟的 8,000 多位公務員也要接受身心障礙的意識教育。

為了在這裡更深入地闡明其含義，讓我們看看對於《身心障礙者權利公約》第 32 條所強調的融合身心障礙者發展合作，採取雙軌制（the twin track）的相關建議如何拓展角度，觀察其面貌。

在融合身心障礙者發展合作上，靠一招走遍天下（one size fits all）的計畫或實踐是不可行的。所有的機關、計畫負責人都要打開心扉去瞭解，在不同情況下，怎樣的方法才能有效達成目標，並分享相關的知識和經驗。首先組織之間會需要協商程序。有時候非身心障礙的團體去做這樣的學習和分享會更具有意義。正面的分享過程不僅有助於計畫推行的團體，對於身心障礙者當事人也會賦予強烈的動機與機會。

⑤兩性平等總是與身心障礙者的全面融合課題有著緊密關聯。

⑥同樣，身心障礙問題隨著年齡不同，具有不同意義。

⑦融合身心障礙者發展合作，雙軌制是非常需要的。

⑧融合身心障礙者的意志一定要反映在政策與預算中

- 這點在計畫籌備階段之前就得開始著手，但實際將資料進行比較分析，則它必然會花費更昂貴或非常少。若新的設施引進初

期有考量近用性，就可以追加較低的費用來得到正面效果，之後的維修改造費用也可以降低。例如手語翻譯師的費用、設施、裝備的租賃等，一開始就要反映在預算中。特別是，開發中國家因為交通不便，為了在教育、就業活動不受障礙，應選擇適當的地點、利用既有設施，可以思考如何以替代方案節省費用。更可以考慮直接以融合身心障礙為目的，另行編列項目預算。

⑨與身心障礙團體可以相互協助成為夥伴，長期維持良好關係致力於融合身心障礙者發展合作計畫。

⑩對於發展中國家的整體身心障礙問題應累積相關知識，尤其是在以當地身心障礙者自助組織（DPO）的資料為基礎的共享資料、計畫的發展上尋找合作關係。

⑪身心障礙者本人、當事者團體不僅要直接參與發展合作，並在所有過程、方案設計、經營事業、監測與評鑑都要向執行機構提供建議。

224

特別是，在聯合國《身心障礙者權利公約》所強調的原則：

• 有關無障礙的理解及制定方案
• 以人權角度確保人性尊嚴的實踐
• 反歧視與機會平等
• 應超越計畫的層面，積極協助身心障礙者全面而積極的社會參與
• 尊重兩性平等、身心障礙兒童／少女、種族、和文化特徵等多元性

推動融合身心障礙者發展合作，應納入考量的問題是：

• 身為組織該如何發展成為更融合身心障礙的機關？
• 吾等機構的國內外事業是否架構在 CRPD 的精神與原則？
• 吾等機構的企畫和方案是否納入了身心障礙、人道主義工作的目

標？

- 該如何在機構所推行的所有領域項目（行銷、募款工作、制定方案、夥伴關係、監測及評鑑等）中，使融合身心障礙事務占據最優先順位？

- 要如何、在哪裡強化 DPO 團體的夥伴關係或建立新的合作關係？

- 監測的評估資料是否包含障礙者有效融合的相關資料？

- 為提高融合身心障礙合作發展的知名度，我們可以利用哪些機會與現在進行的國際、區域或國內的身心障礙者團體合作，展開倡導工作？

- 如何使身心障礙者當事人或當事者團體，對方案的品質與融合性做出評估？

- 如何解決身心障礙者的貧困問題？

- 為推行 CRPD 公約，要如何與 DPO 建立夥伴關係並積極發展？

### 發展合作的專家如何認定人權的核心價值

除了發展合作方面的專業知識外，重要的是承認身心障礙者的自立性，理解和實踐人權的核心價值觀，也就是人權的尊嚴與自主選擇。

- 不歧視
- 完整而有效地全面社會融合
- 尊重差異、接納身心障礙者，視其為多元樣貌之一
- 機會均等
- 無障礙／可及性
- 性別平等
- 尊重身心障礙兒童逐漸發展的能力，並尊重維護其身分認同的權利。

2019 年韓國所關注的是，如何將 CRPD 的原則和《仁川戰略》

（Incheon Strategy）以及永續發展目標，以實際具法定約束力的推行為課題。以《仁川戰略》的觀點來看，國際上的身心障礙相關統計資料與《仁川戰略》所標榜的課題有密切關係。實際上，亞太地區有 6 億 9 千萬的身心障礙人口，大多數是極度貧窮者。[66] 成功推行《身心障礙者權利公約》和《仁川戰略》[67] 的意義在於身心障礙者克服他們的歧視、不平等、以及貧困，並實現他們的公民權利；同時也涵蓋了一項具體課題，就是必須要包含（inclusion）過去在參與社會各項領域的過程被排除（exclusion）的身心障礙者。我們不能忘記的是，儘管在 2006 年 5 月聯合國《身心障礙者權利公約》生效之前，已經有許多法律制度生效，針對身心障礙者的權利、平等與歧視問題作出回應，但一直都沒有明顯的成果。[68]

### Post-2015~2030 SDGs 永續發展目標

226

　　2015 年 8 月 2 日晚間，預計在九月大會中通過的永續發展目標達成最終協議。正式名稱為《Transforming Our Worlds: The 2030 Agenda for Sustainable Development》（翻轉我們的世界：2030 年永續發展議

---

[66] https://www.unescap.org/commission/about-the-commission; 2019 年 2 月 15 日查閱。

[67] 仁川戰略目標：目標 1：減少貧困，改善工作和就業前景，目標 2：在政治過程和決策中促進參與，目標 3：增加對於物質環境、公共運輸、知識、資訊和交流的近用性，目標 4：加強社會保護，目標 5：擴大對身心障礙兒童的早期介入和教育，目標 6：確保性別平等和增強婦女權能，目標 7：確保減少和管理包括身心障礙在內的災害風險，目標 8：改進身心障礙數據資料的可靠性和可比性，目標 9：加速批准和執行《身心障礙者權利公約》，並使國家立法與該公約協調一致，目標 10：促進次區域、區域和區域間合作。

[68] 例如，《世界人權宣言》第 1、2、7 條；《經濟社會文化權利國際公約》第 2、7、11、12、13 及 第 15 條；《公民與政治權利國際公約》第 1、7、14、16、17、13 及 第 26 條；《國際勞工組織身心障礙者職業復健與就業公約》第 2、3、5、7、及 第 8 條；《兒童權利公約》第 2、19 及 第 23 條；《身心障礙者權利公約》第 2、3、4、5、6、7、8、9 及 第 10 條；《關於身心障礙者的世界行動綱領》第 2、3、13、14 及 25 條；《維也納宣言》第 I 章 22 條、第 II 章 63 及 64 條；《開羅行動綱領》第 6.29、6.32 段；《哥本哈根宣言》第 26 段（1）；《北京行動綱領》第 106 段（C 和 O）；《伊斯坦堡宣言》第 7 段；《人居議程》（Habitat Agenda）第 16、40、43 段等。

程）。此最終決議案具有雄心同時也強調「以人為本」，有 11 項條文明
確採取了與身心障礙有關的目標。[69] 尤其在第 23 段中，強調了 80 % 的
身心障礙者為貧民這一點，在提及弱勢族群的 18 種情況中包括了身心
障礙者。但是，身心障礙專家不歡迎將身心障礙視為弱勢族群。大多數
的政府與國際組織抱持支持此案的態度，但若領導者對於後 2015（Post-
2015）發展議程的架構抱持著明確的願景，將推行重點放在共同合作應
該是樂觀達成的。至少韓國復健協會透露的方針是已經與 KOICA 正式
展開合作，並為亞太地區解決身心障礙者的貧困問題啟動了發展國際合
作事業。

　　當我們面對永續發展的最終方案時，我們應該回顧過去，千禧年發
展目標的對象是世界上 5 億的極度貧窮者，其中有 1 億人是身心障礙
者，屬於貧窮中的至貧，我們要記取過去並沒有反映出這些身心障礙
者的懇切訴求。在千禧年發展目標中，本來要給予協助的已開發國家
（the north）的助力也很少。在構想後 2015 發展議程的階段，不得不面
對世界經濟開始進入低迷，經濟緊縮成為政策優先順位的情勢。但是為
達成這些目標，推估每年還需要 3 兆 3,000 億至 4 兆 5,000 億美金，這
是相當於聯合國 2016 年聯邦資產 3 兆 8,000 億美金。尤其為達成這一
目標，也納入了已開發國家協助財政的方案。根據永續發展目標，已開
發國家允諾，將其國民總收入的 0.7% 用於支持發展中國家；以及向最
不發達國家提供 0.15 至 0.20% 的援助提供。但是，國際合作研究專家
對此有些悲觀，原因是第二次世界大戰之後，為了援助國外的發展已

227

---

[69] 永續發展目標：目標 1：在全世界消除一切形式的貧困。目標 2：消除飢餓，實現糧
　　食安全，改善營養狀況和促進永續農業。目標 3：確保健康的生活方式，促進各年
　　齡人群的福祉。目標 5：實現性別平等，增強所有婦女和女童的權能。目標 9：建設
　　具防災能力的基礎設施，促進具包容性的永續工業化及推動創新；目標 11：為所有
　　人提供安全，包容，可及性和可持續性的運輸系統，……。目標 14：保護和永續利
　　用海洋和海洋資源，促進永續發展。目標 24：教育。目標 27：就業。目標 28：適
　　當的生活水準和社會保護。目標 31：統計和資料蒐集。目標 32：國際合作。

投入了 2 兆 3 千億美金，但世界還有留下十億左右的極貧者。[70] 由過去聯合國主導的三十年發展來看，1960-1970 年，由於農業革命的失敗，未能解決飢餓問題，1980 年代出現「發展失落的十年」，到 1990 年代出現「承諾發展失效的十年」，儘管聯合國聲稱千禧年發展目標已經成功達成目標，但對更具包容性／通用性和挑戰性的 SDGS 永續發展目標，仍然缺乏信心。這樣的立場雖然也算是有憑有據的悲觀論，但不應該還沒開始就要放棄，將身心障礙界的角色明確化，才會是最明智的策略。當後 2015 年發展議程（Post-2015 Development Agenda）還在討論之時，世界的身心障礙者團體，對於身心障礙者的排除與日益惡化的不平等情況一直憤憤不平，尤其已開發國家的身心障礙者主張，在所有領域的發展中，並沒有反映身心障礙者的權利與生活品質提升等身心障礙者的觀點，這樣的發展目標設定是難以實現的。2015 年 7 月的最終方案提出了 17 項目標時，也從目標 1、2、3、4、5、7、8、10、11、16 裡的細項目標，看出和身心障礙相關，但是並沒有明確的突顯身心障礙主題。雖然我並沒有做出具體的分析，但是看起來在前言部分有兩個項目，剩下的七個項目是教育、就業與有尊嚴的工作、降低不平等、性別平等相關的目標中，才分類出弱勢族群，並包含在消除貧窮、優質教育、交通運輸等三個項目（談到身心障礙者）。更加具體的說，根據聯合國秘書長的《綜合報告》（Synthesis Report）[71] 在第 51 段中提到「永續發展目標不會棄任何人於不顧（leave no one behind）」；第 65 段「同意除非所有社會和經濟團體都達到目標或目標，否則不認為任何目標均已實現」；第 46 段細分化的統計資料中，具體地談及身心障礙；第 51 段為「處於最困境的人」；團體內的不平等是在第 68 段，以及在

---

[70] William Easterly, *White Man's Burden* (The Penguin Press, 2006). Paul Collier, *The Bottom Billion* (Oxford University Press, 2008). Graham Hancock, *The Lords of Poverty: the power, prestige, and the corruption of the international aid business* (New York: The Atlantic Monthly Press, 1989).

[71] UN, "The Road to Dignity by 2030: Ending Poverty, Transforming All Lives and Protecting the Planet," New York, December 2014.

第 72 段有「繁榮、發展強大和變革性的經濟涵蓋身心障礙者」。至少身心障礙界目前要針對目標實現進行的具體指標發展，是現在進行式。因此要大力遊說聯合國成員國統計局（National Statistics Office of the UN members），使身心障礙相關指標得以發展納入在內。雖然並不都是留下正面的模範案例，但是我們可以從過去還沒通過 CRPD 之前，在融合身心障礙之發展（disability-inclusive development）領域就很活躍的英國、德國、芬蘭、澳大利亞，紐西蘭、西班牙、日本或是國際身障組織（Handicap International）、基督教盲人會（Christian Blind Mission, CBM）等的事業中，學習標竿經驗的教訓。

### 身心障礙界的永續發展目標戰略

①應積極參與政府之間的推行過程（inter-governmental process），以確保推行上需要的財源，並積極參與行政問責制、執行和監測。

②與身心障礙相關的所有目標（goals）、標的（target）、指標（indicators）都要符合 CRPD 的諸般原則。為納入身心障礙相關細項指標，進行全力遊說，包含各個工作小組推動的融合教育、就業、解決不平等現象和身心障礙婦女等指標。

③於 SDGs framework（永續發展目標架構）中，明確編列改善身心障礙意識之必要預算。

④SDGs framework，由身心障礙者當事人與代表組織建立夥伴關係來開發並推行。

⑤使身心障礙個人與代表機構參與國際、區域、國內夥伴關係的建立。

⑥協助建構身心障礙統計，使各締約國可檢視身心障礙相關目標。

⑦透過與聯合國的夥伴關係強化問責制，以實現身心障礙者的權利。

**韓國的活動案例**

　　政府透過多元國際合作事業的推動，致力於有效推行《仁川戰略》與永續發展目標的實現。韓國保健福祉部目前正在支援聯合國亞太經濟社會委員會（UNESCAP）的身心障礙統計建構事業。為此，每年進行亞太地區發展中國家的身心障礙統計建構的相關諮詢，目前已完成了共 17 個國家的項目，《仁川戰略》核心指標 30 項中完成了 15.1 項指標的發展（未諮詢國家則平均完成 13.6 個指標）。2018 年 10 月出席於 UNESCAP 舉辦的《亞太地區身心障礙者權利保障之仁川戰略》計畫工作坊，分享建構身心障礙統計的國家諮詢工作成果，並討論改善方案。日後，為亞太地區建構可信且國際間可以比較的統計，會繼續與 UNESCAP 合作並積極推動相關計畫，為各國身心障礙者設計制度及制定政策。[72]

# 第 33 條　國家執行與監督

229

　　監督也可以作為成員國之間互相檢視公約推行情況的工具，因此大家達成協議，認為有必要在公約內納入國內的監督機制與國際性的監測機制。歷經 5 年多在聯合國執意協商的結果，終於可以讓《身心障礙者權利公約》通過，這對於身心障礙者當事人是非同小可的事。

　　有關《身心障礙者權利公約》在韓國社會的課題是否如實依照公約內容推行，這才是我們所在乎的。有關推行的部分，在公約的第 33 條有明文規定監測功能（monitoring）。實際上即使是漸進式在實踐公約，還是需要開發實踐指標，否則無法扮演監測功能。但是在公約內並沒有具體提出指標，並考慮到過去在《經濟社會文化權利國際公約》、《消除一切形式種族歧視國際公約》、《消除對婦女一切形式歧視公約》等，有關實踐的監測功能都不是很強來看，日後公約實踐與否的監督，將成

---

[72] 2019 第 2、3 次合併國家報告。

為一個重要的事情。儘管《身心障礙者權利公約》從通過（2006 年 12 月）到生效（2008 年 5 月）幾乎是在最短的期間內達成，但是終究最重要的是剩下如何實踐之課題。也許在這一點，可以向《經濟社會文化權利國際公約》學習一下實施類似原則為目標的經驗。例如社會權是以《林堡原則》（Limburg Principles）為主幹，將當事國的義務規定為（1）尊重權利的義務（2）保護權利的義務（3）實現權利的義務，而特別在實現權利的義務中，又包含（a）提供（針對沒有能力實現自己權利之對象），（b）促進（積極措施），（c）便利（為改善公共意識的教育、推廣活動）。[73] 如果認為這些觀察還有可行性的話，在《身心障礙者權利公約》的實踐過程也可以採用類似《林堡原則》的原則，未來為類似方向的推動就有達成後續發展的可能性。

在公約第 33 條具體的規定三種國內執行與監督機制的規定。為了實施第 33 條，有幾個優先事項，尤其是政府與障礙者團體之間，在委員會組成方面的衝突。我們可以看一下，國際身心障礙網絡 International Disability Network 在 2005 年所提議的內容。該網絡在聯合國協商期間，為國際身心障礙非政府組織站出來說話，積極展開活動。

雖然韓國有引進《禁止歧視障礙者法》或《身心障礙者權利公約》等新的法律制度，但若身心障礙者個人或集體還是停留在使不上力的無力狀態，那麼就很難期待會帶來很大的變化。在此要記住的一件事是，在公約通過的過程中也並非所有階層的身心障礙者都平等地參與障礙者運動，而多半是由政治界障礙者、知識菁英障礙者等具領導地位的身心障礙者運動團體所主導的。因此《身心障礙者權利公約》實際推行的同時，透過韓國的《障礙者反歧視法》的推行，需要實現的行動權、就業權、資訊權、教育權、自立生活權、身心障礙婦女意識權、健康權等的

230

---

[73] 국가인권위원회 / 사회정책연구학회공동학술대회 . Maria Virginia B. Gomes, ESC Rights in a changing world: resources and responsibilities. 사회권 실현을 위한 국가인권기구 및 정부의 역할과 과제 : RBA 도입방안모색 . 2008. 3 월 10 일 . The Lindburg Principle on Implementation of the ESC Rights 에 관한 자료는 Masstricht Guidelines for Violations of Economic, Social and Cultural Rights'. www.google.co.kr/search

強化，不能停留在像過去一樣象徵性地參與，而要超越只是陪伴的位置，甚至可以利用掌控權，實際以公民身分行使決定權。換言之，若沒有身心障礙者積極的政治參與，那麼身心障礙者的參與只會停留在虛構中。有關監督，身心障礙 NGO/DPO 可以扮演的具體角色整理如下。這也是身心障礙 NGO/DPO 應該積極參與公約實施的原因：

- 促進理解《身心障礙者權利公約》，為身心障礙者的權利伸張，扮演倡導者的角色。
- 透過特別的方案與行動，促進《身心障礙者權利公約》的推行。
- 與聯合國身心障礙者權利委員會，以及其他聯合國的組織或 NGO/DPO 團體之間，維持順暢溝通管道。
- NGO 團體之間互相交流實施《身心障礙者權利公約》及監測相關的資訊並共同合作。
- 在《身心障礙者權利公約》規定的各個領域建立政策研究、制定策略、共同行動。
- 支持委員會實施《身心障礙者權利公約》的努力。
- 建立及協助國內的合作聯盟，以實施《身心障礙者權利公約》的任務。

　　韓國的身心障礙界如果希望提高國際地位，應該率先帶頭組織國際 NGO/DPO 團體來主導公約的實施。在以上討論中，我們試圖指出一些應該關注的問題領域，並解釋關於《身心障礙者權利公約》的推行與實踐。可以採用多種方法，但至少應在以下領域之一進行更積極的團結和參與。馬爾他政府曾經率先採取主動行動，試圖為執行《身心障礙者權利公約》建立了一個積極的團結體系。換句話說，馬爾他政府為《身心障礙者權利公約》的實施，已決定盡其全力作政策研究。為達成這個目標，透過身心障礙者當事人、利益相關者、學者、服務提供者、家長協會、DPO、身心障礙運動者與國家身心障礙政策研究，並進行了包含健康專家在內的討論過程。國家身心障礙政策研究大致上是遵照《身心障

礙者權利公約》的原則和精神。

### 強化研究能力並和法律專家攜手合作

身心障礙者團體關心本公約的進展情形是理所當然的事情，但是目前在美國、英國、愛爾蘭、澳洲、加拿大、瑞典等先進國家的司法界，特別是在大學法律系，對於公約或關於各國間推動公約成效的研究，正在蓬勃發展。透過這些觀察，希望韓國在公約實踐上不要只是靠身心障礙者運動團體，也能敦促相關學界予以重視。《身心障礙者權利公約》的內容屬於國際法，這意味著其解釋以及適用都是慎重的課題，像其他領域一樣，也需要培育專家與專門領域之間的合作聯盟。本人強調為實現《身心障礙者權利公約》，身心障礙者團體要傾注高度的關心，並且為有效地發揮作用，藉由一些專業人士對公約的內容進行有系統且持續性的研究，是有必要的。監督機制是繁重的作業，也具有專業性。

---

**2014 年權利委員會對於韓國的結論性意見**

「委員會請求韓國政府應履行此結論性意見上的建議事項。委員會請求韓國政府將這些建議以現代的社群網路方式傳播或散佈給政府及國會窗口、相關部會以及地方政府的窗口、教育、醫療、法律等相關專家組織、媒體。」

「委員會強烈建議韓國政府讓公民社會團體，特別是身心障礙者團體參與國家報告的準備工作。」

「委員會請求韓國政府將本結論性意見，傳播或散佈給給身心障礙當事人及他們的家屬，和非政府組織與身心障礙者團體等，使用共通語言及少數語（手語等）等無障礙的形式來傳遞，並刊登在政府的人權相關網站上。」

---

對此韓國政府的回應是：「韓國國家人權委員會與人權團體進行國內和國際合作為基本任務，為監測《身心障礙者權利公約》的實施狀

況，在研討會及座談會上致力於讓身心障礙者團體參與，韓國國家人權委員會在編寫《身心障礙者權利公約》的書面意見時，總是聽取並反映身心障礙者團體的意見。但是在現行法規要監測聯合國《身心障礙者權利公約》的實施情況時，由於國內的法規並沒有義務規定身心障礙者及團體的參與，因此努力將此規定納入法令內。」[74]

232

---

**下一屆的報告**

　　委員會希望韓國將第二、第三次合併的國家報告，在 2019 年 1 月 11 日以前提交，並請求在報告書內納入有關此結論性意見的推行情形相關內容。並請求韓國在製作此報告時，依照委員會的簡易報告程序來製作及提交。依照簡易化的程序，委員會是在韓國提交國家報告期限日起，最少在一年前就開始準備爭議點的目錄。這些爭議點的目錄相關答覆，將會成為國家報告的一部分。

---

　　韓國國家人權委員會於 2015 年 8 月 15 日，向韓國保健福祉部提交聯合國身心障礙者權利委員會針對上述結論性意見中，有關人權委員會實施計畫內容的部分，該計畫如下。

- 韓國國家人權委員會推動監測機制的願景
  －為身心障礙者實現正常人生活且沒有歧視的社會
- 推動策略（2016-2020 年各年度共同課題）
  ①提高公約及結論性意見相關的社會意識
  　－向中央及地方政府的公務員、國會議員、法官、身心障礙當事人強化教育並推廣，以熟悉公約及結論性意見的內容。
  ②改善不符合公約的國內法令、政策研究、制度、慣例
  　－國內法規尚未明定的公約內容，將其反映於內，而與公約內容相牴觸的國內法規，則建議實施針對修訂之政策研究。

---

[74] 2019 年第 2、3 次合併國家報告。

③強化針對公約實施之持續性及系統化的監測

　　－為確保持續性的監測，針對組織改造、預算編列以及監測技術方法的改善等加強研究。

④強化身心障礙者及團體參與公約的監測

　　－為監測公約執行的事項，積極鼓勵並保障讓身心障礙者和團體參與。

⑤為實現公約的宗旨與目標，加強國際合作

　　－針對已開發國家的公約監測之經驗、培訓方案及示範案例進行交流與分享，並強化國際網絡的建構[75]

　　最核心的是，該等年度計畫是否會誠實推動，是我們應該聚焦的地方。

---

[75] 2016~2020 년까지의 연차별 세부 추진과제는 국가위원회에서 확인할 수 있음.

# 第五章

# 由聯合國《身心障礙者權利公約》提升障礙者的公民資格

2008 年 4 月 11 日韓國實施《障礙者反歧視法》，而自 2008 年 5 月聯合國《身心障礙者權利公約》在韓國正式生效後，開始意識到身心障礙者的權利議題已經成為全球性的議題，因此本章試圖揭櫫聯合國《身心障礙者權利公約》的一般原則所追求的價值，以身心障礙者的公民資格觀點重新檢視。

「完善的障礙社會學，應該對於權勢、社會正義、公民權利和人權的主題有所探索……只有透過人權模式獲得啟發，才能決定一個社會所該追求的願景之性質，或者對身心障礙問題的關心程度。」

237

——巴頓（Barton）[1]

# 1. 前言

在各種經濟、社會、文化情況下，當身心障礙者受到不當歧視或是權益侵害，沒有得到人性上的尊嚴，或者說身為「公民」應該要被平等對待而不受歧視的權利遭受侵害時，就表示違背聯合國《身心障礙者權利公約》的基本精神。此等觀點乃是因為公民的權利概念最能陳述聯合國《身心障礙者權利公約》的基本精神，因此聯合國《身心障礙者權利公約》和公民資格的理論不會相抵觸，而必須以互補關係的脈絡來理解。本章中將此主題以英國學者馬歇爾（Thomas. H. Marshall）[2] 的公民權、政治權、社會權為架構，試著從理論上發展出屬於身心障礙者的公民資格概念。基於《身心障礙者權利公約》實現身心障礙者的權利，似乎還是停留在遙遠的理想，於是我們試著以公民資格的概念作為一個架構，來檢視身心障礙者的社會融合程度。這樣的模式，最終會有助於將聯合國《身心障礙者權利公約》的核心課題之一，全面的社會融合和參與，發展成更有意義的程度。

此外，鑑於有學者指出作為學術領域方面的社會學與社會政策，忽略人權或社會權利相關的主題，[3] 因此該主題會提供一個機會，激發有關

---

[1]　Len Barton, "Sociology and Disability: Some Emerging Issues," in L. Barton, ed., *Disability and Society: Emerging Issues and Insights* (London: Longman, 1996).

[2]　Thomas. H. Marshall, "The Nature of Class Conflict," In *Sociology at the Crossroads, and Other Essays* (London: Heinemann, 1963).

[3]　Bryan S. Turner, "Outline of a Theory of human Rights," in B. S. Turner, (ed)., *Citizenship and Social Theory* (London: Sage, 1993).

身心障礙者的公民資格和人權的具體討論。

　　本章的主要觀點如下：為使身心障礙者能夠享有公民資格，須保障聯合國《身心障礙者權利公約》所明定、韓國憲法所保障，得以全面參與社會生活的實質機會。這裡的「保障」是指，為實現權利而需要的自由權之實現，以及在社會權層面上的資源確保與分配。所謂「權利」是，據以道德規範和法定公約的正當需求或資格。因此在本章中所強調現代意義下的公民資格，不單純地侷限於分析政治、公共財（social goods）的提供，而是強調身心障礙者公民可以為滿足各種需求以及權利實現，積極又主動參與各種社會機制，甚而去主張或者要求。倘若身心障礙者為維持過正常公民生活之所需，也就是聯合國《身心障礙者權利公約》所保障的機會被剝奪，或是一般被視為理所當然的社會福利，卻沒有給予身心障礙者可享有的具體方法或權利時，其實也是意味著他們在主流社會上受到排除。由於不當歧視而失去機會滿足應該要被滿足的需求，這種機會的剝奪等於就是身為公民，其身分認同、地位或權利處於喪失的危機中。因此「公民資格」的概念是與平等原則下實現的生活有著密不可分的關係。筆者認為聯合國《身心障礙者權利公約》和馬歇爾的權利發展理論，都是為了實現「公民資格」的理想，與長期以來身心障礙者的權利抗爭，兩者有著相同的脈絡，因此不是個別的而是要同時追求的課題。基本上聯合國《身心障礙者權利公約》的推行，是身心障礙者對公民資格的追求，以及社會、經濟、政治因素之間的糾葛關係，兩者綜合結果之呈現；同時也要強調，要監測聯合國《身心障礙者權利公約》所標榜的精神、原則的推行之重要性。在此，不能忽略的一項重要意義是，公約不僅是對身心障礙者有意義，也會讓每個人以人權的觀點，懷抱人權的願景，去思考身心障礙者的權利問題。更進一步地，在本章所揭櫫的「公民資格」，跳脫單純對身心障礙者權利的執著，還包含身心障礙者的公民義務以擴大公民資格的概念，唯有如此，才能實現聯合國《身心障礙者權利公約》所追求的人權理念。在結論部分，會集中於現實上的課題，同時也具體強調聯合國《身心障礙者權利

公約》的原則之推行，並舖陳後續內容。

## 2. 身心障礙者與公民資格的概念

　　本章中將會把身心障礙者的公民資格概念設定為聯合國《身心障礙者權利公約》脈絡底下的一個理論框架，藉此把全面性的身心障礙者人權作為核心主題。我們之所以將公民權利突顯為核心主題，是因為身心障礙者的問題已經擺脫過去以醫療、博愛、施惠、福利的層面談論的時代，隨著 2008 年 5 月 3 日聯合國《身心障礙者權利公約》的批准，論述重點已經轉換為「權利模式」。因此本章的內容主要是將這個概念衍伸出新的意涵或實用價值，跟《身心障礙者權利公約》之原則與「公民資格」的概念結合起來討論。

239

　　此概念之所以在社會政策的研究文獻正式登場成為討論的主題，還有賴於本人就讀的倫敦政治經濟學院馬歇爾教授的早期論文。[4] 由於社會學過去比較著重於公民資格理論的討論而疏忽人權理論的發展，[5] 同樣地事實上，社會政策研究也未能將身心障礙者以及公民的概念，跟人權概念連結在一起，因此在本文中試著將其相提並論應無大礙。

　　圍繞公民資格概念的諸多爭議點、批判性的內容都已經充分地展開討論過，因此在本章節就不再贅述。[6] 馬歇爾教授把公民資格這個本來看似抽象的哲學概念，發展成為具體的社會政策之領域，進而將之發展

---

[4]　Thomas H. Marshall, "The Nature of Class Conflict". In *Sociology at the Crossroads, and Other Essays* (London: Heinemann, 1963).

[5]　Bryan S. Turner, *Citizenship and Social Theory* (Sage, 1993), 176.

[6]　Reinhard Bendix, *Nation-Building and Citizenship* (John Wiley and Sons, 1964); Bryan S. Turner, *Citizenship and Capitalism* (London: Allen & Unwin, 1986); "The Erosion of Citizenship," *British Journal of Sociology* 52, 2(2001), 189-209; Turner, Bryan S., and Peter Hamilton, "Citizenship: Critical Concepts," In *Citizenship: Critical Concepts*, edited by B. S. Turner and P. Hamilton, London: Routledge, 1994; 김형식 , "T. H. Marshall 의 시민적권리론에관한소고 ," 한국사회복지학회지 26(1995); 김형식 , 시민적 권리와 사회정책연구 ( 서울 : 중앙대학교 출판부 , 1998).

成一理論的過程中，關注在近代資本主義社會和民主主義社會共同面對的內在問題。馬歇爾教授將過去三個世紀所出現的權利型態分為三種，第一型態是屬於 18 世紀產物之一的公民權（civil rights），是指個人私有財產、正義相關權利、法律之前的平等權等個人自由所需之權利。第二種型態是在 19 世紀奠定的政治權（political rights），是指投票權以及包含被選舉權的參政權。政治權的發展來自於法國大革命之後「公民社會」的到來與發展，與 18、19 世紀初急速成長的勞動階級主導的社會運動有密切關係。會影響民眾生活的公共問題通常被視為微不足道的個人問題，立法人士對此也沒有表示關注。但是隨著勞動、政治運動的擴散，對於社會問題不表關心的立法研究人士逐漸退場，並透過政治權的擴散，促使有透徹意識的政治家開始出現，於是我們看到了發展出真正意涵的政治權。某種意義來說，這兩項權利與聯合國的自由權公約（ICCPR）也有密切關係。誠如上述，公民權、政治權的發展看來與身心障礙者的社會權或權利好像沒有什麼關係，但是到了最近韓國政界也出現身心障礙者的政治人物，這也可以解釋成為身心障礙者公民資格的基礎開始出現強化的現象（參見《身心障礙者權利公約》第 29 條——參與政治與公共生活）。以美國身心障礙者法案 ADA（Americans with Disabilities Act, 1990）為起首，在英國、澳洲、紐西蘭、法國等也有制定類似的反歧視法，可見身心障礙者的問題在政治權方面也有一定成果的展現。[7] 特別是英國曾主導的無障礙交通工具運動（Campaign for Accessible Transport, CAT）以及「權利非慈善」（rights, not charity）的運動，或是由國際障礙者組織（Disabled People's International, DPI）倡議之「所有與我們有關的事，都要我們的參與」（nothing about us without us）等身心障礙者運動，均顯示國內外身心障礙者運動開始步上政治發展了。第三是社會權（social rights），在 19 世紀之後確立，雖然優先於聯合國的《經濟社會文化權利國際公約》，但是在強調經濟、

240

---

[7]　B. Doyle, *Disability Discrimination: The New/law* (London: Jordan, 1966); C. Gooding, *Disability Discrimina-tion Act 1995* (London: Blackstone Press, 1996).

社會層面的權利上是互相類似的。可謂最後之階段的社會權是近代公民權的核心要素，它包含了基本的經濟保障，是一項文明的遺產，並意味著整個社會享有可以讚揚的生命品質之權利。尤其，社會權與現代福利國家的發展有密切關係，作為保障經濟、社會權利的制度性機制，具有相互依賴又相互彌補的性質。公民權、政治權及社會權分別為各自不同的權利，標榜著各自的作用與價值體現而發展，這三項權利實現協調發展的最終階段可定義為「公民權利」之概念。但是這些權利在不同的國情和時代需要下，各自經過了不同的發展階段，有些時候還停留在有待實現的抽象性權利。在某些情形下也許因為某種政治目的而保障社會權，卻抑制或剝奪了公民權或政治權。實際上聯合國通過自由權公約（ICCPR）的過程，是由美國、英國、澳洲、法國為主的自由主義國家的成員國所支持。與此同時以蘇聯為首的社會主義國家對此無法袖手旁觀，提議支持社會權公約（ICESCR）同樣也被批准。例如像鄰近的北韓還沒有實現在傳統意義上的公民權、政治權，但至少在名目上也許會主張，他們在社會權層面的健全發展程度，遠超過資本主義社會。[8] 本文裡的「公民資格」之概念是經過公民權、政治權、社會權的階段性發展過程，意味著所有人在社會、政治、經濟、文化各領域成為共同體的一員而受到平等保障，而其地位（status）獲得肯定。在這裡要留意的是，本書中所提到所謂融合性的（inclusive）公民資格，乃需要分別先實現公民權、政治權、社會權等各自不同的權利，才能夠擁有的權利。我們也肯定為了實現這些權利，在過去花費兩三百年的時間，經過不同階級之間的抗爭而獲得的成果。[9] 從這些歷史觀點來看，《身心障礙者權利公約》的批准是與最後階段的社會權有密切的關係，並意味著在推動過程中會面對的艱苦阻礙。

241

---

8　김형식, 시민적 권리와 사회정책연구 ( 서울 : 중앙대학교출판부 , 1998); Kim, Hyung Shik, "A Comparative Study of Social Policies in the Socialist North and Capitalist Sout Korea" (Unpublished PhD Thesis, Monash University).

9　Thomas H. Marchall, *Social Policy* (London: Hutchinson, 1963).

　　下方圖 5-1 顯示三種不同的權利支撐著公民資格。但是這三種權利的發展背景、相互之間的彌補性等，只存在於理論上的說明才有這樣的可能性，不代表在歷史發展過程中自然形成或自動實現的公民資格。以階段性發展的觀點來看，權利的最終階段是延續到「社會權」這一社會領域，其最核心的特徵是社會保障、醫療保障、住宅、教育等社會福利要素。我們在這裡應該要注意到《身心障礙者權利公約》才是與馬歇爾所說明的社會權有密切的關係。[10]

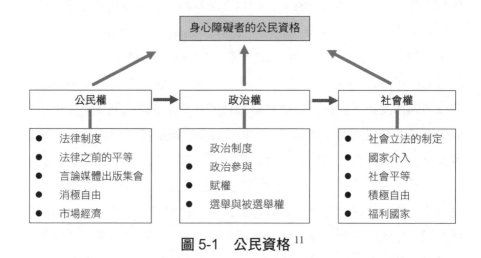

**圖 5-1　公民資格**[11]

事實上，《身心障礙者權利公約》是從最適水準（optimum level）的經濟福利與保障中，充分共享社會遺產（social heritage）。另外根據社會的普世價值，從不會受到歧視到享有文明生活的權利的整個範圍定義為一項權利，並提出與此相關的實際措施。雖然上述三項權利各自井然有序地發展，看似透過和諧的方式順理成章地到達完整的公民資格的

242

---

10　編註：此處意指更重要的是強調國家政府的義務與責任，這在社會權中的概念中更為完整且滲透力更強，與前面兩個公民權國家角色的消極與不介入市場運作，有根本上的差異。

11　김형식, 시민적 권리와 사회정책 ( 서울 : 중앙대학교 출판부 , 1997); Park, Soon Woo, "Struggle for Social Citizenship in Korea 1945-1997" ( 미 출판박사학위논문 , London School of Economics and Political Science, 2004).

地位，但是實際上在相互發展的過程還是有一些糾結阻礙的因素，比起公民資格強調平等，造成助長不平等的因素也很大。例如，在自由的概念中，公民權強調的是否認或最小化政府干預的消極自由；但是在社會權則強調，在市場、福利等民眾的生活層面，肯定國家介入的積極自由。以歷史的觀點來看，公民權的概念[12]最初指的是實現個人自由所必須的權利，例如私有財產自由、簽約自由、言論自由、出版、集會和結社自由以及法律之前人人平等。[13] 這些權利是透過英國的光榮革命與清教徒革命、法國革命、美國獨立戰爭及南北戰爭等，透過市民革命擺脫中世紀封建社會的身分壓抑而爭取到的。從中央集權化的王權、神權解放的民眾自由與他人簽訂合約，依靠自己的能力獲得積累財產的基礎。但是以公民權行使權利的法國革命當時，所謂的公民是理想的，是指菁英份子，他們是富有而受過教育和具有生產力的民眾，或是具有自決權（self-determination）的公民身分，這與貧民、婦女、障礙者是完全無關的。也就是說，原來的公民概念裡並沒有包含老、弱（身心障礙者）、婦、孺及病人，這一點需要強調。[14] 並且，強調個人自由與私有財產權的公民權若過度發展或占優勢，就會導致私有財產制與市場功能的強化，與強調平等與分配原則的社會權形成對立的衝突關係。從這種衝突關係的歷史經驗得知，社會需要經濟社會文化權利或像是《身心障礙者權利公約》等制度性機制，不斷建立社會權利的基礎以及其重要性價值。儘管如此，這三項原則明顯在說明現代社會的進步，如果三項權利中有任何一項的權利瓦解，就無法實現以參與社會生活的平等地位和能力為基礎的公民資格。[15]

---

[12]　韓國對於 Civil Right 的解釋有很多種。部分社會學者和憲法專家以及在國高中教科書上是指「自由權」或「基本自由權」，但在社會福利相關的書籍上是指「公民權」。在本文中採用後者。

[13]　Thomas H. Marshall, *Social Policy*, 74.

[14]　Bryan S. Turner(ed), *Citizenship and Social Theory* (Sage, 1993).

[15]　Maurice Roche, *Rethinking Citizenship: welfare, Ideology and Change in Modern Society* (London: Polity Press, 1994).

　　基於這些原因，日後在韓國社會將如何實現《身心障礙者權利公約》這項課題，以及身心障礙者的公民資格將會實現到怎樣的程度，這兩者是互相交織在一起的。也就是說，只有透過公民資格實現的全面性社會融合與參與，才能達到身心障礙者的平等地位。我們要關注的是，圖5-1的社會權所揭示的像《障礙者反歧視法》這一類社會立法、福利制度的發展，因為這些立法以國家介入機制，更具體地與提高身心障礙者的生活品質有著直接的關係。但是作為一種假設，為了具體實現身心障礙者的公民資格，還是需要仰賴公民權、政治權等相互關聯的權利之均衡發展。像是普蘭特（R. Plant）指出公民權資格為：

> 　　本著平等原則的適用，同時包含身分平等（equality of status）與權利平等（equality of rights），因此如同承認法律之前的平等，應平等和公平地實現賦予公民資格的社會手段之分配，而又不損害公民權利和政治所隱含的公民資格。[16]

　　「公民資格」的概念如同韓國憲法（第10條）所保障「所有國民皆具有作為人的尊嚴和價值並追求幸福的權利。」支持法律上的各項規定，同時具有修正或超越為實現社會權的市場和政治關係的含義。但是從各項權利之間的關係不一定都是平坦或平等的關係，有時候也會互相牴觸的觀點來看，公民資格並不是已經達成的目標，如同《身心障礙者權利公約》一樣，是持續要追求的一個理想也是一個理念。我們從歐美社會的經驗看到，公民資格的發展歷史不是一路平坦，而是一部充滿著糾紛與抗爭的歷史，特別是在最後階段之社會權的發展，這些因素會更加明顯。[17]具體一點來說，學者們也在主張，像馬歇爾教授所說最後階段之社會權是不會自然達成的。我們可以從最近在福利發達國家經歷的

244

---

[16]　R. Plant, "Citizenship, Rights and Socialism," Fabian Tract. No. 531(London: Fabian Society). 박병현 , 사회복지정책연구이론 : 이론과분석 ( 학현사 , 2007), 217 에서재인용 .

[17]　Bryan S. Turner, 앞의책 ; Bart Van Steenbergen, *The Condition of Citizenship* (Sage, 1994).

福利國家崩解，以及削弱國家介入功能的新古典自由主義所帶來的後遺症，預測日後韓國社會需要政府積極介入與投入預算的《身心障礙者權利公約》或《障礙者反歧視法》，實施過程中所要面臨的課題，將會以怎樣的型態呈現。有人指出，上述「公民權利」的登場在歷史性發展過程中，沒有將身心障礙者認定為公民，而《身心障礙者權利公約》的通過代表一個法律機制的建立，保障身心障礙者為公民的身分。

　　為了透過《身心障礙者權利公約》的實施實現一連串身分的變化，必須肯定身心障礙者為有能力的社會成員以及公民，並採取一連串的司法、政治、經濟及文化措施，以提供個人或集體所需要的資源。在此，身心障礙者公民身分的變化包含著憲法所保障的權利，也就是提供認定身心障礙者為社會成員之一所需的資源。整體來說，以公民資格為主軸的身分變化，不能迴避包含教育與就業資源和機會的近用性不平等與歧視等問題，所以不能跳脫資源分配的平等性問題。以這樣的觀點來看，公約的推行過程中面對的最大課題是，解決身心障礙者與非障礙者之間的不平等，以及實現真正的身分變化的資源移動，並且這種變化能夠給予身心障礙者當事人的賦權、全面社會融合。公約將給身心障礙者帶來新的公民身分，就是意味著將過去在經濟機會和合理的社會待遇中被排除的他們，納入社會的主流。若無法保障社會融合與參與的機會，那麼肯定也無法保障公民資格的機會。但誠如政府扮演立法與政策的重要角色，身心障礙者本人積極的公民身分也非常重要。如圖 5-2 整理出來的身心障礙者的身分變化，不僅僅是單純的理論構想，也同時在說明現實上面對的課題與困境。如上述權利發展之觀點來看，身心障礙者公民權利的發展也算是經歷了一場社會、政治抗爭的歷史。有些學者認為這是「新社會運動」[18]或是定義為「解放的抗爭」[19]。在此「新社會運動」是

---

[18]　M. Oliver, "Defining Impairment and Disability: Issues at Stake," in C. Barnes and G. Mercer, eds., *Exploring the Divide: Illness and Disability* (Leeds: The Disability Press, 1996).

[19]　Tom Shakespeare, "Disabled People's Self Organization: A New Social Movement?," *Disability, Handicap and Society*, 8, 3(1993): 249-264.

指，新型態的政治行動或變革的社會基礎，「新」的含義是指完全不同於過去以單一爭論焦點為主，要求政黨政治參與或政治決策的壓力團體行為。[20] 如果將為身心障礙者本人決定的身心障礙者權利，以及為改善人權而進行廣泛意義下的社會和政治上的抗爭，定義為「新社會運動」，韓國的「障礙之友權益問題研究所」在韓國社會為身心障礙問題的政治化，確實助了一臂之力。Offe（社會學家）主張，近來的身心障礙者運動，應該認為是至今為止被政府的政策研究結構邊緣化的少數集團，作為新的利害當事人集結了勢力。[21] Offe 的主張是支持過去成為歧視與排除對象的身心障礙者，現在結合力量成為利益關係人，應承認是一項巨大課題。這是主動而積極的公民所應當要完成的事情。雖然多少會有反駁的餘地，但這裡主張，《身心障礙者權利公約》和長期以來身心障礙者需要實現馬歇爾在權利發展理論中提到公民資格的理想，所進行的權利抗爭其實是有相同脈絡的。在此強調身心障礙者的權利實現不得不由抗爭中爭取，是因為從歷史來看，公民資格實現向來都不是中立的，隨著理念立場的不同，強調的點也會跟著不一樣。如同在歷史上，公民資格的發展並沒有那麼地單純，[22] 同樣《身心障礙者權利公約》的推行將會面對不容小覷的阻礙。換言之，如圖 5-2 意味著上面說明的身分上的變化。隨著身分的變化帶來的公民概念，賦予身心障礙者作為社會成員積極的身分認同感，而不是博愛和慈善的對象。但是現實上，這些身分的變化並不會自動變過來，還需要身心障礙者本人持續地抗爭才能夠實現，這就是現實。

245

---

[20]  M. Oliver, *Politics of Disablement* (Basingstoke: Macmillan, 1990).

[21]  Claus Offe, "New Social Movements: Challenging the Boundaries of Institutional Politics," *Social Research* 52, 4(1985): 817-868.

[22]  Bart Van Steenbergen, *The Condition of Citizenship* (Sage, 1994).

| | |
|---|---|
| ● 受保護的身分 | ● 積極的社會成員 |
| ● 偏見歧視的對象 | ● 平等與反歧視 |
| ● 被動、依賴、消極的公民 | ● 積極的公民權利 |
| ● 排除、邊緣 | ● 全面融合 |
| ● 無能力 | ● 充權增能 |
| ● 博愛、慈善、施予的對象 | ● 肯定身為公民的權利 |

**圖 5-2　身心障礙者公民資格的身分變化**

# 3. 身心障礙者的現實與公民資格

246

　　上面討論的公民資格概念中強調，「資格」是根據道德、法定公約的正當要求或正當資格。但將這些概念適用於全球 75 億人口中約占 15% 的 1 億 5 千萬人的地球上的身心障礙者時，或是說更加具體一點，將其適用在貧困問題非常嚴重的開發中國家裡，起碼有 6 億身心障礙者人口的公民、文化、經濟與社會生活上時，便可得知會含有更多的問題。[23] 他們大多數還是無法享有參與社區的基本權利，必須得忍受在大型機構裡過隱密的生活，開發中國家身心障礙者的八成到九成，已開發國家身心障礙者的五成到七成是未就業的狀態。[24] 儘管如此，聯合國旨在解決世界 5 億貧困問題的千禧年發展目標，卻完全忽視了屬於貧民中貧民的身心障礙者。[25] 教育權、健康權都在生活中遭到拒絕，開發中國家的學齡身心障礙兒童，有九成沒有辦法就讀學校。[26] 菲律賓約有 6 百萬障礙兒童，只有 1,101,690 學童有就學。[27] 從全球現實來看，成功實施《身心障礙者權利公約》對於將來實現身心障礙者的公民資格具有重要意義，同時還有重要任務是：融合（inclusion）過去在各個領域的

---

[23]　ILO, Employment of People with Disabilities: The Impact of Legislation-Asia and the Pacific. Report of a Project Consultation. Bangkok, 17 January, 2003.

[24]　OECD, Transforming Disability into Ability: Policies to promote work and income security for Disabled People. 2004.

[25]　UNDP 1995.

[26]　UN Enable http://www.un.org/disabilities/index.asp

[27]　2018 年 9 月聯合國 CRPD 國家報告審議期間指出。

社會參與中受排除（exclusion）的身心障礙者。

　　本章主張，為了跨越韓國身心障礙者所熟悉的偏見與歧視的高牆，應先行實現公民資格作為其後盾。但是把焦點轉回身心障礙者的現實時，就會感受到這樣的主張在韓國社會是多麼迫切的請求。例如據《2017 年身心障礙者實態調查》顯示，在 194.5 萬戶身心障礙者家庭中，國民基本生活保障金領取者家庭共有 26 萬戶，占全部身心障礙者家庭數的 13.1%，可以看出他們尚未擺脫貧困的沼澤。這是非身心障礙者家庭的國民基礎生活保障對象比例（6.8%）的兩倍。從收入來看，依據韓國統計處經濟活動人口調查與身心障礙者經濟活動實態調查，2017 年為基準身心障礙者的就業率是 36.5%，不過是一般國民的 60.6%。再根據《2017 年身心障礙者實態調查》（2017），身心障礙者家庭的每月平均收入為 2,421 千韓元，大約是全國家庭收入的 66.9% 左右。就像這樣，一般來說身心障礙者的工作活動困難，與非身心障礙者相比生活水準更惡劣。為保障身心障礙者的收入，政府實施了身心障礙年金和身心障礙津貼。[28]

　　上述的統計資料顯示，身心障礙者在生活中遭受許多型態的歧視待遇及人際關係上的困境，且這種狀況已成常態。過去數年來，主流身心障礙者團體指出大部分的身心障礙者面對許多阻礙而造成人權侵害。例如，根據韓國《2000 年身心障礙者實態調查》，[29] 有 87% 的身心障礙者認為自己受到歧視而成為人權侵害的對象，實際上 96.2% 有過受歧視的經驗。[30] 像這種現象在韓國社會都認為是在所難免的社會現象沒必要大驚小怪，然而即使在頒布《美國身心障礙者法案》（ADA）的美國社會，在就業上和整個不平等的狀況、社會排除、威脅人性尊嚴的負面形象，而沒有辦法享受全面性的「公民資格」這一點，跟韓國的現實沒有多大的不同。因此 ADA 主張，唯有更加積極的實施 ADA 的立法精

---

28　障礙者權利公約第 2、3 次報告草案。09. 2018. 54

29　保健福祉部，障礙者時態調查，2000。

30　2005 年研究報告中無障礙者歧視相關資料。

神，才能為身心障礙者實現平等社會。[31] 具體的例子是，在 1990 年制定 ADA 的當時，根據一項研究顯示，1989 年美國的身心障礙者的失業率是 28.9%，1994 年再增加為 30%。約有 65.7% 的長期固定失業者也是讓人感受到悲觀。[32] 全世界身心障礙者的失業率不管在任何一個經濟體都毫不例外地達到 65-80%，[33] 這些統計裡包含的階層大部分是完全沒有參與社會，也沒受到一般公民的待遇。[34] 也就是在公民身分和社會人身分上都受到排除，直接成為二等公民或是更加不如。[35] 有人主張在競爭化的就業市場中，身心障礙者已經被殖民化，這裡所指的殖民化意味者權勢階層對於沒有權力的階層，或是對於貧民的政治、經濟及社會的支配。[36] 最近在文獻中針對少數、在社會被隔離而邊緣化的群體，稱之為「下層階級之下」（underclass），而大部分的身心障礙者屬於這樣的群體，可以說是二等公民，甚至連公民都稱不上。當然，本人無意要透過「下層階級之下」的概念來擴大討論範圍，但身心障礙者是被排除在「公民資格」之外的二等公民，單就這一點我想大家並不難達成共識。但是我們必須明白的是，關於身心障礙者的歧視待遇以及伴隨的不平等因素，這才是要通過《身心障礙者權利公約》來克服的課題。雖然在整個有關身心障礙者的文獻中，對於「公民資格」的概念或理論並沒有被廣泛討論，但是在本文中，我們不執著於身心障礙者的權利而是希望擴散為「公民資格」的概念，這是為了更加具體地實現《身心障礙者權利公約》追求的人權理念。公民權及政治權若要更加有效的啟動，就要實現「公民資格」所涵蓋的身分上的變化、社會參與等。同樣的脈絡下

248

---

[31] Peter D. Blank (ed.), *Employment, Disability and the Americans with Disability Act* (Northwestern, 1997).

[32] 前揭書。

[33] Disability World, 2003.

[34] P. Townsend, *Poverty in the United Kingdom* (London: Penguin, 1979).

[35] Lister, 1999.

[36] Hirch, 1Karen. "From Colonization to Civil rights," in Peter D. Blanck (ed.), *Employment, Disability and the Americans with Disability Act* (Northwestern, 1977).

Twine[37] 主張，公民權和政治權要有社會權的支持為前提。我若再強調一點就是，如果沒有社會權的保障，那麼公民權、政治權就不具有意義了。實際上，如果無法保障最起碼的經濟能力，那麼自由、良心、參政權等的公民權及政治權，也是一樣不具有意義或被擠出優先順序。

為享有「公民資格」，應該具備全面參與社會生活的實質能力。Deacon[38]曾經說過，現代意義下的公民資格，不能只侷限在政治、公共財的提供與分析，還要為滿足公民的各樣需求，使他們能夠主動地參與各項社會的機制。如果某一人在生活中被剝奪生活上絕對必要的機會，或是沒有被提供具體的方法和機會，來享有一般認為很理所當然的社會福利時，意味著他們正受到他們所處的主流社會排除之危險。他們無法滿足需要被滿足的需求，這意味著，他們處於隨時失去其主體性和地位，以及權利的風險中。這些生存和自尊心的風險，會導致他們拒絕參與普遍被接受的社會生活。再次強調，為了公民權利的實現，首先要有政府的積極介入。在圖 5-1 的社會權裡包含的「社會市場」的概念[39]，是強調為了保障最起碼的生存權，政府能夠在市場機制裡加入社會交換因素的介入性作用。國家的介入有義務保障最起碼的資源或安全網，以維護一個人的社會性身分或地位。國家的市場介入不僅僅在經濟層面具有意義，而是透過這樣的介入和干預，可以拓寬社會融合、參與的機會。如果不保障透過身心障礙者年金或就業等獲得的生存權，事實上不可能參與沒有購買力的市場（market），政治活動也不具有意義。「公民資格」的另一項要求條件，是要保障社會成員的同等價值，使之全面參與社區，讓他們的人性尊嚴得到社會認可。如上所述，「公民資格」的概念與實現《身心障礙者權利公約》有密切關係，原因在於它不僅包括「障礙」這一特定領域，也包含著個人或是身為「公民」，作為社會成員

[37] Fred Twine, *Citizenship and Social Rights: The Interdependence of Self and Society* (London: Sage, 1994).

[38] Bob Deacon, M. Hulse, & P. Stubbs, *Global Social Policy: international Organizations and the Future of welfare* (Sage, 1997).

[39] R. M. Titmuss, *Commitment to Welfare* (London: Allen & Unwin, 1974).

為了成就某些目的之所需，以及基本權利、資源及機會等普遍福利的概念。[40] 綜合以上所述，《身心障礙者權利公約》的成功推行與資源的問題有著直接的關連。這一點在第四章的前言中有過說明。

　　身心障礙者的現狀之所以沒有得到改善，從人權相關法制的進展過程中也能找到其原因，也就是《世界人權宣言》將「人權」問題定為全球的關注焦點，將人權的侵害斷定為威脅世界和平和安全的因素，使其得以從國際層面來介入，但沒有明文規定每一國家應遵守人權侵害標準之法定義務（legal duty）。結果爭論這些人權宣言是一個「宣言」還是具有「法律約束力」的文件成了弱點，演變成自由陣營和共產陣營的理念衝突。[41] 這些理念衝突在 1966 年通過的《公民與政治權利國際公約》與《經濟社會文化權利國際公約》中也曾出現。主張自由權原則的前述國家，以美國、英國和澳洲為主，與主張社會主義理想的後者，由蘇聯主導的共產國家團體，在理論和實際上存在實質的不同立場。例如，後者需要由國家介入的政策研究而不是依靠法庭的裁定，實際上為權利的推行需要相當大的預算。以前者來說，要接受人權委員會（Human Rights Committee）的判決裁定，但後者要向經濟社會委員會（Socialand Economic Committee）提出推行公約的相關報告。[42] 正如下面將再次討論的那樣，但根據本人的見解，大部分的人權相關法律制度的推行上，需要從積極性差別待遇（positive discrimination）的觀點出發，發揮國家的介入性角色，然正如上所述，目前似乎還無法擺脫理念上的兩極化現象。我們可以從美國的身心障礙者法案（ADA）、《聯合國身心障礙者權利公約》或韓國的《身心障礙者就業促進法》等，發現這種介入的蛛絲馬跡，但是宣布的政策研究之意志，與現實之間還是差距很大。

250

---

40　박병현 , 앞의책 , 219.

41　Geoffrey Robertson, *Crimes Against Humanity: the Struggle for Global Justice* (Penguin Books, 2006), 30-32.

42　앞의책 , 175.

　　以這樣的觀點來看，《身心障礙者權利公約》與《經濟社會文化權利國際公約》（社會權公約）有相同的脈絡因素，實際上在公約的協商過程中，有關公約的履行與法律拘束力很明顯地都需要國家的預算來做支撐，所以對於公約中用「逐步實現」（progressive implementation）的條文也曾有過爭議，究竟是明確表明要履行之意，還是擔心被拿來作為延遲履行的機制。[43] 雖然《身心障礙者權利公約》像其他國際人權公約一樣有拘束力，但由於資源的欠缺，在推行過程上會產生耽誤之情形，如此一來要改善身心障礙者現狀的前景也就不是很樂觀了。

## 4. 結論

　　本章從身心障礙者的公民資格的觀點出發，對於《身心障礙者權利公約》要向世界上身心障礙者闡明平等的法律地位與人性尊嚴，以及賦予社會成員追求社會品質的權利，探討這樣的意義與啟示。為進展本主題在本章節將馬歇爾的三項權利論，即公民權、政治權及社會權之各自不同的要素，經過發展之後集結而成為包容性的「公民資格」來定義。如果說《身心障礙者權利公約》是可以保障身心障礙者諸般權利的法律措施，那麼這終究會帶來身心障礙者的社會身分變化，進而克服歧視與偏見，得到認可其平等的人性尊嚴之公民待遇。另外，本章還主張，在使用政治或市場機制解決人類問題的所謂全球化時代，《身心障礙者權利公約》透過法律和社會機制處理與身心障礙者有關的社會正義、權利、尊嚴等問題。尤其是身心障礙者中，透過經濟市場享有自由的身心障礙者只不過是少數而已，如果沒有《身心障礙者權利公約》的介入多數身心障礙者無法追求平等。在人權法中最困難的一點是大部分的原則與建議事項都被抽象地理解。以抽象的層面來討論《身心障礙者權利公約》，英國身心障礙者權利委員會（Disability Rights Commission）、美

251

---

43　김형식, 국제장애인권리협약 비준을 위한 6 차 특별위원회의 참가보고서 (2005. 8. 1~12), 장애인권리협약 해설집 ( 국가인권위원회 , 2007 ).

國的《身心障礙者法案》（ADA）等各國的身心障礙者法案、身心障礙者人權法等都已做出很好的整理，大致為如下四項。

①不歧視身心障礙者
②追求身心障礙者的均等機會
③發展身心障礙者待遇的模範案例
④追求障礙者反歧視法及人權法的制定

就算努力將「公民資格」的概念與身心障礙者的社會融合作結合，還是難免會與許多爭議領域起正面衝突。我們考慮以下幾點：

第一，假設我們將身心障礙者公民資格的實現視為一項社會活動，將公約視為一種手段，仍有被批評的可能性。相當於人口數的 10% 的身心障礙者如果納入全體的人口裡面，說要給予身心障礙者任何人都不會批評的包容性公民資格，那麼這對於任何一個政府都是一項莫大的任務。我們討論公民資格的同時，也有人認為有必要來討論其作為公民的「義務」，這個部分容後再述。要成為受尊重的公民不僅要主張權利，還有伴隨繳納稅金的義務，所以嚴格來說是沒有所謂「免稅的公民權利」[44]，我們需要記取這點。第二，隨著公民權、政治權、社會性公民權的發展和每個國家的進展階段不同，「公民資格」的實現也會呈現不同的樣貌。同樣的透過《身心障礙者權利公約》實現身心障礙者社會融合應該考慮到這些國家的差異性。雖然身心障礙者相關公約、立法有其抽象性，推行過程也會出現的國家之間的差異，但有必要把重點放在實現身心障礙者的社會融合和「公民權利」的具體課題上。抽象與具體並不一定是二選一的選擇題，應視為同時要追求的課題。在此舉出幾項具體課題的例子：

①貧困和基本生活水準：衣食住醫療等最基本活水準的保障沒有先行解決就很難期待文明的公民生活。根深蒂固的貧困、高失

252

---

[44]　M. Oliver, *Politics of Disability* (Sage, 1990).

業率、低教育水準是阻礙人類滿足基本需求的因素。因此由聯合國亞洲及太平洋經濟社會委員會（United Nations Economic and Social Commission for Asia and the Pacific, UNESCAP）主導，2002年在大阪通過的《琵琶湖千年行動架構》（Biwako Millennium Framework for Action）提出以基本生活與社會保障制度來擊退貧困作為最優先順位。[45] 值得記取的是，2012 年在韓國舉辦的 UNESCAP 第二屆亞太地區身心障礙者 10 年計畫（2003-12）的最終評鑑與新的 10 年（2013-2022）的推行上，也都以擊退貧困與加強就業為重要的目標指標。[46] UNESCAP 曾提出報告約有 1億 6 千萬人（全球身心障礙者的 40%）為貧民，他們無法享有聯合國強調的社會、經濟福利。人類的基本需求問題如果無法得到解決，身心障礙者的權利提升相對地會需要更長的時間，且惡性循環將不斷重複。但是很不幸地，上述許多政策形式，只要有機會就會反覆出現卻都無法實現，實在可謂「光說不練」的國際活動。

②無障礙／可及性問題：身心障礙者日常生活中在公共建築、各種地方、交通工具的近用上受到歧視，被剝奪積極參與社會活動機會。提升教育、就業機會、健康、資訊近用、體育休閒設施乃至於提高生活品質的機會都受到限制，使身心障礙者長期下來陷入不平等的結構裡。無障礙／可及性的問題也應以「公民資格」的角度來做考量。

③身心障礙問題和身心障礙者的參與：也許《身心障礙者權利公約》必須明確推行的課題之一是在監測過程中，讓身心障礙者當事人積極參與，在跟他們有直接關聯的政策研究決策過程中做出

---

45　UNESCAP, Biwako Millenium Framework for Inclusive, Barrier-free and Rights-based Society for Persons with Disabilities. in Asia and the Pacific. 24 January, 2003.

46　나운환 , " 한국의 인천전략 이행수준과 개선방안 연구 ," 한국재활협회 제 44 차 재활대회 , 2015.9.17

貢獻（CPRD 第 4 條第 3 項）。透過這樣的過程，讓身心障礙者的「最大利益」（best interest）原則紮根於實踐原則發展，而不是陳腔濫調或象徵性原則。發展遲緩、心智障礙者過去被視為欠缺參與決策過程的能力，而被排除在決策之外，也應創造一個機會來增強過他們的法律能力（legal capacity，第 12 條）。

④個人的尊嚴：即使不仰賴《身心障礙者權利公約》所保障，需要複雜又漫長時間的個人請願，為了不讓身心障礙者身為一個人、作為一個公民的尊嚴受到侵害，在所有推行過程還是要尊重《身心障礙者權利公約》闡明的普遍原則。特別是重度障礙者的相關照護、人身自由（第 14 條）[47]，與身心障礙相關資訊的近用（第 9 條、第 29 條），在治療、就業、個人隱私相關訊息的尊重，以及身心完整性（第 17 條）等基本價值不得侵害。

　　權利公約是身心障礙者實現「公民資格」的一個突破性機制也是藍圖。雖然公約的推行絕非一帆風順，但包括聯合國在內，參與批准該公約的國家應該做出最大的努力，讓那些從所屬國家和地區社會被排除的弱勢族群、下層階級之下（underclass）的身心障礙者以公民的身分得到人類尊嚴的認可。僅靠《身心障礙者權利公約》是不會自動達成身心障礙者的尊嚴與平等。因此，批准國家需要優先制定能夠反映《身心障礙者權利公約》精神和原則的國內法律措施，使《身心障礙者權利公約》在國內得以生效。這些立法的制定，應該發展成為更加具體的政策研究項目，好讓《身心障礙者權利公約》的意圖落實在身心障礙者的實際生活中。

---

[47]　編註：原文誤植為尊重隱私權利。

# 第六章
# 韓國的《障礙者反歧視法》

柳京旼

# 1. 《障礙者反歧視暨權利救濟相關法案》的立法背景

## 1）《障礙者反歧視法》的制定必要性

韓國《障礙者反歧視暨權利救濟相關法案》（以下稱《障礙者反歧視法》）在 2007 年 3 月 6 日由國會通過，並在該年 4 月 10 日制定並公布第 8341 號法律，2008 年 4 月 11 日起開始實施。此法律在所有的生活領域中禁止以障礙為理由的歧視，並有效地救濟因障礙受歧視者的權利，使身心障礙者可全面參與社會並實現平等權。

現在的社會還存在著歧視，但是在制定《障礙者反歧視法》之前，會因為外貌、性別、區域等為因素，對障礙者個人或團體歧視，尤其對障礙造成的歧視非常的嚴重。障礙者在以非障礙者為主的社會中，是站在少數的位置。障礙者處於身體、社會、經濟弱勢地位，只能在以男性非障礙者為主的社會中，逐漸被邊緣化。由男性非身心障礙者主導的社會，常常把被邊緣化的身心障礙者貼上無能而劣等的標籤。在這些觀念或習俗中，法律體系是由以無障礙男性為中心的社會結構建立的，對於身心障礙者的偏見已經超越差異，轉為具有位階秩序的歧視，並持續擴大和再生產。

回溯制定《障礙者反歧視法》之前，在 1999 年當時，針對身心障礙者的經驗做調查，包含身心障礙者的人權侵害等歧視行為的代表類型及案例，整理如表 6-1。身心障礙者的人權侵害類型可區分為生活環境、就業生活、居家生活、醫療設施的利用、教育環境、家庭生活、文化體育生活、公共機關的利用和參與選舉、身心障礙婦女等，可以知悉各種案例的歧視情形，並觀察到以現在的社會根本無法想像的歧視行為曾經發生，亦藉此掌握到需要制定《障礙者反歧視法》之緊急態勢。這些歧視行為與現在並沒有很大的不同，但顯然一些層面已經改善了許多。

258 **表 6-1　身心障礙者人權侵害類型及案例（1999 年標準）**[1]

| 類型 | 主要內容 | 案例 |
|---|---|---|
| 生活環境 | 身心障礙者由於身體和功能上的障礙難以適應交通、通訊設備、公共建築、道路等環境。由於這些物理環境障礙，身心障礙者參與社會受到許多限制而在社會上經歷孤立及隔離的經驗，形成不平等結構。而行動權也無法得到保障。 | ＊訪問公共機關時不方便利用階梯；<br>＊無法近用公車、捷運等大眾交通工具；<br>＊就算有升降機但是沒有負責人員或者不知如何操作而不常利用；<br>＊在銀行借貸或發卡時，因為無法用親筆簽名而遭拒絕（視障者）；<br>＊去大眾澡堂時被問出事誰負責而遭到拒絕；<br>＊區公所或醫院要求手語翻譯員陪同（聽障者）。 |
| 職業生活 | 因為身心障礙者的身分在就業上遭受人權侵害，就業環境惡劣，只能從事薪資低的職種。就業生活的歧視在學歷高者較少受到歧視。 | ＊在報酬方面與具相同能力者有差別待遇，雖然長時間工作，但是因為作業量少，薪水也比其他人少；<br>＊在一般公司就業時，會被另眼看待只好辭職；<br>＊在就業面試時，明明有能力但遭拒絕。 |
| 居家生活 | 家屬中有身心障礙者的事實，造成找不到房子入住，與鄰居的和睦關係上，也受到故意性的排擠；在公共住宅使用便利設施時也不方便。 | ＊為身心障礙者設置無障礙坡道，遭到居民不諒解；<br>＊有些房東不接受身心障礙者租房屋；<br>＊不予參加村／里民大會等的活動；<br>＊在里民聚會時，遭拒絕參與以免造成彼此的不方便；<br>＊因為聾啞被社區居民嫌棄要求搬家；<br>＊鄰居常常藉故講一些閒話。 |

[1] 한국장애인단체총연맹, 한국 장애인 인권 백서 (1999). 김정렬; "기획 : 인권문제의 실상과 과제 ; 장애우 인권과 장애인차별금지법 제정 전망," 기억과 전망 4(2003): 211-229.

| 類型 | 主要內容 | 案例 |
|---|---|---|
| 醫療設施的利用 | 腦性麻痺、發展遲緩、視障、聽障者等身心障礙情形較嚴重者，在利用醫療設施上有很多困難。在牙科、婦產科、耳鼻喉科就診時，也有遭到拒絕的情形。 | ＊在醫院接受治療時曾被以心智障礙者為由很草率診斷而誤診；<br>＊牙科、耳鼻喉科就診時以身體晃動多次為理由，遭拒絕診療；<br>＊醫院辦公室職員以身心障礙者為理由，要求兩名保證人，以身心障礙者為理由要求診療前需先支付診療費用。 |
| 教育環境 | 雖然法律上有保障身心障礙者的教育權，但是教育現場有許多型態的歧視，從幼稚園到大學教育直接間接性的教育歧視層出不窮。在學校受到同學冷落、遭霸凌等情形不少。 | ＊以身體障礙為理由入學中醫大學遭拒；<br>＊強迫要求進入特殊學校；<br>＊國小導師曾脫口說出：「他們也學不到東西何必要來學校上課」，讓父母感到不知所措；<br>＊送去一般幼稚園老師們都一直說帶得很累希望不要來上學，後來就放棄幼稚園；<br>＊朋友們會取笑或霸凌；<br>＊老師們對一般班級和特殊班級有差別待遇。 |
| 家庭生活 | 家人對待身心障礙者的態度不友善，不是過度保護就是完全忽略，這樣的對待會剝奪身心障礙者的自立機會。尤其重度障礙者會高度依賴家人，在這種情形下要是家庭關係不和睦，很難有解決方案。 | ＊婚姻問題方面，曾被以因為家裡有身心障礙者為由取消婚約；<br>＊家裡的兄弟們在結婚時，不能出面見對方家人；<br>＊爺爺公祭時，不准出來；<br>＊外婆知道孫子是身心障礙者後，強迫父母送到孤兒院或聽障兒機構；<br>＊家人一起外出時，獨自留在家裡；<br>＊家庭活動時，完全不考慮我、被排除在外。 |

259

| 類型 | 主要內容 | 案例 |
|---|---|---|
| 文化體育生活 | 當我們主張身心障礙者也需要文化生活時，整個社會氛圍總覺得我們的要求太多。隨著經濟水平提高而伴隨的文化休閒活動中，只有身心障礙者還是停留在各種困苦中。 | ＊我是輪椅使用者，不敢奢求能去咖啡廳或啤酒屋；<br>＊我是聽障因為韓國的電影沒有字幕，只能看外國電影；<br>＊因為社會氛圍拒絕與身心障礙者一起使用，導致很難利用運動設施；<br>＊在文化、休閒、運動活動中，沒有聽障者可以一起上的課程，這是不公平又令人沮喪的。 |
| 公共機關的利用與參加選舉 | 公共機關設施的利用應該可以靠政府的努力將歧視降至最低，但仍然有許多的歧視存在。選舉權是憲法保障的每個人民的權利，但只因為身心障礙而無法正當行使此項權利。 | ＊雖然是本人，還是被要求有監護人陪同才能透過村里辦公室取得需要的資料；<br>＊公家機關受理窗口態度不好，需要印鑑去辦理時，對方不理會；<br>＊因為沒有翻譯而無法傳達意思；<br>＊因為要辦事的部門在二樓所以無法與負責人洽談；<br>＊以心智障礙為由在選舉活動中遭冷落；<br>＊有不在籍投票還被要求要到現場投票；<br>＊投票地點在二樓而無法去投票；<br>＊因為身心障礙無法充分瞭解候選人的資歷，沒有監護人或志工的陪同所以只好放棄投票；<br>＊競選期間沒有手語翻譯而聽不懂內容。 |
| 身心障礙婦女 | 完全不能想像要結婚。結婚後在懷孕育兒方面也因為是身心障礙者的關係，遭到基本要求與權利上的忽略。身心障礙婦女的人權處於最壞的情況。要除去所有在日常生活中身心障礙婦女會經歷的歧視才能有實質上的平等。 | ＊沒有職業和經濟能力感覺很對不起家人；<br>＊公婆家人常常講閒話。家裡有不吉利的事情都怪罪於我；<br>＊在生產時，家人擔心小孩會不會遺傳我的障礙；<br>＊即使是很要好的朋友，還會認為我們沒有生理期；<br>＊在機構裡對心智障礙的婦女，常常強迫結紮手術。 |

　　根據 2003 年當時「障礙者權益問題研究所」調查發表，依然有 70% 以上的身心障礙者有受到歧視的經驗，回應的身心障礙者中，認為產生歧視的最大理由是非身心障礙者對於身心障礙者的偏見。以當時社會現象來看，身心障礙者的歧視發生在生存權、就業權、教育權、生活權等所有日常與社會生活的各方面。[2]

　　身心障礙者的歧視是在人們的日常及社會生活中廣泛出現，所以這一點相較於其他的歧視就具有其特殊性。但是制定《障礙者反歧視法》之前的基本身心障礙者相關法案，只是停留在宣言性的禁止歧視而不具有實效，沒有充分反映出身心障礙者歧視與一般歧視領域不同的特殊性。[3] 過去國家人權委員會一直致力於禁止《國家人權委員會法》第 2 條（定義）第 4 項，明文規定之以障礙為由的歧視行為，並為受侵害的當事人的權利救濟而努力。雖付出了努力，在現實中依然重複著類似的歧視行為，就算認定是歧視行為還是無法得到權利救濟。司法部透過長期審判對於身心障礙者的歧視行為，雖偶爾會站在身心障礙者本人的立場，但也僅以小額體恤金來撫慰，依然沒有糾正歧視行為。[4]

　　事實上國際社會對待身心障礙者，從慈善模式轉換為人權模式由來已久，其結果在美國（1990）、澳洲（1992）、英國（1995）、香港（1995）、瑞典（1999）、挪威（2001）等國都分別制定禁止歧視身心障礙者的相關法律。

　　在這種國內外情況下，為保障身心障礙者的實質權利，社會已經達成共識，有必要另行立法包含採取積極糾正歧視的措施，以及充分體現身心障礙者歧視的特殊性，而國際標準和外國的立法案例等，就成為《障礙者反歧視法》制定上的主要參考依據。[5] 韓國 2008 年開始實施的《障礙者反歧視法》，單從亞洲來看，是僅次於香港之後實施。最近日

260

2　박종운 , " 장애인차별금지법 제정의 과제와 전망 ," 국제인권법 7(2004): 51-83.

3　국가인권위원회 , 장애인차별금지 및 권리 등에 관한 법률 설명회 자료 , 2008.

4　국가인권위원회 , 차별판단지침 , 2008.

5　국가인권위원회 , 장애인차별금지 및 권리 등에 관한 법률 설명회 자료 , 2008.

本也制定了禁止歧視身心障礙者的相關法律，「推動消除基於障礙的歧視之相關法案」是在 1990 年代後半開始準備制定，2013 年 4 月制定完成，於 2016 年 4 月開始實施，等於是說韓國的《障礙者反歧視法》領先 10 年以上，這為韓國社會在人權的成熟度發揮重要的作用，特別是在 2006 年 12 月 13 日，聯合國大會通過了《身心障礙者權利公約》，而《障礙者反歧視法》符合了世界潮流，也是一項具有重要意義的成果。[6]

## 2)《障礙者反歧視法》立法推動經過

韓國正式展開制定《障礙者反歧視法》的討論是在 2000 年代。2002 年左右開放網路（團體）公開了「障礙者反歧視法案」，同年 7 月成立了「障礙者反歧視法制定籌備小組」，在「障礙者權益問題研究所」完成法案後，在該年 11 月左右，為推動立法成立委員會，組成了「障礙者反歧視法制定共同對策委員會」，此委員會後來發展成為「障礙者反歧視法促進協議會」。此時，身心障礙者運動界期待盧武鉉候選人在任職總統期間，制定《障礙者反歧視法》。[7]

261

2003 年 4 月成立了「障礙者反歧視法制定推動聯盟」，有 50 多個團體參加，與民主勞動黨共同進行起草議案，2005 年 9 月魯會燦（노회찬）議員代表提議後提交國會。儘管有這些積極立法運動的展開，國會還是沒有完成具體審議，國家人權委員會在 2006 年 5 月將當時推動的《反歧視法》擺在一邊，而公開表明有其必要另外制定《障礙者反歧視法》的意見，而在該年 7 月向政府（國務總理）提出《反歧視法》的立法建議案後，對外再做了一次公布。以青瓦台的貧富差距與歧視糾正委員會為中心，在 2006 年的 8 月組成了民官共同參與的企劃團隊，包含了相關部門、身心障礙界、國家人權委員會在內。以魯會燦議員代表提議案為基礎，幾經反覆討論後將調解案向開放的我們黨提案，結果由張香淑（장향숙）議員代表提議於 2006 年 12 月 18 日上呈國會，同

6　남찬섭, " 장애인차별금지법 제정의 의의와 과제," 보건복지포럼 127(2007): 22-33.
7　박종운, " 장애인차별금지법 제정의 과제와 전망," 국제인권법 7(2004): 51-83.

日，大國家黨的鄭和元（정화원）議員代表提議案也被提交。2007 年 2
月 22 日國會保健福祉委員會合併審理了魯會燦、張香淑、鄭和元議員
代表提議的身心障礙者反歧視法案後，制定了常任委員會的應對方案，
在 3 月 2 日通過了法制司法委員會。對此 2007 年 3 月 6 日成為保護和
促進身心障礙者人權重要轉折點的《障礙者反歧視法》，在國會幾乎全
場同意（國會議員 197 人中 196 人贊成，1 人棄權）之下決議通過，並
於 4 月 4 日經總統簽署，4 月 10 日在官報上公布，4 月 11 日起開始實
施。[8] 具體的制定運動及立法經過如下表。

表 6-2　《障礙者反歧視法》的制定運動過程及立法經過 [9]

| 時期 | 主要內容 |
|---|---|
| 第一期<br>（2001 年起<br>至 2002 年） | • 2001 年：開放網路（團體）於韓國釜山為制定《障礙者反歧視法》，開始進行全國巡迴大遊行（成為《障礙者反歧視法》制定的出發點）。<br>• 2001 年：在障礙者權益問題研究所欣逢 4 月 20 日身心障礙者日，向國會請願《障礙者反歧視法》的立法（轉達身心障礙界的訴求）。<br>• 開放網路提出的是《障礙者反歧視法》，障礙者權益問題研究所提出的是《障礙者禁止歧視法》，並啟動制定法案運動。<br>• 盧武鉉總統候選人等將制定《障礙者反歧視法》作為政見發表。 |
| 第二期<br>（2003 年起<br>至 2005 年） | • 2003 年（4 月 5 日）身心障礙界團結一起開始要組成聯盟，韓國障礙者團體大聯盟、韓國障礙團體大聯合會、其他相關團體（第三部門）與身心障礙婦女團體集結成立了「障礙者反歧視法制定推動聯盟」（障促聯）。<br>• 除了常任共同代表和常任執行委員會等進行運作的小委員會外，障促聯另成立法制政委員會（2003 年 3 月 15 日）。 |

262

---

8　국가인권위원회 , 장애인차별금지 및 권리 등에 관한 법률 설명회 자료 , 2008.

9　배융호 , 장애인차별금지법 설명회 " 장애인차별금지법 시행이 장애인 삶에 미치는 영향 " 자료집 ( 수원시지역사회복지협의체 , 2007). 발제문 재인용

| 時期 | 主要內容 |
|------|---------|
| 第二期<br>（2003 年起<br>至 2005 年） | • 制定委員會與實務委員會攜手合作，於 2003 年 6 月 25 日起至 10 月 29 日在「再來就是《障礙者反歧視法》的事了」的口號下，進行了公聽會（1 次）、連續公開討論會（9 次）。參與了 2003 年 8 月開放網路主辦的全國巡迴（濟州島）、10 月份韓國身心障礙團體大聯合會以「東亞制定《障礙者反歧視法》國際動向與展望」為主題，舉辦的國際身心障礙者交流大會、以及 12 月參與國會人權論壇。<br>• 2003 年 11 月起至 2004 年 3 月，為具體的條文化作業每週 1-2 次與身心障礙者當事人、運動者、法律專家相聚討論。<br>• 2004 年 5 月，障促聯的法制定委員會提出「障礙者反歧視法案」。之後以國會的法制司法委員會的議員為對象，開始尋找協助立法的議員，民主勞動黨的魯會燦議員同意提案。<br>• 2005 年 9 月 16 日由魯會燦議員在國會提案。 |
| 第三期<br>（2006 年起<br>至 2007 年） | • 法案在國會被分配到保健福祉委員會，而不是法制司法委員會，又由於糾正歧視機構的整合、國家人權委員會預計提出反歧視法案、政府案未提交等諸多因素沒有被上呈而繼續拖延。<br>• 障促聯在 2006 年 3 月 28 日起 5 月 30 日止，佔據國家人權委員會示威靜坐 60 天，要求國家人權委員會同意制定《障礙者反歧視法》，並制定獨立的《障礙者反歧視法》，組成獨立的身心障礙者歧視糾正委員會。<br>• 2006 年 5 月 21 日國家人權委員會對外公布，除討論《反歧視法》外，有必要另外將《障礙者反歧視法》制定為個別法，之後靜坐示威結束正式開始立法運動。<br>• 2006 年 8 月 16 日起由隸屬總統諮詢機構之貧富差距與歧視糾正委員會主管，障促聯與政府各部門就以民主勞動黨案（障促聯案）進行協商（障礙者反歧視法民官共同企劃團）。<br>• 對外以抗爭委員會和事務局為中心展開抗爭，並向反對制定《障礙者反歧視法》的經濟組織示威抗爭。<br>• 歧視糾正委員會中的協商，由主張原案通過民主勞動黨案的障促聯一方，和考量現實面要求大幅修改的政府各部門一方，雙方維持拉鋸戰，經過一段時間後相互理解了對方立場，但在最重要的環節還沒有達成協議，後來出現歧視糾正委員會的協調案。 |

| 時期 | 主要內容 |
|------|----------|
|  | • 為迅速立法，協調案被移交給了開放的我們黨，開放的我們黨以協調案為基礎，作為執政黨案（代表提議：張香淑）發起，與當時提議的大國家黨（代表提議：鄭和元）一起提報給保健福祉部委員會。<br>• 保健福祉部委員會經一番討論之後，遞交給法制司法委員會，而法制司法委員會將有矛盾及衝突的條文修正後，直接上呈國會的正式會期。<br>• 終於在障促聯的法制定委員會成立日起，經過4年後的2007年4月6日，《障礙者反歧視法》在國會正式會議中通過後發布。 |

## 2. 《障礙者反歧視法》的制定意義及主要內容

### 1）《障礙者反歧視法》的制定意義

　　《障礙者反歧視法》是由身心障礙當事人為主軸而推動的立法，透過與政府、國會等關係人的協商與說服，展開積極的立法運動，其成果可謂意義重大。它擺脫過去把身心障礙者限定為福利的施予對象或關懷對象，確立其權利主體的地位，並明確表示人權模式的轉換，就這點來看意義重大。[10]

263

　　國際人權規範與憲法中也都有對人權的明文規定，而《障礙者反歧視法》用一般法律具體規定保護、尊重、實現身心障礙者人權時，需要負擔的國家義務。且在《障礙者反歧視法》中，社會成員無論是個人還是法人，都有尊重身心障礙者人權的責任，並以法律形式表明國家對遵守這一法律的期待。可以說，對於身心障礙者的偏見與不友善的設施機構，要求他們態度上的改變並不是出自於障礙者的關懷而是基於法令上的遵守，否則將會予以處分，或最起碼傳遞出受到社會指責的訊息。自實施《障礙者反歧視法》後，政府在制定身心障礙者政策的過程擴大了

---

[10] 국가인권위원회, 장애인차별금지 및 권리 등에 관한 법률 설명회 자료, 2008.

當事人的參與，公務員對於身心障礙者的態度也不再視之為保護對象，而是以具有和非身心障礙者同等權利的主體，用新的觀點來看待。[11]《障礙者反歧視法》按領域區分，明確指出對於身心障礙者的歧視類型，提出歧視身心障礙者的規範並告知其判斷歧視的標準。另外，不僅是立法過程，在內容層面上，除了身心障礙者以外，對社會弱勢的人權立法也將成為模範事例；還有像是身心障礙界積極爭取針對身心障礙婦女做另行規定的《身心障礙者權利公約》，亦會在這些國際公約所要求的各種國內實踐中發揮重要的標準作用。[12]

## 2)《障礙者反歧視法》的主要內容 [13]

《障礙者反歧視法》是由第 1 章「總則」，第 2 章「不歧視」，第 3 章「身心障礙婦女與身心障礙兒童等」，第 4 章「身心障礙者歧視糾正機構與權利救濟等」，第 5 章「賠償損失、驗證責任等」，第 6 章「罰則」，共六個章節 50 條條文組成。

在《障礙者反歧視法》中的禁止歧視對象是，由於身體、精神受損或機能喪失，長期以來在個人日常或社會生活上受高度限制狀態的人（身心障礙者），以及監護人、保護人（為幫助障礙者而代替、同行的人）等，以及正當使用導盲犬、輔具等時予以阻礙者。

《障礙者反歧視法》上的歧視行為分為直接歧視、間接歧視、拒絕提供合理調整的歧視、透過廣告的歧視。直接歧視是指無正當理由限制、排除、驅離、拒絕等對身心障礙者的不友善對待。間接歧視是形式採用公平的標準，但在無正當理由下採用了沒有考量障礙者的標準，而導致對身心障礙者有不利後果之情形。合理調整是指提供便利設施、設備、工具、服務等人力、物力方面的各種補貼和措施，使身心障礙者與

264

---

11 김명수, "장애인차별금지법의 제정배경과 개선방안," 홍익법학 20, 1(2019): 283-304.

12 국가인권위원회, 장애인차별금지 및 권리 등에 관한 법률 설명회 자료, 2008.

13 보건복지가족부, 「장애인차별금지 및 권리구제 등에 관한 법률」설명자료, 2008, 재인용.

他人平等地參加相同的活動，沒有過分的負擔或明顯困難等正當理由，拒絕向障礙者提供正當的調整時，可視為拒絕提供合理調整的歧視。廣告上的歧視是無正當理由限制、排除、隔離、拒絕等對身心障礙者做出不利待遇之標記（示）或助長的情形。《障礙者反歧視法》上有反歧視的例外情形，這是在造成過度負擔或明顯困難的情形，或被禁止的特定職務或執行事業的性質上無法避免之行為，則不視為歧視。

公共機關和民間隨著《障礙者反歧視法》的實施（2008 年 4 月 11 日起適用），應提供如下表（表 6-3）一樣的合理調整。這裡所提到的公共機關是指中央及地方自治縣市政府、總統令規定的公共團體，公共團體包含特殊法人、各級學校、公部門和準政府機關、地方公營事業（營利、非營利）。歧視領域分為（1）雇用（2）教育（3）商品和服務的提供及利用（4）司法及行政程序與服務和參政權（5）為母為父權、性等（6）家族、家庭、福利設施、健康權、霸凌等六大領域，比起既有的其他歧視相關法律，其適用領域非常寬廣，在生活上的各種領域，以身心障礙者歧視的類型和性質為基礎，具體規定禁止歧視的事項。[14]

### 表 6-3　公共與民間應提供給身心障礙者之合理調整

265

| 歧視領域 | 提供合理調整 | |
| --- | --- | --- |
| | 公共 | 民間 |
| 就業 | • 為執行職務，設施、裝備的設置或改造及工作時間的變更或調整；提供訓練或訓練上的便利。變更指導手冊或參考資料；改善考試或評鑑過程；設置及啟動業務上必要的輔具、安排協助者。 | • 為（使用者）執行職務提供便利等。<br>• 招募、雇用、薪資及教育安排、晉升、退休、解僱等，不得以障礙為理由歧視，也不得雇用前進行確認身心障礙者與否的醫療檢查，職務上需要醫療檢查時，由使用者負擔費用。 |

---

[14] 국가인권위원회, 장애인차별금지 및 권리 등에 관한 법률 설명회 자료, 2008.

| 歧視領域 | 提供合理調整 | |
| --- | --- | --- |
| | 公共 | 民間 |
| 教育 | • 上下學及教育機關內方便行動及近用的輔具租賃及修理；安排輔助教育的人力；導盲犬的安排，或為方便近用輪椅，確保使用空間；提供各種障礙輔具，作為溝通、學習診斷上適當教育及評鑑方法等。 | • 禁止延遲入學及拒絕入學。禁止強迫轉學或在上課、實驗實習、畢業旅行中予以排除或拒絕。 |
| 商品與服務的提供及利用（設施、行動交通工具、資訊、意見溝通、文化、藝術、體育） | • 提供電子資訊及非電子資訊的近用之便利。<br>• （支持參與活動）公共機關主辦的活動，在主辦7天前，若有身心障礙者請求協助時，針對身心障礙者的參與及溝通交流，應提供必要之手段，如手語翻譯員、文字翻譯師、聲音翻譯師或助聽器等。<br>• （文化、藝術、體育、旅遊活動的參與）身心障礙者在文化、藝術、體育、旅遊活動的參與上，不得違反身心障礙者的意思強迫做出特定的行動，並尋求積極措施促進身心障礙者參與。<br>• 提供公共機關等設施近用之便利。 | • （商品與服務的提供及利用）提供與非身心障礙者同等之商品、服務之便利；土地及建築物的買賣租賃／入住使用等禁止歧視；金錢借貸、核發信用卡、加入保險等金融商品及服務提供禁止歧視。<br>• （設施、交通工具等）利用設施、交通工具時禁止歧視障礙者，不可以拒絕導盲犬及身心障礙者輔具的進出或利用，也不得以其為理由，要求支付額外費用。<br>• （電視廣播業者等）為方便近用媒體產品，應提供字幕、手語翻譯、畫面解說等，使障礙者方便觀看。<br>• （主要通信業者）提供通信設備確保轉播服務，以便服務之近用。<br>• （出版物或影像相關業者）加入點字及印刷物的讀取條碼等資料、聲音或文字擴大等。<br>• （文化藝術業者、旅遊業者、體育設施管理者）針對身心障礙者的活動參與，提供合理調整待遇。 |

266

| 歧視領域 | 提供合理調整 | |
|---|---|---|
| | 公共 | 民間 |
| 司法、行政程序與服務以及參政權 | • （行政程序及服務提供）公共機關及其公職員，若有身心障礙者在利用或希望參與司法及行政程序或服務時，應提供必要的合理調整，如輔助人力、點字資料、印刷物聲音輸出器材、手語翻譯員、代讀、聲音支持系統、電腦等。 | |
| 司法／行政程序及服務和參政權 | • （司法機關）身心障礙者在監禁或拘留狀態時，提供合理調整及積極措施，使其與他人一樣享有同等生活水準。<br>• （中央與地方縣市）為保障身心障礙者的參政權，提供必要的設施及設備，並提供行使參政權的宣傳及傳遞；依障礙類型及程度開發合適之投票方法等選舉用輔具並推廣、安排協助員等合理之便利。<br>• （公職候選人及政黨）為使身心障礙者瞭解政黨及候選人的資訊，以得以近用的程度來傳達。 | |
| 為母／為父權、性自主權等 | • （教育主管者）禁止不友善對待身心障礙者子女。<br>• 身心障礙者的避孕、懷孕、生育、養育等，提供合宜的資訊、活動協助服務，及研發輔具、工具等，安排相關的支持方案。 | • 懷孕、生育、養育、領養等禁止歧視與保障性的自我決定權。 |

| 歧視領域 | 提供合理調整 | |
| --- | --- | --- |
| | 公共 | 民間 |
| 家人／家庭、福利設施、健康權、霸凌等 | • （福利設施等）保障身心障礙者的意思決定權、就學、升學、財產權的行使、參與社會活動、移動及居住的自由，並保障對外的溝通權與面試權以及在醫療行為上禁止歧視、霸凌等，建立暴力的防治對策。<br>• （公共醫療機關）醫療人員對於身心障礙者執行醫療行為和醫學研究時，應提供醫療資訊等必要事項；實施與健康相關教育課程時，必要時應反映內容，並採取先天及後天障礙的預防及治療措施。 | • （家人／家庭、福利設施等）保障身心障礙者的意思決定權、就學、升學、財產權行使、參與社會活動、移動及居住的自由，並保障對外的溝通權與面試權，以及在醫療行為中禁止歧視、霸凌等，建立暴力上的防治對策。<br>• （民間醫療機構）醫療人員等對於身心障礙者執行醫療行為和醫學研究時，應提供醫療資訊等必要事項給身心障礙者。 |
| 身心障礙婦女與身心障礙兒童 | • （教育機關、福利設施、培訓機關等）利用職場托育服務時禁止拒絕提供合理調整，心智障礙者禁止歧視等。 | • 有關身心障礙婦女在所有的生活領域，禁止歧視；預防性暴力建立防範對策。 |

在法律上有義務規定，中央及地方縣市政府有防治歧視身心障礙者與身心障礙關係人與權利救濟的義務，並有針對歧視糾正應採取積極措施之義務。所有事項基本上都是保障身心障礙者在整個生活中，具有自我決定權及選擇權為前提。

《障礙者反歧視法》規定，在就業領域中，不僅禁止就業各個階段的歧視，還包括工會相關事項，全面保障身心障礙者的勞動權；在教育領域則具體指出身心障礙者歧視類型，而對於教育主管者，要求提供合理調整的義務。適用於提供合理調整之對象設施物的階段性範圍，以及其支持等相關事項、針對步行及移動的合理調整等，授權於施行令，而

施行令則比照適用《增進暨保障身心障礙者、老人、孕婦等便利之相關法律》與《交通上弱勢者移動便利增進法》。並將過去在其他法令沒有納入歧視領域的為母／為父權、性與家族、家庭、福利設施等部分也納入進來，涵蓋整個生活當中可能發生歧視身心障礙者的所有部分，並為福利設施機構內的人權侵害建立法定依據，要求採取積極糾正措施，並將其適用範圍擴大到未獲認可的設施機構。另外，可以藉由「歧視」解決霸凌的這一事實，對歧視概念的擴大也很有意義。同時也提出了身心障礙婦女與身心障礙兒童歧視的領域，積極提出解決複合歧視或雙重歧視的辦法，並另行規定了心智障礙者的歧視。[15]

　　另外，身心障礙者受歧視或未履行義務時，依照權利救濟程序，可向國家人權委員會陳情，經過調查後勸導糾正，若不履行勸導糾正時，法務部會下達改善命令，若再不履行就科處罰金。民事上的損失可向法院申請損失賠償，若被司法機關檢舉，可由調查機關進行刑事訴訟。罰則部分針對惡意歧視行為、不履行改善命令時科處罰金。

## 3.《障礙者反歧視法》相關政策現況及成果

### 1）施行《障礙者反歧視法》後的政策現況

　　自實施該法後，2008 年起該法的主管部門保健福祉部提出在同年四月實施的公務員教育用《障礙者反歧視法》的資料，並刊載《障礙者反歧視法》的宣導資料，以及為了每年度《障礙者反歧視法》的監測，逐年實施相關政策研究，向有義務推行的機關介紹其施行事項的現況與改善事項。此外，還提供推廣影片與教育用教材投影片簡報資料，以幫助《障礙者反歧視法》的理解。另外也製作《障礙者反歧視法》的說明書，提供給中央、地方縣市、公共機關、身心障礙團體等相關機構，致力於向全國人民協助其法令的解釋與理解。

268

---

15 국가인권위원회 , 장애인차별금지 및 권리 등에 관한 설명회 자료 , 2008.

　　除此之外，針對身心障礙兒童專門托育設施、職場托育設施、公共機關及文化、藝術、體育設施等義務履行機關，透過相關說明與解說，改善全國人民對身心障礙者的意識，並為支持《障礙者反歧視法》與《增進暨保障身心障礙者、老人、孕婦等便利之相關法律》，在全國地方縣市、手語翻譯中心、點字圖書館所提供的身心障礙者手冊中整理了有關身心障礙者的便利提供資訊。這是為方便想要協助視障者及聽障者溝通的人或機構，可利用此手冊收錄的各地區手語翻譯中心和點字圖書館所提供的服務。2010 年起開始製作及分發有關身心障礙者歧視與輔導過的案例彙集成冊，查看各領域上的歧視案例，以預防各機關對於身心障礙者的歧視行為，並透過《障礙者反歧視法》各領域的解說，建立出各個歧視領域的具體案例及措施事項的指導方針。

　　上述談到的《障礙者反歧視法》的施行監測是指，透過持續監測及檢驗《障礙者反歧視法》所規定禁止直接歧視、間接歧視、拒絕提供合理調整等歧視的條文是如何推行的、有哪些條文的推行不善、對於身心障礙者的歧視改善情形又是如何，藉此達到禁止對身心障礙者歧視與身心障礙者的人權實現、社會融合的主要目的。監測以三個大方向來進行，第一為監測實態調查，自 2009 年到 2015 年，依階段性從每年應遵守《障礙者反歧視法》的義務推行機關，選定作為當年度適用合理調整義務提供的對象機關，針對法律推行的實際情況進行調查。第二，依照調查結果實施推行改善監測，對於部分效果不彰的機關進行輔導改善。第三，同時每年度也會併行評估，有關韓國社會對於身心障礙歧視的理解與各種認知程度的身心障礙者歧視意識調查。[16] 2009 年（第一次）到 2016 年（第八次）進行的保健福祉部《障礙者反歧視法》監測現況如下表。

---

[16] 이혜경, 서원선, 홍현근, 이선화, 이수연, 김원식, 2017 년 장애인차별금지법 이행 모니터링 (보건복지부, 한국장애인개발원, 2017).

表 6-4　保健福祉部《障礙者反歧視法》監測現況[17]

| 年度 | 監測內容 | 監測對象 |
|---|---|---|
| 2009 | 《障礙者反歧視法》推行實態調查（第一次） | 共 930 站所<br>政府機關 42 個、地方縣市 16 個、公共機關 221 個、地公營事業 49 個、醫療機關（醫院）46 個、學校／托育機構 256 個、300 人以上民間就業勞動場所 200 個、民間身心障礙者生活設施機構 100 個 |
| 2009 | 身心障礙者歧視意識調查（第一次） | 身心障礙者 500 人、非身心障礙者 500 人 |
| 2010 | 《障礙者反歧視法》推行實態調查（第二次） | 共 1,296 站所<br>鄉鎮市公所 230 個、文化藝術設施（公共圖書館、博物館、美術館）1,016 個、身心障礙者停車區域義務設置建築 50 個 |
| 2010 | 身心障礙者歧視意識調查（第二次） | 身心障礙者 500 人、非身心障礙者 500 人 |
| 2010 | 其他：《障礙者反歧視法》的身心障礙者就業效果相關意識調查及成本效益分析，國家人權委員會的身心障礙歧視糾正相關調查 | |
| 2011 | 《障礙者反歧視法》推行監測（第三次） | 共 4,394 站所<br>政府機關 44 個、學校 1,920 個、幼稚園 480 個、托育設施 480 個、資優教育機構等 30 個、醫院 640 個、100 人以上 300 人以下民間就業勞動場所 800 個 |
| 2011 | 推行改善監測 | 共 177 站所<br>第三次監測對象之中央行政機關 44 個、第二次監測對象中之市／鄉／鎮公所 30 個、文化藝術設施 103 個 |
| 2011 | 身心障礙者歧視意識調查 | 一般民眾為對象 1,000 人（隨機抽取） |

---

[17] 前揭書。

| 年度 | 監測內容 | 監測對象 |
|---|---|---|
| 2012 | 《障礙者反歧視法》推行監測（第四次） | 共 1,369 站所<br>公共、民間綜合表演場所 60 個、私立大學／博物館／美術館 71 個、體育設施 533 個、中央部門及縣市教育院 37 個、公共機關 238 個、縣市身心障礙者福利館 161 個、綜合醫院 269 個 |
|  | 推行改善監測 | 共 375 站所<br>第三次監測對象中政府機關 44 個、幼稚園 43 個、兒童之家 40 個、醫院 52 個、100 人以上 300 人以下民間就業勞動場所 20 個 |
|  | 身心障礙者歧視意識調查 | 一般民眾為對象 1,000 人（隨機抽取） |
| 2013 | 《障礙者反歧視法》推行監測（第五次） | 共 3,937 站所<br>私立幼稚園 493 個、國公立／法人兒童之家 602 個、終生教育設施及終生教育機關 708 個、研修機關 145 個、職業教育培訓機關 307 個、就業勞動場所 1,682 個 |
|  | 推行改善監測 | 共 132 站所<br>第四次監測對象中，公共、民間綜合表演場 6 個、私立大學／博物館／美術館 7 個、體育設施 52 個、公共機關 24 個、身心障礙者福利館 16 個、綜合醫院 27 個 |
|  | 身心障礙者歧視意識調查 | 一般民眾為對象 1,000 人（隨機抽取） |
| 2014 | 《障礙者反歧視法》推行監測（第六次） | 共 1,745 站所<br>一般銀行 330 個、大型超市 382 個、國道客運轉運站 94 個、連鎖餐飲設施 351 個、大型藥局 588 個 |
|  | 推行改善監測 | 共 220 站所<br>第五次監測對象中私立幼稚園 19 個、國公立兒童之家 59 個、終生教育設施及終生教育機關 37 個、遠距終生教育設施 58 個、研修機關 7 個、遠距研修機關 14 個、職業教育培訓機關 26 個 |
|  | 身心障礙者歧視意識調查 | 一般民眾為對象 1,000 人（隨機抽取） |

270

| 年度 | 監測內容 | 監測對象 |
|---|---|---|
| 2015 | 《障礙者反歧視法》推行監測（第七次） | 共 1,152 站所<br>民間一般表演場所 96 個、電影館 72 個、文化之家 116 個、青少年活動設施 156 個、地方文化院 229 個、私立博物館 118 個、私立美術館 50 個、體育設施 315 個 |
| | 推行改善監測 | 共 118 站所<br>第六次監測對象中，一般銀行 23 個、大型超市 42 個、國道客運轉運站 7 個、連鎖餐飲 24 個、大型藥局 22 個 |
| | 身心障礙者歧視意識調查 | 一般民眾為對象 1,000 人（隨機抽取） |
| 2016 | 《障礙者反歧視法》推行實態調查（第八次） | 共 1,200 站所<br>教育機關 500 個、一般工作場所 500 個、醫院及牙科等院所 200 個<br>＊適用 2015 年新頒布之調查表 |
| | 身心障礙者歧視意識調查（第一次） | 一般民眾為對象 1,000 人（隨機抽取） |

　　除韓國的保健福祉部之外，國家人權委員會與韓國身心障礙者人權論壇中也在實施《障礙者反歧視法》的推行監測。根據國家人權委員會的解釋是，從 2001 年起至 2016 年對於歧視行為觀察結果顯示，如果比較《障礙者反歧視法》實施前與實施後，實施後的歧視身心障礙陳情事件大幅增加，足見身心障礙當事人的權利意識提升有正面效果，反之另一種解釋是，身心障礙相關歧視的陳情件數並沒有減少來看，身心障礙歧視的慣例並沒有得到很大的改善。另外，在第八次《障礙者反歧視法》推行監測調查結果顯示，對於身心障礙者歧視的認識水準沒有很大的變化，對身心障礙者的直接歧視案例依然在發生。再行監測結果顯示，身心障礙者在休閒活動或文化藝術體育活動中，並沒有得到與非身心障礙者同等的機會，因此雖然《障礙者反歧視法》的認知度有提升，

但是相應機關上的措施事項依然效果不彰。[18]

271  **2）《障礙者反歧視法》修訂過程與成果**

2008 年自《障礙者反歧視法》實施後，法律共修正 14 件其中 8 件，施行令共 11 件其中 7 件，主要是因配合他法而做出消極性的修正，也被批評是不符合現實的法律，但從 2010 年起在資訊通信、溝通交流等方面，以提供合理調整的相關修改為開端，進行具體的法令修訂，以符合實際情況。

首先修訂的部分為身心障礙者視聽便利服務，設定電視廣播業者（包含網路多媒體電視廣播事業）的階段性範圍，對於主要通信業者要求提供電信中繼服務（telecommunication relay service）的義務；而在司法、行政程序及服務提供上禁止歧視的部分，修正為應告知身心障礙者在刑事司法程序可以取得協助，以及具體的協助內容。提供資訊近用之便利的部分，為點字、聲音轉換成使用條碼的推廣制定了法律依據；中央和地方縣市政府、旅遊業者的部分也進行修改，對於身心障礙者參與旅遊活動禁止歧視，並積極促進他們參與觀光活動。對法律及施行令相關具體的修訂現況如下表。

---

18 前揭書。

表 6-5　《障礙者反歧視法》及同法施行令的修訂現況 [19]

| 區分 | 部分修訂／實施日 | 修訂理由 | 修訂內容 |
|------|------------------|----------|----------|
| 法律 | 2010 年 5 月 11 日部分修訂及實施 | 依據《網路多媒體電視廣播事業法》，敦促網路多媒體電視廣播業者，向身心障礙者提供合理調整待遇。同時，司法機關在進入刑事司法程序之前，先行確認是否有溝通或表達意見上的障礙，避免身心障礙者受到不當待遇，試圖改善與補充現行制度上不足之處。 | **第21條（提供資訊通信、溝通等合理便利之義務）**<br>a. 擴大電視廣播事業者範圍，除依據《廣電法》第 2 條第 3 項的電視廣播業者之外，尚包含依據《網路多媒體電視廣播事業法》第 2 條第 5 項之其他電視廣播業者，由於目前電視廣播業者應提供的便利服務種類過多，導致法律實效面較低，因此限定為字幕、手語翻譯、畫面解說等（該法第 21 條第 3 項）。<br>b. 通信業者應確保通信設備提供電信中繼服務，以方便身心障礙者近用與利用；同時通信業者的便利提供具體內容相關事項依照總統令規定。（新增該法第 21 條第 4 項，第 21 條 第 6 項）。<br>c. 出版物、影像業者應致力將可近用之出版物與影像提供給身心障礙者；國立中央圖書館對於新出版的圖書資料，提供點字、聲音或大型文字等給身心障礙者。（新增該法第 21 條第 5 項）。 |

272

---

[19] 법제처 국가법령정보센터 http://www.law.go.kr ( 법령체계도 - 신구법 ) 재인용 .

| 區分 | 部分修訂／實施日 | 修訂理由 | 修訂內容 |
|------|------|------|------|
| | | | **第 26 條（司法、行政程序及服務提供上禁止歧視）**<br>d. 司法機關在刑事司法程序，應確認案件關係人是否在意見溝通上有障礙問題（該法第 26 條第 6 項）。<br>**第 49 條（歧視行為）**<br>e. 為了更清楚地執行處罰條例中的責任原則，使用者如對從業人員的管理、監督盡到注意義務時，得以免除處分（新增該法第 49 條第 3 項但書條文）。 |
| 施行令 | 2010 年 5 月 19 日部分修訂及實施 | 電視廣播業者應提供的身心障礙者視聽便利服務限定為字幕、手語翻譯、畫面解說；而提供電話服務的主要通信業者得為身心障礙者提供採通信設備之電信中繼服務，以此為內容修訂《障礙者反歧視暨權利救濟相關法案》（第 10280 號法律，2010 年 5 月 11 日公布及施行，電信中繼服務相關修正規定自 2011 年 5 月 12 日 實施），意在規定應提供相應服務的事業者，其階段性範圍和服務 | **第 14 條（資訊通信／溝通上提供合理調整的階段性範圍及內容）**<br>5. 依該法第 21 條第 3 項身心障礙者視聽便利服務的具體內容如下。<br>（1）針對聽障者節目播放的聲音及音效，透過畫面文字表示的字幕。<br>（2）針對聽障者節目播放的聲音及音效，傳達手勢、身體語言、表情等的手語翻譯。<br>（3）針對視障者，畫面的場景或字幕等以聲音來傳遞畫面的解説。<br>6. 除第 5 項規定的事項之外，為身心障礙者視聽便利服務之推行，必要的標準及方法等，由廣 |

| 區分 | 部分修訂／實施日 | 修訂理由 | 修訂內容 | |
|---|---|---|---|---|
| | | 的具體內容等法律委任的事項。 | 播通信委員會規定後公告。此時廣電通信委員會需事先與國家人權委員會進行協議。<br>7. 依該法第21條第4項應利用通信設備提供電信中繼服務之通信業者，其階段性範圍如附表3-2。<br>8. 依該法第21條第4項利用通信設備的電信中繼服務是由中繼者利用通信設備將文字或手語影像轉換為聲音，或將聲音以文字或手語影像轉換後，即時轉接給其他身心障礙者或與非障礙者之間的通話服務。 | |
| 法律 | 2012年10月22日部分修訂<br>2013年4月23日實施 | 現行法規是讓司法機關對於案件關係人，在進行溝通或表達意見時，確認是否困難後，若身心障礙者申請協助時，不可拒絕。但是在刑事司法程序上，由於身心障礙者大多數都不知道可以申請協助，導致無法獲得法規上的利益而有遭受不利益之情形。因此，試圖透過規定司法機關的義務，應向身心障礙者告知他們在刑事司法程序中 | **第26條（司法／行政程序及服務提供上的禁止歧視）**<br>司法機關有義務在刑事司法程序中，向身心障礙者告知他們可以享有協助，以及具體協助內容，身心障礙者希望在刑事司法程序中請求協助時，無正當理由不得拒絕，應採取必要措施（該法第26條第6項）。 | 273 |

| 區分 | 部分修訂／實施日 | 修訂理由 | 修訂內容 |
|---|---|---|---|
| | | 得以請求協助及協助的具體內容，避免在刑事司法程序中遭受不利之待遇。 | |
| 法律 | 2014 年 1 月 28 日部分修訂<br>2015 年 1 月 29 日實施 | 為了讓資訊近用代表性弱勢族群之視障者，可以利用印刷物聲音轉換器或是智慧型手機應用程式來近用資訊，各種公共機關的申請文件及私人文件或是印刷物上，必須得為視障者置入聲音轉換用二次元條碼（QR code）標準的點字、聲音轉換用條碼等，為此制定法令推廣點字、聲音轉換用條碼，以提高視障者的資訊近用性。 | **第 14 條（提供合理調整之義務）**<br>**第 21 條（提供資訊通信、溝通等合理調整之義務）**<br>**第 23 條（資訊通信、溝通等中央與地方政府之義務）**<br>新增點字資料及點字、聲音轉換用條碼的插入等資料，作為近用資訊的具體方法。 |
| | 2017 年 9 月 19 日部分修訂<br>2018 年 3 月 20 日實施 | 儘管身心障礙者基於移動上的障礙、便利設施的不足、經濟理由等因素，在旅遊活動上受到諸多限制。現行法規並沒有對此做出任何反歧視之規定，因此有意明確規定禁止在旅遊活動上歧視，藉此解決身心障 | **第 24 條之 2（旅遊活動的禁止歧視）**<br>a. 將旅遊活動定義為依《旅遊振興法》第 2 條第 1 項，接受旅遊事業服務提供或利用旅遊相關設施的活動（新增第 3 條第 12 項）。<br>b. 有關身心障礙者參與旅遊活動，規定中央、地方縣市政府以及旅遊業者禁止有歧視行為，及提供合理便利之義務； |

| 區分 | 部分修訂／實施日 | 修訂理由 | 修訂內容 |
|---|---|---|---|
| | | 礙者在旅遊活動上的問題，以增進身心障礙者的福利。 | 要求中央與地方縣市政府擬定必要措施，使身心障礙者積極參與旅遊活動（新增第24條之2）。 |
| 施行令 | 2018年3月27日部分修訂及實施 | 有關身心障礙者參與旅遊活動，向中央、地方縣市政府與旅遊業者規定禁止歧視行為，並提供合理調整之義務；要求中央與地方縣市政府為鼓勵身心障礙者積極參與旅遊活動，建立必要措施等內容，修訂《障礙者反歧視暨權利救濟相關法案》（第14893號法律，2017年9月19日公布，2018年3月20日　實施），意在針對應提供合理調整鼓勵身心障礙者參與旅遊活動的旅遊業者之階段性範圍以及具體內容等法律委任事項。 | **第15條之2（旅遊活動的禁止歧視）**<br>1.依該法第24條之2第2項，針對應提供合理調整，鼓勵身心障礙者參與旅遊活動的旅遊業者之階段性範圍。<br>2.依該法第24條之2第2項合理調整的具體內容如下。<br>（1）有關身心障礙者旅遊活動相關設施的利用及景點近用等資訊的提供及介紹。<br>（2）協助身心障礙者旅遊活動的協助人力利用指南（本條新增2018年3月27日）。 |

274

| 區分 | 部分修訂／實施日 | 修訂理由 | 修訂內容 |
|---|---|---|---|
| 法律 | 2017 年 12 月 19 日部分修訂<br>2018 年 6 月 20 日實施 | 為提高視障者的資訊近用，將範圍從點字、聲音轉換條碼擴大為無障礙印刷物條碼；在教育等領域，提供可同時使用點字與無障礙印刷物條碼的資料。另由於惡意歧視行為的判斷條件過於嚴苛，制定法規之後，完全沒有根據此法處罰的案例，因此對每一案件提出符合的判斷條件，以提供是否惡意之依據。 | **第 14 條（提供合理調整之義務）**<br>**第 21 條（提供資訊通信、溝通等合理調整之義務）**<br>a. 第 23 條（資訊通信、溝通等中央與地方政府之義務）從點字、聲音轉換條碼變更為無障礙印刷物條碼，在教育等領域提供無障礙印刷物條碼（第 14 條、第 21 條及第 23 條）。<br>**第 49 條（歧視行為）**<br>b. 對於具體的案件提供判斷的依據，以辨識是否為惡意的歧視行為（第 49 條第 2 項）。 |
| | 2018 年 6 月 19 日部分修訂<br>2018 年 6 月 20 日實施 | 為提高視障者的資訊近用，將範圍從點字、聲音轉換條碼擴大為無障礙印刷物條碼，教育主管者等應提供，點字與無障礙條碼兩者皆備的資料等，以此為內容而修訂《障礙者反歧視暨權利救濟相關法案》（第 15272 號法律，2017 年 12 月 19 日公布，2018 年 6 月 20 日實施），意在規定轉換印刷物為電子型態 | **第 8 條（正當便利性的內容）**<br>1. 該法第 14 條第 1 項第 4 款所謂總統令規定之聲音轉換用條碼等電子標示者，是屬於下列各項之一的電子標示。<br>（1）聲音轉換用條碼。<br>（2）為了可以透過聽覺、觸覺等感覺學習，轉換印刷資訊的電子型態之標示。<br>2. 依該法第 14 條第 1 項第 6 款教育主管者應提供之事項如下：<br>（1）為順利授課或學習的教材資料。 |

| 區分 | 部分修訂／實施日 | 修訂理由 | 修訂內容 |
|---|---|---|---|
| | | 之標示，讓身心障礙者可以透過聲音轉換用條碼或聽覺、觸覺等感覺學習無障礙印刷物條碼的具體內容。 | （2）為方便上下學的交通便利措施。<br>（3）教育活動上需要的所有空間，包含教育機關內的教室等學習設施及化妝室、餐廳等，都要針對移動設置必要的無障礙設備及移動輔具。 |

我們觀察上述《障礙者反歧視法》及同法施行令修訂現況，可以得知大部分是為提高資訊近用性，以提供資訊溝通方面的合理調整的修訂內容為主要重點。這是因為隨著未來尖端社會的到來，透過越來越多元的資訊與管道機制進行溝通交流，這些管道機制與方法正不斷在發展中。隨著工業 4.0 時代與 5G 商用化時代到來，更多資訊與資訊相關近用方式也會逐漸在擴大。與此相應，《障礙者反歧視法》也要順應時代超前佈署進行修訂作業。

另外，隨著收入水準的提高，重視精神、身體的健康與幸福生活品質的生活方式在社會逐漸擴散，個人對於文化、藝術、體育、旅遊的需求與渴望持續在增加。為反映這些社會需求，2018 年《障礙者反歧視法》新增了旅遊活動的禁止歧視部分，更明確規定在旅遊活動上禁止歧視身心障礙者，以消除身心障礙者在旅遊活動上的困境，加強福利與生活品質的改善。

《身心障礙者權利公約》的基本理念之當事人主義、自立生活、人權保障等議題，影響了《障礙者反歧視法》內容與國內身心障礙者運動模式的變化。身心障礙者當事人及團體所期望的《障礙者反歧視法》，不僅涵蓋了《身心障礙者權利公約》的宗旨與精神，也完整保障了公約所規定之身心障礙者的權利。[20]

275

---

[20] 김명수, " 장애인차별금지법의 제정배경과 개선방안 ," 홍익법학 20, 1(2019): 283-304.

## 4.《障礙者反歧視法》的今後課題

《障礙者反歧視法》承載著身心障礙界的殷殷期盼，其基本精神是基於身心障礙者在日常生活中經歷的各種根深蒂固的歧視問題。為解決身心障礙歧視問題，不僅應著重於非身心障礙者有意識之行為的結果，還在於防止和消除無意識之結果帶來的歧視。歧視問題所涵蓋的不僅是歧視性的言論或行為，以及在設施機構中發生的各種不合理對待，還要考慮到在身心障礙者每天日常生活的時間和空間裡，所遇到的種種障礙，這才是另行制定特別法的主要宗旨。[21]

276

因此，可以說身心障礙者當事人和相關團體在韓國身心障礙相關法律體系中，把「身心障礙者人權法」乃至「基本法」的地位賦予《障礙者反歧視法》。現行司法體系中，《障礙者反歧視法》的制定成為身心障礙者人權保障規範的基本法，而《障礙者福利法》則是發揮身心障礙者福利服務之基本法的功能。除此之外的個別法案，是以此兩法作為主軸，於個別領域中扮演特別法的角色。[22]

但是，《障礙者反歧視法》的侷限依然存在。例如，制定《障礙者反歧視法》之後，向國家人權委員會陳情的身心障礙者歧視案件，在施行之前（653件）急增為十倍以上，計有6,540件，占國家人權委員會的整體陳情案件的53%，但是取消或駁回率達九成，很難知道實質的權利救濟是否實現，而《障礙者反歧視法》本身的實效問題也令人質疑。[23]

自從制定《障礙者反歧視法》之後，有關禁止歧視身心障礙者的認知，以及改善對於身心障礙者認識的必要性有一定的提升，但由於大部分法律只是原則性規定，僅具有宣示性意義，因此相應的積極措施仍有所不足。又因為《障礙者反歧視法》中規定，如果存在過度負擔或有明

---

[21] 국가인권위원회, 장애인차별금지및권리등에관한법률설명회자료, 2008.

[22] 김명수, 앞의 책.

[23] 앞의 책.

顯困難之情形，或是在特定職務或業務的執行上，無法避免有歧視行為時，則視為歧視身心障礙者的例外事由。但對於行為人來說，何謂過度負擔或有明顯困難之情形，這一點不太明確，而且也時有所聞身心障礙者本身提出行為人無法認知的過分要求。正因為如此，國家人權委員會的陳情案件可能有被取消或駁回的情形。實際上，要是有存在牴觸《障礙者反歧視法》之行為，應該要求向身心障礙者提供必要之協助，若仍沒做到，是可以採取糾正措施。但有時候也會有不合理的要求，以機關的立場來看，這顯然是過度的負擔和明顯困難的情況。像這樣當身心障礙者提出不合理之要求時，則有損於《障礙者反歧視法》的宗旨和目的，反而不利於對身心障礙者的意識提升。

對於《障礙者反歧視法》，身心障礙者和非身心障礙者在認知上確實存在明顯差異，但還是要尋求身心障礙者與非身心障礙者彼此之間的共識。因此，需要持續進行《障礙者反歧視法》的宣導和教育，這不僅侷限在公共機關，還要往民間機構持續推動。光靠短期的宣導或教育，對於提升《障礙者反歧視法》的理解與意識是無法達到的，應該從長遠的觀點出發持續來推動。另外，法律本身也有必要反映急遽變化的社會與時代情況，做出適當的修正。現階段對於所謂「障礙」的概念、資訊近用權的反映、《身心障礙者權利公約》的納入、文化、藝術、體育、觀光活動的實質保障上，有必要做深入的討論。《障礙者反歧視法》自實施以來已經過十年，回顧其法律的實效性，這不能只靠單方的要求或給予負擔，而是身心障礙者當事人與非身心障礙者都要為打造平等的社會做努力。

277

第七章
# 身心障礙者的完全社會融合

# 1. 前言：問題緣起

　　自聯合國《身心障礙者權利公約》作為一項國際公約登場開始，　　281
「完全包容之社會融合（inclusion）」的概念為我們所熟悉並給予挑戰，
但同時也造成混淆，於是本章想試著對此進行相關理論與實際層面的考
察。一般的見解很容易認為對身心障礙者的偏見與歧視是造成社會排除
的原因。但是從嚴格的角度來看，對身心障礙者的歧視，是因為過去傳
統對身心障礙者以慈善或福利的角度作為主要的應對方式。但在聯合國
的人權公約過去向來是從法律的層面去應對種族和性別歧視，那麼現在
對於身心障礙問題也應該從法律的層面進行應對，而不是從福利的觀點
來看待。公約透過法律與平等原則，暗示讓身心障礙者跨越歧視的障
礙，促使他們有意義地參與社會融合的可能性。本章中也是以這樣的思
維角度來做切入。

　　首先概念的定義，先來看看用語的使用。之所以引起混淆是因為至
少在身心障礙相關的詞彙使用上，過去長久時間在韓國社會廣為使用的
社會整合（social integration）的概念與融合（inclusion）的概念，並沒
有做區別。例如，最近談到有關身心障礙特殊教育的論文，把 inclusion
的內容翻成韓文引用時，原來的 integration 也當作融合，inclusion 也
當作融合的意思使用。它突顯出身心障礙的特性，藉由維持主流社區
中與非身心障礙者不同的關係、疏離、不當之邊緣化，而固化身心
障礙的負面印象。過去的融合概念充其量是「同化整合」（assimilated
integration），也就是被理解為「身心障礙者盡可能要像非身心障礙者，
唯有如此才能勉強得到一般人的待遇。」。韓語中的整合、社會融合的
概念較接近普遍被理解的 integration，意思多半被用來指稱身心障礙者
是要接受治療的「問題」對象，是要依賴而被動的要施予福利的對象，
是需要經過教育、醫療、社會康復、職業培訓後，才能具備自立能力
跟正常人相似，這其實等於是給身心障礙者定義一種負擔的角色，也

符合早期 Parsons 定義的病患的角色。[1] 幾乎沒有例外地身心障礙者總是被貼標籤、被分類並被排除在外。長期以來身心障礙者福利指向治療身心障礙者使他們康復後去適應社會，而這種傳統將身心障礙者分離出來成為特殊服務對象，無疑加重社會對他們排除（exclusion）的負面因素。也就是協助和支持作為少數的身心障礙者，讓他們設法同化（assimilation）或者能夠適應（adjustment）於主流的非身心障礙者社會作為主要目的。從這個概念來看，需要改變的永遠都是身心障礙者本身，而將身心障礙者視為問題或將其邊緣化（marginalize）的非障礙者永遠都是不需要變化的對象。[2]

282

聯合國《身心障礙者權利公約》第一條就明示，對身心障礙者採取同化整合之復健方式的醫療服務模式應該要轉換為社會、人權的模式。此項原則向批准此公約的國家要求，基於該原則重新檢討既有的身心障礙立法與政策、服務，事實上這也成為等待克服的最重要任務。即便韓國的保健福祉部目前對於身心障礙者服務的福利方針還無法反映身心障礙的人權模式，而是停留在身心障礙的個人模式，但韓國政府已決定要廢除過去的障礙判定制度。[3] 因此各種政策研究、服務以及支持領域的社會融合效果，是需要基於聯合國的《身心障礙者權利公約》原則來驗證的課題。顯然這些問題隱含著緊張與可能性。[4] 我們從上述有限的例子中可以觀察到，「融合」的概念有多種用途使用，尚未達到一致的協議。其實單看韓國與日本，在語言上並沒針對 intgration 和 inclusion 另創譯詞。而在中文中是將 inclusion 翻譯為「融合」，integration 被翻譯為「整合」，特別是後者意味著身心障礙者要努力去適應社會。[5] 這表示

[1] Theodore Milton, et al., *Oxford Textbook of Psychotherapy* (Oxford University Press, 1999), 446.

[2] 김형식, "시민적 권리의 관점에서 본 장애인의 사회통합," 재활복지 12, 3(2008).

[3] 2019 年第 2、3 次合併國家報告。

[4] Peter Askonas & Angus Stewart, *Social Inclusion: Possibilities and Tensions* (New York: St. Martin Press, 2000).

[5] 台灣伊甸基金會（Eden International Foundation）Senera Chang 之見解（2014. 9. 2）。

至少在韓文還未能有效反映出最近這些概念上的變化，日本和德國也是如此，推測其他國家的情形也差不多。這也充分說明身心障礙在過去傳統裡的一般觀念。儘管如此，社會融合的概念，還是依然在學術、政策研究、經濟、文化、語言、宗教、性別、年齡、健康與能力、地緣政治等領域，突顯出其理論上的爭議，被解釋為各種型態。[6] 因此過去為同化（assimilation）而付出的努力是給身心障礙當事人或是身心障礙家屬一個課題，也是負擔。身心障礙者無力抗拒這些施加過度負擔的勢力，他們與社區之間關係，本質上就形成一種力量與不平等的關係。而身心障礙者經過這些過程後才能得到來自他人與社會的肯定與支持，最終同化或適應於主流社會。從這樣的意義來說，就算我們把觀點侷限在聯合國《身心障礙者權利公約》，地球村裡有 15 億的身心障礙人口每天以各種形態被主流社會歧視而排除的現實來看，有關「社會融合」的討論本身就是一項挑戰。本章中暫定使用「社會融合」的概念，但未來若經過慎重的討論，也不排除採用「完全融合」一詞的可能性。

　　以文在寅為首的政治領袖最近正在展開「包容社會」的談論，那麼「包容社會」與「融合社會」是否互相符合呢？筆者的主張用一句話來表示，「包容」是指有力量的人從寬容和關懷的角度，接納弱者的寬容（tolerance, dorerance）和慈悲的施予。「包容社會」頂多是同化整合（assimilation）。因此，被包容的對象與施予包容的人不會是站在對等關係。但是社會融合作為一個理論、作為政策方針佔有多麼重要地位的問題，在認真討論融合和排除的關聯性時，已成了相當受關注的領域，就這一點來看是非常清楚的。[7] 筆者的立場是，日後應將（完全）融合納為身心障礙者的政策研究和服務開發相關的方針。在本章中不會對於此概念的研究地位採取抵制動作，而是更加積極地去探索這個概念可以提

283

---

[6]　Cecil Jackson, "Social Exclusion and gender: Does one size fit all?," *The European Journal of Development Research* (1999).

[7]　Naila Kabeer n. d., "Social Exclusion, Poverty and Discrimination: Towards an Analytical Framework," *IDS Bul-letin* 31, 4(2009): 83-97.

出的理論及實際可能性。除了理論上的重要意義之外，從「融合與排除」的過程、機制和這些概念所提出的純學術角度上，對「融合」之政治意涵的討論角度來看，此概念對於社會政策研究，或更具體地來說，對於以人權和權利為主題的身心障礙研究所帶來的意涵，尚有充分的空間需要去深入。在本章節中，為往更具學術性與實際性的研究邁進，會從有關「融合」的先行研究角度出發，去探討基礎文獻，並針對該概念在聯合國《身心障礙者權利公約》具有怎樣的實踐性意涵來做討論。另外，本研究要強調的是，如果在起碼的融合（inclusion）原則下實現身心障礙者權利是一個國家的政策意志，那麼有必要做全面性的制度改革，以終止把身心障礙者推向社會排除或弱勢群體的角落，並提出（完全）社會融合，不管是在政治面或現實面上都是一項基進性方案的觀點。[8] 但是由於章節上的限制，在本章節中，集中討論「融合」的同時，對於過去積極談論的「排除」相關討論就會縮小一些。畢竟排除和融合是無法分離的。在聚焦有關融合的理論上爭議作為主題，我們不得不提到過去所謂福利國家是否在制度上合理化對身心障礙者的排除，並在融合的過程中做出很多的煞車機制等問題。

## 2. 社會融合議題之興起

社會排除（exclusion）和社會融合（inclusion）議題開始出現的背景是 1970 年代的法國政策辯論。這個概念到 1980 年代被歐盟採納，成為歐洲社會政策重要論述，並取代了貧窮和不平等。更具體地說，是在歐洲福利國家應對危機的過程中出現，而現在已在許多國家廣泛使用。2006 年聯合國《身心障礙者權利公約》通過後，連同「參與」一起成為重要的概念之一。

如果說過去在社會結構的研究上偏重於社會排除，社會融合或完全

---

8　J. Inclusion Gray, "A Radical Critique," in Peter Askonas and Angus Stewart (eds.), *Social Inclusion: Possibilities and Tensions* (Palgrave, 2000).

融合可以說開啟新篇章。大部分有關社會融合的文獻一般是討論實現融合過程過程中必然會伴隨的各種程序機制的正當性。例如維持福利國家體制、維護未來的國家體制、關於人權的國際政治前景（雖沒有直接提及聯合國人權公約，但在相似脈絡下可以加以解釋）。Harbamas 和 Gray 曾表達一種觀點，表示過去社會民主主義在追求平等理想的實現時，遭遇到現實上的挫折困境時期所出現的就是社會融合。這是指出，基於 21 世紀後期資本主義的特性，實現平等的理念比起經濟全球化還要困難許多。社會融合或完全融合可以在從法語 les exclus 找到最近的起源，這是在 1970 年代社會保險體系中被排除在外階層的統稱。法國政府起先將此概念的含義使用在包含身心障礙者在內的貧民階層，之後開始正式出現。[9]「社會融合」一詞正式成為政策研究用語是來自 1980 年代的歐洲聯盟，這種趨勢是有「現在不再適合用貧困一詞的概念」[10] 這樣的宣示性意識之後，採納社會融合的概念，被認為是核心政策研究的變化之一。[11] 之後普遍在歐洲福利國家出現危機的 1980 到 1990 年代，成為大家關注的對象，英國工黨總理布萊爾（Tony Blair）執政時期成為顯學，自從倫敦政治經濟學院設立 Centre for Analysis of Social Exclusion[12] 之後，成為社會政策研究的核心課題。最近更以世界銀行為主軸，針對拯救貧窮作為發展合作戰略而受關注，隨著包含人權與發展機制的聯合國《身心障礙者權利公約》的通過使其意義更加突顯。事實上為通過《身心障礙者權利公約》在聯合國進行協商當時，強烈主張社會融合概念的是歐洲的身心障礙者當事人，他們對此概念早已非常熟悉。例如在 2003 年 5 月西班牙舉辦的針對身心障礙者完全社會融合第

---

[9] Op. cit., ibid.

[10] Silver, & Miller, Silver, Hilary. "Social exclusion and solidarity: Three paradigms," *International Labour Review*. 133: 531-578. 1994-6; 2003. H. Silver & S. M. Miller, Social Exclusion: The European approach to social disadvantage Indicators, 2, 2(2003): 1-17.

[11] Wilson, L. Developing a model for the measurement of social inclusion and social capital in regional Australia. *Social Indicators Research*, 75, 335-36. 2006.

[12] Centre for Analysis of Social Exclusion, London School of Economics and Political Science.

二次相關長官會議中，決議通過歐洲聯盟身心障礙行動計畫（Council of Europe Disability Action Plan）[13]。但是完全融合對於亞太地區以及歐洲以外的地區的與會者來說是完全生疏的概念，而其餘波在 2018 年提交國家報告的時候依然是如此。

　　總之，因為這個主題不只是針對身心障礙者，也是人類社會的普遍主題，我們來探討一下社會融合理論定位的相關問題。我們還是透過提出問題的方式開始。社會融合是以涵蓋許多領域的概念來使用，大致上包含以下的領域：以各式經濟、社會、文化人口階層、語言、宗教領域為首，

- 都市與農村、地理性邊緣地區
- 性別與性取向
- 世代、年齡、青壯年與老年層
- 健康、身體、精神、心智、發展遲緩等
- 失業、無家可歸、囚犯
- 種族、宗教上的少數族群
- 移民族群、移工等在經濟社會上的少數或弱勢階層

　　以上領域不僅是在分類上有意義，發生社會融合或社會排除情況相當多元，還要同時考慮個人層面與集體的層面。[14] 社會融合與上述列舉的人口階層有特別意義的原因是，也許這些階層存在程度上的差異，但這些人都是在各種社會、金融、法律、教育服務、文化生活等正常公民生活的普遍近用上較為脆弱，因此它更加廣泛地與歧視、公平性、正義與參與的領域，甚至是強化能力／充權的意義上有連帶關係。雖然本章

286

---

[13] European Council, Disability, a Citizen Issue.

[14] Petwr Radicliff, Is the Assertion of Minority Compatible with the Idea of Socially Inclusive Society? In Askonas, Peter & Angus Stewart, *Social Inclusion: Possibilities and Tensions* (New York: St. Martin Press, 2000).

主要是以社會融合的觀點進行討論，但不可否認地，新古典自由主義也幫助此概念的發展。據新自由派人士們的看法，1980 年代社會融合的意義在於全球化的競爭性經濟環境下，應該投資人力在經濟成長所需要的技術供應上。雖頗具有歐美經濟色彩的觀念，但在急遽變化的全球經濟形勢下，逐漸成為波及全球的概念。[15] 社會融合的爭端還是難免捲入政治理念的爭論。例如，過去社會民主主義所嚮往的平等理念在逐漸衰退消失的過程當中，作為最後的一絲希望與對策、折衷方案登場的就是主張「融合（inclusion）」。[16] 像這樣，誠如此概念登場的複雜背景，以致將社會融合當作一個課題時，所提出的解決方案也很多樣。最後這種解決方式連結於根本問題，卻也會引起另一個爭端。例如，是否真的要接受融合作為一個烏托邦式的社會規範？這是一項理念設計，還是可以實現的模式等問題。如果說社會融合（inclusion）是跟社會排除（exclusion）相對應，那麼被排除的階層是誰，原因是什麼，這些應該要先得到答案。然而我們在社會政策研究上也會出現，應該將誰納入（inclusion）身心障礙者給付對象，那些應得到優惠的對象卻得被排除的窘境。就像很多學者專家曾經指出，在社會融合的討論中，難免會陷入政策研究上的兩難。[17] 有時候以福利資源的合理支出為名義選擇剩餘工資支出的方式時，難免就出現應該納入（inclusion）的對象，被排除在外的意外結果出現。讓我們思考以下的問題。

287

- 就純學術角度，社會融合在研究和方法論中，是可以確立地位的理念或概念嗎？

---

[15] M. B. Steger, *Globalism: Market ideology meets terrorism* (2nd edition)(Lanham, Maryland: Rowman and Littlefield Publishers, Inc., 2005).

[16] Gray, ibid.

[17] H. Silver & S. M. Miller, Social Exclusion: The European approach to social disadvatage Indicators. 2, 2(2003): 1-17; G. J. Room, Social Exclusion, Solidairity and the Challenge of Globalization. *International Journal of Social Welfare*, 8(1999): 166-74; Armatya Sen, Social exclusion: Concept, application and scrutiny: Manila Asian Development Bank (Social Development Papers 1, 2003).

- 我們是依據哪些根據，認為社會排除是負面的，社會融合才是妥善的？
- 社會融合作為一種社會規範，只是烏托邦式的幻想嗎？還是可以實現的模式呢？
- 是誰？在哪裡受到排除？其如何進行，過程又是如何？圍繞這些概念的政治、社會動態又是如何？
- 過去拒絕平等理念的勢力，他們會接受社會融合的理念而不拒絕嗎？
- 理論上、道德上的問題重複存在，社會融合是否可以作為理論研究的主題？[18]
- 我們該如何應對圍繞社會融合的緊張與可能性這一基本問題？
- 社會融合的實現是否應該從更全面的制度改革角度出發，以更進步、更強大的國家為前提？
- 社會融合如何與更公平正義的社會計畫相關呢？
- 以自由資本流動為中心的世界經濟體系的全球化與競爭市場的時代，社會融合有可能實現嗎？

　　前面的這些問題與身心障礙者的融合之課題有怎樣的關係呢？到底是否有具權威且實用的社會融合之概念？是怎樣的價值與客觀性讓社會融合得以正當化？雖然很難簡單找到解答，但以下的暫時性嘗試也許是可行的。一言以蔽之，社會融合是指「社會成員之間的互相承認」，意即「我所屬的社會，除了我本人之外，也有他人的存在」。社會成員應該承認他人是合法存在的共同體成員，並對於此傳送信號。社會學者 Elias 將其稱之為社會尊崇（social honor）問題。[19] 更簡單的表達是，就是對他人的肯定，並聽取他人的聲音，或者透過法律來認定他們的正當

288

---

[18] Glen Loury, "Social exclusion and ethnic groups: the challenge to economics," Paper presented at the Annual World Bank Conference on Development. Washington. D.C. April 18-30, 1988.

[19] Ibid., 278.

地位。而我們民眾有多少人在傾聽「行動權聯盟」要求保障行動權的呼聲？不管在任何一個社會，大多數的身心障礙者都沒有成為這種被認識、被肯認（recognition）的對象，遭受了排除或偏見。雖然只是一個簡單的道理，社會融合有它自己的一套理論原則，就是要廢除歧視和偏見。但是僅靠堅持著身心障礙者參與社會與融合、或是人權尊重、正義、民主主義的信念是不足夠的，必須由實踐做後盾。否則只是一個空洞的口號。嚴格來說，《身心障礙者權利公約》是透過身心障礙者有意義的社會參與，以完全融入社會為基本哲學被批准的。那麼讓我們以更一般的角度來探討這個主題。當從身心障礙者的社會地位或立場來看社會融合時，就會出現許多讓人思考的問題。「身心障礙者真的是有尊嚴的公民，可以有意義地參與社區活動嗎？生活得體的經濟條件如何將身心障礙者排除在外？他們結婚後還能經營家庭嗎？長期失業狀態還能順利參與社會嗎？可以享受電影、戲劇、運動、休閒、旅行嗎？有從政府或地方政府取得必要的支持嗎？從特殊教育環境課程離開，參與和融合情形是如何？日常生活中住宅、生活設施、化妝室等各種資訊與通訊媒體、銀行等金融機關的近用，以及火車、計程車、公車的行動權又如何？社區對於身心障礙者的認知與態度有積極正面嗎？是不是認為身心障礙者是沒有用處只能給大家添麻煩的群體？思考這些的問題的同時，像韓國一樣的競爭社會，還有沒有社會融合的立足空間？」不，應該是說在身心障礙與非身心障礙的偏見與歧視充斥的社會現實中，還有容得下社會融合的餘地嗎？諸如此類的問題同樣令人關注。考慮到上述這些理論上的爭論，本文將重點討論如何確立身心障礙研究中「融合」（inclusion）的概念，並如何適用於現場實務的情境課題。

## 3. 社會融合的理論性爭議

### 1）社會學上的觀點

　　社會融合的概念在歷史上可以回溯到 19 世紀的社會學家 Weber 所強調的社會凝聚力、團結（cohesion）。但到最近作為社會排除（social exclusion）的相對性概念，社會融合（social inclusion）成為大家關注的對象。[20] 回溯過去 Kabeer、Marx、Buchana、Fromm 等的「異化」（alienation）意識相關研究相比，inclusion 的研究歷史比較短。至少從理論角度上來看，也許社會學是一門可以理解社會排除和融合的學科。[21] 社會學向來對社會平等與不平等、社會整合（integration）與社會階層論、社會移動、社會排除和融合（inclusion）、中心和邊緣（center-periphery）的相對互動關係做出很好的分析。社會學超越經濟和自然的適應性，從更廣闊的視野提供探討社會融合的觀點。在社會生活中，有時受到歡迎、有時遭到拒絕，或是融入主流中，或是被冷落、被忽略、遭到歧視，這些一切都統稱為社會的實際結果。這樣的社會實際結果在社會關係中以各種型態，例如以朋友、同事、家人、親戚、部落成員、社區文化等親密感的程度大小來呈現，而這些都成為社會學研究的對象。作為社會研究的一個例子，與身心障礙問題有極度關聯的偏見與歧視之研究，可以從高夫曼（Erving Goffman）的著書 *Stigma* 中找到。[22] 貼標籤和偏見、歧視確實是社會排除的一種型態，要抵抗這些人的負面影響可以視為社會融合的一個型態。而新社會運動的另一個層面，包括韓國在內的全球身心障礙者運動，顯然是為爭取全面參與和融合的抗爭。

289

---

[20] Kabeer, 2006; Marx Buchana, 1990; E. Fromm, 1962, 1968, 1991.

[21] Dan Allman, University of Toronto, Dalla Lana School of Public Health, 155 College Street, Room 524, Toronto, Ontario, Canada, M5T 3M7 Email:dan.allman@utoronto.ca

[22] Goffman E., *Interaction ritual: Essays on face-to-face behavior* (New York, NY: Doubleday, 1967).

在此有必要仔細檢視一下高夫曼的著書 *Stigma*。高夫曼的 *Stigma: Notes on the Management of Spoiled Identity*（污名：管理受損身分的筆記）是在對普遍性的污名與社會排除進行分析。在污名化的過程中，「有些人因為他們具有獨特的特徵或屬於少數群體的成員，在一連串特殊的社會互動關係中遭受有組織性的排除。」[23] 這個概念裡包含著不被社會、群體所接受的局外人（outsider）之功能，也令人產生疑問，與生俱來就渴求被社會接受的人類為什麼要拒絕同種人類呢？至少對於高夫曼或者是受他影響的理論家們認為「污名化」（stigma）是一個人喪失了尊嚴的評價才會產生的。[24] 作為社會學家，高夫曼的觀點極富戲劇性，並具有象徵性的相互作用。他所關心的是有關社會相互作用與支配這些的規則，[25] 社會結構持續地在維持社會上的位階秩序，因此為互動提供了背景是高夫曼的主張。雖然如此，也有人指出高夫曼似乎沒有充分考慮到跨越政治經濟學或傳統象徵性相互作用之焦點的階級、權勢、性別、種族等。[26] 話雖如此，讓人聯想起身心障礙者設施的高夫曼的「全控機構」（total institution）概念應該要在身心障礙研究、身心障礙者的人權和權利領域成為更加深入研究的對象。高夫曼在很早以前就將歧視與偏見作為身心障礙者研究的核心主題。更實際來說，貼標籤的污名化之所以讓身心障礙者從生命中切身感受到，是因為讓身心障礙者回歸主流的世界裡，也就是走向完全融合的道路上，到處充滿荊棘。引用一句美國社會政策學家的意見，「身心障礙者在日常生活中經常面對各樣阻礙，不得不對與公民身體能力有關的規範性假設提出質疑。為了過上每個人都認為理所當然的正常生活，一個人要怎麼走？要怎麼跑？

290

---

[23] R. Kurzban & M. Leary, "Evolutionary origins of stigma: The functions of social exclusion," *Psychological Bulletin*, 127(2001): 187-208.

[24] Ibid., Crocker, J., Major, B., Steele, C. Social stigma. In Gilbert, D. T., Fiske, S. T., Lindzey, G.(Eds.), *The handbook of social psychology* (Vol. 2, 4th ed., pp.504-553). Boston, MA: McGraw-Hill, 1998.

[25] E. Goffman, ibid.

[26] G. Scambler, "Health-related stigma," *Sociology of Health & Illness*, 31(2009): 441-455.

要聽清楚嗎？要說清楚嗎？嚴格來說，這些問題全都屬於政治性的。既然這個社會已變成排他性、隔離的社會，現在眾人應該要將其改造為能夠接納不同能力的社會。」[27] Hahn 接着以就業、交通工具、住宅為例，主張身心障礙最終是為了歧視與偏見辯護的操縱行為。[28]

　　社會學可以帶來的另一個概念是「參與」，這與社會融合有相同脈絡。Arnstein[29] 的主張充分解釋參與和社會融合的現實面，說明身心障礙者之類的弱勢族群被貼上標籤、受到隔離、歧視成為偏見的對象，淪為微不足道的存在之現象。若沒有力量，那麼對實質參與、社會融合就是一種幻想，是無法順利達成的。當事人想要參與，卻沒有足夠的機會和資訊，參與的道路就會受阻。基於公民資格所主張的平等人際關係，必須要能夠參與重要事件之決策，而這些過程，最終會讓身心障礙者被認可為有尊嚴的公民。增強身心障礙者的能力，就是為了實現這樣的結果。下圖顯示現實中參與行使權利存在的阻礙卻是何等艱難。弱勢階層若無法爬上參與的階梯，只能成為被操縱、說服、安撫的對象，如果順利發展，可能成為夥伴關係，但大部分是在現實中只能爬到形式上的參與階段。

291

---

[27] H. Hahn, Issues of Equality: European Perception of Employment Policy and Disabled Persons. New York. 1984. 24.

[28] 相較於 Hahn，更加深入研究此主題的學者為 Safilios-Rothchild, C., *The Sociology and Social Psychology of Disability and Rehabilitation* (New York: Random Houese, 1970)。以 及 P. Hunt. (ed.), *Stigma: The Experience of Disability* (London: Geoffrey Chapman, 1966). 此書為作家留學英國時首度向學界展現的障礙學相關書籍。

[29] Sherry A. Arnstein, "A Leader of Citizen Participation," *Journal of American Institute of Planners* XXXV, 4 (July, 1969): 216-26.

公民權利階段

* 由公民掌控
* 授予權限
* 夥伴關係

形式性參與階段

* 安撫
* 諮詢（顧問）
* 提供訊息

無參與階段

* 治療
* 操縱

**圖 7-1　Arnstein 的公民參與階梯[30]**

　　基於《身心障礙者權利公約》的全面性身心障礙政策，其目標是消除以偏見、歧視和不平等的手段孤立、隔離身心障礙者的經濟、社會、文化上的阻礙。但是這些政策不是都受到歡迎，因此反彈的聲浪也很大。但是嚴格來說，這些反對並不是針對身心障礙者，而是針對平等的價值和人權理念。換句話說，社會融合是從身心障礙者的生命中，消除那些引發不平等與歧視的物質、意識型態、社會、政治及經濟上的阻礙，但是也有對此持異議或不滿的人。不管怎麼想，反對或忿忿不平的意見都具有類似歧視的特性，當要恢復身心障礙者的尊嚴與建立基於平等價值的社會時，那些試圖想要扭轉這些努力獲取積極成果的種種策略都屬於反對意見。阻撓身心障礙者人權和平等的陳腐法令修訂或身心障

292

---

30 Sherry R. Arnstein, "A ladder of citizen Participation," *Journal of the American Planning Association* 35, 4(1969): 216-24.

礙政策都歸屬於這些。透過長期根深蒂固的機構化與特殊教育制度的擴大，使身心障礙者被隔離、邊緣化的政策，是試圖藉由不合理的人權解釋來控制權利語言的計畫。因此，要將身心障礙兒童整合到一般學校的政策，被指責說不僅是拒絕了身心障礙兒童的特殊需求和特殊教育具有的優越技術，同時還會剝奪了屬於非身心障礙學生的教育資源和機會。[31] 這些主張表示並不是反對融合教育，而是說身心障礙學生如果包含進來，會讓本來就管理困難的教室環境變得更加困難，導致教育現場失敗，如果同樣的邏輯套用到有如大型學校般的社會，那不也就是說會形成社會運作的阻礙？持反對意見者要求身心障礙運動應該降低身心障礙者的社會融合的程度。這跟身心障礙者與非身心障礙者對平等的主張是有區別的。對於這些「權利之間的競爭」，筆者曾經主張，可透過共同的公民資格，而不是身心障礙者與非身心障礙者來克服。在南非共和國以反種族歧視主義判決聞名的憲法法院前大法官 Sachs，對於「白人和黑人的權利競爭是互不相同的」之說一笑置之，表示以下的言論，即「對於兩個不同意見的爭論，公民、政治、法律、經濟和社會權利提供了根據文化、生活方式和個人喜好在選擇領域表達不同的基礎。換句話說，只要這種不同在人類社會中標榜著所謂的正面價值，不去助長不平等，遏止使人屈服、不公正的形成。」[32] 也許 Sachs 想要強調的是，所謂平等的公民權是社會要承認每個社會成員的個人尊嚴，將其視為有歸屬感的人。以否定語句來形容就是，這個原則禁止一個社會把人視為劣等、依賴、無歸屬感的非參與者、被排除的旁觀者。更進一步說，「排除」就是對於達到政治權及社會權的最大阻礙。

---

[31] F. Armstrong, and L. Barton, *Disability, Human Rights and Education: Cross-cultural Perspective* (Open Uni-versity /press, 1999).

[32] Human rights in the 21st century (https://www.humanrights.gov.au/about/news/speeches/human-rights-21st-century), 30 Oct 2018.

## 2）社會融合之絆腳石——福利國家

　　讓社會融合作為一個新的討論，這樣的嘗試和強調人與人之間的不 293
同、多樣性的人權模式有相同脈絡。另一方面，傳統上認為身心障礙是
人間悲劇，造成不得不依賴的情形，也成為想要爭取權利、平等、和參
與性公民權抗爭的基礎。探討身心障礙者公民資格的核心問題，是如何
擺脫對身心障礙者的管控，總是強迫身心障礙者對施予他們的服務與福
利，抱持感恩之心的「福利陷阱」。很諷刺地，在福利國家受到最大的
控制並組織的對象，是應該透過福利國家獲得最大利益者，其中包括身
心障礙者。緊接著要考慮到福利國家矛盾造成的問題、作為應對危機的
身心障礙者福利和身心障礙者的權利。這暗示所謂福利國家是具有哲學
性及歷史性的龐大主題，只能用多元角度來探討。學者們在很早以前就
指出，由國家主導的福利國家（welfare state）具有多種矛盾，並表示
了我們現在應該追求福利社會（welfare society）的立場。[33] 不管以怎樣
的觀點檢視福利國家，對很多人來說，身心障礙者的「社會融合」需要
解決的核心經濟，社會和政治課題非福利國家莫屬。儘管有理論和思想
上的問題，但實證角度上的討論也不能忽略，在這兩方面交會的過程
中，將可看出未來的福利國家與身心障礙樣貌的具體展現。就算沒有筆
者的耳提面命，代表福利政策的身心障礙者相關立法與政策，已經透過
聯合國《身心障礙者權利公約》的審議，現在儼然成為非常犀利的改革
對象。換句話說，有很多的要求正圍繞著福利國家。

　　《身心障礙者權利公約》的命題是「從福利模式到權利模式的轉
換」，等於是在宣布身心障礙者福利的時代已告結束。剛開始通過《身
心障礙者權利公約》時出現的抗辯是「到底由誰來賦予身心障礙者權
利？」，「身心障礙者要求他們所需之權利從何而來？」，身心障礙者之
所以開始要求平等與反歧視，是因為他們開始意識到他們所屬的社會是
如何從結構上把他們塑造成一個身心障礙者。查明並消除這些結構上的

---

[33] R. M. Titmuss, *Commitment to Welfare* (London: Unwin University Books, 1968), 21.

阻礙就是開始走入融合社會的第一步。而「消除身心障礙者的結構性歧視不是一項簡單的課題，這是需要瞄準公私領域的社會心臟部位。若不正視問題進入政治辯論、不採取明確立場，這無法解決的問題」。[34] 現在我們來思考一下小標題，福利國家為何是社會融合的絆腳石——結構上的阻礙。

首先來自對「身心障礙概念」的醫學疾病處理和身分認同的賦予。福利制度是福利國家和《身心障礙者權利公約》的主要改革課題，一直主導著這種身分認同的確立。所謂「身心障礙狀態」就是與正常不同，需要特別的措施或介入，這已是現代的認知。[35] 有關損傷的污名化幾乎是跨文化而超越歷史的，但對身心障礙的歧視是 19、20 世紀發展自經濟生產過程的工業資本主義，以及生產與再生產為主所形成的社會關係之產物。在工業社會之前的農耕社會，具有身心障礙的家庭成員也可以參與家庭的經濟生活。但是資本主義為主的大規模工業化生產結構，開始將身心障礙者排除在外。在變化初期，對身心障礙家屬成員的保護義務是由家屬負責，後來開始逐漸轉型為國家的義務。再引用 Deborah Stone 的話，「身心障礙的概念是設計福利國家的基本，也是建構福利國家其他支持體系的基石。」[36]

### 分配正義

依據 Deborah Stone 的說法，身心障礙有助於解決近代社會分配制度引起的分配正義相關爭端。也就是，透過勞動對生產作出貢獻的代價分配，以工業生產的貢獻和被排除在外的「需求」，兩種分配的機制。造成衝突的原因是，沒有進行經濟活動就沒有工資，若這樣也可以滿足需求的話就會出現分配正義上的問題。該問題的傳統解決方法是以老人、兒童和身心障礙者為由，將他們列入為排除在經濟市場之外的公共

---

[34] C. Barnes, *Disabled People in Britain and Discrimination: A Case for Anti-discrimination Legislation* (London: Hurst and Company, 1999).

[35] Deborah Stone, *The Disabled State* (Baingstoke: Macmillan, 1984).

[36] Ibid., 12.

受惠對象。因此身心障礙者還有一個稱呼是依賴者和無法工作者。這應該是福利國家給予身心障礙者最致命的身分認同，充分解釋對於他們的機構化，社會孤立，醫療化和依賴性。從社會學角度來看，這是由非身心障礙者占多數的支配階層的社會控制手段之一。但是，從人權的角度來看，是人的尊嚴被排除在以需求為主的思想或支配階層的控制之外。「人權是所有的人要成為人，所有人都要活著為人。」建立福利國家的一切立法基本上是合理的，對於身心障礙者的需求相關的政策也是合理的，所以可以平等和公正地執行。但是，這是否認識到以需求為導向的分配會使一個人、一個群體和一個社區變得黯然無助，使他們喪失了自願改變和承擔責任可能性的問題？

### 隔離化

隨著聯合國《身心障礙者權利公約》的通過，公約第 19 條的自立生活、第 24 條的融合教育和第 27 條的工作與就業的實施引起重大變化，但在社會福利、教育、就業和勞動領域，仍然是透過制度化隔離身心障礙者的主要媒介。不能低估隔離對身心障礙者生活造成的負面影響。與非身心障礙者有限制的接觸，讓身心障礙者與非身心障礙者之間的關係呈現出恐懼、惶恐和極度的刻板印象。

在環境結構、設施建設、交通運輸、教育系統、體育休閒設施和通訊方式等方面，都是以多數的非身心障礙者為中心設計，更加強化了隔離身心障礙者的必要性，身心障礙者也放棄了希望參與社區的願望。所幸會因公約第 9 條無障礙規定逐漸緩解，但終究現代社會是以身心障礙者的需求為中心隔離身心障礙者，這就是福利國家的遺產。現在，當身心障礙者要開始認真捍衛融入生活世界的權利時，他們所面對無數障礙和各種艱困是無法形容的。

### 機構化

其中之一就是機構化。從歷史上看，對身心障礙者的主要服務一直是以隔離設施的保護作為主軸。上述從社會學的角度提過高夫曼的全控

機構，發生於機構的非人道化事件來自於機構人力的極度欠缺、身體和暴力侵害以及包含強制電療在內的醫療實驗、獨居監禁和綑綁在床上的身體約束等很多不人道待遇。以韓國為例，光州的仁和院、2015 年的紫林院、2016 年的大邱希望院等，與當地社區隔離的環境中，暴行和死亡等侵犯人權行為持續發生。2012 年依據韓國國家人權委員會的調查，居住在設施機構的身心障礙者，約有 57% 希望脫離設施機構在外面生活，為促進身心障礙者的人權，身心障礙界不斷要求「落實去機構化和自立生活的協助」。[37] 韓國和國外的身心障礙設施機構裡發生的暴力和侵犯人權事實都在驗證這些。機構化的歷史可以追溯到英國的《救貧法》（Poor Laws），這是為解決貧困和工人問題由國家干預的措施，即使到 19 世紀末，機構化仍然還是保護障礙者的幌子。特別是 20 世紀初期登場的優生學，主張身心障礙與各種疾病的成因有密切相關，結果安置於機構的隔離化歷經 1950、1960 年代得到強化。好不容易到 1970 年代初期，機構化開始出現了問題而暫緩了加快的腳步。首先是由學習障礙者與身體障礙青少年脫離了設施機構，大型醫院還提供醫院外的居處。1978 年，當筆者在澳洲擔任教授時，目睹在湯斯維爾的一個都市中，至少有 2,000 名的老年人被診斷為患有精神疾病並收容在一間設施機構。比起身心障礙者居住在機構的事實，更重要的是社會以怎樣的觀點看待身心障礙者的問題。這會增加對損傷的成見和偏見，從而強化隔離和醫療化。

### 醫療化

在建立福利國家的過程中，醫療界的影響力是巨大的，實際上醫生的影響力在福利國家的發展過程變得更加強大。也就是「在 19 世紀醫學已迅速發展為一門新科學，而醫學思維、活動和醫生們的見解，對社會產生了深遠的影響。這種影響力同步出現在對於經濟、社會組織型態

---

[37] 2019 年第 2、3 次合併國家報告。

做出了定義和合理化，同時醫學日益成為社會控制的重要機制。」[38] 想要將醫療化與身心障礙的社會控制問題結合時，恐怕不能忽略 Foucault 和 Illich [39] 的分析。這裡所指的醫療化將身心障礙視為個人的醫療問題，這種觀念使醫學方法控制了身心障礙者的人生。雖然不否定醫學對損傷的診斷和治療的貢獻，但以下主張表示醫學有時會超出限度。[40]「他們的培訓是適當的，因為醫生們會評估身心障礙者的能力、開輪椅處方，決定應支付的福利金額、職業復健、要接受的特殊教育類型等。但是作為一個『守門人的角色』，他們對於機構內部和外部的身心障礙者施加了超出必要的權威。」

### 依賴化（依存關係）

福利制度傳統上被認為具有保護性，施予性以及父權制的性質。首先，福利制度受各種法規和制度上的約束，有時候幾乎是強制性地提供服務，這樣的行為本身就否定了身心障礙者的自由選擇。否則，透過去機構化實現自立生活怎麼會如此的困難？筆者已經在《公約》第 19 條的深入分析中，提供關於機構和在社區自立生活的費用分析資料。讓我們聽聽身心障礙者對「過度保護」是持有怎樣的反應：

「總是告訴我們說『你需要的是這種（×××）服務。』
告訴我說，我每週需要 16 個小時的人身安全保護服務，然後就排下去了。
常替我做出決定，但從來沒有聆聽我講話。
我想計劃我需要的服務，但每次都得聽命於體制的要求。
我看我們只能照著主流化的服務類型去做。

---

[38] Equal Opportunities Commission, *Equal Treatment of Men and Women*, 15.

[39] M. Madness Faucault and I. Illich Civilization, *Medical Nemesis: The Exploration of Health* (London: Calders 7 Boyars, 1975).

[40] M. Oliver, "Cock up or Conspiracy," *Therapy Weekly*, 11 (March, 1993).

很希望問我們怎樣才會改變情況。不要一味在糾正……」[41]

簡而言之，身心障礙者們在疾呼多數的身心障礙者服務都是隨專家的意思運作。結果福利制度剝奪了身心障礙者行使自決權的機會，使他們無能為力。儘管國家機構下的資源控制（例如：個人助理，身心障礙判定等）也有問題，但更深層次是人們根深蒂固認為身心障礙者本來就是受控制、管理的對象。

## 3）暫時性概念整理和未來研究的建議

首先，從相關文獻的角度來看，對於社會融合的定義是默認的，很難找到一個清晰的概念定義，大多是在社會排除的脈絡下，透過與「融合」的不可分割之關係來討論。但是學者們對這種必然性的結論保持著沉默。如同前面在社會融合領域所提到，針對應該要包含哪些社會融合的內容只是紙上談兵階段，且這也是從排除關係中談起。綜上所述，大多數文獻仍沒有對（完全）社會融合嘗試深入理解。[42] 這些觀點之所以在某種程度上有效，是因為在推行《身心障礙者權利公約》的過程中，韓國和其他國家面臨的情況很類似。而且社會融合和社會排除的問題，一定不是簡單可以說明和理解。目前對於社會融合的概念尚未達成共識。從嚴格意義上講，身心障礙者的完全融合是全世界面對的課題。暫且總結一些（完全）社會融合的概念：

- 包括身心障礙者的所有弱勢群體，都是決定他們生活上所有過程的利益關鍵人。
- 完全社會融合是指在參與、禁止歧視和所有生活領域及資訊上，都要確保無障礙。

---

[41] 김형식의 강의 노트 , " 장애인복지의 이론적 기반 ," 나사렛 대학교 인간재활학과 . 2017. 9 월 .

[42] C. Cameron, "Geographies of welfare and exclusion: Social Inclusion and Exception," *Progress in Human Geography* 30, 3(2006): 396-404. Conceptual Issues in *International Journal of Social Welfare* 16(2007): 1-9.

298

- 完全社會融合是社會肯定每個人的差異性，為消除歧視和偏見，破除對人歧視的阻礙，關注被排除的個人和群體。

在國際脈絡上，聯合國《身心障礙者權利公約》是透過制度改革以擴大身心障礙者的完全社會融合之國際型計畫。「社會融合」的概念實在很難用一句話概括，但如果說無法定義其概念，這樣本章主題就無法達成目的。首先簡單地，猶如歐洲基金會（European Foundation）所指出的那樣，社會融合是社會排除的相反詞，將身心障礙者融入進來成為社會成員[43]，這或許可以當作理解的起點，但也有人批評這種斷定式的二分法，也就是說，「社會融合和社會排除，的確具有明確劃分的意義：要不就是選擇被融合，要不就是選擇被排除。但要融合還是要排除，這會取決於一個人所擁有的許多變數。因此，融合或排除應該視為在兩者明確劃分之間的位移。如果是這樣，將融合和排除視為兩極化現象就是合理的。」[44] 如果可以把這個概念理解成在兩極化現象中，某種程度可以往融合或排除的一端移動，那麼根據狀況、身心障礙的類型，融合跟排除之間的距離，簡單地說可以解釋為穿越天堂和地獄之間，或者同時發生的移動概念。例如，在家庭裡或庇護工場中，可能就是屬於被融合的，然而一旦離開了防護罩，馬上就是被排除在外的情形。這也許是許多身心障礙者的親身體驗。最終，即使身心障礙者沒有被完全排除在外，但就算被包含進來，也是以不同（differently）或不平等（unequally）的方式被納進來，有時也可能在監督和保護的框架下，以低薪工人的身分進入職場。如果我們姑且接受「被包容或排斥都取決於一個人的各種變數」，那麼為使更多被排除的身心障礙者融入社會，我們就有實際任務設法改變其變數，開發相關計畫，以利於更改變數使更多的身心障礙者被包容於社會。但是顯然體制改革也是不可避免的。其

299

---

[43] Aryan de Haan, "Social exclusion: An alternative study of deprivation?" *IDS Bulletin* 29, 1(1998): 10-19.

[44] D. O'Reilly, "Social Inclusion: A Philosophical Anthropology," *Politics* 25, 2(2005): 80-88.

原因是，人類社會已經被設定在既定的程序、制度、主導的立法和政策研究的架構內，讓民眾很自然地去順應（incorporate）這一切，因此如果不對這些制度進行改革，就無法解決融合和排除的問題。最近韓國在談論的身心障礙等級制就是一個很好的例子。

同時，誠如本章前半段提到的，所有的融合都是正面而合理的嗎？這些問題也需要考慮在內。儘管我們強調的是融合教育（inclusive education）不是特殊教育，但在「薩拉曼卡聲明」（Salamanca Statement）中，也並未完全排除特殊教育的必要性，有些身心障礙兒童的父母是比較偏好特殊教育。而且聽覺障礙者他／她們自己拒絕融合的「自我排除／隔離」（self-exclusion）也是眾所周知的。少數民族當中也有為了不隸屬於主流社會，在某些情況下選擇自願排除或是疏離。筆者的看法是，儘管聯合國《身心障礙者權利公約》是以社會融合為基調，但從現實應用的角度來看，將「社會融合」理解為同時多重性的移動概念不會有太大問題。每次從《身心障礙者權利公約》、《兒童權利公約》的立場去對融合（inclusion）這個主題討論時，都一再驗證筆者觀點有其合理性。終究，「完全社會融合」不是一個固定或是可以即告終止的概念，這應被視為一種動態，逐步擴展幅度和發展建構的概念。在本章一開始雖然提出了一些問題，卻沒能回答所有的問題，但這作為基本的研究主題應該是很有意義的。

第一，由於「社會融合」仍然是一個有爭議的概念，在本章中主張首先應確立其理論的地位，使其可應用於政策研究和實務上。特別是在韓國這樣的競爭社會中，要尋求「社會融合」的可行性是一項艱鉅的研究任務。

第二，首先針對韓國的身心障礙界進行全面研究，以瞭解他們對於接受「社會融合」原則的程度。此外也要瞭解政府曾經為實現身心障礙者的完全融合嘗試過哪些計畫工作，這都是可以研究的對象。為了實現社會融合的政策研究立案、實施和評估都需要時間。因此，我們所構想的研究需經過相當時日，某些情況下，可能需要跨世代來進行隔代研

究。

　　第三，「社會融合」的研究應該要考慮廣泛的社會背景，同時進行人權的研究。我們在討論過程中顯而易見的是需要一個整體（holistic）的研究方法，因為社會融合是貫穿各個領域（cross-cutting），包括道德、倫理、政治、經濟、社會和文化方面。顯然，這是研究方法上的挑戰。可以說社會融合的研究不僅是在身心障礙領域，這也是今後韓國為追求更加平等、公正、公平和人權價值觀的社會所要發展的藍圖主題。

　　第四，儘管我們的許多討論集中在觀念性的內容上，但也強調可以測量和客觀的研究方法，這也暗示為了「社會融合」的具體實現，構建實證性經驗數據的重要性，這將是所有理論都要接受的挑戰。

　　第五，社會融合的理論和應用上的課題應該更加具體地探討平等原則。在《身心障礙者權利公約》的一般原則（e）中提出了「機會均等」，在第 5 條有「平等與不歧視」以及在本研究的第二章曾討論過「法律之前和法律之下的平等」的概念。確實，只要擴大機會均等，社會融合的實現可能性也會擴大。[45] 真正的平等是個人和社會值得追求的目標。

　　「社會融合」的含義，小至對聯合國《身心障礙者權利公約》的實現，人至作為一個先決條件，讓整個社會發展朝向更具人性化的力量，而不是只追求物質的發展，我們期待本文的討論能對這種努力有所幫助。暫且做個結論，「社會融合」在更大程度上是追求「完全融合之社會」而須進行的基本優先課題，如果說「社會融合」是一項短期任務，那麼「完全融合之社會」可以視為一項長期任務。因為不平等、失調、腐敗和人際關係的暴力讓社會分裂已久，即使沒有聯合國的《身心障礙者權利公約》，「完全融合之社會」這個目標，不也是我們當前社會最需優先解決的任務嗎？

---

[45] Ruth Lister, in Peter Askonas & Angus Stewart, *Social Inclusion: Possibilities and Tensions* (New York: St. Martin Press, 2000), 204.

第八章

# 身心障礙的心理社會模式、精神衛生福利法<sup>*</sup>與成年監護制度

權五鏞

* 促進精神健康及精神疾病患者福利服務支持相關法律

# 1. 基於《身心障礙者權利公約》與身心障礙社會模式之心理社會障礙概念

　　聯合國的《身心障礙者權利公約》對身心障礙的定義為「包括肢體、精神、智力或感官長期損傷者，其損傷與各種障礙相互作用，可能阻礙身心障礙者與他人於平等基礎上充分有效參與社會」。身心障礙者在社會融合上的阻礙包含建築環境、社區以及家庭內的否定態度、欠缺通用格式之訊息，以及沒有增進身心障礙者參與社會之政策等。在社會模式的架構上，指稱精神障礙的用語——心理社會障礙（psychosocial disability）係指在充滿緊張與壓力、痛苦的延長下，和精神健康的各種狀態相關的生理及醫學上的解釋，也就是包含思覺失調症、躁鬱症、憂鬱症與藥物中毒等，過去以來有各種不同的方法來定義此概念。心理社會障礙也用來指那些經過精神健康狀態的診斷，經歷到偏見與歧視、排除等負面社會結果的人。

　　心理社會障礙向來被解釋作心理和社會文化障礙因素之間的相互影響。而心理因素表現在思考方式、個人經驗以及圍繞這一切的知覺之間的相互作用。至於社會文化因素是指，對心理社會障礙的社會偏見以及與心理因素相互作用的行為在社會、文化上的侷限。[1]心理社會障礙是建構在精神障礙的社會模式之概念，還包括身心障礙者對自己的看法是「精神醫療使用者或消費者（user or consumer of psychiatry）、有精神健康方面問題但沒有接受精神醫療的倖存者（survivor）、體驗過情緒變化、恐懼、幻聽、幻視者、發瘋者（mad person）、經歷過精神健康問題或事件、精神健康危機者（person in mental health crisis）」。

　　心理社會障礙通常對於接受精神醫療的使用者或倖存者來說，不同於遭受損傷及阻礙之間的相互作用下產生的一般障礙的概念，比較像是由他人貼上標籤般的存在。站在心理社會障礙的觀點，是拒絕「心理社

303

---

[1] Aleisha Carroll, "How can development programs improve inclusion of people with psychosocial disability?," *CBM*, June 30, 2014.

會損傷」（psychosocial impairment）概念。即使沒有身心損傷，個人也可能在社會－醫療－法律和經濟上的結果下遭受到精神方面的障礙。個人不管是否經歷到身體功能上的限制，也不管是否有生物學上的證據作為客觀的表徵，心理社會障礙都會被當事者本人或他人認為是來自主觀、社會的障礙。這是因為，心理社會障礙多半不是實際而是一種複雜的現象，儘管人們可能會透過經驗將其視為真正的障礙，但對某些個人來說，更適合（more comfortable）理解為被認定或被賦予的障礙。[2] 心理社會障礙不是建立在所謂精神疾病的條件或是經驗的「醫療模式」概念，而是屬於社會模式的身心障礙概念。另外，在一個人的生活狀況下，由於他的內在或外在因素，當他需要特別的協助或提供便利時，就會被認為是遭遇到心理社會障礙。

強迫住院或收容機構、強行治療、電擊治療（electro-convulsive therapy, ECT）以及精神外科手術、強迫穿上護套、隔離、強行脫衣或強壓穿上機構的衣服，這些都被認為是對於身心障礙的歧視，而這些歧視會引起身體和精神上的二次傷害。這概念包括精神疾病患者或接受特定精神病診斷的人，儘管他們自己不認為是一個身心障礙者。

心理社會障礙概念，應該與如下做區分：

- 心理社會障礙概念並不遵循心理社會康復模式。
- 並不接受對某個人貼上的任何名稱。
- 並不是附加在「精神疾病」或「心智障礙」上的概念。
- 並不是承認有心理、社會的損傷。[3]

## 2. 心理社會障礙的韓國法律定義問題

在精神障礙的心理社會模式上，應禁止以心理社會障礙為由進行暴

---

[2] WNUSP, draft WNUSP response to draft GC Art 6.

[3] WNUSP, Psychosocial Disability, Aug. 15, 2008.

力式強迫精神醫療的介入，以及非自願性的收容與歧視。依據韓國《障礙者福利法》第 2 條（障礙者之定義等）所揭櫫，「1. 身心障礙者是由於身體或精神上的障礙，長期在日常生活或社會生活中受相當程度限制者。2. 適用本法的身心障礙者是根據第 1 項所規定之身心障礙者中符合下列任何一項者，符合總統令規定之身心障礙種類和標準者。（1）「身體障礙」是指外部身體機能的主要障礙、內部器官的障礙等；（2）「精神障礙」是指發展遲緩障礙或精神疾病引起之障礙。」身心障礙的概念是從損傷的醫療觀點被定義，特別是心理社會障礙被包含在「精神障礙」的概念中，被定義為「由精神疾病引起之障礙」，而精神障礙的概念在《促進精神健康及精神疾病患者福利服務支持相關法律》（以下簡稱《精神衛生福利法》）第 3 條第 1 號的定義為「『精神病患者』係由於妄想、幻覺、思想或情緒障礙，在維持自立生活方面有嚴重限制者。」

305

　　透過這樣的方式，根據《障礙者福利法》和《精神衛生福利法》對心理社會障礙的概念做出的定義，精神疾病完全排除心理社會障礙的觀點，變成架構在徹底的醫學模式之上，與重度精神疾病（severe mental illness, SMI）之概念畫上等號。

　　結果，在韓國作為心理社會障礙的精神障礙被定義為和精神疾病相同。因此在韓國過去一段時間對待精神障礙[4]的方式就是從精神疾病的角度，與對待其他種類的身心障礙者的方式不同。在《障礙者福利法》第 2 條中，精神障礙連同發展遲緩障礙被列為「精神心智障礙」的範圍。但依據該法第 15 條和同法施行令第 13 條第 3 項中規定，「針對該法第 2 條規定之身心障礙者中適用於《精神保健法》（編註：《精神衛生福利法》之前身）的身心障礙者，依第 15 條規定不得適用於該法第 34 條第 1 項第 2 款和第 3 款。」因此根據《障礙者福利法》所提供的各種

---

4　《障礙者福利法》第 2 條第 2 號規定：「『精神障礙』是指因發展遲緩或精神疾病所引發之障礙。」本文中所述的精神障礙係指排除發展遲緩以外由精神疾病所引發之障礙。從近期的障礙觀點來看，精神障礙通常用「心理社會障礙」（psychosocial disabilities）一詞來表述。

福利設施利用、康復、輔導、協助自立和其他服務，都不包括精神障礙者在內。這等於是限制精神障礙者只能適用《精神保健法》規定的醫療和保健服務以及精神復健中心（psychosocial rehabilitation center）的康復服務。精神障礙者不僅在法律部分，在行政系統也被排除在身心障礙者福利行政之外，韓國保健福祉部的「身心障礙者政策局」將精神障礙的問題排除在政策和作業的對象之外，只有在「精神衛生政策課」處理精神疾病的問題。在韓國，精神障礙是徹底從醫學角度進行定義的，因此精神障礙由精神醫學專業醫師診斷判定後，就成為《精神保健法》規定下的精神治療和保健服務的對象，而由監護義務人或行政機關首長來安排強制住院，治療或收容。像這樣，對精神障礙者只適用《精神保健法》，在《障礙者福利法》中排除是明顯對精神障礙（者）的不正當歧視，因此應當廢止《障礙者福利法》第 15 條對精神障礙者的歧視規定。在醫療模式下將精神障礙定義為精神疾病的現有態度，應當基於《身心障礙者權利公約》的社會模式，透過修訂《障礙者福利法》及相關法律來採納心理社會障礙的概念，在尊重個人的自主權和選擇權的基礎上，為增進社區融合和參與，要完善個別協助制度，並為保障弱勢的精神障礙者人權，建立維護權利機制以防止虐待。

「成人監護制度」雖然已經實施兩年，但目前還沒有被廣泛應用，因此，如果立即將其廢除，重整政府的社會服務體系，如擴充協助身心障礙者意思決定的個人協助服務，就不難建立尊重精神障礙人士選擇權的支持性決策體系。《精神保健法》之所以立法，是因為精神疾病罹患者增加，擴增了精神醫療機構和設施作為因應措施，但是隨著對精神障礙人士的自我決定權的尊重意識升高，1990 年代後期如火如荼致力於去機構化和社區自立生活時，為收容和管理精神障礙者制定出此項不合時宜的法律，因此需要將其廢除，同時基於心理社會障礙，應該以社會模式為基礎，為精神障礙人士的社區自立和融合制定權利導向的法律。

# 3. 聯合國評估韓國心理社會障礙者的現狀

聯合國身心障礙者權利委員會在 2014 年 9 月針對韓國推行《身心障礙者權利公約》的第一次報告發表了結論性意見，其中包含以下 8 項有關心理社會障礙者的重要疑慮及勸導。[5]

①一般原則及義務（第 1-4 條）：障礙者等級制與《障礙者福利法》第 15 條。

②承認法律之前人人平等（第 12 條）：依修訂之《民法》法律能力與監護人制度。

③人身自由與安全（第 14 條）：《精神保健法》（新訂精神衛生增進法案）的非自願住院及治療、機構收容。

④免於酷刑或殘忍、不人道或有辱人格之待遇或處罰（第 15 條）：對心理社會障礙者進行殘忍、不人道或有辱人格之待遇或處罰之強制治療。

⑤免於剝削、暴力和虐待（第 16 條）：對所有心智障礙者的剝削、暴力和虐待案件。

⑥遷徙自由（第 18 條）：依據《出入境管理法》第 11 條和《障礙者福利法》第 32 條。

⑦健康（第 25 條）：對《商法》第 732 條和《公約》第 25 條第 e 款條文的保留。

307

---

5　蒙田‧邦坦（聯合國身心障礙者權利委員會委員），〈對聯合國《身心障礙者權利公約》、身心障礙者權利委員會結論性意見之當事國義務與韓國心理社會障礙者的新契機〉，201 年 11 月 17 日韓國國家人權委員會暨韓國心智障礙聯盟（Korean Alliance for Mobilizing Inclusion）共同舉辦心理社會障礙者融合國際論壇資料。韓國心智障礙聯盟係 2010 年 5 月 29 日所創立之心理社會障礙者團體，為增進心理社會障礙者的人權和生活，過去以來致力於倡導人權、教育／訓練、支援、研究、進行國際交流活動至今。最早的名稱是根據美國精神健康服務消費者團體 NAMI（National Alliance on Mental Illness），取名為 Korean Alliance on Mental Illness，後來依據聯合國《身心障礙者權利公約》的精神，更名為 Korean Alliance for Mobilizing Inclusion。

⑧工作和就業（第 27 條）：最低工資和庇護工場。

正如聯合國身心障礙者權利委員會在結論性意見[6]中表示關注，在《障礙者福利法》第 2 條（身心障礙者之定義等）第 1 項中定義「身心障礙者是由於身體或精神上的障礙，長期在日常生活或社會生活中受相當程度限制者。」；在第 2 項中明定「精神障礙是指發展遲緩障礙或精神疾病引起之障礙」，將心理社會障礙者歸類為精神障礙的障礙類別；儘管如此，卻在第 15 條（與其他法律的關係）中規定「依第 2 條規定之身心障礙者中，適用《促進精神健康及精神疾病患者福利服務支援相關法律》（以下簡稱《精神衛生福利法》）和《國家有功者禮遇暨支援相關法律等》等總統令規定之其他法律的身心障礙者，則依總統令之規定，得限制適用此法。」此《障礙者福利法》第 15 條對精神障礙者的限制適用條文，是在《障礙者福利法》所提供的許多身心障礙者福利服務中排除或歧視心理社會障礙者，也相當程度助長以住院為主的精神醫療和收容安置長期居住機構的現實，例如根據《精神衛生福利法》精神醫療機構和精神衛生療養設施的安置等。

但是困擾韓國心理社會障礙者的最大障礙是 1995 年制定，並自 1997 年開始實施的《精神衛生福利法》[7]造成的歧視，以及壟斷精神醫

---

6　聯合國身心障礙者權利委員會針對韓國首次國家執行報告進行的結論性意見（CRPD/C/KOR/CO/1），第 8 段提到委員會表示關注的是，對於按照《障礙者福利法》所制定的新障礙鑑定和等級制度，在提供服務時只根據醫學評估，未能考慮到身心障礙者的多樣化需求，或者沒有涵蓋所有的身心障礙者，包括那些精神障礙者。委員會還對該制度根據障礙等級來限制身心障礙者的福利服務及個人協助服務對象表示擔憂。第 9 段委員會建議，當事國根據《障礙者福利法》對現行障礙鑑定及等級制度進行檢討，確保符合身心障礙者個別特點、情況及需要，並建議福利服務及個人協助服務應包括精神障礙者在內的所有身心障礙者，根據他們的需要擴大保障範圍。

7　《精神衛生福利法》（《促進精神健康及精神疾病患者福利服務支援相關法律》）於 2016 年 5 月 29 日全面修正，在 2017 年 5 月 30 日開始施行之前是 1995 年 12 月 30 日制定的法律第 5133 號，其名稱是《精神保健法》，正式施行日期為 1996 年 12 月 31 日。

療的精神衛生體系。這點在經濟合作暨發展組織（OECD）的「Making Mental Health Count」[8] 清楚呈現。2014 年 OECD 在網頁刊登了一則新聞稿（press release），該標題是〈精神醫院壟斷韓國的精神保健市場〉（Hospitals dominate Korea's mental health care），報導內容寫道：「過去二十年間，OECD 國家的精神科病床床位逐漸在減少，精神健康照護普遍進入社區成為趨勢。但是韓國剛好反其道而行，精神醫療機構的病床數量逐漸增加。另外，精神病院住院天數在 2011 年，其他 OECD 國家的住院天數平均為 27.5 天，而韓國為 116 天，是最長的住院天數。韓國的這種長期住院治療的效果受到質疑。」

憲法法庭於 2016 年 9 月 30 日對舊《精神保健法》第 24 條做出違憲之判決。在該判決中，憲法法庭對於舊《精神保健法》第 24 條表示「審理對象條文的宗旨在於迅速、適當地治療精神病患並保護精神病患本人和社會安全，其立法宗旨有正當性。另外，透過保護住院（protection inpatient），以兩位監護人的同意和一名精神科專業醫師的診斷為條件，讓精神疾病患者住院治療在一定程度上有助於實現上述立法宗旨，因此亦承認其手段的適當性。」[9] 但是。在舊《精神保健法》第 24 條在未經過本人同意之下，經由兩名監護人的同意和一名精神科醫生的診斷，迫使心理社會障礙者在非自願下強迫住院和強制治療之規定，是違反了聯合國《身心障礙者權利公約》第 12、14、25 條，即違反《公約》第 12 條的法律之前獲得平等之歧視，同時違反《公約》第 14 條人身自由和第 25 條的健康權，即徵得身心障礙者自由意願且不歧視的最佳健康照護方案之權利，這是從法律上允許侵犯的人權侵害條文。上述憲法法庭在判決書中提到：「依據 2013 年的精神衛生統計資料，2013 年被送入精神醫療機構的入住患者數為 80,462 人，其中以自己意願入住有 21,294 人，占 26.5％，非自願入住醫院的有 59,168 人，占 73.5％。依審理對象條文規定，被保護住院的患者有 51,132 人，占

---

8　http:www.oecd.org/health/mental-health-systems.htm

9　2014 憲法裁判案件 9（《精神保健法》第 24 條第 1 項等提請違憲）。

全部住院者總數的 63.5%，占非自願入住者的 86.4%。這說明，非自願的住院治療占絕大多數，非自願入住者的住院治療中，依據審理對象條文進行保護住院治療的也占了多數。」2016 年 4 月 14 日憲法法庭為舊《精神衛生法》第 24 條進行了公開辯論，發現根據舊《精神保健法》強迫住院的心理社會障礙者遭受侵犯人權的事實，比上述統計數字更為嚴重。[10]

309

## 4.《精神衛生福利法》的主要修訂內容和問題點

### 1）修訂背景

針對《精神保健法》包括名稱和變更在內進行全面修正，是在 2013 年 5 月 23 日政府預告要立法的《促進精神健康法案》（政府修訂案）。該法案在第 19 屆國會上推遲審議。韓國精神障礙聯盟（Korean Alliance for Mobilizing Inclusion, KAMI）和韓國精神障礙家屬協會等消費者團體，以及精神醫學會、精神科醫師團體等服務提供者團體，對於政府提出的修正案並沒有表示太大的歡迎或是反對。政府修正案的主要內容是：（1）縮小「精神疾病患者」的概念；（2）增設促進精神健康之平台；（3）強化非自願住院和出院制度的條件，也就是過去只要符合精神病患者的「住院治療之必要」或「有傷害自己或他人之虞」其中一項就可以強加非自願住院，而將其修改為必須同時滿足此兩項「住院治療之必要」和「有傷害自己或他人之虞」，才可以強加非自願住院。然而，第 19 屆國會在推遲審議政府修正案時，主要進行心智障礙者日間照護計畫、經營精神復健中心的社會福利教授，以及屬於精神復健中心協會底下的社工，和結合少數人權辯護律師，他們與身心障礙者團體一同協力組成了共同對策委員會（共對委），以《精神障礙者福利支援相

---

10 非政府組織向韓國精神障礙聯盟（KAMI）和聯合國身心障礙者權利委員會提交的報告。

關法案》（以下簡稱《精神障礙者福利支援法》）為名制定了福利法案，此法案經時任保健福利常任委員長金椿鎮（김춘진）議員上呈於國會。此外，隸屬於國會保健福利常任委員會的幾名議員，各自向國會提交了《精神保健法》的部分修正案，但幾經審查都沒有得出結論。

　　在 2016 年 4 月，第 20 屆國會議員選舉結束後的第 19 屆最後一次的臨時會中，保健福利常任委員會委員長將過去政府的《精神衛生法全面修正案》，以及由共同對策委員會透過議員發起的《精神障礙者福利支援法案》，連同崔東益（최동익）議員、李明洙（이명수）議員提起，尚滯留在常任委的《精神衛生法》修訂案、政府案全部整合起來，由保健福利常任委員會擬議出一套嶄新的提案。而其內容與政府的《促進精神健康法案》相比，附加了許多新的內容，但都沒有向相關團體或一般民眾公開，也沒有經過公聽會或討論會進行意見整合，此新提案就在常任委員之下閃電通過。韓國精神障礙聯盟以及其他代表精神障礙者的團體、大韓精神障礙家庭協會、精神醫學協會和醫師協會等，後來晚一步才得知《精神保健法》全面修正案通過。經過評估結果，對於透過住院適合性審查委員會進行住院審查的部分、由警察介入之行政住院治療、療養設施設置條件的放寬、社區治療命令制等的內容中，發現包含比之前法律還更多侵犯人權的內容，於是都表達反對修正後的法律，但最終還是在第 19 屆國會正式會議中通過，並於 2017 年 5 月 30 日開始實施。

310

## 2）修正之《精神衛生福利法》[11] 的主要內容和問題點

### （1）精神疾病患者的定義

　　舊《精神保健法》中規定「精神疾病患者」是指「精神疾病（包括器質性精神疾病〔organic mental disorders〕）、人格障礙、酒精和藥物成癮以及其他非精神病之心理異常者（non-psychotic mental disorders）」。

---

[11] 立法預告《精神保健法施行規則案》第 64 條規定，修訂之法律簡稱為《精神衛生福利法》。

但在《精神衛生福利法》中的定義更為嚴格，「由於妄想，幻覺，思維或情緒障礙，在維持自立生活方面有嚴重限制的人」。之所以將精神疾病者的概念縮小的原因是，一直以來過度放大對精神疾病患者的概念，導致沒有嚴重精神疾病的患者，也因社會上許多歧視性法律被排除在各種資格、工作和公職等之外，受到很大影響，因此以改善這些現實狀況為目的。另一方面，藉由縮小精神疾病患者的範圍，也希望縮減依據《精神保健法》而被迫住院的對象範圍。

但是，韓國保健福祉部於 2017 年 3 月 2 日當時預告立法的《精神保健法實施細則附表 13》中，非自願入住判定對象、具危險性判定對象其疾病標準列舉「a. 情緒障礙，包括憂鬱症、重鬱症和躁鬱症 [12]；b. 思覺失調症；c. 成癮性疾病，包括酗酒和吸毒成癮；d.（器質性）精神障礙；e. 人格障礙；f. 智能障礙等」，這比法律的概念作更廣泛的規定。但是這些實施細則（法案）有違本法的內容，也牴觸政府當初要將精神疾病患者的概念大幅縮減為重度精神疾病患，以保障輕度患者的方針，因此可能會造成極大的混亂。

311

### （2）新增同意住院制度

新版法律新增同意住院制度，是一種新的住院類型，其要旨如下。同意住院與自願住院相同的部分，是由本人向精神醫療機構負責人提出住院申請而進行的自願住院，但與自願住院不同的是必須取得保護義務人的同意（同法第 41 條第 1 項、第 42 條第 1 項）。而且在自願住院的情況下，如果自願住院的人申請出院，精神醫療機構的負責人必須安排立即出院（同法第 41 條第 2 項）。但同意住院的情況是，精神病患者未經保護義務人之同意而申請出院等時，僅限於經過精神科專門醫生診斷結果，認為有需要治療和保護患者的情況下，精神醫療機構負責人等，可以在接到出院申請起 72 小時內拒絕安排出院。並在拒絕安排出院的期間內，亦可依據第 43 條或第 44 條（同法第 42 條第 2 項）轉為住院

---

[12] 編註：此項原文為조증, 우울증, 조울 증 등의 기분장애

等。此時，精神醫療機構的負責人依據第 2 項之但書規定不准予以出院時，應立即以書面或電子文件（同法第 42 條第 3 項）通知其拒絕事由給患者和保護義務人，並告知其可按照第 55 條申訴請求進行出院審查等。此外，精神醫療機構的負責人對於依據第 1 項住院的精神病患者，應自住院日起每兩個月進行一次確認是否有意出院（同法第 42 條第 4 項），這部分與自願住院的情形相同（同法第 41 條第 3 項）。最終，新增的同意住院制度，名稱上加入「同意」一詞，本質上是自願住院的程序。這還是像當初憲法法庭裁定需取得監護人同意下住院是違憲一樣，有侵犯人權的疑慮。

### （3）強化非自願住院條件和診斷程序

　　依據修正法第 43 條第 1 項之規定，精神醫療機構負責人只能在精神疾病患者有兩名以上的保護義務人提出申請，並由精神健康醫學專業醫師診斷為有必要住院，才能使該精神疾病患者住院等。這時，精神衛生專家的住院必要性診斷中，該精神疾病患者在符合下列各項之情況時，應附上記載該診斷的住院診斷書（第 2 項）。即「患者在精神疾病的程度或性質上，足以需要在精神醫療機構接受住院治療或療養服務之情形」（第 43 條第 2 項第 1 款）；「患者有戕害自身健康、安全，或危害他人之虞需要住院之情況。」（同條第 2 款）

　　修正之前的《精神保健法》中，本來是符合兩者條件之一就可以強制住院，修正後強化了條件，只有同時滿足這兩個條件才能強制住院。但是這些標準仍很抽象，尤其第 2 款中「精神疾病患者有可能戕害自身或危害他人的情形」交由保健福祉部規定標準辦理。依據修正後法律第 43 條第 4 項，以治療為目的之住院需由兩名以上隸屬不同精神醫療機構的精神科專業醫師（包含國、公立精神醫療機構或保健福祉部長官指定精神醫療機構精神科專業醫師 1 名以上）做出一致意見。有關於此，同條第 3 項的規定是，精神醫療機構負責人根據精神科專業醫師診斷之結果，認定精神疾病患者符合第 2 項各款條件而需要住院治療時，可以

312

安排兩週範圍的時間住院以進行更加準確的症狀診斷。其目的是為確定住院治療之必要性，首先安排精神疾病患者住院以進行診斷和評估。另為住院治療目的，兩名以上隸屬不同單位之精神醫療機構等精神科專業醫師，必須對第43條第2項的兩個條件持一致意見。因為在修訂之前，只要通過一位即將入住之精神醫療機構的精神科專業醫師診斷就可以強制住院，因此為解決診斷醫師與精神醫療機構經營上的利益衝突的問題，而做出此規定。

像這樣，需要兩位不同單位精神科醫生持一致意見的住院治療，是以第一次住院日起三個月以內為範圍。隨後的持續住院程序是第一次住院的3個月後，可以申請第一次延長至3個月，之後連續住院時間以6個月為單位延長。延長住院時間的持續住院，也和第一次住院一樣，需要取得兩名以上保護義務人的同意，以及兩名以上來自不同醫療機構的精神科專業醫師對住院表示相同意見。修訂前，原本以6個月為單位進行的持續住院複查，以第一次住院期間延長為限縮短至3個月。但是，對於申請不同單位之精神科醫生進行第二次診斷的部分，精神醫療界表示為住院後兩週內評估是否繼續住院，還要請到另一機構的精神科醫生來診斷，或是陪同患者轉院的情況等，表達他們的憂慮。

## （4）新增住院合適性評估制度

修訂後的《精神衛生福利法》的住院程序中，最受矚目的是非自願入院的情況，需要由住院合適性評估委員會進行住院合適性評估。總統令規定之各個國立精神醫學院等機關（以下稱國立精神醫院等）內設置住院合適性評估委員會（第46條第1項）住院合適性評估委員會包括主席在內，由10名以上30名以下的委員組成，針對住院或療養院住院患者的合適性進行評估。經由保護義務人安排住院，或由地方縣市政府首長依照住院程序使精神疾病患者住院等情形，精神醫療機關負責人應自病患入住後，立即以口頭或書面方式告知住院患者其住院原因，以及告知他／她可依據第46條向住院合適性評估委員會申請住院合適性評

估，並對住院患者以口頭或書面方式確認是否要申請此面對面評估（同法第 45 條第 1 項）。經過住院合適性評估委員會進行評估後，必須在第一次住院日起至一個月內，以書面向精神醫療機構負責人通知審查住院結果適合與否（第 3 項）。當精神醫療機構負責人收到不適合住院通知時，必須立即安排住院患者出院（第 4 項）。此住院合適性評估委員會是為防範，精神醫療機構或療養院採取不適當或不必要之強迫住院而引進的制度，但實效性如何以及是否進行合理評估還有待觀察。精神醫學界團體認為，上述這些強化的住院程序，在非自願住院時規定要接受來自不同醫療機構的兩位醫生診斷，卻還要接受住院合適性評估委員會的再次評估，不僅手續繁複，每年約 10 萬件的非自願性住院，要靠全國只有五間設立在國立精神醫院的住院合適性評估委員會，實在擔心不知道是否能做出正確的判斷。

## （5）住出院管理體系的建立與運作，民眾心理健康資訊的收集管理

修訂後的法律中最令人擔憂的內容之一是，保健福祉部針對精神醫療機構和精神療養院等精神健康促進機構的精神疾病患者的住出院記錄進行蒐集，還有針對《個人資料保護法》或《保健醫療基本法》所蒐集分析、管理的全體民眾精神健康資訊做例外規定。依據修正版之《精神衛生福利法》第 10 條（實際狀況調查）、預告立法之施行令第 4 條，保健福祉部長可向全民健康保險局、全民健保審查評鑑院、國民年金公團、醫院等級醫療院所、社會福利設施，以及向保健福祉部長公告的機關和組織，蒐集民眾的精神健康資料進行實況調查。此外，修訂法第 67 條規定：「①保健福祉部長為管理精神醫療機構的住出院資料須建構及運作管理系統。②精神醫療機構負責人在依第 1 項的入出院資料管理系統上，需登記依據第 45 條第 2 項申報之內容及依總統令規定之出

314　院等事項。③依據第 2 項規定在住出院等管理系統中登錄之信息，除住院與出院審查相關情況等以總統令規定的情況外以外，不得依據《個人資料保護法》第 2 條進行處理。」[13] 不過，最近經過法制處審查的《精神保健法》施行令全面修正案第 40 條中提到，對上述蒐集之每位患者的敏感資訊和唯一識別資訊，可由保健福祉部長或地方政府首長進行處理，因此本來在《個人資料保護法》和《保健醫療基本法》規定患者治療記錄未經患者同意不得提供給他人的原則，經過修正後的法案就被打破了。

### （6）精神療養設施的設置條件放寬與國公立療養設施的設置

　　修訂後的法律第 22 條規定：「①中央和地方政府得設置和經營精神療養設施。②依據《社會福利事業法》規定之社會福利法人（以下簡稱「社會福利法人」）及其他非營利法人有意設置和經營精神療養設施時，有必要取得當地轄區首長（特別自治市長、特別自治道知事、市長、郡守、區廳長）之許可。」現行《精神保健法》的第 10 條第 1 項中規定是「社會福利法人和其他非營利性法人，可於取得保健福祉部長的許可後設置和經營精神療養設施。已許可的事項中有意更改保健福祉部令規定之重要事項時亦同。」由於精神療養設施的設置要取得保健福祉部長的許可相當困難，也因此在《精神衛生法》實施之後，療養院的人數幾乎沒有增加。2014 年秋季曾向聯合國身心障礙者權利委員會報告過精神療養設施的實際狀況如下，「2012 年左右，全國 59 個精神療養設施共容納 11,072 位慢性精神障礙患者，入住精神療養機構的日數統計如下：5 年以內是 3,335 人（30.1%）；9 年以內是 2,118 人（19.1%）；10 年以上 14 年以內是 2,648 人（23.9%）；15 年以上 19 年以內是 1,050 人（9.5%）；20 年以上 24 年以內是 731 人（6.6%）；25 年以上 29 年以內是 681 人（6.2%）；30 年以上 24 年以內是 332 人（3.0%）；35 年以上

---

[13] 《個人資料保護法》第 2 條第 2 號：所謂「處理」是指個人資料的收集、產生、連結、連動、記錄、儲存、保存、加工、編輯、輸出、訂正、恢復、利用、提供、公開、銷毀等諸如此類的行為。

39 年以內是 157 人（1.4%）；40 年以上是 20 人（0.2%）。」[14] 因此，一旦進住，幾乎是終生在精神療養設施度過，若還透過法案修正來增加數量，等於是違背去機構化和社區自立生活的原則，因此在人權方面存在很大的問題。

## （7）啟動行政住院程序

315

　　修正後之法律第 44 條，依各地區首長（特別自治市長、特別自治道知事、市長、郡守／縣長、區廳長）權限決定要求住院的情形是，精神醫學專業醫師或精神衛生專業人員發現疑似精神疾病患者，擔心其可能因精神疾病傷害自己或對他人的安全造成威脅時，可向當地首長依總統令規定申請，為該人請求診斷和保護（第 1 項）。當警察（依《國家公務員法》第 2 條第 2 項第 2 款之警察公務員或依《地方公務員法》第 2 條第 2 項第 2 款之地方自治警察。下同）發現疑似精神疾病患者，擔心其可能因精神疾病傷害自己或對他人的安全造成威脅時，可向精神醫學專業醫師或精神衛生專業人員，為該人請求診斷和保護（第 2 項）。現行《精神保健法》第 25 條規定，經由當地首長決定之行政住院治療為，「精神醫學專業醫師或精神衛生專業人員發現疑似精神疾病患者，擔心其可能因精神疾病傷害自己或對他人的安全造成威脅時，可向當地首長申請為該人請求診斷和保護」（第 1 項）。

　　預告立法的施行令第 19 條規定如下：

①依法第 44 條第 1 項和第 2 項規定精神醫學專業醫師或精神衛生專業人員要向當地首長，為該人請求診斷和保護時，須在診斷書和保護請求書（包括電子檔申請書）記入下列各號事項後提交：

---

[14] 摘自蒙田・邦坦（聯合國身心障礙者權利委員會委員，泰國上議院議員），〈對聯合國《身心障礙者權利公約》和身心障礙者權利委員會結論性意見之當事國義務與韓國心理社會障礙者的新契機〉，2015 年 11 月 17 日舉辦之針對促進聯合國《身心障礙者權利公約》和心理社會障礙者社區融合之國際研討會（韓國國家人權委員會暨韓國精神障礙聯盟）。

1. 申請人之姓名、資格和聯繫方式

2. 疑似精神疾病者之姓名，地址和出生日期（以能夠確認該事項之情況為限）

3. 疑似精神病患者的病徵、症狀概述

4. 疑似精神病患者有保護義務人或正進行予以保護之人時，該人的姓名、地址和聯繫方式（以能夠確認該事項之情況為限）

5. 警察（依《國家公務員法》第 2 條第 2 項第 2 款之警察公務員或《依地方公務員法》第 2 條第 2 項第 2 款之地方自治警察。下同）的姓名、單位、職位和聯繫方式（依該法第 44 條第 2 項，以警察／官要求診斷和保護申請之情形為限）

②依該法第 44 條第 2 項，警務人員向精神醫學專業醫師或精神衛生專業人員要求診斷和保護申請時，須將下列事項告知精神醫學專業醫師或精神衛生專業人員：

1. 提出要求的警察／官姓名、單位、職位、聯繫方式

2. 自第 1 項第 2 款起至第 4 款之事項（屬於第 2 款及第 4 款之情況，以能夠確認該事項之情況為限）

③當地首長依同法第 44 條第 3 項委託診斷結果，認定疑似精神疾病患者可能危及自己健康、安全以及對他人造成傷害威脅而需要進行詳細診斷時，可採取下列各號其中任何一項措施：

1. 由保健福祉部長或地方政府首長委託依同法第 44 條第 4 項指定之精神醫療機構進行住院程序（以下簡稱「指定精神醫療機構」）

2. 依同法第 41 條第 1 項或第 42 條第 1 項，提出住院申請

3. 讓保護義務人依同法第 43 條第 1 項提出住院申請

**（8）促進日間門診（psychiatric outpatient）治療命令**

現行的《精神衛生法》第 37 條之 2（日間門診治療命令）中規定，精神醫療機構負責人可以向縣市首長、區廳長申請 1 年以內的日間

門診治療命令，而縣市首長、區廳長接受基本精神衛生審議委員會之審議後，可以命令其接受一年以內的日間門診治療，此規定過去很少使用。但是，修正後之法律第 64 條（日間門診治療命令）第 1 項規定：「精神醫療機構負責人依第 43 條、第 44 條，對於總統令所規定之已住院的精神疾病患者中，因精神病症狀而住院之前曾經危害自己或傷害他人者，在取得義務保護人的同意後，可向該地區首長（特別自治市長、特別自治道知事、市長、郡守／縣長、區廳長）請求一年為範圍的日間門診治療命令。」施行令第 32 條將日間門診治療命令請求對象限定為：1. 依據《醫療補助法》享有醫療補助給付者。2. 依據《公務員年金法》、《工業事故賠償保險法》、《國家有功者禮遇及支援法律》等其他法律可以獲得醫療費用補助者。3. 精神疾病患者的義務保護人（僅適用於《全民健康保險法》規定之健康保險加入者）同意支付門診治療費用的精神疾病患者。

　　依修正法第 64 條第 2 項以下規定，「當地首長（特別自治市長、特別自治道知事、市長、郡守／縣長、區廳長，以下略）接獲依第 1 項提出的日間門診治療請求命令後，經過主管精神健康審議委員會審議後，可以一年為範圍命令精神病患者接受日間門診治療（第 2 項）。當地首長依第 2 項執行精神病患接受日間門診治療時，應立即向精神病患本人及其義務保護人，以及請求日間門診治療的精神醫療機構負責人和負責日間門診治療的精神醫療機構負責人，以書面通知該項事實。（第 3 項），當地首長對於依第 2 項收到日間門診治療命令之患者，不遵從日間門診命令而停止治療時，為評估其個人的健康或安全或是否有對他人造成傷害之風險，可命令該患者在指定精神醫療機構進行評估。這時接獲命令者，自收到命令日起 14 天內，必須在指定精神醫療機構進行評估（第 4 項）。當地首長依第 4 項，命令接受日間門診治療之患者接受評估時，可以要求急救隊員將其護送到精神醫療機構（第 5 項）。當地首長依第 4 項評估結果，如果認定接受日間門診治療之患者不會對自身健康、安全或他人造成傷害時，可撤銷日間門診治療的命令，但如果認

317

定可能會對患者自身健康、安全或他人造成傷害時，應採取下列各號之一措施（第6項）：

① 使其依據第41條申請自願住院等

② 使其依據第42條申請同意住院等

③ 要求保護義務人依據第43條第1項申請住院

④ 使其依據第44條第7項住院（僅限於未接受第1款至第3款規定之情況）。中央和地方政府可負擔因日間門診治療命令產生的全部或部分費用（第7項）

如此規定日間門診治療命令的具體程序，以及不履行時即轉換為非自願住院的程序，自然促進了日間門診治療命令，然而這卻有可能導致心理異常者的自由受到更大限制的後果。

## 5. 成年監護制度與心理社會障礙者的人權

### 1）成年監護制度的引進

韓國目前的成人監護制度是根據2011年3月7日進行部分修正（第10429號法律），2013年7月1日開始實施，經修正之《民法》所引進。當時，部分修正《民法》的原因是：「將禁治產或限定治產的制度擴大改編為成年監護制度，是為了目前精神不健全人士，或預期未來可能精神能力耗弱的狀況而有意使用監護制度的人，使其能夠獲得財產行為及治療、療養等福利方面的廣泛幫助。同時對禁治產或限定治產宣告的請求權人，增加了監護監督人和地方縣市首長，以充實其監護。並為了加強保護需要成年監護的老年人和身心障礙者，以及保護與受監護宣告人有來往之雙方，引進新的監護登記制度；此外，為反映因青少年早熟下修成年年齡的世界趨勢、《公職選舉法》等法令及社會、經濟的

318

現實情況，希望將認定成年年齡從 20 歲降至 19 歲。」[15]

　　為成年監護制度修正《民法》之前，韓國《民法》實施的是禁治產者和限制治產者制度，禁治產是依據法院裁決否定其行為能力且法律行為無效；限制治產是行為能力受限而可取消其法律行為。禁治產和限制治產都是限定財產上的行為，其法定代理人也只能由其家屬或親屬擔任，利用上非常受限。然而，韓國成年監護制度幾乎是沿襲日本而修正的內容，日本領先韓國約十年前在民法採用了成年監護制度，但之前也是跟韓國一樣，施行禁治產和限制治產制度。而韓國在批准聯合國《身心障礙者權利公約》之後，經過兩年多竟然引進了剛好違背聯合國《身心障礙者權利公約》第 12 條規定的成年監護制度，可能是韓國社會對於《身心障礙者權利公約》第 12 條的理解有所不足或誤解所造成，令人十分遺憾。

## 2）身心障礙者權利公約和成年監護制度

　　依據《身心障礙者權利公約》第 1 條規定：「身心障礙者包括肢體、精神、智力或感官長期損傷者，其損傷與各種障礙相互作用，可能阻礙身心障礙者與他人於平等基礎上完整有效參與社會。」因此屬於「精神長期損傷者」的精神障礙者、智能障礙者、高齡或老年痴呆等的身心障礙者，也要平等、不受歧視地受到公約上保障的權利。《身心障礙者權利公約》的宗旨在於，確保身心障礙者充分平等地享有所有人權和基本自由，並促進對身心障礙者固有尊嚴之尊重，闡明了（1）尊重身心障礙者包括自由作出自己選擇之個人自主。（2）不歧視。（3）充分有效參與及融合社會等的一般原則。其中，《身心障礙者權利公約》第 12 條「在法律前獲得平等承認」（equal recognition before the law）與第 19 條關於自立生活與融合社區的規定，是按照上述公約一般原則的核心條款，是身心障礙者法律能力（legal capacity）的相關規定。依公約

---

15 韓國立法部門國家綜合法律中心。

319　第 12 條，身心障礙者必須能夠依自己的意願和喜好，在行使法律能力上得到同等的尊重，締約國必須採取措施，以防止與身心障礙者法律能力行使有關的所有立法或其他措施違反國際人權公約。成年監護制度是英美國家依據普通法（Common Law）長期實施的制度，而剛好違反《身心障礙者權利公約》第 12 條認可身心障礙者法律能力的「法律之前平等條款」。由於未成年人在判斷能力上不夠成熟需要保護，因此父母或監護人有權在未成年之前代理未成年人採取行動或取消未成年人的法律行為。但到成年後依本人意願決定自身權利和生活的自主決定權，因身心障礙而受限，或由監護人取代本人行使決定，明顯違反《身心障礙者權利公約》第 12 條法律上平等的規定。若因身心障礙而限制其法律能力的行使，國家應該提供協助機制，讓身心障礙者可依本身的意願和喜好行使法律能力。聯合國身心障礙者權利委員會於 2012 年 9 月 27 日廢止中國政府實施的代替身心障礙者做決定的替代性決策（substituted decision making）之現有的成年監護制度，建議改用支持性決策制度（supported decision making）作為補救，以尊重身心障礙者的自主決定權，同時對於過去各國政府的身心障礙者權利公約實踐報告中，成年監護制度無一例外地侵犯了身心障礙者的自主決定權，是抵觸《身心障礙者權利公約》第 12 條的制度，因此建議依《身心障礙者權利公約》廢除替代決定制，建立一系列可協助決定的機制。

　　對於韓國，聯合國身心障礙者權利委員會在 2014 年 9 月 30 日的結論性意見中，有關公約第 12 條的成年監護制度之替代決定制，判定為有違《身心障礙者權利公約》第 12 條規定，表示以下的憂心與建議（CRPD/C/KOR/CO/1）：

「21. 委員會對於 2013 年 7 月起開始施行新的成人監護制度，允許
在「因疾病、障礙或年老造成的精神能力限制而被認為無法繼續管
理事務者」之財產和個人問題上，讓監護人代替做出決定表示擔
憂。正如委員會在第 1 號一般性意見中詳細描述，對該制度為替代
決定制而非支持性決定制度，有違公約第 12 條表示關注。

22. 委員會對於當事國內的替代決定制中，包含提出和撤回就醫的
知情同意權、司法近用權、投票權、結婚權、工作權和選擇居住地
的權利，建議轉向尊重個人的自主權、意願和偏好，並完全符合公
約第 12 條和第 1 號一般性意見。此外，委員會建議締約國應透過與
身心障礙者和代表他們的組織之間進行磋商與合作，針對中央、地
方各級的公職人員、法官和社工師等所有主體為對象進行教育，以
瞭解身心障礙者的法律能力和協助決定的機制。」

## 3）《民法》修正之成年監護制度的內容

320

　　依《民法》修正案之成年監護制度的實質內容，授權法院對於「因
疾病、障礙、年邁或其他因素導致心智缺陷而持續缺乏處理事務能力
者，可依本人、配偶、四親等內之親屬、未成年監護人、未成年監護監
督人，限定監護人，限定監護監督人，特定監護人，特定監護監督人，
檢察官或地方政府首長之聲請，作出成年監護」的裁定，使得「受監護
宣告人的法律行為可以撤銷」，並授權家庭法院得以裁定「受成年監護
宣告人可以行使法律的範圍」。經由法院裁定是否屬於「喪失意思能力
者」或「意思能力受限者」後，對經判定為喪失意思能力者或意思能力
受限者，讓成年監護人代理法律上的決策或法律行為的「替代性決策制
度」（substituted decision-making）。

　　依 2011 年修正版，韓國現行民法中成年監護規定如下：

**① 第 9 條（成年監護開始之裁定）（1）**家庭法院對於因疾病、障

礙、年邁或其他因素導致心智缺陷而持續缺乏處理事務能力者，可依本人、配偶、四親等內之親屬、未成年監護人、未成年監護監督人、限定監護人、限定監護監督人、特定監護人、特定監護監督人、檢察官或地方政府首長之聲請，做出成年監護開始之裁定。（2）家庭法院在進行成年監護開始之裁定時，得考量本人意思。

② **第 10 條（受成年監護宣告人的行為與撤銷）（1）受成年監護宣告人的法律行為可以撤銷。（2）雖有第 1 項之規定，家庭法院仍可裁定不能撤銷的成年監護人的法律行為範圍。（3）家庭法院可依本人、配偶、四親等內之親屬、成年監護人、成年監護監督人、檢察官或地方政府首長之聲請，變更第 2 項的範圍。（4）雖有第 1 項之規定，惟日常用品購買等日常生活中需要且代價不高之法律行為，不得由成年監護人撤銷。**

　　現行《民法》除了有將意思決定權完全交給監護人代理的「成年監護制度」之外，還規定了法律行為取得監護人的同意後才能行使的「限定監護」，以及僅限於一次性或特定行為，得到監護人支持的「特定監護」；經過簽約選出監護人的「任意監護」制度。

　　限定監護制度是針對「因疾病、障礙、年邁或其他因素導致心智缺陷而缺乏處理事務能力者」，可依本人、配偶、四親等內之親屬、未成年監護人、未成年監護監督人、限定監護人、限定監護監督人、特定監護人、特定監護監督人、檢察官或地方政府首長之聲請，家庭法院為意思能力不足之身心障礙者等取得限定監護。限定監護是本人要從事法律行為時需取得監護人的同意才會有效，本質上來說是一種無意思能力制度，亦是一種替代決定制度。而特定監護是不能違反本人的意願，任意監護是依本人的意願簽合約，可以說並沒有違反身心障礙者本人的意思決定權，但這也是從無意思能力制度和監護的延伸下規定出來的，因此不能算是依照《身心障礙者權利公約》的宗旨，公約強調要廢止替代決

定制度，發展支持性決定制度。

## 4）成年監護制度中歧視身心障礙者的法律內容

　　身心障礙者因成年監護受到行使權利的限制是非常廣泛的。受成年監護宣告、被指定監護人的心智障礙者，除採購日用品等生活上需要且代價不高的法律行為之外，其他像是買賣財產或使用機構等所有法律合約簽訂相關法律行為，皆不得由自己本身行使之。接受成年監護或限定監護的身心障礙者之對方，如果監護人沒有於事後追認該法律行為時，監護人有權撤銷或拒絕該合約，受監護宣告的身心障礙者自行挑選的代理人的委任契約也將終止，其監護人享有代理權（民法第690條）。受成年監護宣告的被監護人需要得到家長或監護人的同意才能訂婚（第802條）；訂婚之後，被宣告成年監護或限定監護時，對方可以取消婚約（第804條）。甚至結婚也要取得監護人的同意才能結婚，若有違反，該婚約亦可由監護人或對方取消。受成年監護宣告之身心障礙者的離婚也要取得監護人的同意（第835條），對於配偶外遇所生之子女，只有監護人可以提起否認親子之訴（第848條）。受成年監護宣告的身心障礙者對於自己的親生子女，也要取得監護人的同意，才能登記為自己子女（第856條）。在領養方面也要取得監護人的承諾（869條），領養或接受領養也要取得監護人的同意（873條）。受成年監護宣告的身心障礙者不僅是財產管理，在住院、出院、入住療養院或居住遷徙等有關個人事項都要受到監護人的干涉（第947條之2）。手術或強制住院等，也可以在監護人的同意下，違反當事人的意願強行要求接受治療或住院（上述第947條之2）。一旦受監護宣告，只有在恢復意思能力時，才能留下遺囑（1063條），也不得成為證人（1072條）。

## 5）韓國法院的成年監護制度運作實態

　　韓國的成年監護制度是在對於接受成年監護或限定監護、特定監護的無意思能力者，及宣告監護的裁定標準都還沒有建立的情況下就開始

實施的。依據韓國《民法》在成年監護的裁定上，大幅依賴家庭法院法官職權和裁量，因此像是精神障礙者、智能障礙者、老人癡呆患者等大多數若在有違個人的意願下被宣告監護時，就是忽視了《身心障礙者權利公約》第12條認可身心障礙者可以靠個人意願和偏好來決策的宗旨。

《民法》修正案之成年監護制度的內容是公約第 12 條要求廢除的替代決定制度，而這是一種典型的監護制度，比起歐洲或美國等各國的監護制度，被誤用及濫用的危險性很高，因此不適合繼續實施下去。韓國政府應依照《身心障礙者權利公約》的宗旨，廢除或重新修正《民法》之規定，檢討當前各國正在研究中的支持性決定制度，並制定符合韓國國情的制度來實施。

## 6）成年監護制度的替代方案

心理社會障礙者人權運動者 Tina Minkowitz，以下列方式提出取代成年監護制度的支持性決定制度模式。[16]

模式 1　成年監護的民法修正

①被監護人若有反對之意見，則不能宣告監護。

②監護人必須依照被監護者的意願及喜好來執行監護的工作，要隨時掌握被監護人的意願及喜好，做好善良管理者應扮演的角色。

③有關監護之宣告，應該建立回饋體系以反映個人的需求變化。有關監護的規定，應依請求結束之聲請予以終止。

模式 2　制定取代成年監護制度的支持性決定制度之方式。這可比模式 1 更詳細規定，而其內容方面是相同的。該等法律是為保障生活整個領域的法律能力，當法律能力遭到否定

---

[16] Tina Minkowitz, Approaches to Law Reform to Abolish Guardianship and Substituted Decision-Making in the United States, Center for the Human Rights of Users and Survivors of Psychiatry, www.chrusp.org.

時，能得到救濟程序。

模式3　制定《民法》對所有成年人承認其法律能力，並規定若有　　　323
　　　否定此項規定之法律的相關救濟措施。這可由判例法制定
　　　進一步的標準。但是，如果司法機構不支持身心障礙者的
　　　人權和法律行為能力的社會模式，那麼它可能就無法生效
　　　了。

模式4　制定可以使《障礙者反歧視法》等身心障礙者人權法律更
　　　加完善的一套全面性《民法》和《人權法》的方法。這些
　　　全面性的法律應該以《身心障礙者權利公約》為基礎，涵
　　　蓋保障經濟、社會、文化權利和教育、法律能力、住院以
　　　及免於強制治療的自由等內容。筆者認為在韓國，《身心
　　　障礙者人權基本法》與實施相關的下位法規的制定方法是
　　　可實現的。

## 7）祕魯的成年監護制度改革

祕魯政府在2018年9月4日頒布了第1384號法規命令，這是規範
身心障礙者法律能力的內容。此項命令透過第30823號法律，議會將法
制作業授權給行政部門來完成，其結果根據與法律有同等效力之行政命
令，廢除身心障礙者的成年監護制，也消除限制身心障礙者法律能力
（例如：婚姻或遺言）的限制，而引進了支持性決策制度。此外，該命
令也讓身心障礙者在法庭或公證時，可以得到合理調整。只是法律能力
的限制對象仍維持酒精成癮者及吸毒者、受到刑事處罰者、處於植物人
狀態的人、沒能得到法院選定協助者的人。

對於祕魯這些法律能力歧視的相關改革，聯合國以及全世界的身心
障礙團體，特別是心理社會障礙團體與倡議者們一致表示歡迎。

## 8） 瑞典的使用者服務——為精神病患設計的個人監察員制度

　　瑞典目前實施的個人監察員（personal ombud, PO）制度，是一種幫助身心障礙者意思決定的協助者，可取代成年監護制度的一種支持性決策制度。為精神疾病患者實施的個人監察使或監察員（ombudsman）制度是在瑞典 1995 年，經過精神科改革後發展而成的一種創新制度。這是針對之前存在、但在此之前誰都不知道該如何解決的問題，找到的一種解決方法。PO 是一個非常熟練的專家，全權受精神科病患的委託來工作。PO 與精神科或社會福利以及其他權力機構並不建立同盟關係；與病患的親朋好友或身邊人士也沒有夥伴關係。PO 只針對委託人的意願做事。委託人（精神病患）意識到自己想要什麼為止，以及產生願意表達的勇氣為止，需要很長的時間（甚或數個月），所以 PO 是需要等待的，就算很多事情都處在混亂而糟糕的狀態也是一樣。這也意味著 PO 與對方要長期——可能數年，要維持良好的友好關係。這是為發展一種信賴關係、進入深層內容的必要條件。而且這與常常讓精神病患從一個人轉介到另一個人，或無法得到任何支持的傳統服務是恰恰相反。PO 特別是對那些很難接觸，或者因為沒有任何人知道如何去接近幫助，而沒有被支持到被遺漏的精神病患集中進行協助。這些病患通常是有嚴重的精神障礙（主要是精神病），處於無家可歸或孤立、與外界隔絕的方式生存的精神病患，或是跟當局難以溝通，且對當局懷有仇視感的精神病患。因此 PO 不可以坐視等待他們到來，而要親自去探訪他們所居住的地方努力把他們找出來，為設法與他們接觸，要想盡任何方法，發揮各種的創意。為了實現這些目標，PO 要與任何性質的當局都要保持獨立。在瑞典有部分地區是由社區雇用 PO，這會引發各種問題，對當局的代理人產生不信任或仇視感的精神病患來說，不會想與 PO 有友好交情。PO 不能被質疑有「雙重忠誠」之傾向，最好是隸屬於獨立的非政府組織。這樣的一個例子就是 PO-Skåne（Skåne 的 PO）。

324

Skåne 是瑞典最南端的一個州，人口約有 1,100 萬人，其中三分之一是住在瑞典的第三大都市 Malmö。這裡的 PO，大部分是由使用者／倖存者組織 RSMH（瑞典全國社會和心理健康協會）與家屬組織 IFS（思覺失調症聯合會）運作的獨立非政府組織 PO-Skåne 所雇用。只有 RSMH 和 IFS 區域群組才能成為會員。這些群組的代理人在年度股東大會，選出常務理事以及 25 人作為 PO 雇主的 PO-Skåne 理事會。換句話說，這個團體完全是在使用者的控制下，PO 是遵照使用者的規範來工作。[17]

---

[17] 以上有關瑞典 PO 的段落是從時任 WNUSP 理事的日本 Mari Yamamoto，在韓國精神障礙聯盟（KAMI）和韓國國家人權委員會共同舉辦的研討會上發表的內容中摘錄出來的，而 Mari Yamamoto 是將 Maths Jesperson，maths.jesperson@comhem.se（www.po-skane.org）的發表內容進行了翻譯。

第九章

# 基於聯合國《身心障礙者權利公約》的《障礙者福利法》的改革課題

禹周亨

# 1. 聯合國宣布的「國際身心障礙者年」與《心身障礙者福利法》

韓國《障礙者福利法》的歷史要回溯到 1981 年。1981 年是聯合國宣布的「國際身心障礙者年」。同一年韓國制定了現行《障礙者福利法》的前身《心身障礙者福利法》。《心身障礙者福利法》具備韓國身心障礙者福利的基本法性質，從這一點來看 1981 年是開啟韓國身心障礙者福利歷史上萌芽期的一年。

韓國身心障礙者福利的發展過程，以相關法制的立法過程為標準，大致可分為四期。[1] 第一期是 1981 年之前，將身心障礙者視為施捨對象的時期；第二期（1981-1988 年）是制定《心身障礙者福利法》，開始有身心障礙福利理念，屬於理念萌芽的時期，第三期（1989-2006 年）是重整身心障礙者福利制度的架構，試圖要擴大福利服務的時期；第四期（2009 年至今）制定《障礙者反歧視法》等，可以說是擴大身心障礙者人權及福利保障的轉換期。尤其韓國在身心障礙者福利的法制上，在 2007 年建立一個歷史性的新里程碑。在這一年制定了《障礙者反歧視暨權利救濟相關法案》這是身心障礙界長久以來的期盼，並廢除了過去的《特殊教育振興法》，取而代之嶄新的《身心障礙者相關特殊教育法》被制定立法，《障礙者福利法》以採納身心障礙者福利模式轉換作為內容進行全面修正，這些種種改變在司法制度上可以說是有刮目相看的成果。

1945 年 8 月 15 日韓國光復之後一直到 1970 年代，韓國的身心障礙者相關法制主要是以軍警犧牲者為主軸。這期間制定的各種社會福利相關法中，與身心障礙者福利相關的法律有《軍事援護法》、《警察援護法》、《戰歿軍警遺族與傷痍軍警年金法》、《軍事援護對象者雇用法》、《社會保障相關法律》、《社會福利事業法》、《國民年金法》、《醫療保護

327

---

[1]　우주형 , " 장애인복지 관련 법제의 발전방향 ," 법제연구 , 41(2011): 124-125.

法》等。這些社會福利相關法裡有部分提到身心障礙者的福利，但是內容平平。[2] 但在這段期間以身心障礙福利法案來說比較具有意義的法案是 1977 年制定的《特殊教育振興法》。這個法案在韓國有關身心障礙者的法案當中算是第一個個別法案。這個法案在 1979 年開始實施。當時為了解決國中學生程度平均化政策（equalization policy）所帶來的學習障礙或心智障礙學生問題，在 1974 年針對一般國小開始設立了特殊班級，接著 1977 年制定《特殊教育振興法》，雖然不夠完善，但是對於韓國的特殊教育發展上形成了一個轉機。而且該法是將中央或地方政府以及個人或團體過去一直以來自行實施的特殊教育，規定成為一個具有法源依據的國家制度來實施，為身心障礙者的特殊教育奠定了更加提升而紮實的基礎。該法後來被 2007 年 5 月制定的《身心障礙者特殊教育法》所取代。[3]

1981 年欣逢聯合國宣告的「國際身心障礙者年」，制定了《心身障礙者福利法》作為身心障礙者福利的基本法案。此法主要是以勸導條文和宣示性意義的程序性規定所構成，在此法制定之前，身心障礙者福利有《生活保護法》、《產業災害補償保險法》、《年金法》、《援護對象職業復健法》、《教育法》等比較零星、不完整的福利規定。後來隨著此法的制定，身心障礙者才至少得以在法律上作為權利的主體登場，可獲得更加多元的服務，也建立出未來發展身心障礙者福利的架構。當時對於這項法案，政府的提案原因是，韓國開始面臨工業化、都市化的趨勢，希望透過預防身心障礙發生及為有效推動身心障礙者的醫療及就業復健和生活保護等福利措施，來幫助身心障礙者復健與自立，以及家屬的正常經濟和社會活動，進一步幫助改善社會福利為目的。自從此法制定之後，有一段時間大家對身心障礙者的福利並沒有表示很大的關注，到了1988 年舉辦首爾國際帕拉林匹克運動會時，開始引起對身心障礙者的

328

---

[2] 박병식 외 3 인 , 장애인 관련 법체계 정비방안 연구 ( 보건복지가족부 · 한국정책기획평가원 , 2008), 119.

[3] 우주형 , 위의 논문 , 125-126 쪽 .

關注。政府為改善身心障礙者自立所需的法律援助，在 1989 年全面修正過去的《心身障礙者福利法》，將名稱也改為《障礙者福利法》，之後 1999 年和 2007 年追加全面修正，之後經過數十次的部分修訂一直到現在。

## 2.《障礙者福利法》的歷史

　　早在 1970 年代初期，身心障礙者福利相關法案立法就被政府提議並承諾制定，但是後來搭上聯合國宣布「國際身心障礙者年」的潮流才得以實現，聯合國在 1975 年 12 月 9 日在第 30 屆大會，通過《身心障礙者權利宣言》，第二年的 12 月 16 日第 31 屆大會中，將 1981 年定為「國際身心障礙者年」（International Year For Disabled Persons）。 1979 年 11 月 27 日第 34 屆聯合國大會中將 International Year For Disabled Persons 這個名稱更改為「國際身心障礙者年」（International Year of Disabled Persons），在主題方面也決定從「完全參與」（full participation）改為「完全參與及平等」（full participation and equality）。聯合國在 1981 年宣布「國際身心障礙者年」後，向各國建議 28 項措施，其中核心內容包含「為消除對身心障礙者的歧視慣例，建請重新評估既有的國內法律」。聯合國的這些建議成為韓國政府在制定身心障礙者相關法案時一個重要的契機，韓國政府在 1980 年將身心障礙者福利法的制定問題作為政策議題採用。[4]

　　1980 年 4 月當時，保健社會部社會局為制定身心障礙者福利法的試行方案開始收集相關資料，而在同年 7 月建立了《心身障礙者福利法》的草案，[5]經過與相關人士的座談會、相關部會討論和次長會議的研

---

[4]　김선규 , " 장애인복지론 - 장애인복지법 변천을 중심으로 -," 에이블뉴스 , 2011, 37-39 쪽 .

[5]　當時保健社會部對《身心障礙者福利法》的推進背景進行了以下 5 個說明。 ①身心障礙者特別是後天障礙者人數的增加；②身心障礙者對政府提出的要求增加；③身心障礙者福利設施不足；④聯合國發表《身心障礙者權利宣言》；⑤聯合國宣布「國

議後，在 1981 年 5 月 8 日將確定的政府方案提交於國會。但是最後確定的方案內容，比當初的草案還要退步。像是取消國務總理直屬下的身心障礙者對策協議會的設置條文，以及刪除障礙者實態調查的制度化條文，而大部分的強行規定，都改為任意規定（如，用語「應」改成「得」）。結果《心身障礙者福利法》成為不具實效性、停留在宣示性法律程度的形式性法案，韓國政府對身心障礙者的認識，不是為了建立合適的福利制度，而是單純為了應付聯合國的建議做出的無奈選擇，是因為每年要向國際組織報告在復健部分的狀況，才需要制定的法案。[6]

就這樣提交給國會後，在國會保健社會常任委員會，經過三次的討論後提交於全體會議，1981 年 5 月 19 日第 107 屆國會的全體會議上，出席議員全數同意下通過了國會，同年 6 月 5 日制定並實施。最初制定的《心身障礙者福利法》有 5 個章節 32 個條文，比起現在的《障礙者福利法》9 個章節 90 個條文內容簡單，只能說是以一個裝飾性的法案出發的。《心身障礙者福利法》的問題被批評是為了應付國際機構的壓力不得已制定的法案，在法規內容有很多的非強制性條款，需要有具體內容的施行令、施行規則上都有所欠缺，預算方面的安排也不足。[7]

1981 年的《心身障礙者福利法》到目前為止，經過了三次的全面修正與數十次的部分修正。因為此法有著規定韓國身心障礙者福利制度基本框架的基本法性質，因此也隨著需求頻頻進行修正。就這點來看，說這項法案經常國會待審中也不為過。經過三次的全面修訂和最近達成的主要修訂內容如下。

## 1）1989 年全面修訂

1981 年制定《心身障礙者福利法》之後，並沒有很多來自身心障

330

---

際身心障礙者年」與為了實踐標榜身心障礙者完全參與社會和平等的諸項課題，訴諸各國共同努力。

6　김선규 , 앞의 책 , 39-41.

7　김선규 , 앞의 책 , 56.

礙者的政策要求或制度改善要求，但在 1984 年決定要舉辦 1988 年的
首爾國際帕拉林匹克運動會之後，身心障礙界開始聚集展開運動。這
時期出現了「身心障礙一家人協會」（1982 年）、「韓國障礙者家長會」
（1983 年）、「韓國肢體障礙者協會」（1986 年）、障礙者問題研究會「回
響園地」（1986 年）、「障礙友權益問題研究所」（1988 年）等。而身心
障礙者報章雜誌也開始登場，月刊《一起步行》，週刊《障礙者福利新
聞》等創刊發行。在 1980 年代以前組成的團體有，「韓國盲人福利聯
合會」（1957 年），「韓國精神障礙者協會」（1968 年）、「韓國弱視復健
協會」（1961 年）、「韓國聾啞福利會」（1979 年）、「韓國腦性麻痺福利
會」（1978 年）等，如果說這些團體多半是承接政府事業在運作的，那
麼 1980 年代之後的團體則是有關身心障礙者福利政策的反政府，或是
訴求政府的展開活動，這個部分是其差異點。由於這些團體的集結，
1980 年代後期的身心障礙運動潮流多元展開的同時，[8] 也展開反對 88 年
首爾身障奧運的活動和要求身心障礙法制化抗爭，《心身障礙者福利法》
的修訂以及要求《障礙者就業促進法》的制定，也成為 1987 年總統大
選的競選承諾。身心障礙者運動組織針對這兩大法案為由進行有效的抗
爭，在 1988 年 8 月組織了韓國障礙者大聯盟，而終於在次月的 9 月 15
日政府設立了總統直屬諮詢機關「障礙者福利對策委員會」。得力於這
些身心障礙者運動團體的活動，1989 年 12 月《心身障礙者福利法》全
面修訂為《障礙者福利法》，而修訂法的主要內容如下。

①「心身障礙者」一詞更改名稱為「障礙者」，為此本法案的名稱
　以《障礙者福利法》稱之。

②為審議及建議障礙者福利相關事項，於保健社會部設立障礙者
　福利委員會。

331

---

8　諸如，以大學生身障者為主的障礙者團體「大學正立團」、「回響園地」、「全國肢體
　不自由大學生聯合會」等大學生組織的活動、障礙者運動青年聯合會等青年組織的
　組成及活動、創造障礙人士運動新潮流的障礙友權益問題研究所等機構組織的誕
　生，進而擴大的社會影響力。

③中央及地方政府職責規定：預防身心障礙發生、復健治療、重
度障礙者保護、監護人關懷、障礙者教育、障礙者就業輔導、
建構障礙者專用住宅、文化環境整頓、減輕經濟負擔（電話、
鐵路等）。

④實施障礙者登記制及引進障礙者手冊制度。

⑤福利措施多元化：復健諮詢及醫療機關、福利機構入住、門診
治療、醫療費用的給付、子女教育費用給付、輔具發放維修、
資金借款、公共設施內販賣部、自動販賣機的優先許可、菸
草零售商優先指定、郵票類銷售業許可、自立訓練費支付、產
品優先購買、公共設施優先利用、生活補助支付、於道路、公
園、公共建築等設置多項便利設施、電視節目增加手語及字幕。

⑥整頓障礙者福利設施：復健設施、療養設施、醫療福利設施、
利用設施、職業復健設施、點字圖書館、點字、錄音書出版設
施。

⑦為振興障礙者的運動，設立韓國障礙者福利體育會，培育並保
護障礙者團體。

⑧制定障礙者日或障礙者週。

如上所述，比起過去的法案，在福利措施更加具體，也有各種的條
文規定，但還是有許多條文仍存在無法擺脫宣示性規定的侷限。然而也
是根據修正法案，身心障礙者的經濟保障得以落實，尤其對於低收入身
心障礙者的醫療費用與子女教育費用的給付、輔具的使用、資金貸款、
工作支持、自立培訓費用的給付、生計補助款等，開始有些經濟上的支
持。[9]

## 2）1999 年全面修訂

1998 年 2 月韓國總統金大中政府執政之前，在國會已經有三件

---

[9] 김선규, 앞의 책, 68-69.

《障礙者福利法》的修正案，1998 年 12 月透過李聖宰（이성재）、黃圭宣（황규선）、柳在乾（유재건）等 16 位議員額外提出《障礙者福利法》修正案，共有 4 件上呈到國會，保健福祉部常任法案審查小組委員會決定不把這 4 項法案提交全體會議審議，而是以整合法案的方式送交委員會提案。當時對這份修訂案整合的理由是：「以身心障礙者的固有尊嚴與完全社會參與、平等為架構的社會融合作為基本理念，提倡身心障礙者的社會參與與擴大人權；並為實現身心障礙者取向的福利體系而擴充身心障礙者的福利服務，以及重新整頓可以按照生命週期提供福利服務的體系；還有為了因應身心障礙者的資訊近用權、障礙者輔助犬、根據障礙類型的康復服務提供、採購障礙者生產產品、復健用輔具的開發及推廣等各種障礙者的新福利需求，以及為此所需之福利政策的有效推行，決定全面修正《障礙者福利法》。同時，也為了更加明確障礙者的定義，完善障礙者福利團體協議會設置等部分規定，於是採納委員會的方案。」此全面修正案是在 1999 年 2 月 8 日修正，並於 2000 年 1 月 1 日開始實施。主要內容如下：[10]

①制定障礙者綜合福利政策，協調有關部會的意見，為監督、監測該政策的實施，設立國務總理所屬機關之障礙者福利協調委員會。

②中央和地方政府為促進障礙者的資訊近用，落實電子通訊和廣電設施之改善，並於重大國家活動、民間主辦的主要節慶活動，提供手語翻譯和隱藏字幕播放等，並促進朗誦讀物的推廣。

③鼓勵中央和地方政府在建造公共住宅時，優先向障礙者出售或出租。此外，規定提供住房購買、租賃資金以及翻修和維修費用的支持。

④採取措施以支持障礙者輔助犬的扶養和普及，並核發障礙者輔助犬識別證。禁止拒絕障礙者與輔助犬使用公共交通工具、住

332

---

10 법제처 홈페이지 참조. http://www.law.go.kr/lsInfoP.do?lsiSeq=205648&efYd=20190612#0000

宿設施和餐飲服務店家的利用。

2000 年的《障礙者福利法》中，身心障礙的範疇從過去的 5 種擴大為 10 種，將精神疾病、腎臟疾病、心臟疾病等認定為新的障礙（第一次擴大障礙範圍），遂可依照施行令及施行細則的規定程序來登記。[11] 為了給予身心障礙者的重要代步工具之汽車進行系統性支援，也建立身心障礙者交通工具的稅金減免之法律依據，並在法律明確規定身心障礙者汽車支援所需的身心障礙者用汽車識別之核發。過去的身心障礙者職業復健較為欠缺，因此試圖將身心障礙者設施或團體所生產的產品，由中央和地方政府透過簽訂特定合約優先採購，使身心障礙者的產品銷售管道得以擴大。另外，全面整頓身心障礙者福利設施系統，將設施種類區分為身心障礙者生活設施、身心障礙者社區復健設施、身心障礙者職業復健設施、身心障礙者付費福利設施，其他由總統令規定的設施等，該具體種類與各個設施的事業等由保健福祉部長官來規定，以期設施運作的彈性；亦讓非法人之個人可以設置及營運，放寬了過去的管制。同時，為最大保障居住機構的身心障礙者權利，對於機構的監督與機構營運的中斷、廢除機構等相關措施事項，做出新的規定。再者，將生計補助款的名稱更改為「障礙津貼」，針對重度障礙兒童的扶養人給付障礙兒童撫養津貼，針對重度障礙者也追加給付保護津貼，透過這樣擴大對身心障礙者的津貼，使其得到實質幫助。

## 3）2007 年全面修訂

2000 年之後，身心障礙界在自立生活及社會模式的脈絡下，以身心障礙者福利服務的實踐理念，結合消費者主義和當事人主義，出現了使用者參與（user participation）的概念。當時要求的使用者參與，指的是讓身心障礙者福利服務的計畫、提供及評估等整個過程中，以供應者

---

[11] 2003 年盧武鉉政府透過修改《障礙者福利法》施行令第 2 次擴大障礙範圍，增加了 5 種（呼吸道、肝、顏面、腸瘻、癲癇）後，法定障礙類型達到 15 種，一直延續至今。

為中心轉換為以需求者為中心。其結果，身心障礙者要求在融合的社會中，保障「日常的生活」和「自我決定權」，後來為確保這種權利，開始要求使用者參與。身心障礙者的「自我決定權」與「參與」，也要求身心障礙者福利政策模式從復健模式轉變到自立生活模式。身心障礙者福利模式的變化、當事人自我決定權的轉換等身心障礙者在政策上的需求，又帶來一次修正《障礙者福利法》的訴求。[12]

2007年全面修正的《障礙者福利法》，是將國會保健福祉常任委員會審查中的3件修正案與2件全面修正案併案，成為委員會的版本。[13] 修正法案的內容主要是將過去向來把身心障礙者客體化（objectification）的針對性政策，例如保護和復健、機構的支持、專門服務的擴大等，轉換為以自立生活和人權、身心障礙者當事人主義為中心的新福利模式。內容具體如下。

① 為支持障礙者的自立生活，於第四章新增單獨章節。中央和地方政府為協助重度障礙者自主決定自立生活，設置強制規定必要措施的依據條文，包括個人助理的派遣、提供個人協助服務或輔具，以及其他各種便利與資訊的提供等，也明文規定出重度障礙者自立生活中心、個人協助服務、障礙同儕之間的輔導諮詢等核心要點。

② 國務總理所屬之「障礙者福利協調委員會」的名稱改為「障礙者政策協調委員會」，不僅針對障礙者福利，亦可制定及協調障礙者的各項政策，並追加障礙者的行動保障政策，與障礙者福利相關的資金調度與跨部會之間合作的審議、協調機制。

③ 為促進中央行政各機關能夠有效推動障礙者政策，中央行政機關首長得從所屬的公務人員中，指定障礙者政策的專門負責官員。

334

---

12 김선규, 앞의 책, 111.

13 現行的《障礙者福利法》由8章80條組成，但修訂後的法律增加到9章89條。

④舉辦國家級活動時，於節目播放要求內容中，除手語或隱藏字幕外，應增加畫面解說及字幕解說，舉辦國家性活動時，除手語翻譯外，還應提供點字資料；考慮到障礙者的特性，增列支持資訊通訊網及資訊通訊器材的近用、利用及工具的開發、普及等必要措施的條文。

⑤中央和地方政府以學生、公職人員、勞工朋友及其他一般民眾為對象，實施障礙者的意識提升相關教育及公益廣告等推廣事業；在學校使用的教材圖書中，納入對障礙者意識提升的內容。

⑥為響應障礙者的多元政策需求，以及障礙者當事人在決定障礙相關政策過程中，優先保障障礙者的參與，明文規定障礙者對於障礙者相關政策決定過程中有優先參與的權利保障（第4條第3項）[14]

⑦考量到障礙者當中各個領域皆被邊緣化的身心障礙婦女之特性，中央與地方政府為保護障礙婦女的權益，擴大參與社會的機會，應尋求提供基礎學習與職業技能教育等必要方案。另外，中央與地方政府針對懷孕的身心障礙婦女與新生嬰兒的健康管理，應考量他們的經濟負擔能力，得支援月嫂，並對於月嫂支持計畫實施定期監測。

⑧為安定重度障礙者的住居，中央與地方政府建設公共住宅等時，應致力於考量障礙者的障礙程度，使他們得以購置或租賃。

⑨將過去承接障礙者體育業務而備受批評的韓國障礙者福利振興會，其名稱變更為財團法人韓國障礙者開發院，並負責障礙者相關調查、研究與福利振興等業務。過去每5年實施的障礙者實況調查，改以每3年實施一次。

335

[14]《障礙者福利法》第4條（障礙者權利）①身心障礙者的尊嚴和作為人的價值觀應尊重，並給予相應之對待。②作為國家和社會之成員，身心障礙者有權參加政治、經濟、社會、文化及所有其他領域的活動。③身心障礙者有權優先參與有關身心障礙者的決策過程。

## 4）2007 年後部分修訂的主要內容

　　2007 年全面修訂的《障礙者福利法》，在之後也不斷地做出部分修正。其中主要事項如下：

① 2010 年制定《障礙者年金法》後，對《障礙者福利法》上的現有障礙津貼進行部分修正，障礙津貼不再給付重度障礙者。作為障礙者收入保障制度之一，引進的障礙者年金制度中包含障礙津貼，而事實上減低了重度障礙者收入保障的效果。

②社會上所謂假的障礙者問題日益嚴重，自 2007 年 4 月份起開始由國民年金公團委任審查障礙等級。國民年金公團以專門的審查機關擴大審查障礙等級的判定，後來在法規中明白標示國民年金公團（2010 年 5 月部分修訂）。

③ 2011 年制定《障礙者活動支援法》，重新整頓《障礙者福利法》上的活動支持給付規定。隨著特別法的另行制定，總統令委任的規定第 55 條第 3 項被刪除。

④ 2011 年 3 月 30 日《障礙者福利法》部分修正案的宗旨是建構障礙者福利機構設施使用者導向的服務體系。主要內容如下：

* 中央和地方政府應制定政策使障礙者可以透過利用障礙者福利機構設施，恢復其身體功能和提升社會化程度，並為利用機構設施的障礙者人權保障制定政策及相關方案的實施奠定基礎；障礙者福利實施機構應最大限度地保障障礙者選擇利用福利機構設施時障礙者的選擇權。

* 將障礙者福利機構中的障礙者的生活機構，作為提供居住服務的居住機構，重新定義其概念及功能；社區復健設施中另行規定醫療復健設施，並刪除收費的福利設施。

* 障礙者的居住機構規定不得超過 30 人，若因特殊服務需要超出一定人數以上時，另由總統令規定。

* 規定障礙者福利機構的經營人要重新經營機構時，要採取確認

336

解除中斷營運原因之措施、日後穩定營運計畫之建立等保護使用者權益之措施。

- 規定障礙者居住機構的使用申請及停止使用之程序相關必要措施，避免得因為停止使用而有任何不當利益的處分或歧視發生。

- 應制定障礙者居住機構要提供的服務之最低標準，障礙者福利實施機關應採取必要措施，讓服務可以達到最低標準；機構的經營人也要維持最低標準以上的服務水平。

- 障礙者居住設施的經營人，應保護機構使用者的人權，若有侵害人權的情形時，應立即採取恢復措施，並致力保障機構使用者的隱私以及自我決定權。

- 中央與地方政府依照總統令規定，可負擔障礙者使用障礙福利機構的部分或全部費用，考量機構使用者的經濟能力後，可向本人收取自負額。

⑤ 2012 年 1 月 26 日《障礙者福利法》部分修正案，對於具備一定條件的僑胞或外國人，包括申報國內居住地的海外同胞、外籍配偶等，允許登記為障礙者。

⑥ 新增語言復健師為國家資格證照的專業人才資格制度之一。（2012 年 8 月 4 日部分修訂）

⑦ 新增有關虐待障礙者之條文。（2012 年 10 月 22 日部分修訂）規定障礙者福利設施的經營人及從業人員在職務工作中得知障礙者受到虐待事實時，要主動向調查機關檢舉之義務，若違反檢舉義務則科處罰金；並規定受虐障礙者相關急救措施義務、障礙者虐待案件的審理上輔助人選任程序等，以保障受虐障礙者的救濟效率與受虐障礙者的保護。

⑧ 2015 年 6 月 22 日的《障礙者福利法》部分修正案，明文規定設立專門機構處理障礙者虐待案件。此修正案的核心內容是，基於過去欠缺障礙者的虐待防治及受虐障礙者的事後管理之專

責機構，以及防治障礙者虐待的系統管理體系不完善、受虐障礙者的協助支持不足等原因，以致未能有效因應障礙者的虐待事件，因此透過改善障礙者虐待的檢舉方法和程序等，預防障礙者虐待及被害障礙者的事後管理等專責機關的設置，強化被害障礙者與其家屬的支持，以保護障礙者免受虐待的傷害；並追加對障礙者的禁止行為，若違反禁止行為時要嚴加懲處，藉此強化對於障礙者的保護，同時為障礙者的人權伸張盡一份心力。因此設立及運作中央障礙者人權倡導機關，並為迅速處理受虐障礙者的發現、保護及治療，在特別市、廣域市、特別自治市、道、地方自治區設置障礙者權益倡導機關。

⑨ 2015 年 12 月 29 日部分修正案（第 13663 號法律）有以下事項：

- 擴大對障礙者意識提升教育的實施對象機關。原因是因為過去沒有包含大學和終身教育機構等教育機關，導致在該教育機關就學的障礙者常常發生受歧視的事情而需要加緊改善；因此，有意透過擴大對於障礙者意識提升的教育機關，改善對障礙的理解與認識，以事先防範對障礙者的歧視行為。

- 新增規定中央、地方政府及總統令規定之機關和團體所實施的各項資格證照考試及錄用考試等，需為障礙者的報考人提供各種便利。

- 為中央或地方政府支持障礙者福利團體或障礙者自立生活支持中心的營運費用制定了法源依據。

- 擴大對性侵障礙者的檢舉義務人之範圍。

- 新增障礙者復健諮詢師的國家證照認定之規定。

⑩ 2017 年 2 月 8 日部分修正案（第 14562 號法律）主要內容如下：

- 中央與地方政府為提升障礙者家屬的生活品質以及維持安定的家庭生活，應建立必要措施加以實施；為有效推動障礙者家屬

的支持事業，規定可以指定執行障礙者事業的機關團體為障礙者家屬支持事業執行機關。

- 在禁止行為的類型中，增列對障礙者加以暴行、威脅、監禁、其他在精神、身體上以不當行為約束其自由，強迫其從事違背自由意識的勞動行為，違反時可處 7 年以下有期徒刑或 7,000 萬韓元以下罰金。

- 規定特別市長、廣域市長、特別自治市長、道知事、地方自治區長，為受害障礙者的臨時保護及協助回歸社會，可設置及營運受害障礙者的安置處。

⑪於障礙者的文化環境整頓規定中，文化生活與體育活動以外，另外增加觀光活動。（2017.9.19. 部分修訂）

⑫ 2017 年 12 月 19 日部分修正案（第 15270 號法律）的主要內容如下：

- 隨著障礙等級制的調整，將「障礙等級」變更為「障礙程度」，為提供個人化服務，制定實施服務支持綜合調查的法源依據。

- 對可以登記為障礙者的外國人中，增加依據《難民法》的難民認定者。

- 對於舉報虐待、性侵障礙者之情事的檢舉民眾，以法律明文規定具體保護措施和禁止不利的危害。

- 為障礙者權益倡導機關的業務順暢執行，規定了調查、質詢、請求協助、擴大輔助者選任對象等，並禁止拒絕或妨礙障礙者權益倡導機關執行業務。

- 將禁止洩密的義務，從障礙者福利諮詢員擴大為地方公務員、保健福祉部所屬公職人員、服務支持綜合調查及障礙者權益倡導機關委託業務的從事人員等。

- 事實上廢除了不再使用的障礙者生產品認證制度。

⑬ 2018 年 12 月 11 日《障礙者福利法》部分修正案（第 15904 號

法律）的主要內容如下：

- 配合《障礙者活動支援相關法律》的修正，將現行法規中的「活動輔助者」（台灣一般稱「個人助理」）更改為「活動支援師」。

- 法院如果因性犯罪判刑或宣告治療監護時，可同時宣判限制就業命令，包括自判刑或宣告治療監護日起完成全部或部分刑期，或緩刑、免刑日起最長十年內不得經營障礙者福利設施，或在障礙者福利設施就業或提供實質上的工作。

- 明文規定市長、郡守／縣長、區廳長的性犯罪者確認、檢查對象包括障礙者福利設施經營者，而每年定期抽檢及確認一次以上，並經由保健福祉部長官提交其結果報告。

- 針對違反就業限制命令仍在經營障礙者福利機構的業者，為市長、郡守／縣長、區廳長增訂可要求停止營業的法源依據；若有違反就業限制命令仍在障礙者福利設施就業或提供相關工作者，可向障礙福利機構經營者要求解雇該人，若障礙福利機構經營者拒絕時，或三個月以內未履行要求事項時，市長、郡守／縣長、區廳長可直接將其停止營業。

- 義肢、輔具技師、語言復健師、障礙者復健諮詢師資格考試的報名資格，其國外大學的認定標準由保健福祉部長官規定後公告。

339

## 3.《障礙者福利法》在法律體系上的位階與架構

《障礙者福利法》雖然有保障身心障礙者權利的規定，但大部分是有關身心障礙者福利相關內容，因此屬於給付規範性質的法規，是針對身心障礙者福利服務規範之基本法和一般法。[15] 如今身心障礙者相關法

---

15 우주형 , 앞의 논문 , 141.

規具有特別法的性質，承認福利即權利，讓身心障礙者以福利權利的主體活出應有的生命品質。這是為實現憲法所保障身為人的尊嚴與價值、幸福的追求權、實質上的平等權、自由權、生存權及正常人生活的權利等，將其具體化的制度。直到 2007 年《障礙者反歧視法》制定之前，《障礙者福利法》就具有障礙者的人權及康復福利相關的基本角色與功能。因為《障礙者福利法》的內容中包括了身心障礙者的權利（第 4 條）和不歧視（第 8 條）的規定，與醫療、教育、職業、社會復健等相關的福利服務規定在內。[16]

因此《障礙者福利法》同時具有給付規範的性質，也包含人權保障規範應有的內容，但比重上比較偏重於國家的給付／補助義務，而不是人權保障。國家的社會保障給付義務之目的，從保障民眾擁有社會權以及生活權的角度來看，可以說是人權保障的範疇，但對身心障礙者來說，不僅在社會權領域，在自由權及政治權等領域也都遭到歧視，從有關這些綜合人權保障的角度上來看，《障礙者福利法》還是有它的侷限性。[17]

因此就制定《障礙者反歧視法》的韓國法律體系來看，可視為人權保障規範的基本法，《障礙者福利法》可視為身心障礙者福利服務的基本法。此外的一些個別法案，是以保障人權與福利服務的此兩項法案為兩個主軸，分屬在個別領域的特別法案。[18] 可以說韓國有關身心障礙者的現行法律是具有一般法（普通法）和特別法關係的體系。

340

---

16 박병식 외 3 인, 앞의 책, 121.

17 우주형, "장애인의 평등권의 실현과 장애인차별금지법," 지성과 창조 (2005. 8.): 25.

18 박병식 외 3 인, 앞의 책, 122.

**表 9-1　障礙者相關法上的一般法和特別法**

| 一般法 | 障礙者反歧視法、障礙者福利法 |
|---|---|
| 特別法 | 障礙者特殊教育法、職業復健（康復）法、障礙者企業活動促進法、增進便利保障法、行動便利增進法、重度障礙者生產品優先採購特別法、障礙者年金法、障礙者活動支援法、障礙兒童福利支援法等 |

　　一般法（普通法）是指法律效力沒有特別限制，一般適用的法律；特別法是針對特定的固定場所、事項、人等適用範圍的法律。例如《障礙者福利法》是規定身心障礙者福利服務相關的一般事項；反之，《障礙者特殊教育法》或《職業復健法》是針對特殊教育或職業復健的限定事項，因此《障礙者福利法》是一般法，《障礙者特殊教育法》或《職業復健法》是屬於特別法。

　　另一方面，身心障礙者相關現行法規中，除上述個別法之外，在一般法規裡也有包含身心障礙者的相關規定。在身心障礙者的資訊近用權相關保障方面有《國家資訊化基本法》；和障礙者的專業體育及生活體育相關的有《國民體育振興法》；和身心障礙者駕照相關的有《道路交通法》等另行規定。此外在《圖書館法》、《讀書文化振興法》、《文化藝術振興法》、《放送法》、《嬰幼兒保育法》、《郵遞法》、《電影及影像物振興相關法律》、《著作權法》、《停車場法》、《刑事訴訟法》等都有身心障礙者相關的規定。像這樣，在一般法律有包含身心障礙者的特別規定時，依其內容，應該將其視為在法律內法律條款之間具有優先效力的特別規定。[19]

　　因此《障礙者福利法》的法律地位如下圖 9-1，說明如下：

341

- 《障礙者福利法》是韓國憲法的下位法。
- 《障礙者福利法》是韓國社會保障法體系內的法律，屬於社會福利服務法之一。

---

[19] 우주형 , "장애인복지 관련 법제의 발전방향," 법제연구 , 41(2011): 131.

- 因此《障礙者福利法》是屬於《社會保障基本法》和《社會福利事業法》的特別法。
- 《障礙者福利法》與《障礙者反歧視法》在韓國身心障礙法律體系上同屬一般法乃至基本法。因此相當於特別法的諸多障礙者福利服務相關法規，都與一般法的《障礙者福利法》有所關聯。

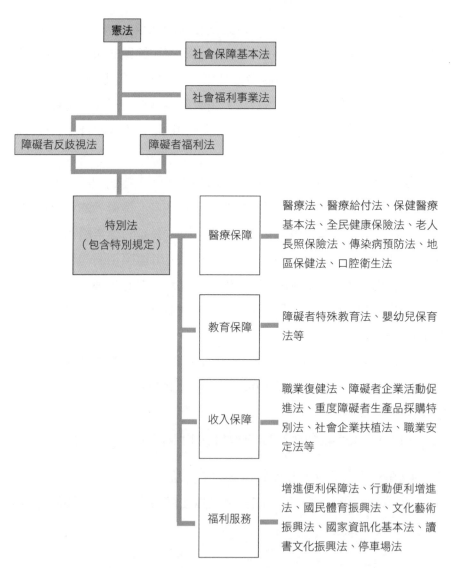

圖 9-1　現行司法體系中《障礙者福利法》的位階

《障礙者福利法》共有 9 個章節 90 項條文組成，如下表所示。　342

**表 9-2 《障礙者福利法》的架構**

| 章節標題 | 內容 | |
|---|---|---|
| 第一章<br>總則 | 第 1 條（宗旨）<br>第 2 條（障礙者的定義）<br>第 3 條（基本理念）<br>第 4 條（障礙者的權益）<br>第 5 條（障礙者及保護人意見整合與參與）<br>第 6 條（重度障礙者的保護）<br>第 7 條（障礙婦女的權益保護）<br>第 8 條（禁止歧視）<br>第 9 條（中央與地方政府的責任） | 第 10 條（民眾的責任）<br>第 10 條之 2（障礙者政策綜合計畫）<br>第 10 條之 3（國會報告）<br>第 11 條（障礙者政策協調委員會）<br>第 12 條（障礙者政策負責官員指定）<br>第 13 條（地方障礙者福利委員會）<br>第 14 條（障礙者日）<br>第 15 條（與其他法律之間關係）<br>第 16 條（法制相關措施） |
| 第二章<br>基本政策<br>之建立 | 第 17 條（預防障礙發生）<br>第 18 條（醫療和復健治療）<br>第 19 條（社會適應訓練）<br>第 20 條（教育）<br>第 21 條（就業）<br>第 22 條（資訊近用）<br>第 23 條（便利設施）<br>第 24 條（研擬安全對策） | 第 25 條（社會意識提升）<br>第 26 條（為選舉活動提供便利）<br>第 27 條（住宅普及）<br>第 28 條（整頓文化環境）<br>第 29 條（促進福利相關研究）<br>第 29 條之 2（韓國障礙者開發院的設立）<br>第 30 條（減輕經濟負擔）<br>第 30 條之 2（障礙者家庭支援） |

| 章節標題 | 內容 | |
|---|---|---|
| 第三章<br>福利措施 | 第 31 條（實際狀況調查）<br>第 32 條（障礙者登記）<br>第 32 條之 2（海外僑胞及外國人障礙者的登記）<br>第 32 條之 3（障礙者登記取消）<br>第 32 條之 4（服務支援綜合調查）<br>第 32 條之 5（障礙等級變動／喪失等資訊提供）<br>第 33 條（障礙者福利諮詢員）<br>第 34 條（復健諮詢等措施）<br>第 35 條（障礙類型／障礙程度別復健及自立支援服務提供）<br>第 36 條刪除<br>第 37 條（產後月嫂支援）<br>第 38 條（子女教育費用給付）<br>第 39 條（障礙者使用汽車等相關支援）<br>第 40 條（障礙者輔助犬的訓練／普及支援）<br>第 41 條（資金借貸） | 第 42 條（生計支援）<br>第 43 條（自立訓練費用給付）<br>第 44 條（生產品採購）<br>第 45 條－第 45 條之 2 刪除<br>第 46 條（促進就業）<br>第 46 條之 2（為障礙者應試者提供便利）<br>第 47 條（公共設施優先利用）<br>第 48 條（國有／公有財產優先販售或有償／無償租賃）<br>第 49 條（障礙補助）<br>第 50 條（障礙兒童補助與保護津貼）<br>第 50 條之 2（子女教育費與障礙補助等給付申請）<br>第 50 條之 3（金融資訊提供）<br>第 50 條之 4（障礙者福利給付帳戶）<br>第 51 條（子女教育費及障礙補助償還）<br>第 52 條（障礙者復健及自立生活研究） |
| 第四章<br>自立生活<br>的支援 | 第 53 條（自立生活的支援）<br>第 54 條（重度障礙者自立生活支援中心）<br>第 54 條（障礙者自立生活支援中心） | 第 55 條（活動支援給付協助）<br>第 56 條（障礙同儕間輔導） |

| 章節標題 | 內容 | |
|---|---|---|
| 第五章 福利機構 與團體 | 第 57 條（障礙者福利機構的利用）<br>第 58 條（障礙者福利機構）<br>第 59 條（障礙者福利機構的設置）<br>第 59 條之 2 刪除<br>第 59 條之 3（性犯罪者的就業限制）<br>第 59 條之 4（虐待障礙者及對障礙者性犯罪檢舉義務和程序）<br>第 59 條之 5（禁止不利措施）<br>第 59 條之 6（障礙者虐待犯罪檢舉者的保護措施）<br>第 59 條之 7（急救措施義務）<br>第 59 條之 8（個人助理的選任）<br>第 59 條之 9（禁止行為） | 第 59 條之 10（障礙者虐待預防和防治義務）<br>第 59 條之 11（障礙者權益倡導機關的設置）<br>第 59 條之 12（事後管理）<br>第 59 條之 13（受害障礙者安置處）<br>第 60 條（障礙者福利機構的運作啟用）<br>第 60 條之 2（障礙者居住機構使用程序）<br>第 60 條之 3（障礙者居住機構的服務最低標準）<br>第 60 條之 4（障礙者居住機構經營者的義務）<br>第 61 條（監督）<br>第 62 條（機構的改善、停業、關閉等）<br>第 63 條（團體的保護及扶植）<br>第 64 條（障礙者福利團體協議會） |
| 第六章 障礙者的 輔具 | 第 65 條（障礙者輔具）<br>第 66 條－第 68 條刪除 | 第 69 條（義肢、輔具製造業開設事實的通報）<br>第 70 條（義肢、輔具製造業的關閉等） |
| 第七章 障礙者福 利專業人 才 | 第 71 條（障礙者福利專業人才的培育）<br>第 72 條（義肢、輔具技能師資格證核發）<br>第 72 條之 2（語言復健師資格證核發）<br>第 72 條之 3（障礙者復健諮詢師資格證核發）<br>第 73 條（實施國家考試） | 第 74 條（應考）<br>第 75 條（義肢、輔具維修教育）<br>第 76 條（資格取消）<br>第 77 條（資格停止）<br>第 78 條（手續費） |

| 章節標題 | 內容 | |
|---|---|---|
| 第八章<br>補則 | 第 79 條（費用負擔）<br>第 80 條（費用收取）<br>第 80 條之 2（韓國語言復健師協會）<br>第 81 條（費用補助）<br>第 82 條（禁止扣押） | 第 83 條（租稅減免）<br>第 83 條之 2（公聽）<br>第 84 條（申請異議）<br>第 85 條（委任權限） |
| 第九章<br>罰則 | 第 86 條（罰則）<br>第 86 條之 2（罰則）<br>第 87 條（罰則） | 第 88 條（罰則）<br>第 89 條（兩罰規定）<br>第 90 條（過失懲罰費） |

# 4. 從聯合國《身心障礙者權利公約》看現行《障礙者福利法》之改革課題

　　韓國批准加入《身心障礙者權利公約》以降，在 2014 年提交首次的國家執行報告，對此，聯合國身心障礙者權利委員會曾針對韓國的首次報告發表了結論性意見作為檢討報告之用。委員會藉此表達正面評價及幾項主要擔憂事項與建議事項。之後經過了五年的 2019 年，韓國政府又提交《身心障礙者權利公約》的第 2 次與第 3 次合併國家報告給聯合國。此合併報告內將第一次報告中的擔憂及建議事項按照爭議點進行整理及答覆。我們在此來談一談這兩份報告中有關權利公約的執行事項中，特別是《障礙者福利法》相關的主要議題。韓國最近關於障礙等級制的廢除，要求進行全面的福利系統改革，而政府的做法還是只停留在個案處理的線性思維方式上，令人不解。根本的處理方法與解決方案看起來是有點難以期待。雖然其中一項就是身心障礙概念社會模式的引進，但目前《障礙者福利法》的障礙等級改制又和醫療模式相吻合，呈現一種模稜兩可的態度。以此議題為開始，讓我們觀察一下《障礙者福利法》的改革問題。

344

## 1）身心障礙（者）概念的社會模式轉換

①聯合國身心障礙者權利委員會針對韓國首次國家報告所表示的結論性意見中，對於韓國的《障礙者福利法》出現障礙的醫療模式表示憂慮。[20] 委員會建議締約國重新檢討《障礙者福利法》，並讓該法符合公約所支持的身心障礙人權模式的內容。另外，根據《障礙者福利法》的新障礙鑑定及等級制度，在服務的提供上只仰賴醫學上的評估，並沒有充分考量身心障礙者的各項需求，也沒有包含心智障礙者[21]在內的所有身心障礙者，關於這點委員會同表憂慮，委員會擔心該制度等於是用障礙等級來限制福利服務與個人協助服務的對象。總結來說，委員會希望締約國重新評估根據《障礙者福利法》的障礙判定及等級制度，建議能夠保障身心障礙者的個別特性、情況及各自的需求，福利服務和個人協助服務應包含心智障礙者在內的所有身心障礙者，依照他們的需求來做擴大保障。

障礙概念的社會模式是《身心障礙者權利公約》第 1 條至第 4 條所規定的宗旨、定義、一般原則及一般義務的基本架構，也是以此為出發點。[22] 因此，作為韓國《障礙者福利法》適用對象的身心障礙者概念不是以社會概念，而是以醫療概念為導向，這明確違反聯合國《身心障礙者權利公約》的基本精神。

②障礙者概念是複雜、動態，多元且較多爭議的概念。但是《身

345

---

[20] 聯合國身心障礙者權利委員會在 2014 年 9 月 17 日至 18 日舉行的第 147 至 148 次會議上審議了大韓民國的第一份報告（CRPD / C / KOR / 1）。並在 2014 年 9 月 30 日第 165 次會議通過了結論性意見。

[21] 編註：在韓國用「心智障礙」一詞，實際上是指台灣所用的「精神障礙」或「精神相關疾病患者」，而在台灣所謂心智障礙者，通常是指智能障礙者，須加以區別。

[22] 這點在公約全文中也得到了很清楚的呈現。全文將身心障礙定義為「一個演變中之概念，身心障礙是功能損傷與阻礙他們在與其他人平等基礎上，充分及切實地參與社會之各種態度及環境障礙相互作用所產生之結果。」另外，第 1 條宗旨亦明確規定，「身心障礙者包括肢體、精神、智力或感官長期損傷者，其損傷與各種障礙相互作用，可能阻礙身心障礙者與他人於平等基礎上充分有效參與社會。」

心障礙者權利公約》是以包容性的社會概念做出定義。因此如何定義障礙者，這對於以國家層次的介入來說是最基本而核心的要素。國際社會對於障礙者的概念是由世界衛生組織主導提出，先進國家等也基於此架構下對障礙和障礙者做出法律上的定義。

在第30屆聯合國大會（1975年12月9日）中通過《身心障礙者人權宣言》的同時，WHO對於障礙與障礙者的概念開始從個人角度的觀點轉換為社會角度的觀點。1980年發表了國際損傷、障礙、殘障的分類 ICIDH（International Classification of Impairments, Disabilities, and Handicaps），1997年又提出 ICIDH-2，改使用損傷（impairment）、活動限制（activity limitation）、參與侷限（participation restrict），更加強調身心障礙者的社會融合與社區復健。WHO 對於這些障礙的分類在2001年發表更加積極、更傾向環境的 ICF，根據 ICF，障礙是指在三個功能表現領域或某個領域中面臨的困難。這三個功能表現領域如下。

- 損傷：是指身體機能上的問題或身體結構上的變形，例如：麻痺或視覺障礙。
- 活動限制：意指在進行活動時會有困難，走路或吃東西等都可以視為活動例子。
- 參與侷限：是指所有生活領域相關的問題，例如：在就業中的歧視或利用大眾交通時的歧視等。

在這樣的立場之下，WHO 發表的《世界身心障礙報告》中，認為最近數十餘年的身心障礙者運動，因從個人、醫療觀點向結構、社會觀點的轉變，而從醫療模式進化為社會模式，任何人都不是因身體的問題而成為障礙者，而是因社會而成為障礙者。《身心障礙者權利公約》中的身心障礙概念也是以此為基礎。

③對於聯合國身心障礙者權利委員會的結論性意見，韓國提交的　　346
第2、第3次合併國家報告中的答覆指出：「韓國政府對於韓國
身心障礙者服務是根據醫學上的障礙等級統一提供，政府透過
《障礙者福利法》的修訂（2017年12月19日），將『障礙等級』
修改為『障礙程度』，藉由實施『服務支援綜合調查』提供個人
化服務；透過對身心障礙者的訪視輔導及建立案例管理執行依
據，以解除身心障礙福利未觸及的死角地帶，本法律修正案計
畫於2019年7月1日開始施行。」[23]。

根據現行的《障礙者福利法》，障礙者的定義是指身體或精神
上的障礙，長期在日常生活或社會生活中受相當限制者（第2
條），具體的障礙種類及標準由總統令規定之（法定障礙者種類
15種）。該規定談到的障礙概念其成因有醫療觀點上的個人因
素，與日常生活或社會生活中限制相關的社會因素，以及受限
制的程度（「相當的……」）。[24] 我們可以說《障礙者福利法》上
的障礙概念是全面性的、複合性的，但是在同條第2項中，將
障礙者的範圍定義為身體障礙和精神障礙，其具體的種類及標
準交由總統令來規定，特別是如果按照保健福祉部對外公告的
「障礙等級判定標準」，只是根據醫學因子來作障礙鑑定，足見
基於障礙鑑定的障礙概念還是無法擺脫醫療模式。因此現有障
礙等級制的廢除，依障礙程度分為重症與輕症，這樣的改制還
不能視為具有真正意義的社會模式之轉換。同時，若要落實障
礙概念的社會模式，要廢除現行15種類型的法定障礙者制度，
更進一步針對會導致留下社會污名的障礙者登記制也要作重新
評估。從這樣的觀點來看，障礙概念的社會模式的轉換，不僅

---

[23] 유엔장애인권리협약 제2‧3차 병합 국가보고서, 대한민국 정부, 2019 년 3 월 8 일, 7-8.

[24] 이문희, "장애인권리보장 및 복지지원에 관한 법률의 필요성과 장애 정의 그리고 단
체소송," 장애인권리보장 및 복지지원에 관한 법률 제정을 위한 토론회 자료집, 사
단법인 한국장애인단체총연맹 주최, 9-10.

僅是障礙等級制的廢除，還要從根本問題下手，因此，需要政府更積極、前瞻的障礙概念模式之轉換。

## 2）有關身心障礙婦女

347

①有關《身心障礙者權利公約》第 6 條的身心障礙婦女，委員會認為在韓國身心障礙相關法律和政策中，並沒有納入有關性別觀點（gender perspective）而表示憂慮。並且對於身心障礙婦女在家庭遭受暴力，且在居住機構內或外所發生的性暴力之預防，沒有採取充分的措施，對此委員會表示憂慮，同時對身心障礙婦女和少女在終身教育課程的參與上有困難，懷孕和生育期間沒有向身心障礙婦女提供足夠的支持表示憂慮。委員會建議，締約國在身心障礙相關法律與政策上，要讓性別觀點主流化，並為身心障礙婦女開發出特別政策。另外，委員會還建議締約國在構思防範性暴力、家暴等的教育課程時，應導入身心障礙意識觀點等，採取有效措施解決居住機構內、外部發生的針對身心障礙婦女的暴力問題。同時委員會勸導締約國，不管身心障礙婦女是否完成正規教育或者是否受到排除，要依照他們的選擇和需求，保障她們能夠接受合適的終身教育，並擴大身心障礙婦女在懷孕和生育期間對她們提供的協助。[25]

②有關於此第 2 次及第 3 次的合併報告中，回覆如下。

- 韓國政府制定第 5 次障礙者政策綜合計畫（2018-2022），將強化支持身心障礙婦女作為 22 項重點課題之一，以強化身心障礙婦女相關支持。在第 4 次的障礙者政策綜合計畫（2013-2017）中，推動身心障礙婦女人權保護及促進社會參與為主要課題，對於相對惡劣環境下的身心障礙婦女的收入、就業、教育提供支持，並擴大懷孕、生育、養育上的支持。

---

[25] 參考 CRPD/C/KOR/CO/1。

- 尤其，政府正在推動身心障礙婦女教育和生育費用的支持作為身心障礙婦女的支持事業。身心障礙婦女的教育支持是為改善身心障礙婦女受到雙重限制（障礙和女性）始終無法得到充權（empowerment）機會的情況，藉由向她們提供優質的個人化服務，使她們增強能力以擴大社會參與機會和改善生活品質。每一位障礙婦女在懷孕與生育時，支持生育費用（以胎兒為標準＝100萬韓元）以減輕經濟負擔並建立友善的生育文化。

- 為擴大身心障礙婦女的就業機會，實施各樣的制度。包括業主雇用身心障礙者就業時獎勵補助的金額提高，相較於男性障礙者，對輕症（男30萬韓元，女40萬韓元）及重症（男50萬韓元，女60萬韓元）女性障礙者各追加支付10萬韓元。機構設備貸款時，將是否雇用身心障礙婦女作為加分項目，在選定促進就業有功者時，對雇用身心障礙婦女比例給予加分，在就業培訓招募實習生時，對於身心障礙婦女提供優惠措施。並透過適合身心障礙婦女的職務開發及推廣來支持協助培訓及就業。[26]

③現行的《障礙者福利法》中有關身心障礙婦女的規定是在第7條（障礙婦女的權益保護），第9條（中央與地方政府的責任），第37條（產後月嫂支援等），第55條（活動支援給付協助）等有四個條文。

- 第7條（障礙婦女的權益保護）中央與地方政府為保護障礙婦女的權益及擴大參與社會，應建立基礎學習和職業教育方面必要的方案。

- 第9條（中央與地方縣市政府的責任）（2）中央與地方政府應為保護身心障礙婦女的權益樹立相關政策。

348

---

[26] 유엔장애인권리협약 제 2, 3 차 병합 국가보고서 ( 한글본 ), 13-14.

- 第 37 條（產後月嫂支援）（1）中央與地方政府為懷孕之身心障礙婦女及新生嬰兒的健康管理，應考量其經濟負擔能力並訪視家庭後，協助支援產前、產後照顧服務人員（以下簡稱月嫂）。（2）中央與地方政府針對第一項所規定之產後月嫂支援計畫，依保健福祉部令，可實施定期監測（為確保產後月嫂支援計畫的成效做定期檢驗）。（3）產後月嫂的支援標準與方法等相關必要事項，由總統令規定之。
- 第 55 條（活動支援給付協助）（2）中央與地方政府對於因懷孕而行動不便之身心障礙婦女在進行婦產科的診療時，得考量其經濟負擔能力，協助派遣個人助理等支援協助服務。

《障礙者福利法》雖然對身心障礙婦女的權益保護規定制定法源依據，但在實際政策的推行上，會達到多少的成效還是未知數。身心障礙婦女的制度和政策支持需要持之以恆地繼續去擴大。

## 3）對身心障礙者意識的改善

①有關於《身心障礙者權利公約》第 8 條提升意識，委員會對於締約國在公約的內容及目的上，並沒有持續針對政府的公職人員、國會議員、媒體、一般大眾進行有系統的教育及宣導表示關注。委員會鼓勵締約國加強改善意識宣導運動，以強化身心障礙者作為人權承載主體的正面形象。特別是，委員會建議締約國應持續而有系統地向政府公職人員、國會議員、媒體和一般大眾宣導和教育《公約》的內容和宗旨。[27]

②有關於此，韓國在第 2、第 3 次合併報告，做出以下的回應：

- 2015 年對《障礙者福利法》進行修正時，也擴大身心障礙者意識提升教育的義務機關。 因此，公家機關和地方政府首長、《嬰兒和兒童保育法》規定的日托中心負責人、《幼兒教

349

---

27 參考 CRPD/C/KOR/CO/1。

育法》、《初中和國中教育法》和《高中教育法》規定的各級學校，以及其他教育機構和公共組織的首長，應對其所屬員工和學生實施對身心障礙者意識提升的相關教育並提交成果報告。

- 雖然將身心障礙者意識提升教育義務化，但義務教育對象機關的實施率仍然不高。為此，政府為提高教育成效及推動率，透過身心障礙意識改善教育的中長期規劃和發展方案研究（2018），計畫開發身心障礙意識改善指標、開發及評估標準教育課綱、講師培訓系統，教育監測的制度化，以民間部門為對象擴大意識教育等，將擬出改善身心障礙者教育的中長期規劃。

- 同時，政府於 2017 年 11 月 28 日修訂《障礙者就業與職業康復法》，為提高職場內的身心障礙者意識提升，敦促雇主應消除工作場所內的偏見，為身心障礙者創造穩定的工作條件，並增加身心障礙者的就業機會，實施提高身心障礙者意識的教育。為此，就業勞動部積極執行相關任務，例如抽查教育推動成果、開發及推廣宣導用教材、指定宣導機關等，為確保計畫成效，對未實施宣導者科處罰款。

- 透過政府這樣的努力和非政府組織的積極參與政策下，可以漸漸看到人們對身心障礙者的意識正在提高。尤其觀察《禁止歧視障礙者法》實施情況的監測結果，有關民眾被問及對身心障礙者的歧視程度，顯示社會對身心障礙者的歧視程度越來越改善，人們對《障礙者反歧視法》的認識也在提高。但是還有很多受訪者表示有歧視身心障礙者之情形的比例來看，政府有義務更加努力地提高身心障礙意識。[28]

③關於改善對身心障礙者的意識，2015 年大幅修正《障礙者福利　　350

---

[28] 유엔장애인권리협약 제 2, 3 차 병합 국가보고서 ( 한글본 ), 17-18.

法》第 25 條（社會意識提升），並新增及加強《障礙者就業與職業康復法》第 5 條之 2（職場內對障礙者意識改善的宣導）、第 5 條之 3（障礙者意識改善教育的委託）。法源依據之規定，再加上現場有多少實踐的意志，將會是意識提升改善的關鍵。

## 4）免於剝削，暴力和虐待

①關於《身心障礙者權利公約》第 16 條「免於剝削，暴力及虐待」，委員會關注到身心障礙者仍然處於遭受暴力、虐待和剝削的環境，包括強迫勞動。同時對於締約國未能懲處加害者，也未向受害者提供賠償，除了性暴力和被家暴的受害者之外，對其他障礙者沒有提供適合的庇護場所表示關切。委員會敦促締約國調查身心障礙者在其居住機構內、外所遭受的一切暴力、剝削和虐待事件，保障對加害者的懲罰以及對受害者的賠償，並為受害障礙者提供無障礙可以近用的安置處。尤其，委員會特別建議締約國加強對身心障礙者強迫勞動事件的調查，並為受害者提供充分的保護。

②有關於此，韓國政府於第 2、第 3 次合併報告中，做出以下的回應。

- 自 2017 年以來，保健福祉部在全國共建立 18 所提倡身心障礙者權利的機關，作為防止虐待障礙者和為受害障礙者提供事後協助的專責機構，為身心障礙受害者提供臨時保護和支持，自 2015 年起，總共設置並啟用 8 所受害障礙者安置處，並提供緊急隔離和保護受害障礙者、實施心理輔導和諮詢。亦安排各種課程和資源整合，幫助身心障礙者離開安置處時，可以實現在社區上的自立。

- 具體來說，對於受暴力、虐待和剝削影響的身心障礙者，由專責調查虐待實情的機構（障礙者權益倡導機關）進行現場調查，必要時將障礙者緊急隔離，使受害障礙者在安置處

受到庇護並協助心理上和經濟上的復原。此外，由中央障礙者權益倡導機關負責防範障礙者受到虐待，並為受害障礙者提供支援和後續管理，以及為受害障礙者進行持續管理和監測，努力避免再度發生受害情形。再來還透過障礙者權益倡導機關和公共監護法人、以及發展遲緩障礙支持中心之間相互聯繫，建構及運作發展遲緩障礙者的權益維護系統。

- 同時，2017 年 12 月對《障礙者福利法》進行修正，主要內容 351 包括政府加強虐待身心障礙者行為專責調查機構之權限，且對於舉報虐待行為者，加強政府的保護措施。政府並與地方政府和專責機構合作，針對全國 11,000 多名遭受虐待的高風險障礙者為對象，進行聯合實態調查（2018 年 5 月）。

- 2015 年修正《障礙者福利法》時新增條文第 59 條之 7 到第 59 之 10，2017 年經過修訂，新增第 59 條之 13（受害障礙者安置處）。但實際在現場，身心障礙者權益倡導機關由於人力短缺，又以各大縣市為單位進行運作，造成工作繁重，受害障礙者的安置處嚴重不足等，有必要擴大各區域的基礎設施。

## 5）遷徙自由與國籍

①有關《身心障礙者權利公約》第 18 條的「遷徙自由及國籍」，委員會對於依據《出入境管理法》第 11 條，拒絕讓沒有意思能力且境內無人輔助滯留活動的心智障礙者入境之內容，與依據《障礙者福利法》第 32 條，對於有障礙的移居民限制提供其基本服務的內容表示憂慮。委員會建議，應為身心障礙者保障入境之權利，不可因障礙為由而剝奪，也不得限制障礙移居民應該享有的基本服務，因此建議撤銷《出入境管理法》第 11 條和《障礙者福利法》第 32 條相關措施。

②有關於此，第 2、第 3 次的合併報告回覆如下：
- 依據《出入境管理法》第 11 條（限制入境）第 1 項第 5 款規

定，對於不具有意思能力及在境內無人輔助滯留活動的心智障礙者、無力負擔國內滯留費用者及其他需要救助者，法務部長官可禁止入境。但是本條文的立法宗旨，並不是僅以精神障礙者為由，適用同等規定禁止入境，主要是因為對於這些沒有意思能力的人，若沒有最起碼的監護人、邀請人、親友等情形，尚須考量到身心障礙者本人與其他人的安全，適用最起碼的規定。

352

- 《障礙者福利法》第 32 條及第 32 條之 2 規定，非大韓民國國民之海外同胞或外國人也可以進行障礙者登記，原則上可以向登記的障礙者提供福利。但是有關障礙者年金、障礙補貼、障礙者醫療費等依收入及財產為標準提供現金給付之情形，因為還涉及需瞭解其國外的收入及財產，因此在《國民基礎生活保障法》等類似法令，原則上只承認本國人的申請資格。但大部分屬於社會服務性質的身心障礙者福利服務，如就業支持、便利及行動等相關的減免、優惠之情形，並無限制外國人申請。且保健福祉部為了讓更多的外國障礙者享有優惠，新增《障礙者福利法》第 32 條之 2 第 1 項第 5 款（2017 年 12 月 19 日），根據《難民法》認定之難民者，也可以經過障礙者登記後，享有障礙者福利服務，等於是擴大國外人士的範圍，根據《難民法》第 31 條，可以提供與大韓民國國民相同程度的福利服務。

③雖然《障礙者福利法》第 32 條之 2 規定海外同胞、外國人及難民也可以登記為障礙者，但有關依收入及財產來補助的現金給付，例如障礙者醫療費、障礙津貼、障礙者年金等仍然有限制。因此，看不出這是基於普遍主義的權利保障。

## 6）家居與家庭的尊重

①關於《身心障礙者權利公約》第 23 條的尊重家居及家庭，委員

會認為提供給身心障礙兒童家庭的支持服務，只限定在包含重度障礙者在內的低收入家庭而表示憂慮。甚至由於供應上的不足，這些服務在現實上都無法落實得很完整。而且委員會也擔心給予身心障礙兒童的領養家庭的補助勝過給予原生家庭的補助，這也會使原生家庭的未婚母親在雙重（女性與障礙）的壓力下，只能選擇遺棄原生子女，而這也算是構成否定兒童家屬的權利。委員會敦促締約國為保障包括未婚媽媽在內的身心障礙兒童的父母，在家庭中撫養子女，與其他兒童同等的家庭權利和社區參與制定法源依據，並實施全面性的政策。

② 有關於此，第 2、第 3 次合併報告回覆如下：

- 保健福祉部對於身心障礙兒童提供發展復健服務（語言、聽能、美術、音樂、行動、遊戲、心理、感知運動），並透過障礙者活動協助事業的推動，致力於保障他們參與社會的權利。尤其為了讓更多的身心障礙兒童成為社會中的一份子，不受歧視地生活，正努力持續編列預算擴大服務對象。除此之外，為減輕因照顧身心障礙兒童，承受負擔的養育家庭經濟上和身體上的負擔，正在持續推動障礙兒童家庭的養育支持事業（照顧服務、暫時安置支持服務）。

353

- 政府在提供身心障礙兒童的福利服務上，並沒有區分身心障礙兒童的父母是否為親生父母或領養父母。政府積極努力透過各種福利服務，使身心障礙兒童的家庭可以安定地養育子女。

- 保健福祉部在身心障礙者的家庭組成方面，為身心障礙婦女提供生育費用支持，及根據《障礙者福利法》第 37 條（產後月嫂支援）協助生育前後的調理身體事業等的支持，為身心障礙婦女的懷孕及生育過程提供協助。同時依據《領養特例法》第 10 條（領養父母資格條件），不限制身心障礙父母領養子女。

③在《身心障礙者權利公約》第 23 條（尊重家居及家庭），詳細載明國家對於身心障礙者家庭支持的相關規定。相較於此，韓國的《障礙者福利法》就沒有如此詳細的內容，可以看出有關規定是鬆散的。最近在韓國障礙者家長會的建議下，以議員立法修正案，在 2017 年新增了第 30 條之 2（障礙者家庭支援），此規定的內容如下：

### 第 30 條之 2（障礙者家庭支援）

①中央和地方政府為提升身心障礙者家庭的生活品質及維持安定的家庭生活，應樹立及施行下列各種必要措施。

1. 對障礙者家庭意識提升之改善事業

2. 障礙者家庭的照顧支援

3. 障礙者家庭的休憩支援

4. 障礙者家庭的個案管理支援

5. 協助強化障礙者家庭的能力

6. 協助障礙者家庭的諮詢

7. 其他由保健福祉部長官認定之障礙者家庭所需之支援

②中央與地方政府為有效推動障礙者家庭的支援事業，可指定障礙者相關事業的執行機構或組織，來執行障礙者家庭支援事業（以下稱執行機構）。

354

③國家和地方政府在執行機構符合下列之任一事項者可以撤銷指定。但符合第 1 個條件時，則應撤銷指定。

1. 以虛偽或其他不當方法取得指定者

2. 未符合第④項指定標準者

3. 無正當理由未執行障礙者家庭支援事業者

④執行機構的指定標準與程序等必要事項，由保健福祉部令規定之。

## 7）適足之生活水準與社會保障

①有關《身心障礙者權利公約》第 28 條（適足之生活水準及社會保障），委員會對於韓國的《國民基礎生活保障法》，把具有一定程度收入或財產之家屬的障礙者，從最低生活費補助對象中排除表示憂慮。同時，委員會對於最低生活費用支持受惠對象標準是依據障礙等級制，並僅限提供於重度障礙者的事實表示憂慮。因此建議締約國，不要依照障礙等級制或家庭收入及財產，而是應根據障礙者本身的特性、狀況和需求來支持最低生活保障。

②有關於此，第 2、第 3 次合併報告答覆如下：

• 政府藉由 2010 年 7 月開始實施的《障礙者年金法》所引進的身心障礙者年金制度，是為彌補重度障礙而失去收入和衍生所產生的費用，每月向 18 歲以上的低收入重度障礙者提供 209,960 至 289,960 韓元。但還是被批評給付額度太低，不足以彌補因身心障礙導致的收入喪失和衍生費用。為此，2018 年 9 月政府將基礎給付額從 209,960 韓元上調至 25 萬韓元。另外，政府還計劃將附加給付額落實，以彌補因障礙而產生的衍生費用。

• 同時政府依據《障礙者福利法》49 條，對於 18 歲以上低收入戶輕度障礙者提供障礙津貼，並依據同法第 50 條，對 18 歲以下低收入障礙兒童給付障礙兒童津貼。與每月提供 2-20 萬韓元的障礙兒童津貼相比，障礙津貼則是給付 2-4 萬韓元。雖然 2015 年障礙津貼上調了 1 萬韓元，但依然被指責不足以達到穩定生活的目的，因此日後計劃階段性調升障礙補貼。

③韓國的身心障礙者收入保障制度依然無法達到先進福利國家的水準，仍處於惡劣的情況。其中最主要的理由是，雖然為彌補障礙者收入的對策，引進障礙者年金制度，但給付對象的限

制和給付程度都很不夠充分。況且在引進障礙者年金制度的當時，為節省預算，將重度障礙者的津貼納入到年金內而被瓜分，因此在當時被身心障礙者界嘲諷說：「這是要給我們去買口香糖的錢嗎？」另外，為彌補衍生費用，《障礙者福利法》的津貼制度也並不是普及式給付（universalism），而是採用選擇式給付（selectivism）的方式執行，造成津貼制度概念的混淆。雖然法律上有規定，但沒有實質效力的保護津貼制度（《障礙者福利法》第 50 條第 2 項）還存在著。考量到這些問題時，不禁令人起疑韓國政府對於身心障礙者的收入保障，是否依然停留在施捨或同情的角度，而非權利的角度。

## 5. 日後《障礙者福利法》的方向

就目前為止《障礙者福利法》的歷史以及走過來的道路中，筆者想針對當前主要的改革課題進行探討，並對日後要走出的方向表達簡單的見解。事實上，《障礙者福利法》一開始是從形式上裝飾性質的法律出發，隨著韓國身心障礙福利的發展，其重要性也逐漸擴大。此法是建立韓國身心障礙政策和制度的基本架構與體系，因此不容忽視其重要性。時至今日，福利不再是施予而是以權利來落實的趨勢中，現實上服務法也需要呈現權利保障的法律性質。最近韓國身心障礙界分成兩派，一派是希望將《障礙者福利法》納入在《障礙者權利保障法》，另一派是希望用《障礙者基本法》與《自立生活支援法》來取代。雖然筆者贊同將《障礙者福利法》朝保障權利的方向來重新制定，但必須另行制定一套「國家障礙者委員會法」的特別法，作為負責整合和執行法律政策的傳達工具。如果說良好的法律制度和政策是一套軟體程式，也只有在建構完整硬體設備的傳遞系統下，才能順利啟動。

第十章

# CRPD 對聯合國條約履行機制、資料蒐集與監測的國際貢獻（亞太區域的案例）

　　歷經 5 年聯合國堅定協商結果,《身心障礙者權利公約》終於得以
通過,這對於身心障礙者當事人是非同小可而令人振奮的事情。在本章
的核心主題是批准公約的國家如何誠實落實公約的實踐、又如何去推動
監測。我們已經看了太多的案例,立法的機制或制度最終都成為抽象的
宣示文,所以在設定的政策目標和政策研究的履行間所產生的鴻溝不
得不保持警惕。而這些擔憂實際上在討論聯合國《身心障礙者權利公
約》的過程中,對於「逐步實現」、「個人申訴」、「個人法律能力」等議
題,透過許多國際身心障礙者團體都曾經討論過。也許身心障礙者團體
最在乎的是,政府有多少意志與力量來具體有效地推動《身心障礙者權
利公約》所隱含的高度人權理想。之所以提出這些憂慮是因為到目前為
止,根據我們的經驗顯示,有關九項國際人權公約(ICESCR、HRC、
ICERD、CEDAW、CRC、CAT、MWCC 等)幾乎沒有任何監測記錄,
而且政府對於將國家報告提交給聯合國的態度閃躲,或對聯合國報告的
要求採取形式上的應對。

　　我們來看看,聯合國《身心障礙者權利公約》的一般原則和有關推
行及監測的幾項關注點,首先在《身心障礙者權利公約》所規定的八項
一般原則都與監測有直接關係。就是(1)尊重固有尊嚴、個人自主,
包括自由進行個人選擇及個人自立;(2)不歧視;(3)完整且有效的社
會參與及社會融合;(4)尊重差異,接受身心障礙者是人類多樣性之一
部分與人類之一份子;(5)機會均等;(6)無障礙/可及性;(7)男女
平等;(8)尊重身心障礙兒童逐漸發展之能力,並尊重身心障礙兒童保
持其身分認同之權利。[1]。具體而言,上述公約的一般原則與身心障礙者
「公民資格」的實現在三個層面上有密切關係。

[1]　국가인권위원회 , 장애인권리협약해설집 ( 국가인권위원회 , 2007).

> 「……並非向各締約國政府賦予立即履行按條款規定所有內容的義務，特別是在教育、就業、健康、復健等會產生經濟成本與社會負擔的領域，根據逐步實現的原則，遵守本協議……。」

　　在這裡我們要注意的是，這種逐步實現的義務不能解釋為賦予締約國無限期拖延努力實現的權利，也不可因為資源的短缺，而減輕國家要擔負的義務。[2]

## 聯合國權利委員會（監測委員會）的組成（第 34 條身心障礙者權利委員會）

360

①審議委員會的組成：此委員會指的是隸屬於聯合國的委員，應設立執行上述第 33 條所要求之監測作業的委員會，初期 20 多個國家批准時是 12 名，一旦批准國超過 60 個國家（2018 年 10 月約 177 個國家）就由 18 名組成，筆者於 2011 年在聯合國被選為韓國的代表。聯合國特別委員會討論的當時，國際非營利組織（NGO/DPO）團體曾強烈主張，委員會應該由身心障礙問題專家和身心障礙當事人組成，且 50% 以上要由身心障礙者來當成員。同時也有人主張男性與女性各占 50% 的比例。為推行《身心障礙者權利公約》，要求讓身心障礙團體（NGO/DPO）、公民團體積極地參與。另一項重要的問題是，「假如委員會的組成應由身心障礙問題專家和身心障礙當事人組成，且 50% 以上要由身心障礙者組成」比較理想的話，那麼該由誰、該如何來選出委員。依照程序，聯合國向各國政府請求選派兩位各國代表，作為聯合國委員會的候選人，但實際上只有一名候選人。韓國也隨著公約的批准，推薦權利委員。[3] 據筆者的觀察，每當

---

2　국가인권위원회, 장애인권리협약 해설집 (국가인권위원회, 2007), 37-38 제 2 장 제 4 조 해설 참조.

3　筆者認為，不僅是聯合國，在國內也適用相同原則，委員會的身心障礙者參與比例

到了要選出委員候選人的時期，有些締約國還會選出對身心障礙問題完全無經驗或毫無認知的總統親戚，或薦舉那些退休的老外交官來擔任。

②權利委員會的運作實際上涉及各種問題，但最核心的應該是：（a）審議各國提交的報告（b）探討《身心障礙者權利公約》與其他人權公約之間的關係（c）個別歧視、人權侵害案例的報告（個人申訴）（d）個人申訴之案例審議（e）審議完報告後向各國通報結論性意見（f）研討各國回覆的內容報告並通報彙整意見（g）依照案件對各締約國訪問調查和審議等。換言之，為了成功的監測，日後研究責任所在的政府機關部門以及所屬部門之間要能緊密的合作，並與各國的協調委員會為監測的架構與爭議的清單、指標進行開發。同時對內在獨立的國家機關（例如：國家人權委員會）的支持與協助下，研擬各國的施行案和制訂具體的行動綱領。儲備和訓練可負責的身心障礙者，讓他們能夠順利執行國內外公約推行相關委員會的工作是當務課題。並且在監測上，應依國際、國家、區域、身心障礙領域組成，進行徹底監測。有如上述第 33 條和第 34 條中觀察到，身心障礙委員會的活動與監測對於權利公約的推行上，負有重要的意涵，同時在聯合國和身心障礙 NGO 或 DPO、國家層級進行著相當份量的業務執行。也就是強調對於《身心障礙者權利公約》的推行，該國的關注程度和專家、身心障礙者當事人的參與。但是回顧到目前為止，就其他公約的推動經驗或結果來看，都是負面的。聯合國也曾想將個人監察員（ombudsman）制度化，但是按照《巴黎原則》的獨立性角度來看，似乎並沒有取得很高的成效。就算如此，在國內目前也沒有法律禁止「監察員制度」不應得到進一步強化，而且比起過去任何一個公

361

依照國際 NGO/DPO 團體的需求來成立國內的委員會較為理想。委員會一旦成立後就會擔任各種重要的角色。

約的履行，身心障礙 NGO 的積極參與非常值得期待。有一種策略是各國的 NGO/DPO 首先建立該國的國家行動計畫（national action plan）；[4] 再向各國政府進行遊說；最終上達聯合國的方式，也就是從下意上達（bottom-up）或是創建草根（grass-root）運動做起。截至 2019 年即便目前即將進行第 2 和 3 次合併審議，韓國政府也還沒有提出「推行《身心障礙者權利公約》的國家策略」。在開發國家行動計畫或策略上，絕對需要 NGO 的角色並期待有所作為，我們不得不期盼韓國的身心障礙 NGO 關注這些策略並進行合作結盟。為了公約的有效推動，會需要包含以下的要素：

1. 技術性研究相關的支援和獎勵。
2. 為適宜的政策研究發展和執行資料蒐集和統計。
3. 在樹立政策研究的過程中，讓身心障礙者和身心障礙代表團體全面參與。

# 1. 聯合國的監測委員會

公約的第 33 條、34 條、35 條，分別談到監督公約履行情況的監測和相關的身心障礙者權利委員會的重要性。且在第 4 條第 3 項表明，「為執行本公約以發展及實施立法及政策時，及其他關於身心障礙者議題之決策過程中，締約國應與代表身心障礙者之組織、身心障礙者，包括身心障礙兒童，密切諮詢，以使其積極涉入。」這樣可以使為數許多的身心障礙者當事人，有意義地參與權利公約的審議過程，並提供重要資訊與訊息。但有時候會發現，平常對身心障礙者的人權問題與公約的精神和意涵漠不關心的所謂高層人士代表國家來擔任監測委員時，沒有比這更不幸的事。我們要關注的是，儘管本《身心障礙者權利公約》能

---

[4] 截至 2018 年 10 月，韓國尚未建構國家履行策略。

否最終取得效果取決於監測（的成效），但監測具有各國與國際層級的雙重性。從過去 1960 年代之後通過的公約都無法達成此目標的負面經驗來看，對此公約的未來也不禁令人感到悲觀。首先讓我們思考一下與監測相關的各國推行之課題。公約第 33 條具體規定了三種國家實施與監測的方式。為推行第 33 條，有幾個先決完善的事項，尤其圍繞在委員會的組成上，有關政府與身心障礙者團體之間的衝突。

## 2. 監測與身心障礙者的參與

與監測之任務有密切關聯的一個概念就是「參與」，儘管此概念本身對於公民資格的實現有重要的意義，但是該等關係的重要性似乎都被忽略。[5] 也許原因在於就算沒有身心障礙者的參與，經濟結構依然正常循環，政治上也不受到任何威脅，這樣的思維導致在主流社會受到排除成為現實。此舉暴露了政客們完全可以忽視有關身心障礙者的問題，絕不是誇大其詞，也絕非空穴來風。儘管如此，還有一項明確事實是，就像反省長期以來政治上被邊緣化和被忽視一樣，在 2004 年國會議員選舉前夕實施的民調中，有 78.8% 的身心障礙者表示將參加投票，與預想投票率在 50% 左右的數字形成鮮明的對比。[6] 雖有很多的動向希望提高身心障礙者的政治參與，但實際上身心障礙者參與社會依然受到許多限制。

363

---

5　身心障礙者有關反歧視運動的社會參與之起源，可以回溯到美國黑人的民權運動。也就是受到 1960 年代美國黑人的民權運動的影響，在身心障礙者領域開始興起的反歧視運動更直接地促成一個契機讓公民資格和身心障礙問題得以結合。以美國來說，透過詹森總統在大社會計畫（Great Society）、消除貧困與戰爭等內容，將聯邦預算的相當比例拿來編列復健預算，而擴大對身心障礙者的資訊和支援。像這樣，由民權運動開始的美國障礙者權利運動，經過幾番曲折過程，到了 1990 年透過美國身心障礙者法案（ADA: Americans with Disabilities Act）制定了身心障礙者的反歧視法，展現出身心障礙者公民資格制度化過程令人刮目相看的成果。

6　이문희, "정치적 주체로서의 장애인 : 장애인단체 총선 / 대선연대 활동을 중심으로," 장애와 사회 (2004 년 봄호).

作為國際公約的《身心障礙者權利公約》，其初衷是為了透過公約的哲學和原則，達成身心障礙模式的轉換，這會經過兩種型態的監測（公約第 34 條、第 35 條）。第一是，由《身心障礙者權利公約》批准國所組成的締約國會議（Conference of State Parties），每年由紐約聯合國指派三到五個國家，來呈報各國的公約推動事項。據筆者的觀察，從數百人參與大型會議室的會場氛圍及提報的內容來看，令人失望的地方不少。第二，一旦成為批准的會員國，自公約對其生效後二年內應提交第一次報告，之後二到三年，最少每四年一次，或是在被提出要求時，得隨時提交國家報告給權利委員會接受審議。國家報告的提交意義是透過國際機構和公民社會（NGO/DPO）為身心障礙主流化相關的立法、政策研究、制度實務等進行通盤徹底檢討與評鑑。

## 3. 研究能力強化並與法律專家的合作

愛爾蘭國立大學的法學系教授福林（Eilionoir Flynn），對專門負責推行公約的國家機構之「主管單位」（focal point）表示以下的看法：「理想的主管單位，最好其位階相當於政府部長級的最高等級。主管單位的功能是站在明確的法律基礎上，執行身心障礙領域經充分協調過的政府任務，並負責適當的人力安排、財政分配。」[7] 目前韓國由國家人權委員會來執行第 33 條第 2 項規定的角色是適合的。也就是「締約國應依其法律及行政體制，適當地於國內維持、加強、指定或設立一架構，包括一個或多個獨立機制，以促進、保障與監測本公約之實施。於指定或建立此一機制時，締約國應考慮到保障與促進人權之國家機構之地位及功能的相關原則。」

截至 2019 年至少在 70 多個國家設有「國家人權委員會」，大約有 65 個擔任「主管單位」的功能。雖然每個締約國多少會有差

---

7　Eilionoir Flynn, *From Rhetoric to Action: Implementing the UN Convention on the Rights of Persons with Disabilities* (Cambridge University Press, 2013).

異，「國家人權委員會」可將其細分為：權利委員會、人權監督員（ombudsman）、研究中心。我們可以觀察一下下列亞太地區締約國從權利委員會收到哪些關注與建議。似乎只有紐西蘭沒有被點出任何建議事項。「主管單位」的主要功能是從公民社會收集最大限度的資訊，並制定國家實施策略等政策，且向所屬政府部門提供必要的建議與勸告。「主管單位」不是提供服務的機構，而是與政策制定緊密關聯。期待高水準業務執行的同時，締約國也要自主性地選擇公約實施的監測。也許礙於國內法規會有所限制，但最終還是期望每個締約國都可以在具有一貫性和可預測性的程度上，達成身心障礙者權利的主流化。有如一般性意見第 7 號的第 33 條第 3 項所強調，身心障礙代表團體參與監測是不容忽視的。在 30 年前，要通過《身心障礙者權利公約》是不可能的，但今日已經實現了，應該要清楚意識到身心障礙者不僅被授予權利，他們也是權利的擁有者。

**尼泊爾**

　　本委員會對於公約第 33 條第 3 項之要求，在推行監測過程中不僅缺乏資源，身心障礙者代表團體也無有效廣泛的參與表示憂慮。[8] 本委員會建議締約國依據保障當事國獨立性的《巴黎原則》，指名一至兩個國立機構監測公約的推行。有關於此，締約國政府要向這些機構提供足夠的人力、技術及財政資源分配。建議進一步保障身心障礙者代表團體可充分參與監測的推行。

---

8　CRPD 結論性意見 2018. 2. 22。

**泰國**

　　本委員會建議締約國的「障礙者就業廳」能夠有效執行業務。同時希望締約國為如實推行《障礙者能力強化法案》與其他身心障礙的立法，加強監測。並以法律機制來保障身心障礙者代表團體參與公約；締約國的人權委員會依照《巴黎原則》，避免受到政府或外部勢力的干涉。[9]

365

**台灣**

　　國際審議委員會做出以下的建議。

①正式任命國家級的主管單位並盡快生效。同時，主管單位的成員要由已完成身心障礙者人權教育者來擔任。

②既然已指定「行政院身心障礙者權益推動小組」來擔任政府及公民社會的協調機構，其角色與責任應充分發揮擴大。

③應立即設立如國家人權委員會之型態，且依照《巴黎原則》保障其獨立性的監測機構，並避免受到總統府、行政院的控制或任何政府部門的干涉。

④建議使身心障礙者代表團體依照公約第 33 條第 3 項參與監測；締約國要提供適當財政支援給這些團體，以順利執行公約推行的監測責任。以上述建議事項為基礎，建請立即設立符合公約第 33 條規定的監測機構。[10]

---

[9] CRPD 結論性意見 2015. 4. 4。

[10] CRPD 結論性意見 2018. 2。

**菲律賓**

①建議依照公約第 33 條第 3 項的要求，為有系統而獨立進行監測提供財政上的支援，並保障身心障礙代表團體參與監測，協助他們參與本委員會的審議。

②建請設置符合《巴黎原則》得以獨立執行監測的主管單位，以支持及保護公約的推行。[11]

**中國**

　　本委員會為建議締約國修訂《身心障礙者保障法》第 8 條，除了中國殘疾人聯合會（China Disabled Persons' Federation）之外，也能保障其他障礙團體來參與監測。尤其本委員會建議組織各樣的獨立組織或協會，諸如身心障礙兒童、身心障礙者家長會等，使其廣泛活躍地展開活動。進一步依據公約第 33 條（第 2、3 項）的原則，建議設置獨立性的國家監測機構。[12]

**蒙古**

　　本委員會建議依據《巴黎原則》設置獨立性的監測體系機構，以監測公約推行。同時，也要保障身心障礙者代表團體參與這個過程。[13]

---

[11] CRPD 結論性意見 2012. 6. 25。

[12] CRPD 結論性意見 2015. 3. 25~4. 11。

[13] CRPD 結論性意見 2013. 10. 21。

366

> **澳洲**
>
> 　　本委員會對於澳洲締約國在推行公約第 33 條的方針上，欠缺具有參與性和敏銳的監測體系表示憂慮，並建議改善。[14]

　　最後，讓我們看一下對於韓國表達關注的結論性意見。

> **韓國**
>
> 　　首先委員會瞭解韓國由國務總理所屬之「障礙者政策委員會」負責公約的全面履行，針對身心障礙政策的調整、相關各項政策的實施進行監測，同時，由國家人權委員會負責諮詢障礙政策上的各項調整。但本委員會憂慮的是，因國家人權委員會的人力與預算不足，無法有效推行公約的監測。[15]

　　我們從上述觀察到包含韓國在內的亞太地區八個國家，從委員會那裡得到了對於公約第 33 條履行的關注和建議事項。如前所述，有 70 多個國家設置了國家人權委員會，其中大約有 65 個是在執行「主管單位」的功能，但是亞太地區的大部分國家，都在這一點上受到委員會的關注。「主管單位」應指定一個獨立機構，並依《巴黎原則》保障其獨立性，提供其財政支援，同時讓身心障礙代表團體參與監測的過程，至少這些是有關第 33 條所有建議的核心內容。

　　「主管單位」是為國內履行公約而設置的「實踐與監督」機構，作為一個獨特機構必須為：

- 政府內的主管單位

---

[14] CRPD. 29 October 2014.

[15] The optional Protocol under the Convention Against torture(oP-CAt) foresees a national preventive mechanism in its Article 17, however, this is not part of the core treaty.

- 政府內的協調機構
- 依照《巴黎原則》的獨立機構

  *巴黎原則（Paris Principles）：由具有法律資格的委員組成，應保障財政、內容及其他方面的獨立性。

- 業務：所有人權的增進與保護　　　　　　　　　　367
- 使命

  - 對政府和其他公共機構進行諮詢與建言
  - 對所有人權公約履行行政的監測
  - 對侵犯人權嫌疑的獨立調查
  - 對人權為主題的研究與調查
  - 訊息的發布
  - 包含反歧視在內的人權相關全面教育
  - 對申訴或請願的調查
  - 國際合作

- 權限

  - 可獨立進行調查及搜查的權限
  - 可與其他機構及部門合作或協調的權限
  - 可提出獨自的見解和建議的權限
  - 獨立自治權
  - 可出版的權限
  - 資訊相關的權限
  - 可調查的權限

- 委員會的組成：保障獨立性的任命與解僱的權限
- 司法地位：基本上要保障全面性的獨立，但有時候也會存在獨立性受到威脅的情況，因此確保獨立性是很重要的。這是基於法律的獨立性，有義務只針對國會的質詢做出回應。人權委員會可充分扮演好這樣的職責，不需另行設立其他機構，以免對人權的解釋上有分歧。

雖然不一定是要取代主管單位的概念，但大部分的法律學家或權利委員會的委員，對於締約國都是由類似韓國保健福祉部的政府機構幾近全權負責公約的推行表示憂慮。原因是在執行身心障礙者人權以外的權利相關改革時，過去的福利部門總是停留在根深蒂固的身心障礙者機構化、障礙等級判定、生活保障、就業保障、強化身心障礙者的被動性依賴感等，這些都對公約的改革推動有所阻礙；而對於政府依然醉心於福利而非身心障礙者的人權也深感關切。[16] 這一點是值得深思的。

## 1）為履行公約建立國家策略（**national action plans/strategies**）

在審議過程中，常常出現的爭論焦點主題的是有關公約履行的國家策略。有時候也會與第四條的國家義務相關，實際上有許多締約國在沒有建立國家策略的情況下就直接要推行公約，這幾乎是一個莽撞的決定。這事情應該更具體、更經常地出現在結論性意見中，韓國也亟需制定今後履行公約的國家策略。為此重要性的考量，想要探討一下這個主題。一言以蔽之，這是以身心障礙者的完全社會融合作為目標的國家策略。雖然在財政、社會、文化上會有挑戰，但推行的過程還是要持續去完成，因此有必要在公領域和私領域進行多方面改革。

### 愛爾蘭的身心障礙策略

以愛爾蘭來說，完全融合是以消除阻礙及聽取身心障礙當事人的意見為主，但試著建構以下四項國家重點策略項目：

- 平等的公民
- 獨立和選擇
- 參與
- 潛力的極大化 [17]

---

[16] Eilionoir Flynn, *From Rhetoric to Action: Implementing the UN Convention on the Rights of Persons with Disabilities* (Cambridge University Press, 2013), 39.

[17] Government of Ireland, National Disability Strategy Implementation Plan 2013-2015.

**澳洲的身心障礙策略**

澳洲政府以十年為週期樹立國家實踐策略，致力於在執行國家公共政策時將身心障礙服務和方案主流化，同時也試著在地區改革基礎建設。這是聯邦政府的首次嘗試，也是與地方政府達成協議展開的。以六項優先順序作為策略的基本：

- 融合且無障礙之社區：包括交通在內的物理環境、公園、建築物和住宅、ICT、體育、休閒、文化的公民生活領域
- 保護權利和司法權的法令、反歧視的施行政策、申訴的處理機構、倡導、選舉及司法制度
- 經濟保障：就業、事業機會、財政獨立、保障失業者的適當收入、住宅
- 個人及社區的支持：完全融合與社區的參與、個人化的照護和身心障礙專家提供的服務、服務的主流化、非形式的照護和支持
- 學習與技術：早期兒童教育與關懷、學校、堅持永續、職業教育、從學校到就業的轉換、終身教育
- 健康與福利：健康服務、增進健康及健康和身心障礙服務的相互交織、享有福利與生活品質 [18]

369

**歐洲的身心障礙策略：The EU Disability Strategy（2010-2020）**

歐洲早在 2003 年的「歐洲身心障礙者年」，通過自 2003 年為期至 2010 年更長期、以「身心障礙者自立生活」為命題的「歐洲身心障礙策略」。歐洲在 2010 年 11 月又通過了 2010 至 2020 年的新策略作為後 2010 年的後續措施，目標是「消除身心障礙者平等參與社會的各種阻礙」。期間透過監測收集各種資料，整理後出現了三個問題，而這些問題對新策略的構想有些影響：

- 歐洲人口每 6 名當中，有 1 名患有輕度到重度的障礙，導致有

---

[18] Australia, National Disability Strategy 2010-2020 Evidence Base.

80% 的身心障礙者無法全面參與社會。

- 身心障礙者的貧困率，高出非身心障礙者的 70%，主因是失業。
- 75 歲以上身心障礙老人中，有 1/3 在日常生活中受到限制，有 20% 幾乎完全無法自理。

　　歐洲委員會和會員國家基於反歧視的人權架構，以反歧視和防止人權侵害為核心，在所有政策領域促進身心障礙者的機會均等主流化。他們身心障礙策略的核心是透過身心障礙者全面的社會參與，最終要在所有政策領域實現障礙的主流化。在推動這一策略的過程中，會盡量考量到各會員國的特殊情況和條件、地理、經濟、社會、文化特性和社會多元性，承認其充分彈性之必要，因此在里程碑的訂定上會遵照國家的優先順位。同時在構想身心障礙策略的過程中會支援需要幫助的會員國，策略的履行也將成為定期進行系統化監測的對象。

370

### 策略構想的基本原則

　　包括：（1）不歧視；（2）機會均等；（3）身心障礙者的全面社會參與；（4）尊重差異，接受身心障礙者是人之多元性之一；（5）自由做出自己選擇之個人自主及尊嚴；（6）兩性平等；（7）透過身心障礙者個人或代表團體，參與影響身心障礙者生活的個人和社會層面的決策過程。

　　加強履行聯合國《身心障礙者權利公約》的國家策略，對法律和政策改革具有許多重要意義；對於過去在身心障礙政策上採取曖昧態度的政府，透過國家履行策略將會賦予其明確意志的契機。總括來說，雖然過去也不是沒有關於公約履行的深入研究，[19] 但因無法介紹歐洲龐大的

---

[19] 也許最值得利用的研究為以下之研究。領先研究的是愛爾蘭國立大學法學系的 "Human Rights Institute"。納入研究的締約國／分析對象為：Australia (especially the State of Victoria)、Bolivia、Canada (especially the Province of British Columbia), England and Wales、Ireland、New Zealand、the Philippines、Portugal、Slovenia、South Africa and Sweden。有些國家雖然沒有完整樹立國家策略，但有在準備階段中的締約國也包含在內。14th World Congress of Rehabilitation International,

資料量，在此以筆者在審議過程中使用過的資料，以及分析過世界 11 個國家的身心障礙策略的資料 [20] 為主，做出以下的概要整理：

①合乎時宜的政治意志：綜合中央政府在內的所有政府主體及身心障礙界的意見，表明要如何堅定推動公約的明確意志力。

②在建立國家策略的過程中，如何有效地從身心障礙代表團體取得諮詢，如何推行策略並持續監測，且其代表性是值得信賴並包含弱勢障礙階層。締約國如何展現身心障礙領導力並分攤責任，且能在執行公約方面持續相關的教育訓練。

③國家級的履行策略如何與國內各區域的履行過程互相整合；主管單位與協調機制、獨立監測及監測架構的建置。

④策略制定過程之企劃和決策，是否明確遵行讓身心障礙者參與的法定義務（公約第 4 條第 3 項）和政策義務。此法定義務不是指法定成果，而是法定職責，就是要保障身心障礙者平等權的法律意志的表明。

⑤國家履行策略過程的報告內容，要具透明性與責任性，包含政府及各部門和公共機關的報告方法、獨立組織和大眾媒體對於公約履行的批評和公眾宣導資料的分發等。

⑥國家所有政策制定，是否致力將國家履行公約的策略主流化。

⑦對整體國家履行策略的相關績效、年度績效進行的外部評鑑和監測，要納入該策略所包括的立法改革和政策。

⑧要包含與國家策略推行有關的量化、質化與系統化的資料，以

371

Winnipeg, Canada, 22-27 June 1980. See for example, Minister for Disability Issues, *Work in Progress 2009: The annual report from the Minister for Disability Issues to the House of Representatives on implementing the New Zealand Disability Strategy* (Wellington: ODI, 2009), p.3. See UN Enable, *The Convention and Optional Protocol Signatures and Ratifications* available at (last accessed 19 July 2010). Eilionoir Flynn, *From Rhetoric to Action: Implementing the UN Convention on the Rights of Persons with Disabilities* (Cambridge University Press, 2013).

[20] Ibid., 197-200.

及為身心障礙者的實質生活帶來實際變化的資料。

## **2）** 身心障礙主流化：《身心障礙者權利公約》批准後，成為關注對象的主流化之簡述

一般來說，主流化是指讓身心障礙者可以感受到公共服務和無障礙的近用性。更深層的意義在於強調須從更全面、更具體的意義下改革公共服務。如此在身心障礙者的整個生命週期中，身心障礙政策和服務要能夠反映身心障礙者的需求，基於這點，身心障礙主流化也許與「身心障礙者公民資格」的具體實現有相同概念。因此，這不是單純的以結果為導向，而是使障礙者持續地參與和全面融合。主流化的優點是，將障礙者的平等權納入普遍的政策過程中，並且拆除了特殊領域（例如：就業與行動權）的結構性障礙。因此決策者可以去檢討政策預期是否達成原來的政策目標。Zola 試著說明「身心障礙主流化」[21] 實際上具有成本效益，身心障礙政策的普遍化就等同於在技術（technology）領域、就業領域、交通領域使用通用設計的概念。[22] 身心障礙的主流化要包含（1）法律政策上的身心障礙驗證；（2）身心障礙策略和其他國家政策之間的相互關係；（3）社會整體意識的提升等。

---

[21] 編註：原文的意義是指障礙經驗的普同化，每個人在生命周期都會面臨障礙過程與經驗，逐漸讓障礙經驗成為任何人生命經驗的一環，而不是特殊的人生經驗。

[22] Irving Kenneth Zola, "Toward the necessary Understanding of a Disability Policy," *The Milbank Quarterly* 67, 2(1989): 401-428.

# 參考書目

## 韓文資料

국가인권위원회 차별시정본부. 차별판단지침. 서울: 국가인권위원회, 2008.

_____. "아시아·태평양지역의 국제 장애인권리협약 실효적 이행을 위한 국제심포지움." 2009.3.12.

_____. "장애인차별금지법의 제정 의의와 장애인 정책의 방향." 2007.4.12.

_____. 장애인권리협약 해설집. 2007.

_____. 장애인차별금지 및 권리 등에 관한 법률 설명회 자료. 2008.

김기연. "유엔 '인권 기능', 업그레이드될까?" 인권, 32(2006): 38-39.

김명수. "장애인차별금지법의 제정배경과 개선방안." 홍익법학 20, 1(2019): 283-304.

김승완, 이주호, 노성민, 김지혜, 이수연. 장애포괄적 재난관리체계 구축을 위한 기초 연구. 서울: 한국장애인개발원, 2015.

김정렬. "기획: 인권문제의 실상과 과제; 장애우 인권과 장애인차별금지법 제정 전망." 기억과 전망 4(2003): 211-229.

김형식. "'UN 장애인권리협약' 시대에 도전받는 특수교육." 현장특수교육, 오픈 칼럼(2014).

_____. "Disability-Inclusive Development: a spurned Dimension in International Cooperation." 국제개발협력연구 2, 2호(2010): 65-93.

_____. "T.H. Marshall의 시민적 권리론에 관한 소고." 한국 사회복지학회지 26(1995).

_____. "유엔 장애인권리 협약과 우리의 과제." 한국장애인재활협회 RI Korea 재활대회 발표 논문. 2006.

_____. "유엔장애인권리협약과 장애인의 시민적 권리." 재활과 복지 12, 3(2008).

_____. "경제·사회·문화적 권리 이행에 대한 비판." 국가 인권위원회 사회권 세미나, 2005. 12. 14.

_____. "국제장애인권리협약 비준을 위한 제6차 특별위원회의 참가보고서(2005.8.1~12)." 장애인권리협약해설집. 서울: 국가인권위원회, 2007.

_____. "롯소의 사회적 불평등에 관한 소고." 사회복지와 불평등(중앙대학교 중사연 20주년 기념논문집). 서울: 일조각, 1997.

_____. "시민적 권리의 관점에서 본 장애인의 사회통합." 재활복지 Vol.12, No.3(2008).

_____. "제6차 UN 특별위원회 참석 보고서." 한국재활협회. 2005.

_____. 시민적 권리와 사회정책. 서울: 중앙대학교 출판부, 1997.

_____. 시민적 권리와 사회정책. 서울: 중앙대학교 출판부, 1998.

나운환. "인천전략 3년의 변화와 전망." 한국장애인재활협회 44회 대회. 2015. 9. 17.

남찬섭. "장애인차별금지법 제정의 의의와 과제." 보건복지포럼 127(2007): 22-33.

대한민국 정부. 유엔장애인권리협약 제2·3차 병합 국가보고서(한글본).

리영희. 새는 '좌·우'의 두 날개로 난다. 파주: 한길사, 2006.

미국사회복지사협회 엮음. 사회복지실천이론의 토대. 이필환 역. 서울: 나눔문화, 1999.

박병식, 오혜경, 우주형, 차현미. 장애인 관련 법체계 정비방안 연구. 서울: 보건복지가족부, 한국정책기획평가
    원, 2008.

박병현. 사회복지정책연구이론: 이론과 분석. 학현사, 2007.

박서연. "[연재] 장애X젠더, 재생산을 말하다 ①." 장애여성 공감, 1998.

박숙경. "종사자가 인식하는 그룹 홈 정체성 -탈 시설과 관련하여-. 한국장애인복지학(2018).

_____. "종사자가 인식하는 그룹 홈 정체성 -탈시설과 관련하여-." *Journal of Disability and Welfare*, 42
    (2018): 227-255.

박종운. "장애인차별금지법 제정의 과제와 전망." 국제인권법 7(2004): 51-83.

박태영. "사회복지시설에서의 인권에 관한 소고." 사회복지, 겨울호(2002): 63.

백진현. "국제분쟁해결과 국제재판: 최근의 동향과 함의." 국제기구 저널 Vol4, No.1(2009)

법무법인(유한) 태평양, 재단법인 동천. 장애인법연구. 파주: 경인문화사, 2016.

보건복지가족부. 「장애인차별금지 및 권리구제 등에 관한 법률」 설명자료. 2008.

보건복지부. 2019년 장애인복지사업안내. 2019.

_____. 유엔장애인권리협약 제1차 국가보고서에 대한 장애인권리위원회의 최종견해(국문). 2015.

_____. 장애인실태조사. 2000.

보건사회연구원. 2005년 장애인실태조사보고서. 2005.

손병돈, 김기덕, 권선진, 박지영, 이종복, 이혜경, 최승희. 사회복지와 인권. 파주: 양서원, 2008.

수원시지역사회복지협의체. "장애인차별금지법 시행이 장애인 삶에 미치는 영향." 장애인차별금지법 설명회
    자료집. 2007.

아끼야마, 아이꼬. "아시아, 태평양 지역의 장애법." 아시아 태평양지역 장애인권리협약 이행을 위한 국제심포
    지움(2010), 국가인권위원회.

안치민. "복지권의 구성과 성격." 한국 사회복지학 55, 55(2003): 5-25.

엘리자베스 라이커트. 사회복지와 인권. 국가인권위원회 사회복지연구회 역. 서울: 인간과 복지, 2008.

오욱찬, 김성희, 서정희, 심재진, 오다은. 장애인 근로자에 대한 정당한 편의제공 의무와 공적 편의 지원 방안
    연구. 한국보건사회연구원, 2018

우주형. "장애인복지 관련 법제의 발전방향." 법제연구, 제41호(2011).

_____. "장애인의 평등권의 실현과 장애인차별금지법." 지성과 창조, 8(2005).

유경민, 이봉구, 전윤선, 안성준, 이율희, 권순지. 장애인차별금지법 하위법령안 마련 연구. 보건복지부, 한국장애인개발원, 2017.

유엔난민고등판무관(UNHCR) 보고서 82: 장애 이민자들에 관한 논의 보고서. 2009. 11.

윤찬영. 사회복지법제론. 파주: 나남출판사, 2001.

이문희. "정치적 주체로서의 장애인: 장애인단체 총선/대선연대 활동을 중심으로." 장애와 사회, 봄호(2004).

이혜경, 서원선, 홍현근, 이선화, 이수연, 김원식. 2017년 장애인차별금지법 이행 모니터링. 보건복지부, 한국장애인개발원, 2017.

이혜원. "사회복지 학과 교육과정과 내 인권교육 도입방안." 인권위원회 주관 토론회(2006. 6. 12.)

조형석. "장애인권리협약의 실효적이행과 지역재판소의 필요성과 전망." 아시아 태평양지역 장애인권리협약 이행을 위한 국제심포지움(2010). 국가인권위원회.

조효제. 인권오디세이. 도서출판 교양인, 2015.

크리스토퍼 맹케, 아른트 폴만. 인권철학 입문: 정치적, 도덕적 경험에 비추어 본 인권의 철학적 문제들. 정미라, 주정립 역. 21세기 북스, 2012.

한국 DPI, AbelNews, 국제 장애인권리 조약, 이제, 인권입니다. 2003.

한국사회복지협의회. 2019-2020 사회복지학 교과목지침서.

한국장애인단체총연맹. 한국장애인 인권 백서. 한국장애인단체총연맹, 1999.

한국장애인재활협회. 인권실현공동체를 향하여. RI 아·태연례보고서. 2007.

한국재활협회. "아태지역장애포럼 2003: 새천년 장애." 새로운 아태 장애인 10년(2003~2012)을 향한 2003 APDF 싱가포르 참가보고서.

_____. "제13회 RI KOREA 대회: 이제, 실천현장이 변화할 때이다." 2005.

한국정신장애연대(KAMI). 유엔 장애인권리위원회에 제출된 NGO 보고서.

호주 이민법 1958 65주

Jim Ife. 인권과 사회복지실천(Human rights and Social Work). 김형식, 여지영 역. 서울: 인간과 복지, 2001.

Michael Freeman. 인권이론과 실천(Human Rights: An Interdisciplinary Approach). 김철효 역. 서울: 아르케, 2005.

OHCA- Regional Office of Asia Pacific. UNCC Building. Bangkok, Thailand. 아시아·태평양지역 재난대응을 위한 국제적 활용도구 및 서비스 안내서 Disaster Response in Asia and the Pacific: A Guide to International Tools and Services. 2005.

60여 개국 이상의 국가보고서 심의 자료, 60여 개국 이상의 심의 결과에 의한 '최종권고문', 권리위원회의 각종 보고서/기록문서, 국가위원회의 일반논평 다수 1) 일반논평 #1(제12조 법적 권한) 2) 일반논평 #2(제9조 접근권) 3) #3(제6조 여성장애) 4) 통합교육 #4(제24조) 5) #5(제5조 독립생활) 6) 차별금지 #6(제5조), 7) 아동장애 #7(제7조)

## 英文資料

Albert, Bill. *In or out of the Mainstream? Lessons from Research on Disability and Development Coopera-tion*. Leeds: The Disability Press, 2006.

Armstrong, Felicity and Barton. L. *Disability, Human Rights and Education: Cross-cultural Perspectives*. Philadelphia, Pa.: Open University Press, 1999.

Arnstein, Sherry A. "A Leader of Citizen Participation." *Journal of American Institute of Planners* vol. XXXV, no, 4(July, 1969): 216-26.

Askonas, Peter and Angus, Stewart (eds). *Social Inclusion*. New York: Palgrave, 2000.

Australia. National Disability Strategy 2010-2020

Baldwin, Peter. *The Politics of Social Solidarity: Class bases of the European welfare state, 1875-1975*. Cam-bridge: Cambridge University Press, 1990.

Barnes, C. *Disabled People in Britain and Discrimination: A Case for Anti-discrimination Legislation*. Lon-don: Hurst and Company, 1999.

Barnes, Colin and Geof Mercer. *The Social Model of Disability*. Leeds: Disability Press, 2005.

Barton, Ler. "Sociology and Disability: Some Emerging Issues," in L. Barton, ed., *Disability and Soci-ety: Emerging Issues and Insights*. London: Longman, 1996.

Bendix, Reinhard. *Nation-Building and Citizenship*. John Wiley and Sons, 1964.

Blank, Peter D. (ed). *Employment, Disability and the Americans with Disability Act*. Northwestern, 1997.

Breslin, M. L and Silvia Yee eds. *Disability Rights Law and Policy: International and National Perspec-tives*. Transactional Publishers, 2002.

Campbell, J. and Mike Oliver. *Disability Politics: Understanding our past, changing our future*. Routledge, 1996.

Carroll, Aleisha. How can development programs improve inclusion of people with psychosocial dis-ability?, CBM June 30, 2014

Clapham, Andreww. *Human Rights: A Very Short Introduction*. New York: Oxford University, 2007.

Cochen, Adam. *Imbeciles: The Supreme Court, American Eugenics, and Sterilization of Corrie Buck*. Pen-guin, 2016.

Coicaud, Jean-Marc et al. *The Globalization of Human Rights*. New York: United Nations University Press, 2003.

Collier, Paul. *The Bottom Billion*. Oxford University Press, 2008.

Cooper, Jeremy. *Law, Rights Disability*. Jessica Kingley Publishers, 2000.

Cornwall, Andrea. and Celestine Nyamy-Musembi. "Putting the 'rights-based' approach to develop-ment into perspective." *Third World Quarterly* 8(2004): 1415-1437.

CRPD, Guidelines on article 14 of the Convention on the Rights of Persons with Disabilities. 2014.

Dahrendor, R. "The Changing Quality of Citizenship" in Van Steenbergen, B., *The Condition of Citizens*. Sage Publications, 1994.

Davis, L. "Rights Replacing Needs: A New Resolution of the Distributive Dilemma for People with Disabilities in Australia?" In *Justice for People with Disabilities*, Ma Hairitz, C. Samford, S. Blencowe, The Federation Press, 1998.

De Haan, Aryan. "Social exclusion: An alternative study of deprivation?" *IDS Bulletin* 29, 1(1998): 10-19.

Deacon, B. with M. Hulse & P. Stubbs. *Global Social Policy: international Organizations and the Future of welfare*. Sage, 1997.

Disabilities Thailand and Network of Disabilities Advocate (DTN) September, 2015. ; internal document.

Disability Rights Commission(UK). "Section2- Tracking Barriers to Full Participation by Disabled People." in Towards Inclusion-Civil Right for the Disabled 2004.

WORLD REPORT ON DISABILITY, World Health Organization 2011.

Donnelly, Jack. *Universal Human Rights: In theory and Practice*. Cornell University Press, 2013.

Doyle, B. *Disability Discrimination: The New/law*. London: Jordan, 1966

Drake, R. F. *Understanding Disability Politics*. Mamillan, 1999.

Easterly, William. The White Man's Burden. Penguin Books, 2008.

Equal Opportunities Commission. *Equal Treatment of Men and Women*. 15.

European Centre for Law Institute. "The Right to Life is not the Right to Kill." 2017.

Evans, Tony ed. *Human Rights Fifty Years On: A Reappraisal*. Manchester: University Press, 1998.

Faucault, M. Madness and Civilization I. Illich. *Medical Nemesis: The Exploration of Health*. London: Calders 7 Boyars, 1975.

Flynn, Eillionoir. *From Rhetoric to Action: Implementing the UN Convention on the Rights of Persons with Disabilities*. Cambridge University Press, 2011.

Ford, Richard Thompson. *Universal Rights Down to Earth*. New York: Norton & Company, 2011.

Freeman, Rights. *Human Rights*. Polity Press, 2002.

Fuller, Lon L. *The Morality of the Law*. Yale University Press, 1964.

Goffman, E. *Interaction ritual: Essays on face-to-face behaviour*. New York, NY: Doubleday, 1967.

Gooding, C. *Disability Discrimination Act 1995*. London: Blackstone Press, 1996.

Gooding, Caroline. *Disabling Laws, Enabling Acts: Disability Rights in Britain and in America*. Pluto Press, 1994.

Government of Ireland. National Disability Strategy Implementation Plan 2013-2015

Hahn, H. Issues of Equality: European Perception of Employment Policy and Disabled Persons. New York. 1984. 24.

Hancock, Graham. *The Lords of Poverty: the power, prestige, and the corruption of the international aid business.* New York: The Atlantic Monthly Press, 1989.

Harbamas, Gray, J. Inclusion: A Radical Critique. in Peter Askonas and Angus Stewart (eds). *Social Inclusion: Possibilities and Tensions.* Palgrave, 2000,

Hauritz, Marge, Charles Sampford, and Sophie Blencowe. *Justice for People with Disabilities.* The Federation Press, 1998.

Healy, Justin eds. "Disability and Discrimination." *The Spinneyet series Issues on Society*, Vol. 127. Balmay, NSW, Australia. Independent Education Publishes, 2014.

Hirch, Karen. "From Colonization to Civil rights." in Peter D. Blanck(ed), *Employment, Disability and the Americans with Disability Act.* Northwestern, 1977.

Hissa Al Thani. Speech to the United Nations Special Rapporteur on Disability to the United Nations General Assesmbly 61st Session. September 2006.

ILO. Employment of People with Disabilities: The Impact of Legislation-Asia and the Pacific. Report of a Project Consultation. Bangkok, 17 January. 2003

Inoue, Tatsuo. "Human rights and Asian values." *The Globalization of Human Rights*, Ed. Jean-Marc Coicaud, New York: United Nations University Press, 2003.

International Disability Monitor. Regional Report of Asia, Chicago, Il: 8. 2005.

International Disability Network. Internatinal Disability Rights Monitor. Chicago 2005.

Irving Kenneth Zola, "Toward the necessary Understanding of a Disability Policy," The Milbank Quarterly, 67, no.2(1989): 401-428.

Jackson, Cecil. "Social Exclusion and gender: Does one size fit all?" The European *Journal of Development Research* 11, 1(1999): 125-146.

Jeanine, Braithwaite and Daniel Mont. *Disability and Poverty: A Survey of World Bank Poverty Assessments and Implications.* Washington: World Bank, 2008.

Kabeer, Naila n.d. *Social Exclusion, Poverty and Discrimination: Towards an Analytical Framework*(Palgrave, 2000).

Karen, J. Alter. "Delegation to International Courts: How, and Problems in Doing So?" L.R. Helfer and Anne-Marie Slaughter. Why States Create international tribunals. 2005.

Kayess, Rosemary and Philipp French. "Out of Darkness into Light?" *Human Rights Law Review* 1(2008): 1-34.

Kim, Hyung Shik. "Consideration of Options for Integrating Social Welfare Systems of the North and South Korea." *Korea Journal 42*, 3(2002): 257-282.

_____. "UN Disability Rights Convention and Implications for Social Work Practice." *Australian Social Work 63*, 1(March 2010): 103-116.

Kiuppis, F. and Haussatter, eds, Inclusive Education: Twenty Years After Salamanca. Peter Lang Publishers, 2014.Enabling

Kurzban, R. and M. Leary "Evolutionary origins of stigma: The functions of social exclusion." *Psychological Bulletin*, 127(2001): 187-208.

Lipset & Raab. *The Politics of Unreason: Right-wing Extremism in America 1790-1970.* New York: Harper & Row, 1979.

Mark, Frezzo. *The Sociology of Human Rights.* London: Polity Press, 2015.

Marshall, T. H. *Social Policy.* London: Hutchinson, 1963.

_____. "The Nature of Class Conflict." In *Sociology at the Crossroads, and Other Essays.* London: Heinemann, 1963.

Milton, Theodore et al. *Oxford Textbook of Psychotherapy.* Oxford University Press, 1999.

Minkowitz, Tina. Approaches to Law Reform to Abolish Guardianship and Substituted Decision-Making in the United States, Center for the Human Rights of Users and Survivors of Psychiatry www.chrusp.org

Morris, Jenny. *Pride against Prejudice.* Philadelphia: New Society Publishers, 1991.

Nelson, P. J. and E. Dorsett. *New Rights Advocacy: Changing strategies of development and human rights NGOs.* Georgetown University Press, 2008.

New Zealand Ministry of Foreign Affairs and Trade. *New Zealand Handbook on International Human Rights.* Wellington, N. Z.: Ministry of Foreign Affairs and Trade, 2003.

O'Reilly, D. "Social Inclusion: A Philosophical Anthropology." *Politics* 25, 2(2005): 80-88.

OECD. Transforming Disability into Ability: Policies to promote work and income security for Disabled People. 2004.

Offe, Claus. "New Social Movements: Challenging the Boundaries of Institutional Politics." *Social Research* 52, 4(1985): 817-868.

Oliver, M, "Defining Impairment and Disability: Issues at Stake," in C. Barnes and G. Mercer, eds., *Exploring the Divide: Illness and Disability.* Leeds: The Disability Press, 1996.

_____. "Cock up or Conspiracy." *Therapy Weekly*, 11 March, 1993.

_____. *The Politics of Disablement.* Macmillan, 1990.

_____. *Understanding Disability.* New York: St. Martin's Press, 1996.

Park, Soon Woo. "Struggle for Social Citizenship in Korea. 1945-1997." 미출판 박사학위 논문, London School of Economics and Political Science, 2004.

Quinn Gerard, and Theresia Degener. *Human Rights and Disability.* New York and Geneva: United Nations, 2002.

Quinn, Gerard and Theresia Degener et al. *Human Rights and Disability: the current use and future potential of United nations human rights instruments in the context of disability.* UN, 2002.

Redfern Legal Center. Questions of Rights: A guide to the law and rights of people with an intelletual disability. 1992.

Robertson, G. *Human Rights*. Penguin, 1996.

Robertson, Geoffrey. *Crimes Against Humanity*. Penguin Books, 2006.

Robertson, Geoffrey. *Crimes Against Humanity: the Struggle for Global Justice*. London: Penguin Books, 2006.

Robinson, Mary. United Nationals High Commissioner for Human Rights, International Seminar on Human Rights and Disability, Almasa Conference Center, Stockholm, Sweden. Nov. 5. 2000.

Roche, Maurice. *Rethinking Citizenship: Welfare, Ideology and Change in Modern Society*. London: Polity Press, 1994.

Scambler, G. "Health-related stigma." *Sociology of Health & Illness*, 31(2009): 441-455.

Sen, A. *Development as Freedom*. Oxford: Oxford University Press, 1999.

Shakesphere, Tom. *Disability Rights and Wrongs*. Routledge, 2006.

Silvers, Anita. David Wasserman, and Mary B. Mahowald. *Disability. Difference and Discrimination: Perspective on Justice in Bioethics in Public Policy*. New York: Rowan & Littlefield Publishiers, Inc., 1998.

Staples, B. "Special Education is not a Scandal." *New York Times*, September 21, 1997.

Steenbergen, Bart Van. *The Condition of Citizenship*. Sage, 1994.

Steger, M. B. *Globalism: Market ideology meets terrorism* (2nd edition), Lanham, Maryland: Rowman and Littlefield Publishers, Inc., 2005.

Stone, Deborah. *The Disabled State*. Baingstoke: Macmillan, 1984.

The Economist. September 12~18, 2015.

The Weekend Australian. July 7-8, 2018: 16.

Titmuss, R.M. *Commitment to Welfare*. London: Allen & Unwin, 1974.

Tomlinson, S. *A Socioly of Special Education*. London: Routeledge, 1982.

Townsend, P. *Poverty in the United Kingdom*. London: Penguin, 1979.

Trömel, Stefan. "A Personal Perspective on the Drafting History of the United Nations Convention on the Rights of Persons with Disabilities." In *European Yearbook of Disability Law*. Edited by Gerard Quinn and Lisa Waddington. Antwerpen: Intesentia, 2009: 115-138.

Turner, Bryan S. *Citizenship and Capitalism*. London: Allen & Unwin, 1986.

_____. "The Erosion of Citizenship". *British Journal of Sociology* 52, 2(2001): 189-209.

Turner, Bryan S., and Peter Hamilton. "Citizenship: Critical Concepts". In Citizenship: Critical Concepts, edited by B.S. Turner and P. Hamilton. London: Routledge, 1994.

Twine, Fred. *Citizenship and Social Rights: The Interdependence of Self and Society*. London: Sage, 1994.

UK. "Definition of Disability within Anti-discrmination Law: Recommendations to the Government."

Disability Rights Commission, 2006.

UN. "Bringing International Human Rights Law Home: Judicial Colloquim on the Domestic Applica-
tion of the convention on the Elimination of All forms of Discrimination against Women and
the Convention on the Rights of the Child." New York, 2000.

___. "Teaching and Learning about Human Rights: A Manual for Schools of Social Work and the So-
cial Work Profession." New York, 1992.

___. "The Road to Dignity by 2030: Ending Poverty, Transforming All Lives and Protecting the Plan-
et." New York, December 2014.

___. *Basic Human Rights Instruments.* Office of High Commissioner for Human Rights, 1998.

_____. Guidelines and Principles for the Development of Disability Statistics. New York,
2001.

_____. The Human Rights Based Approach to Development Cooperation: Towards a Com-
mon Understanding among UN Agencies.

UN Human Rights Center. *Teaching and Learning about Human Rights: A Manual for Schools of Social
Work and the Social Work Profession.* 1992.

UNESCAP. BIWACO Millenium Framework for Inclusive, Barrier-free and Rights-based Society for
Persons with Disabilities in Asia and the Pacific. 24 January, 2003.

Unwin, Peter. *Human Rights and Development.* Kumarian Press, 2004.

Van Steenbergen, B. *The Condition of Citizens.* Sage Publications, 1994.

Walker, L., "Procedural rights in the wrong system: special education is not nough," in A. Gartner
and T. Joed(eds) Images of the Disabled, Disabling Images. New York: 98-102. 1987.

WHO. World Disability on Report. 2011.

Wilson, Lou. "Developing a model for the measurement of social inclusion and social capital in re-
gional Australia." *Social Indicators Research* 75, 3(2006): 335-336.

Wiltshire, McMeniman & T Tolhinm, Shaping the Future: Report of the Review of the Queesnland School
Curriculum. The State of Queensland, 1994.

WNUSP. Psychosocial Disability, Aug. 15, 2008.

World Bank. Mini Atlas of Global Development. 2004.

_____. Poverty and Disability: a Survey of the Literature. 1999.

World Health Organisation and World Bank. *World Report on Disability.* Geneva: WHO-Verlag, 2011.

# 參考網站

경향신문 http://www.khan.co.kr

공익인권법 재단 공감블로그 http://withgonggam.tistory.com/2189

국민일보 http://www.kmib.co.kr/news/index.asp

법제처 국가법령정보센터 http://www.law.go.kr

보건복지부 http://www.mohw.go.kr/react/search/search.jsp

사회복지사업법 법령 http://www.lawnb.com/Info/ContentView?sid=L000000202#P2

아이굿뉴스 www.igoodnews.net

에이블뉴스 http://www.ablenews.co.kr

연합뉴스 https://www.yna.co.kr/index

프레시안 http://www.pressian.com

한겨레신문 http://www.hani.co.kr

한국청소년상담복지개발원 http://www.kyci.or.kr/specialserv/specialserv10_4.asp

Mental Health Units. Bill 2017-19. http://services.parliament.uk/bill

UN http://camhindia.org/un_disability_convention_2005.html

UN Enable http://www.un.org/disabilities/index.asp

http://creativecommons.org/licenses/by/4.0

http://eclj.org/abortion/un/protgez-toute-vie-humaine-

http://int.serv.myway.com

http://whqlibdoc.who.int/publications/2004/9241592389_eng.pdf

http://womenenabled.org/pedfs

http://www.news9-bounces@list.un.org

http://www.en.wikipedia.org

http://www.ifsw.org/en

http://www.sookmyung.ac.kr/policy/4713/subview.do

http://www.un.org/esa/socdev/enable/dissre00.htm

# 作者簡介

## 金亨植（김형식）

　　求學經歷為韓國中央大學社會福利學系、英國倫敦政經學院、曼徹斯特大學經濟社會研究所、德國法蘭克福大學，最後在澳洲蒙納許大學取得社會政策學博士學位（專攻社會政策）。目前任職於澳洲的昆士蘭大學、蒙納許大學、伊迪斯科文大學的社會政策系教授。歷任韓國中央大學兒童福利學系教授，曾赴香港、美國田納西大學交流訪問、以及在韓國紐約州立大學（The State University of New York in Korea）擔任客座教授、韓半島國際研究所大學國際合作學系名譽教授、聯合國身心障礙者權利委員會的韓國代表專門委員（2011-2018）、倫敦政經學院亞洲研究中心（Asia Research Centre）客座教授（2009）。
email:hskimmosman@gmail.com

## 禹周亨（우주형）

　　韓國中央大學研究所法學系博士（社會法）。拿撒勒大學人體復健（Human Rehabilitation）系教授、（社團法人）韓國障礙者家長會諮詢委員長、韓國障礙者開發院理事、韓國忠清南道人權委員會第一期、第二期委員長（2013-2019）、韓國保健福祉部廢除障礙等級制民官合作組織委員（2017-2019）、RI Korea 政策與服務分科委員、韓國京畿道禁止歧視障礙者及人權保障委員會委員、韓國忠清南道發展遲緩障礙者支援中心營運委員長等

## 權五鏞（권오용）

YAEIN 法律事務所代表律師、韓國心智障礙者聯盟（KAMI: Korean Alliance for Mobilizing Inclusion）創立人兼秘書長、WNUSP（World Network of Users and Survivors of Psychiatry）理事

## 柳京旼（유경민）

韓國障礙者開發院政策研究室研究計劃組組長

## 權順枝（권순지）

韓國障礙者開發院政策研究室研究計劃組研究員

## 朴奎英（박규영）

The State University of New York, Korea 客座教授（2017-2019）、烏克蘭 Lviv Polytechnic National University 講師（KOICA 海外服務團）。歷任東國大學（首爾）、韓半島國際研究所大學兼職教授、韓國國際合作團（KOICA）審查委員

# 附錄

## 身心障礙者權利公約【中譯本修正草案】全文
### （社家署 20200908 公告）

#### 前言

本公約締約國，

(a) 重申聯合國憲章宣告之各項原則**肯認**人類大家庭所有成員之固有尊嚴與價值，以及平等與不可剝奪之權利，是世界自由、正義與和平之基礎，

(b) **肯認**聯合國於世界人權宣言與國際人權公約中宣示並同意人人有權享有該等文書所載之所有權利與自由，不得有任何區別，

(c) 再度確認所有人權與**基本**自由之普世性、不可分割性、相互依存性及相互關聯性，必須保障身心障礙者不受歧視地**完整**享有該等權利及自由，

(d) 重申經濟社會文化權利國際公約、公民與政治權利國際公約、消除一切形式種族歧視國際公約、消除對婦女一切形式歧視公約、禁止酷刑和其他殘忍、不人道或有辱人格的**對**待或處罰公約、兒童權利公約及保護所有移徙工人及其家庭成員權利國際公約，

(e) **肯認**身心障礙是一個演變中之概念，身心障礙是功能損傷者與阻礙他們在與其他人平等基礎上**完整**及切實地參與社會之各種態度及環境障礙相互作用所產生之結果，

(f) **肯認**關於身心障礙者之世界行動綱領與身心障礙者機會均等標準規則所載原則及政策準則於影響國家、區域及國際各級推行、制定及評量進一步增加身心障礙者均等機會之政策、計畫、方案及行動方面之重要性，

(g) 強調身心障礙主流議題之重要性，為永續發展相關策略之重要組成部分，

(h) 同時**肯認**基於身心障礙而歧視任何人是對人之固有尊嚴與價值之侵犯，

(i) 進一步**肯認**身心障礙者之多**樣**性，

(j) **肯認**必須促進與保障所有身心障礙者人權，包括需要更多密集支持之身心障礙者，

(k) 儘管有上述各項文書與承諾，身心障礙者作為**社會的平等**成員參與方面依然面臨各種障礙，其人權於世界各地依然受到侵犯，必須受到關注，

(l) **肯認**國際合作對改善各國身心障礙者生活條件之重要性，尤其是於開發中國家，

(m)肯認身心障礙者存在之價值與其對社區整體福祉**及**多樣性所作出之潛在貢獻，**並肯**認促進身心障礙者**完整**享有其人權與基本自由，以及身心障礙者之**完整**參與，將導致其歸屬感之增強，顯著**增進**社會之人類、社會與經濟發展及消除貧窮，

(n)**肯**認身心障礙者個人自主與自立之重要性，包括**自由進行自己的選擇**，

(o)認為身心障礙者應有機會積極參與政策及方案之決策過程，包括與其直接相關者，

(p)關注基於種族、膚色、性別、語言、宗教、政治或不同主張、民族、族裔、原住民或社會背景、財產、出生、年齡或其他身分而受到多重或加重形式歧視之身心障礙者所面臨之困境，

(q)**肯**認身心障礙婦女與女孩於家庭內外經常處於更高風險，遭受暴力、傷害或虐待、**疏忽或忽視對待**、不當對待或剝削，

(r)**肯**認身心障礙兒童應在與其他兒童平等基礎上**完整**享有所有人權與基本自由，並重申兒童權利公約締約國為此目的承擔之義務，

(s)強調於促進身心障礙者**完整**享有人權與基本自由之所有努力必須納入性別平等觀點，

(t)凸顯大多數身心障礙者生活貧困之事實，**肯**認於此方面亟需消除貧窮對身心障礙者之不利影響，

(u)銘記和平與安全之條件必須立基於**完整**尊重聯合國憲章宗旨與原則，以及遵守現行人權文書，特別是於武裝衝突與外國佔領期間，對身心障礙者之保障為不可或缺，

(v)**肯**認物理、社會、經濟與文化環境、健康與教育，以及資訊與**通訊**傳播**之可及性**，使身心障礙者能**完整**享有所有人權與基本自由之重要性，

(w)理解個人對他人與對本人所屬社區負有義務，有責任努力促進及遵守國際人權憲章所**肯**認之權利，

(x)深信家庭是自然與基本之社會團體單元，有權獲得社會與國家之保障，身心障礙者及其家庭成員應獲得必要之保障及協助，使家庭能夠為身心障礙者**完整**及平等地享有其權利作出貢獻，

(y)深信一份促進與保障身心障礙者權利及尊嚴之全面整合的國際公約，對於開發中及已開發國家，能補救身心障礙者之重大社會不利處境及促使其參與公民、政治、經濟、社會及文化等面向具有重大貢獻，

茲協議如下：

第 1 條　宗旨

　　本公約宗旨係促進、保障與確保所有身心障礙者完整及平等享有所有人權及基本自由，並促進對身心障礙者固有尊嚴之尊重。

　　身心障礙者包括肢體、精神、智力或感官長期損傷者，其損傷與各種障礙相互作用，可能阻礙身心障礙者與他人於平等基礎上完整且有效地參與社會。

第 2 條　定義

　　為本公約之宗旨：

　　"溝通"包括語言、內容顯示、點字、觸覺溝通、放大字體、可及性多媒體以及書寫的、語音的、淺白語言、報讀及其他輔助性與替代性的傳播方式、方法及格式，包括可及性資訊與通訊科技；

　　"語言"包括口語、手語及其他形式之非語音語言；

　　"基於身心障礙之歧視"是指基於身心障礙而作出之任何區別、排斥或限制，其目的或效果損害或廢除在與其他人平等基礎上於政治、經濟、社會、文化、公民或任何其他領域，所有人權及基本自由之肯認、享有或行使。基於身心障礙之歧視包括所有形式之歧視，包括拒絕提供合理調整；

　　"合理調整"是指根據具體需要，於不造成不成比例或過度負擔之情況下，進行必要及適當之修改與調整，以確保身心障礙者在與其他人平等基礎上享有或行使所有人權及基本自由；

　　"通用設計"是指盡最大可能讓所有人可以使用，無需作出調整或特別設計之產品、環境、方案與服務設計。

　　"通用設計"不應排除於必要情況下，為特定身心障礙者群體提供輔具。

第 3 條　一般原則

　　本公約之原則是：

(a)尊重固有尊嚴、個人自主，包括自由進行個人選擇及個人自立；

(b)不歧視；

(c)**完整**且有效**的社會**參與及**社會融合**；

(d)尊重差異，接受身心障礙者是人**類**多**樣**性之一部分與人類之一份子；

(e)機會均等；

(f)**可及性/**無障礙；

(g)男女平等；

(h)尊重身心障礙兒童逐漸發展之能力，並尊重身心障礙兒童保持其身分
認同之權利。

第 4 條　一般義務

1. 締約國承諾確保並促進**完整**實現所有身心障礙者之所有人權與基本自由，
使其不受任何基於身心障礙之歧視。為此目的，締約國承諾：

(a)採取所有適當立法、行政及其他措施實施本公約**貢**認之權利；

(b)採取所有適當措施，包括立法，以修正或廢止構成歧視身心障礙者之
現行法律、法規、習慣與實踐；

(c)於所有政策與方案中考慮到保障及促進身心障礙者之人權；

(d)**避免從事**任何與本公約不符之行為或實踐，確保政府機關**(構)**之作為遵
循本公約之規定；

(e)採取所有適當措施，消除任何個人、組織或私營企業基於身心障礙之
歧視；

(f)從事或促進研究及開發本公約第 2 條所定通用設計之**財**貨、服務、設
備及設施，以儘可能達到最低程度之調整及最少費用，滿足身心障礙
者之具體需要，促進該等**財**貨、服務、設備及設施之提供與使用，並於
發展標準及準則推廣通用設計；

(g)從事或促進研究及開發適合身心障礙者之新**科技**，並促進提供與使用
該等新**科技**，包括資訊**與通訊科技**、行動輔具、用**具**、輔助**科技**，優先
考慮價格上可負擔之技術；

(h)提供身心障礙者可近用之資訊，關於行動輔具、用**具**、輔助**科技**，包括
新**科技**，並提供其他形式之協助、支持服務與設施；

(i)促進培訓協助身心障礙者之專業人員與工作人員，使其瞭解本公約**肯認**之權利，以便更好地提供該等權利所保障之協助及服務。

2. 關於經濟、社會及文化權利，各締約國承諾儘量利用現有資源並於必要時於國際合作架構內採取措施，以期逐步**完整**實現該等權利，但不妨礙本公約中依國際法屬於立即適用之義務。

3. 為執行本公約以發展及實施立法及政策時，及其他關於身心障礙者議題之決策過程中，締約國應與代表身心障礙者之組織、身心障礙者，包括身心障礙兒童，密切**諮詢**，以使其積極涉入。

4. 對於依據法律、公約、法規或習慣而於本公約締約各國內獲得**肯認**或存在之任何人權與基本自由，不得以本公約未予**肯認**或未予充分**肯認**該等權利或自由為藉口而加以限制或減損。

5. 本公約之規定應延伸適用於聯邦制國家各組成部分，無任何限制或例外。

第5條　平等**及**不歧視

1. 締約國**肯認**，在法律之前**與法律之下**人人平等，有權不受任何歧視地享有法律給予之平等保障與平等受益。

2. 締約國應禁止所有基於身心障礙之歧視，保障身心障礙者獲得平等與有效之法律保護，使其不受基於任何原因之歧視。

3. 為促進平等與消除歧視，締約國應採取所有適當步驟，以確保提供合理**調整**。

4. 為加速或實現身心障礙者事實上之平等而必須採取之具體措施，不得視為本公約所指之歧視。

第6條　身心障礙婦女

1. 締約國**肯認**身心障礙婦女與女孩受到多重歧視，就此應採取措施，確保其**完整**與平等地享有所有人權及基本自由。

2. 締約國應採取所有適當措施，確保婦女獲得**完整**發展，提高地位及賦權增能，其目的為保障婦女能行使及享有本公約所定之人權與基本自由。

第7條　身心障礙兒童

1. 締約國應採取所有必要措施，確保身心障礙兒童在與其他兒童平等基礎上，**完整**有所有人權與基本自由。

2. 於所有關於身心障礙兒童之行動中，應以兒童最佳利益為**優先**考量。

3. 締約國應確保身心障礙兒童有權在與其他兒童平等基礎上，就所有影響本人之事項自由表達意見，並獲得適合其身心障礙狀況及年齡之協助措施以實現此項權利，身心障礙兒童之意見應按其年齡與成熟程度適當予以考量。

第 8 條　意識提升

1. 締約國承諾採取立即、有效與適當措施，以便：

　(a)提高整個社會，包括家庭，對身心障礙者之認識，促進對身心障礙者權利與尊嚴之尊重；

　(b)於生活各個方面對抗對身心障礙者之成見、偏見與有害作法，包括基於性別及年齡之成見、偏見及有害作法；

　(c)提高對身心障礙者能力與貢獻之認識。

2. 為此目的採取之措施包括：

　(a)發起與持續進行有效之宣傳活動，提高公眾認識，以便：

　　(i)培養接受身心障礙者權利之態度；

　　(ii)促進積極看待身心障礙者，提高社會對身心障礙者之瞭解；

　　(iii)促進**肯**認身心障礙者之技能、才華與能力以及其對職場與勞動市場之貢獻；

　(b)於各級教育體系，包括學齡前教育，培養尊重身心障礙者權利之態度；

　(c)鼓勵所有媒體機構以符合本公約宗旨之方式報導身心障礙者；

　(d)推行瞭解身心障礙者及其權利之培訓方案。

第 9 條　**可及性/**無障礙

1. 為使身心障礙者能夠獨立生活及**完整**參與生活各個方面，締約國應採取適當措施，確保身心障礙者在與其他人平等基礎上，無障礙地進出物理環境，使用交通工具，利用資訊與**通訊傳播**，包括資訊與通**訊科技**及系統，以及享有於都市與鄉村地區向公眾開放或提供之其他設施及服務。該等措施應包括**識別**及消除阻礙實現**可及性**環境之因素，尤其應適用於：

　(a)建築、道路、交通與其他室內外設施，包括學校、住宅、醫療設施及工作場所；

(b)資訊、**通訊傳播**及其他服務,包括電子服務及緊急服務。

2. 締約國亦應採取適當措施,以便:

(a)擬訂、發布並監測向公眾開放或提供之設施與服務為**可及性**使用之最低標準及準則;

(b)確保私人單位向公眾開放或為公眾提供之設施與服務能考慮身心障礙者**可及性**之所有面向;

(c)提供相關人員對於身心障礙者之**可及性**議題培訓;

(d)於向公眾開放之建築與其他設施中提供點字標誌及易讀易懂之標誌;

(e)提供各種形式之現場協助及**媒**介,包括提供**導覽員**、報讀員及專業手語翻譯員,以利無障礙使用向公眾開放之建築與其他設施;

(f)促進其他適當形式之協助與支持,以確保身心障礙者獲得資訊;

(g)促進身心障礙者有機會使用新資訊與通**訊科技**及系統,包括網際網路;

(h)促進於早期階段設計、開發、生產、推行**可及性**資訊與**通訊科技**及系統,以便能以最低成本使該等技術及系統**可及性**。

第 10 條　生命權

　　締約國重申人人享有固有之生命權,並應採取所有必要措施,確保身心障礙者在與其他人平等基礎上確實享有生命權。

第 11 條　**風**險情**境及**人道緊急情況

　　締約國應依其基於國際法上之義務,包括國際人道法與國際人權法規定,採取所有必要措施,確保於**風**險情**境**下,包括於發生武裝衝突、人道緊急情況及自然災害時,身心障礙者獲得保障及安全。

第 12 條　在法律之前獲得平等**肯**認

1. 締約國重申,**在法律之前**身心障礙者於任何地方均獲**肯**認享有人格之權利。

2. 締約國應**肯**認身心障礙者於生活各方面享有與其他人平等之**法律行為**能力。

3. 締約國應採取適當措施,便利身心障礙者獲得其於行使**法律行為**能力時可能需要之協助。

4. 締約國應確保，與行使**法律行為**能力有關之所有措施，均依照國際人權法提供適當與有效之防護，以防止濫用。該等防護應確保與行使**法律行為**能力有關之措施，尊重本人之權利、意願及選擇，無利益衝突及不當影響，適合本人情況，適用時間儘可能短，並定期由一個有資格、獨立、公正之機關或司法機關審查。提供之防護與影響個人權利及利益之措施於程度上應相當。

5. 於符合本條規定之情況下，締約國應採取所有適當及有效措施，確保身心障礙者平等享有擁有或繼承財產之權利，掌管自己財務，有平等機會獲得銀行貸款、抵押貸款及其他形式之金融信用貸款，並應確保身心障礙者之財產不被任意剝奪。

### 第 13 條 **近用司法**

1. 締約國應確保身心障礙者在與其他人平等基礎上有效**近用司法**，包括透過提供程序與適齡對待措施，以增進其於所有法律訴訟程序中，包括於調查及其他初步階段中，有效發揮其作為直接和間接參與之一方，包括作為證人。

2. 為了協助確保身心障礙者有效**近用司法**，締約國應促進對司法領域工作人員，包括警察與監所人員進行適當之培訓。

### 第 14 條 人身自由**及**安全

1. 締約國應確保身心障礙者在與其他人平等基礎上：

   (a)享有人身自由及安全之權利；

   (b)不被非法或任意剝奪自由，任何對自由之剝奪均須符合法律規定，且於任何情況下均不得以身心障礙作為剝奪自由之理由。

2. 締約國應確保，於任何過程中被剝奪自由之身心障礙者，在與其他人平等基礎上，有權獲得國際人權法規定之保障，並應享有符合本公約宗旨及原則之**對**待，包括提供合理**調整**。

### 第 15 條 免於酷刑或殘忍、不人道或有辱人格之**對**待或處罰

1. 不得對任何人實施酷刑或殘忍、不人道或有辱人格之**對**待或處罰。特別是不得於未經本人自願同意下，對任何人進行醫學或科學試驗。

2. 締約國應採取所有有效之立法、行政、司法或其他措施,在與其他人平等基礎上,防止身心障礙者遭受酷刑或殘忍、不人道或有辱人格之<u>對</u>待或處罰。

第 16 條　免於剝削、暴力<u>及</u>虐待

1. 締約國應採取所有適當之立法、行政、社會、教育與其他措施,保障身心障礙者於家庭內外免遭所有形式之剝削、暴力及虐待,包括基於性別之剝削、暴力及虐待。

2. 締約國尚應採取所有適當措施防止所有形式之剝削、暴力及虐待,其中包括,確保向身心障礙者與其家屬及照顧者提供具性別及年齡敏感度之適當協助與支持,包括透過提供資訊及教育,說明如何避免、識別及報告剝削、暴力及虐待事件。締約國應確保保障服務具年齡、性別及身心障礙之敏感度。

3. 為了防止發生任何形式之剝削、暴力及虐待,締約國應確保所有用於為身心障礙者服務之設施與方案受到獨立機關之有效監測。

4. 身心障礙者受到任何形式之剝削、暴力或虐待時,締約國應採取所有適當措施,包括提供保護服務,促進被害人之身體、認知功能與心理之復原、復健及重返社會。上述復原措施與重返社會措施應於有利於本人之健康、福祉、自尊、尊嚴及自主之環境中進行,並應斟酌因性別及年齡而異之具體需要。

5. 締約國應制定有效之立法與政策,包括聚焦於婦女及兒童之立法及政策,確保對身心障礙者之剝削、暴力及虐待事件獲得確認、調查,並於適當情況予以起訴。

第 17 條　保障人身完整性

　　身心障礙者有權在與其他人平等基礎上獲得身心完整之尊重。

第 18 條　遷徙自由<u>及</u>國籍

1. 締約國應<u>肯</u>認身心障礙者在與其他人平等基礎上有權自由遷徙、自由選擇居所與享有國籍,包括確保身心障礙者:

　(a)有權取得與變更國籍,國籍不被任意剝奪或因身心障礙而被剝奪;

(b)不因身心障礙而被剝奪獲得、持有及使用國籍證件或其他身分證件之能力，或利用相關處理，如移民程序之能力，該等能力或為便利行使遷徙自由權所必要。

(c)可以自由離開任何國家，包括本國在內；

(d)不被任意剝奪或因身心障礙而被剝奪進入本國之權利。

2. 身心障礙兒童出生後應立即予以登記，從出生起即應享有姓名權，享有取得國籍之權利，並儘可能享有認識父母及得到父母照顧之權利。

第 19 條　自立生活**及社區融合**

　　本公約締約國**肯**認所有身心障礙者享有於社區中生活之平等權利以及與其他人同等之選擇，並應採取有效及適當之措施，以促進身心障礙者**完整**享有該等權利以及**完整的社區融合**及**社區參與**，包括確保：

(a)身心障礙者有機會在與其他人平等基礎上選擇居所，選擇於何處、與何人一起生活，不被強迫於特定之居住安排中生活；

(b)身心障礙者享有近用各種居家、住所及其他社區支持服務，包括必要之個人協助，以支持於社區生活及**社區融合**，避免孤立或隔離於社區之外；

(c)為大眾提供之社區服務及設施，亦可由身心障礙者平等使用，並回應其需求。

第 20 條　個人行動能力

　　締約國應採取有效措施，確保身心障礙者於最大可能之獨立性下，享有個人行動能力，包括：

(a)促進身心障礙者按自己選擇之方式與時間，以其可負擔之費用享有個人行動能力；

(b)促進身心障礙者享有近用優質之行動輔具、用**具**、輔助**科技**以及各種形式之現場協助及中介，包括以其可負擔之費用提供之；

(c)提供身心障礙者及與其共事之專業人員行動技能培訓；

(d)鼓勵生產行動輔具、用**具**與輔助**科技**之生產者斟酌身心障礙者行動能力之所有面向。

第 21 條　表達**與**意見之自由**及**近用資訊

締約國應採取所有適當措施，確保身心障礙者能夠行使自由表達及意見自由之權利，包括在與其他人平等基礎上，通過自行選擇本公約第 2 條所界定之所有**溝通**方式，尋求、接收、傳遞資訊與思想之自由，包括：

(a)提供予公眾之資訊須以適於不同身心障礙類別之**可及性格**式與技術，及時提供給身心障礙者，**且無須額外付**費；

(b)於正式互動中接受及促進使用手語、點字、**輔助溝通系統**及身心障礙者選用之其他所有**可及性通訊**傳播方法**、方式**及格式；

(c)敦促提供公眾服務之私人單位，包括通過網際網路提供服務，以**可及性**及身心障礙者可以使用之**格**式提供資訊及服務；

(d)鼓勵大眾媒體，包括透過網際網路資訊提供者，使其服務得為身心障礙者近用；

(e)**肯**認及推廣手語之使用。

第 22 條　尊重隱私

1. 身心障礙者，不論其居所地或居住安排為何，其隱私、家庭、家居與通信及其他形式之**通訊**傳播，不得受到任意或非法干擾，其**榮譽**與名譽也不得受到非法攻擊。身心障礙者有權獲得法律保障，不受該等干擾或攻擊。

2. 締約國應在與其他人平等基礎上保障身心障礙者之個人、健康與復健資**訊**之隱私。

第 23 條　尊重家居**及**家庭

1. 締約國應採取有效及適當措施，在與其他人平等基礎上，於涉及婚姻、家庭、父母身分及家屬關係之所有事項中，消除對身心障礙者之歧視，以確保：

(a)所有適婚年齡之身心障礙者，基於當事人雙方自由與充分之同意，其結婚與組成家庭之權利，獲得**肯**認；

(b)身心障礙者得自由且負責任地決定子女人數及生育間隔，近用適齡資訊、生育及家庭計畫教育之權利獲得**肯**認，並提供必要措施使身心障礙者得以行使該等權利；

(c)在與其他人平等基礎上，**保留**身心障礙者，包括身心障礙兒童**之**生育能力。

2. 存在於本國立法中有關監護、監管、託管及收養兒童或類似制度等概念，締約國應確保身心障礙者於該等方面之權利及責任；於任何情況下均應以兒童最佳利益為最優先。締約國應適當協助身心障礙者履行其養育子女之責任。

3. 締約國應確保身心障礙兒童於家庭生活方面享有平等權利。為實現該等權利，並防止隱藏、遺棄、疏忽與隔離身心障礙兒童，締約國應承諾及早提供身心障礙兒童及其家屬全面之資訊、服務及協助。

4. 締約國應確保不違背兒童父母意願使子女與父母分離，**但主管機關**依其適用之法律與程序，經司法審查基於兒童本人之最佳利益，**判定**此種分離確有其必要**者，不在此限**。於任何情況下均不得以子女身心障礙或父母一方或雙方身心障礙為由，使子女與父母分離。

5. 締約國應於**最近**親屬不能照顧身心障礙兒童之情況下，盡一切努力於家族範圍內提供替代性照顧，並於無法提供該等照顧時，於社區內提供家庭式照顧。

第 24 條　教育

1. 締約國**肯**認身心障礙者享有受教育之權利。為了於不受歧視及機會均等之基礎上實現此一權利，締約國應確保於各級教育實行融合教育制度及終身學習，朝向：

    (a)**完整**開發人之潛力、尊嚴與自我價值，並加強對人權、基本自由及人**類多樣**性之尊重；

    (b)**力求完整地**發展身心障礙者之人格、才華與創造力以及心智能力及體能；

    (c)使所有身心障礙者能有效參與自由社會。

2. 為實現此一權利，締約國應確保：

    (a)身心障礙者不因身心障礙而被排拒於普通教育系統之外，身心障礙兒童不因身心障礙而被排拒於免費與義務小學教育或中等教育之外；

    (b)身心障礙者**能夠**於自己生活之社區內，在與其他人平等基礎上，獲得融合、優質及免費之小學教育及中等教育；

    (c)提供合理**調整**以滿足個人需求；

(d)身心障礙者於普通教育系統中獲得必要之協助,以利其獲得有效之教育;

(e)符合**完整**融合之目標下,於最有利於學業與社會發展之環境中,提供有效之個別化協助措施。

3. 締約國應使身心障礙者能夠學習生活與社會發展技能,促進其**完整**及平等**的教育**參與及**社區融合**。為此目的,締約國採取適當措施,包括:

(a)促進學習**點字**、替代文字、輔助與替代性**的**通訊**傳播方式、**方法及格式、**定向行動**技能,並促進同儕支持及指導;

(b)促進手語之學習及推廣聽覺障礙社群之語言認同;

(c)確保以最適合個人情況之語言與**通訊**傳播**方式、**方法及於最有利於學業及社會發展之環境中,提供教育予視覺、聽覺障礙或視聽覺障礙者,特別是視覺、聽覺障礙或視聽覺障礙兒童。

4. 為幫助確保實現該等權利,締約國應採取適當措施,聘用合格之手語或點字教學教師,包括**教師為**身心障礙**者**,並對各級教育之專業人員與工作人員進行培訓。該等培訓應包括障礙意識及學習使用適當之輔助替代性通訊**傳播方式、**方法及格式、教育技能及教材,以協助身心障礙者。

5. 締約國應確保身心障礙者能夠於不受歧視及與其他人平等基礎上,獲得一般高等教育、職業訓練、成人教育及終身學習。為此目的,締約國應確保向身心障礙者提供合理**調整**。

第25條　健康

　　締約國**肯**認,身心障礙者有權享有可達到之最高健康標準,不因身心障礙而受到歧視。締約國應採取所有適當措施,確保身心障礙者獲得考慮到性別敏感度之健康服務,包括與健康有關之復健服務。締約國尤其應:

(a)提供身心障礙者與其他人享有同等範圍、質量與標準之免費或可負擔之健康照護與方案,包括於性與生育健康及全民公共衛生方案領域;

(b)提供身心障礙者因其身心障礙而特別需要之健康服務,包括提供適當之早期**識別**與介入,及提供設計用來極小化與預防進一步障礙發生之服務,包括提供兒童及老年人該等服務;

(c)儘可能於身心障礙者最近所在之社區，包括鄉村地區，提供該等健康服務；

(d)要求醫事**專業**人員，包括於徵得身心障礙者自由意識並知情同意之基礎上，提供身心障礙者與其他人相同品質之照護，其中包括藉由提供培訓與頒布公共及私營健康照護之倫理標準，提高對身心障礙者人權、尊嚴、自主及需求之意識；

(e)於提供健康保險與國家法律許可之人壽保險方面，禁止歧視身心障礙者，該等保險應以公平合理之方式提供；

(f)防止以身心障礙為由而歧視性地拒絕提供健康照護或健康服務，或拒絕提供**飲食**。

第 26 條　適應訓練**及**復健

1. 締約國應採取有效與適當措施，包括經由同儕支持，使身心障礙者能夠達到及**維**持最大程度之自**立**，**完整**之體能、**心**智能**力**、**社交**及**就業**能力，**以及完整**融合及參與生活所有方面。為此目的，締約國應組織、加強與擴展完整之適應訓練、復健服務及方案，尤其是於健康、就業、教育及社會服務等領域，該等服務與方案應：

(a)及早開始依據個人需求與優勢能力進行跨專業之評估；

(b)**儘可能**協助身心障礙者**於其所在之最近社區，包括鄉村地區，**依其意願於社區及社會各層面之參與及融合。

2. 締約國應**對**從事適應訓練與復健服務之專業人員及工作人員，推廣基礎及繼續培訓之發展。

3. 於適應訓練與復健方面，締約國應推廣為身心障礙者設計之輔具與**科技**之可及性、知識及運用。

第 27 條　工作**及**就業

1. 締約國**肯**認身心障礙者享有與其他人平等之工作權利；此包括於一個開放、融合與**可及**之勞動市場及工作環境中，身心障礙者有自由選擇**或**接受謀生工作機會之權利。締約國應採取適當步驟，防護及促進工作權之實現，包括於就業期間發生障礙事實者，其中包括，透過法律：

(a)禁止基於身心障礙者就各種就業形式有關之所有事項上之歧視,包括於招募、僱用與就業條件、持續就業、職涯提升及安全與衛生之工作條件方面;

(b)保障身心障礙者在與其他人平等基礎上享有公平與良好之工作條件,包括機會均等及同工同酬之權利,享有安全及衛生之工作環境,包括免於騷擾之保障,並享有遭受侵害之救濟;

(c)確保身心障礙者能夠在與其他人平等基礎上行使勞動權及工會權;

(d)使身心障礙者能夠有效參加一般技術與職業指導方案,獲得就業服務及職業與**持續培訓**;

(e)促進身心障礙者於勞動市場上之就業機會與職涯提升,協助身心障礙者尋找、獲得、保持及重返就業;

(f)促進自營作業、創業經營、開展合作社與個人創業之機會;

(g)於公部門僱用身心障礙者;

(h)以適當政策與措施,促進私部門僱用身心障礙者,**並**得包括平權行動方案、提供誘因及其他措施;

(i)確保於工作場所為身心障礙者提供合理**調整**;

(j)促進身心障礙者於開放之勞動市場上獲得工作經驗;

(k)促進身心障礙者之職業與專業重建,保留工作和重返工作方案。

2. 締約國應確保身心障礙者不處於奴隸或奴役狀態,並在與其他人平等基礎上受到保障,不被強迫或強制勞動。

第 28 條　適足之生活水準**及**社會保障

1. 締約國**肯**認身心障礙者就其自身及其家屬獲得適足生活水準之權利,包括適足之食物、衣物、住宅,及持續改善生活條件;並應採取適當步驟,防護與促進身心障礙者於不受歧視之基礎上實現該等權利。

2. 締約國**肯**認身心障礙者享有社會保障之權利,及於身心障礙者不受歧視之基礎上享有該等權利;並應採取適當步驟,防護及促進該等權利之實現,包括採取下列措施:

(a)確保身心障礙者平等地獲得潔淨供水服務,並確保其獲得適當與可負擔之服務、用具及其他協助,以滿足與身心障礙有關之需求;

(b)確保身心障礙者，尤其是身心障礙婦女、女孩與年長者，利用社會保障方案及降低貧窮方案；

(c)確保生活貧困之身心障礙者及其家屬,在與身心障礙有關之費用支出，包括適足之培訓、諮詢、財務協助及喘息服務方面，可以獲得國家援助；

(d)確保身心障礙者參加公共住宅方案；

(e)確保身心障礙者平等參加退休福利與方案。

第 29 條　參與政治及公共生活

　　締約國應保障身心障礙者享有政治權利，及有機會在與其他人平等基礎上享有該等權利，並應承諾：

(a)確保身心障礙者能夠在與其他人平等基礎上，直接或透過自由選擇之代表，有效與完整地參與政治及公共生活，包括確保身心障礙者享有選舉與被選舉之權利及機會，其中包括，採取下列措施：

(i)確保投票程序、設施與材料適當、可及性及易懂易用；

(ii)保障身心障礙者之投票權利，使其得以於各種選舉或公投中不受威嚇地採用無記名方式投票及參選，於各級政府有效地擔任公職與執行所有公共職務，並於適當情況下促進輔助與新科技之使用；

(iii)保障身心障礙者作為選民，得以自由表達意願，及為此目的，於必要情形，根據其要求，允許由其選擇之人協助投票；

(b)積極促進環境，使身心障礙者得於不受歧視及與其他人平等基礎上有效與完整地參與公共事務之處理，並鼓勵其參與公共事務，包括：

(i)參與關於本國公共與政治生活之非政府組織及團體，及參加政黨之活動與行政事務；

(ii)成立及加入身心障礙者組織，於國際性、全國性、區域性及地方性各層級代表身心障礙者。

第 30 條　參與文化生活、康樂、休閒及體育活動

1. 締約國肯認身心障礙者有權在與其他人平等基礎上參與文化生活，並應採取所有適當措施，確保身心障礙者：

(a)享有以可及性格式提供之文化素材；

(b)享有以**可及性**格式提供之電視節目、影片、戲劇及其他文化活動;

(c)享有進入**戲劇院**、博物館、電影院、圖書館、旅遊服務**中心等文化表演或服務場所**,並儘可能享有進入具**國家**重要**文化**意義之紀念建築與遺址。

2. 締約國應採取適當措施,使身心障礙者能有機會發展、**運**用其創意、藝術及知識方面之潛能,不僅**有益其自身,亦可豐富**社會。

3. 締約國應**根據國際法,採取所有適當措施**,確保保障智慧財產權之法律不構成不合理或歧視性障礙,阻礙身心障礙者獲得文化素材。

4. 在與其他人平等基礎上,**應予肯**認及支持身心障礙者之特有之文化與語言認同,包括手語及聾人文化。

5. **為**使身心障礙者能夠在與其他人平等基礎上參加康樂、休閒與體育活動,締約國應採取下列適當措施:

(a)鼓勵**及**推廣身心障礙者儘可能**完整**地參加各種等級之主流體育活動;

(b)確保身心障礙者有機會組織、發展及**專屬**身心障礙者特殊之體育、康樂活動,並為此目的,在與其他人平等基礎上,鼓勵提供適當之指導、培訓及資源;

(c)確保身心障礙者得以使用體育、康樂與旅遊場所;

(d)確保身心障礙兒童與其他兒童平等地參加遊戲、康樂與休閒及體育活動,包括於學校體系內之該等活動;

(e)確保身心障礙者於康樂、旅遊、休閒**及**體育等活動**之辦理過程中**,獲得參與所需之服務。

第31條　統計**及**資料**蒐**集

1. 締約國承諾**蒐**集適當之資訊,包括統計與研究資料,以利形成與推動實踐本公約之政策。**蒐**集與保存該等資訊之過程應:

(a)遵行法定防護措施,包括資料保護之立法,確保隱密性與尊重身心障礙者之隱私;

(b)**蒐集及使用統計資料時,應遵行國際公認之規範,以保障人權及基本自由與**倫理原則。

2. 依本條所蒐集之資訊應適當予以分類，用於協助評估本公約所定締約國義務之履行情況，並識別與指出身心障礙者於行使其權利時面臨之障礙。

3. 締約國應負有散布該等統計資料之責任，確保身心障礙者與其他人得以使用該等統計資料。

第 32 條　國際合作

1. 締約國肯認到國際合作及其推廣對支援國家為實現本公約宗旨與目的所作出努力之重要性，並將於此方面，於雙邊及多邊國家間採取適當及有效措施，及於適當情況下，與相關國際、區域組織及公民社會，特別是與身心障礙者組織結成夥伴關係。其中得包括如下：

(a)確保包含並便利身心障礙者參與國際合作，包括國際發展方案；

(b)促進與支援能力建構，包括透過交流與分享資訊、經驗、培訓方案及最佳範例等；

(c)促進研究方面之合作，及科學與技術知識之近用；

(d)適當提供技術與經濟援助，包括促進可及性及輔助科技之近用與分享，以及透過技術移轉等。

2. 本條之規定不妨害各締約國履行其於本公約所承擔之義務。

第 33 條　國家執行及監督

1. 締約國應依其組織體制，就有關實施本公約之事項，於政府內指定一個或多個主責單位，並應適當考慮於政府內設立或指定一協調機制，以促進不同部門及不同層級間之有關行動。

2. 締約國應依其法律及行政體制，適當地於國內維持、加強、指定或設立一架構，包括一個或多個獨立機制，以促進、保障與監督本公約之實施。於指定或建立此一機制時，締約國應考慮到保障與促進人權之國家機構之地位及功能的相關原則。

3. 公民社會，特別是身心障礙者及其代表組織，應涉入並充分參與監督程序。

第 34 條　身心障礙者權利委員會

1. （聯合國）應設立一個身心障礙者權利委員會(以下稱委員會)，履行以下規定之職能。

2. 於本公約生效時，委員會應由十二名專家組成。於另有六十個國家批准或加入公約後，委員會應增加六名成員，以達到十八名成員之最高限額。

3. 委員會成員應以個人身分任職，品德高尚，於本公約所涉領域具有責認之能力與經驗。締約國於提名候選人時，請適當考慮本公約第 4 條第 3 項之規定。

4. 委員會成員由締約國選舉，選舉須顧及地域分配之公平，不同文化形式及主要法律體系之代表性，成員性別之均衡性及身心障礙者專家參與。

5. 委員會成員應於聯合國秘書長召集之締約國會議上，依締約國提名之各國候選人名單，以無記名投票之方式選出。該等會議以三分之二之締約國構成法定人數，得票最多並獲得出席參加表決之締約國代表之絕對多數票者，當選為委員會成員。

6. 首次選舉至遲應於本公約生效之日後六個月內舉行。聯合國秘書長至遲應於每次選舉日前四個月，函請締約國於兩個月內遞交提名人選。秘書長隨後應按英文字母次序編列全體被提名人名單，註明提名締約國，分送本公約締約國。

7. 當選之委員會成員任期四年，有資格連選連任一次。但於第一次選舉當選之成員中，六名成員之任期應於二年後屆滿；本條第 5 項所述會議之主席應於第一次選舉後，立即抽籤決定此六名成員。

8. 委員會另外六名成員之選舉應依照本條之相關規定，於定期選舉時舉行。

9. 如委員會成員死亡或辭職或因任何其他理由而宣稱無法繼續履行其職責，提名該成員之締約國應指定一名具備本條相關規定所列資格並符合有關要求之專家，完成所餘任期。

10. 委員會應自行制定議事規則。

11. 聯合國秘書長應為委員會有效履行本公約規定之職能，提供必要之工作人員與設備，並應召開委員會之首次會議。

12. 顧及委員會責任重大，經聯合國大會核准，本公約設立之委員會成員，應按大會所定條件，從聯合國資源領取薪酬。

13. 委員會成員根據聯合國特權與豁免公約相關章節規定，應有權享有聯合國特派專家享有之設施、特權及豁免。

第 35 條　締約國提交之報告

1. 各締約國於本公約對其生效後二年內，應透過聯合國秘書長，向委員會提交一份完整報告，說明為履行本公約規定之義務所採取之措施與於該方面取得之進展。

2. 其後，締約國至少應每四年提交一次報告，並於委員會提出要求時另外提交報告。

3. 委員會應決定適用於報告內容之準則。

4. 已經向委員會提交完整初次報告之締約國，於其後提交之報告中，不必重複以前提交之資料。締約國於編寫給委員會之報告時，務請採用公開、透明程序，並適度考慮本公約第 4 條第 3 項規定。

5. 報告可指出影響本公約所定義務履行程度之因素與困難。

第 36 條　報告之審議

1. 委員會應審議每一份報告，並於委員會認為適當時，對報告提出意見與一般性建議，將其送交有關締約國。締約國可以自行決定對委員會提供任何資料作為回復。委員會得要求締約國提供與實施本公約相關之進一步資料。

2. 對於明顯逾期未交報告之締約國，委員會得通知有關締約國，如於發出通知後三個月內仍未提交報告，委員會必須根據所獲得之可靠資料，審查該締約國實施本公約之情況。委員會應邀請有關締約國參加此項審查工作。如締約國提交相關報告作為回復，則適用本條第 1 項之規定。

3. 聯合國秘書長應對所有締約國提供上述報告。

4. 締約國應對國內公眾廣泛提供本國報告，並便利獲得有關該等報告之意見與一般性建議。

5. 委員會應於其認為適當時，將締約國報告轉交聯合國專門機構、基金與方案及其他主管機構，以便處理報告中就技術諮詢或協助提出之請求或表示之需要，同時附上委員會可能對該等請求或需要提出之意見與建議。

第 37 條　締約國**及**委員會之合作

1. 各締約國應與委員會合作，協助委員會成員履行其任務。

2. 於與締約國之關係方面，委員會應適度考慮提高各國實施本公約能力之
途徑與手段，包括透過國際合作。

第 38 條　委員會**及**其他機構之關係

　　為促進本公約之有效實施及鼓勵於本公約所涉領域開展國際合作：

(a)各專門機構與其他聯合國機關應有權出席審議本公約中屬於其職權範
圍規定之實施情況。委員會得於其認為適當時，邀請專門機構與其他主
管機構就公約於各自職權範圍所涉領域之實施情況提供專家諮詢意見。
委員會得邀請專門機構與其他聯合國機關提交報告，說明公約於其活
動範圍所涉領域之實施情況。

(b)委員會於履行其任務時，應適當諮詢各國際人權條約所設立之其他相
關組織意見，以便確保各自之報告準則、意見與一般性建議之一致性，
避免於履行職能時出現重複及重疊。

第 39 條　委員會報告

　　委員會應每二年向大會與經濟及社會理事會提出關於其活動之報告，
並得於審查締約國提交之報告與資料之基礎上，提出意見及一般性建議。
該等意見及一般性建議應連同締約國可能作出之任何評論，一併列入委員
會報告。

第 40 條　締約國會議

1. 締約國應定期舉行締約國會議，以審議與實施本公約有關之任何事項。

2. 聯合國秘書長最遲應於本公約生效後六個月內召開締約國會議。其後，
聯合國秘書長應每二年，或根據締約國會議之決定，召開會議。

第 41 條　保存人

　　聯合國秘書長為本公約之保存人。

第 42 條　簽署

　　本公約自二〇〇七年三月三十日起於紐約聯合國總部開放給所有國家
與區域整合組織簽署。

第 43 條　同意接受約束

　　本公約應經簽署國批准與經簽署區域整合組織正式確認，並應開放給
任何尚未簽署公約之國家或區域整合組織加入。

第44條　區域整合組織

1. "區域整合組織"是指由某一區域之主權國家組成之組織，其成員國已將本公約所涉事項方面之權限移交該組織。該等組織應於其正式確認書或加入書中聲明其有關本公約所涉事項之權限範圍。此後，該等組織應將其權限範圍之任何重大變更通知保存人。

2. 本公約提及"締約國"之處，於上述組織之權限範圍內，應適用於該等組織。

3. 為第45條第1項與第47條第2項及第3項之目的，區域整合組織交存之任何文書不應計算在內。

4. 區域整合組織可以於締約國會議上，對其權限範圍內之事項行使表決權，其票數相當於已成為本公約締約國之組織成員國數目。如區域整合組織之任何成員國行使表決權，則該組織不得行使表決權，反之亦然。

第45條　生效

1. 本公約應於第二十份批准書或加入書存放後之第三十日起生效。

2. 對於第二十份批准書或加入書存放後批准、正式確認或加入之國家或區域整合組織，本公約應自其文書存放後之第三十日起生效。

第46條　保留

1. 保留不得與本公約之目的與宗旨不符。

2. 保留可隨時撤回。

第47條　修正

1. 任何締約國均得對本公約提出修正案，提交聯合國秘書長。秘書長應將任何提議之修正案傳達締約國，要求締約國通知是否贊成召開締約國會議，以審議提案並就提案作出決定。於上述傳達發出日後四個月內，如有至少三分之一之締約國贊成召開締約國會議時，秘書長應於聯合國主辦下召開會議。經出席並參加表決之締約國三分之二多數通過之任何修正案應由秘書長提交大會核可，隨後提交所有締約國接受。

2. 依據本條第1項之規定通過與核可之修正案，應於存放之接受書數目達到修正案通過之日締約國數目之三分之二後之第三十日起生效。此後，

修正案應於任何締約國交存其接受書後之第三十日起對該締約國生效。修正案只對接受該項修正案之締約國具有約束力。

3. 經締約國會議一致決定，依據本條第 1 項之規定通過與核可但僅涉及第 34 條、第 38 條、第 39 條及第 40 條之修正案，應於存放之接受書數目達到修正案通過之日締約國數目之三分之二後之第三十日起對所有締約國生效。

第 48 條　退約

　　締約國得以書面通知聯合國秘書長退出本公約。退約應於秘書長收到通知之日起一年後生效。

第 49 條　**可及性**格式

　　本公約之文本應以**可及性**格式提供。

第 50 條　正本

　　本公約之阿拉伯文、中文、英文、法文、俄文與西班牙文文本，同一作準。

　　下列簽署人經各自政府正式授權於本公約簽字，以昭信守。